Oliver Hilmes

LUDWIG II.

OLIVER HILMES

LUDWIG II.

Der unzeitgemäße König

Siedler

MIX
Papier aus verantwortungsvollen Quellen
FSC® C014496

Verlagsgruppe Random House FSC® N001967
Das für dieses Buch verwendete FSC®-zertifizierte Papier
Munken Premium Cream liefert
Arctic Paper Munkedals AB, Schweden.

Erste Auflage
Oktober 2013

Umschlaggestaltung: Rothfos + Gabler, Hamburg
Satz: Ditta Ahmadi, Berlin
Druck und Bindung: GGP Media GmbH, Pößneck
Printed in Germany 2013
ISBN 978-3-88680-898-4

www.siedler-verlag.de

Für Peter

Inhalt

9 **Spurensuche**

21 KAPITEL I
Der Kronprinz
Unordnung und frühes Leid 26 Alte Fehler 29
Königliches Leben 39 Machtwechsel 47

51 KAPITEL II
König!
Der König und sein Land 52 Das System 59
Auftritt Wagner 65 Der Betrug 76 In der Kolonie 81
Macht und Einfluss 88 Agitation und Agonie 93
Krieg und Frieden 102

113 KAPITEL III
Kabale und Liebe
Eine gute Partie 113 Von Spinatstechern und
Reitknechten 122 Verlobung wider Willen 129
Männersachen 142

155 KAPITEL IV
Die Reichsgründung
Zeitenwende 155 Der Rossober 166 Entscheidung
in Ems 170 Ein Spaziergang mit Folgen 179
Schwarze Kassen 183 Versailles 185 Katzenjammer 192
Cui bono? 201

207 KAPITEL V
Wege in die Einsamkeit
Bayern im Reich 207 Die »Coalition« 216 Königreich unter Palmen 223 Der kranke Bruder 229 Verhängnisse 239 Lust und Laster 247

255 KAPITEL VI
Gegenwelten
Entfremdung 258 Niedergang 265 Illusionen 278 Luftschlösser 289

307 KAPITEL VII
Wege in die Katastrophe
Gründerkrise 310 Gnade und Ungnade 315 Metamorphosen 331 Leichte Kavallerie 340 Bankrott 345 Am Abgrund 351 Der Sprung 358 Die Staatskommission 366 Tod im See 373

381 **Nachleben**

ANHANG
397 Dank
399 Anmerkungen
429 Quellenverzeichnis
430 Literatur
439 Personenregister
447 Bildnachweis

Spurensuche

KÖNIG LUDWIG II. VON BAYERN ist eine Erfolgsmarke. Sein Konterfei prangt auf Tassen, Tellern, Gläsern und Krügen, auf T-Shirts, Handtüchern und Bettwäsche, auf Büchern, Postkarten, Feuerzeugen und allen möglichen kitschigen Souvenirs. König Ludwig leiht mehreren Biersorten seinen Namen, und ein Hersteller aus dem schwäbischen Günzburg vertreibt »König Ludwig Feigenkaffee« – 200 Gramm für gut 2,50 Euro.

Jedes Jahr strömen Millionen Touristen zu den von Ludwig erbauten Schlössern Neuschwanstein, Linderhof und Herrenchiemsee. Im Jahr 2012 besuchten alleine über 1,4 Millionen Menschen Neuschwanstein, im Juni 2013 konnte dort seit 1886 der sechzigmillionste Gast begrüßt werden. Linderhof und Herrenchiemsee wurden in der gleichen Zeit von 40 beziehungsweise 35 Millionen Menschen besucht. Doch damit nicht genug, ist Neuschwanstein die beliebteste Sehenswürdigkeit in Deutschland überhaupt. Bei einer internationalen Online-Umfrage der Deutschen Zentrale für Tourismus (DZT) zu »Germany's TOP 100 Must See Sites« landete König Ludwigs »Märchenschloss« vor 700 anderen Attraktionen wieder einmal auf dem ersten Platz.[1]

Der König ist en vogue – und der Kult um ihn zahlt sich aus. »Ludwig II. war nicht geisteskrank«, erklärte der bayerische Finanzminister Georg Fahrenschon im Mai 2011 vorsichtshalber, »im Gegenteil, der Freistaat Bayern ist ihm zu Dank verpflichtet!«[2] Damit traf der Minister den Nagel auf den Kopf. Der tote Monarch ist die sprichwörtliche »Cashcow« des bayerischen Tourismus. Hoteliers, Gastwirte, Souvenirverkäufer, Reiseunternehmer, Bierbrauer, Kaffeeröster und viele andere mehr leben gut vom berühmten Wittelsbacher. Ohne die florierende König-Ludwig-Industrie sähe es in manchen Landstrichen Bayerns wohl anders aus.

Der im Juni 1886 verstorbene Ludwig II. spült nicht nur enorme Geldsummen in öffentliche und private Kassen, er wirkt auch identitätsstiftend – und das über die bayerischen Landesgrenzen hinaus. Touristen in aller Welt sehen etwa Bilder von Neuschwanstein oder Linderhof – und denken sofort an Deutschland. Ludwigs Schlösser sind Ikonen der Neuzeit, und ihr Schöpfer ist ein Mythos. Nicht anders im Freistaat selbst, wo über sechzig lokale Brauchtumsvereine im »Verband der Königstreuen in Bayern e.V.« zusammengeschlossen sind.

Die meisten »Königstreuen« wollen nicht etwa die Monarchie wiedererrichten, wie sie im Internet versichern: »Unser Bestreben dient lediglich dem Schutz unseres bayerischen Lebensstils und der für uns so typischen Lebensart, die auch von Nichtbayern weltweit geschätzt wird.«[3] Die Erinnerung an den Bayernkönig – an den geliebten »Kini« – soll also in einer immer hektischer werdenden Zeit Bodenhaftung verleihen und Orientierung geben. Doch vermag die historische Person Ludwigs II. das wirklich zu leisten? Oder ist es nicht eher eine idealisierte, kitschige Kunstfigur, der so viele Verehrer aus dem In- und Ausland anhängen?

DIE ERFOLGSGESCHICHTE, die König Ludwigs Namen trägt, begann am 13. Juni 1886. An diesem Tag ertrank der Monarch unter ungeklärten Umständen im Starnberger See. Seine drei Schlösser hatte bis zu jenem Sommer vor 127 Jahren kein gewöhnlicher Bürger betreten dürfen, nun kamen die Schaulustigen in Scharen. War der menschenscheue und in strenger Isolation lebende Regent zuletzt nahezu in Vergessenheit geraten, machte der mysteriöse Tod im Wasser ihn über Nacht zum Mythos. Schnell entstanden Gerüchte, dass der König ermordet worden sei. Ein vierzeiliges Stehgreifliedchen – ein sogenanntes Schnadahüpfl – aus der damaligen Zeit lautet:

»Und an Max ham's vogift,
an Ludwig dertränkt,
jetzt steht's nimmer lang o,
wird der Otto aufg'hängt.«[4]

Auf gut Hochdeutsch heißt das so viel wie: Ludwigs Vater Max wurde vergiftet, Ludwig ertränkt – und sein Bruder Otto wird ebenfalls keines natürlichen Todes sterben. »Es war Mord!«, rufen auch die Guglmänner – jener mysteriöse Geheimbund, dessen Mitglieder in einer schwarzen Mönchskutte gehüllt und mit einer Kapuze – »Gugl« – auf dem Kopf bis heute die vermeintliche Ehre ihres Königs verteidigen. Mal verlangen sie »Sargöffnung subito!«, um den Leichnam untersuchen zu können, ein anderes Mal fordern sie einen Lehrstuhl für »Ludwigologie« an der Münchner Universität. Die Guglmänner demonstrieren gegen Autowerbung an der Michaelskirche, in deren Fürstengruft Ludwig seine letzte Ruhe fand, und wünschen eine Umbettung seiner sterblichen Überreste in einen Fenstersarkophag.

Man mag über die rührigen Aktionen lächelnd den Kopf schütteln, gleichwohl zeigt das Beispiel der Guglmänner ein Grundproblem der Auseinandersetzung mit Ludwig II. auf: Wenn man Ludwigs ungeklärtes Ende als alleinigen Bezugspunkt auswählt – wenn man sein Leben sozusagen von hinten nach vorne denkt –, muss die Person Ludwig geradezu zwangsläufig in ein schiefes Licht geraten. Alles läuft dann darauf hinaus, die angebliche Ermordung König Ludwigs II. von Bayern zu beweisen. Stellvertretend für viele fragen dann beispielsweise die Guglmänner: »Warum weilte der Mitarbeiter der Deutschen Abwehr (Bismarcks sehr effizienter Geheimdienst) Philipp Fürst zu Eulenburg an jenem Tag ›zufällig‹ in Starnberg?«[5] Damit wird angedeutet, dass Reichskanzler Otto von Bismarck bei Ludwigs Tod seine Finger im Spiel gehabt hätte. Doch an der Unterstellung ist alles falsch: Eine Einrichtung mit dem Namen »Deutsche Abwehr« existierte 1886 gar nicht, Eulenburg war kein Fürst – so durfte er sich erst ab 1900 nennen –, er arbeitete ohnehin für keinen Geheimdienst, sondern wirkte bereits seit 1881 als Legationssekretär an der preußischen Gesandtschaft in München, und – last, but not least – verbrachte er mit seiner Familie seit vielen Jahren regelmäßig die Sommermonate am Starnberger See. Blickt man auf die Fakten, fällt der Vorwurf in sich zusammen.

SO VIEL WURDE MIR SCHNELL KLAR, als ich mich mit Ludwig zu beschäftigen begann: Es existieren gewissermaßen zwei Ludwigs – die Kunstfigur und die historische Persönlichkeit. Doch wie wird man dem Menschen Ludwig habhaft, wenn man ein Buch über ihn und nicht über den Mythos schreiben will? Ich musste nach München. Die Gegend rund um den Odeonsplatz darf man getrost zu den feinsten Adressen der bayerischen Hauptstadt zählen. In der Ludwigstraße 14, unweit des Hofgartens, der Feldherrnhalle, der Theatinerkirche und direkt neben dem imposanten Gebäude der Bayerischen Staatsbibliothek residiert das Bayerische Hauptstaatsarchiv. Das weitläufige Bauwerk wurde zwischen 1822 und 1830 im Auftrag König Ludwigs I. von Leo von Klenze für das damalige Kriegsministerium errichtet. Im Zweiten Weltkrieg zerstört, hat man das Ensemble wieder aufgebaut. Die klassizistischen Fassaden sind alt – das Innere des Gebäudes strahlt indes die linoleumartige Ästhetik der 1960er Jahre aus. Im ersten Stockwerk befinden sich die Räume des Geheimen Hausarchivs der Wittelsbacher Dynastie. Hier werde ich der Person Ludwigs näherkommen, so meine Hoffnung.

»Bitte klingeln«, heißt es an der Etagentüre. Auch sonst zeigte man sich zunächst verschlossen. »Die Benützung der Abt. III Geheimes Hausarchiv unterliegt der Zustimmung des Chefs des Hauses Wittelsbach« hatte mich vorab die Homepage des Archivs informiert. Derartige Auflagen waren mir aus meiner bisherigen Arbeit nicht bekannt. Ich war es vielmehr gewöhnt, staatliche Archive uneingeschränkt nutzen zu dürfen, jetzt sollte ich also um Erlaubnis bitten. Die Situation in München stellt sich aber komplizierter dar als in anderen Fällen. Das Geheime Hausarchiv ist zwar eine Abteilung des Bayerischen Hauptstaatsarchivs – es wird also vom bayerischen Staat verwaltet und finanziert –, das Archivgut gehört aber nicht dem Freistaat, sondern dem Wittelsbacher Ausgleichsfonds. Dabei handelt es sich um eine 1923 gegründete Stiftung, deren Erlöse auch heute noch dem Unterhalt der Angehörigen des einstigen Herrscherhauses dienen. Wie auch immer: Da für mich von Anfang an feststand, nur ein Buch schreiben zu wollen, das möglichst weitgehend auf Quellenrecherchen basiert, musste ich mich mit den Verhältnissen in der Ludwigstraße wohl oder übel arrangieren. Das Schicksal meines Projektes hing also nun an einem seidenen Faden: Würde der Chef des Hauses Wittelsbach mein Vorhaben genehmigen? Ich war folglich gut beraten, einen wasserdichten Antrag zu formulieren und einzureichen. Wie bei der Bewerbung um eine Arbeitsstelle musste ich eine Mappe, bestehend aus einem Motivationsschreiben, einem Lebenslauf, einer Liste meiner bisherigen Veröffentlichungen sowie mehreren Empfehlungsschreiben, zusammenstellen.

Freunde zogen mich mit dem Rat auf, ich solle mir doch für mein Vorstellungsgespräch im Archiv einen »leichten Sommerstoiber« zulegen – einen jener legendären Trachtenjanker, den Edmund Stoiber bei volkstümlich-legeren Anlässen zu tragen pflegte –, aber so weit wollte ich nicht gehen. Ähnlich weit hergeholt erschien es mir, meinen rheinischen Akzent mit einigen auswendig gelernten Floskeln in bayerischer Mundart zu kaschieren, wie mir andere Freunde mit sichtbarem Spott empfohlen hatten. Ich bezweifle, dass ich es in dieser Disziplin jemals zu passablen Resultaten gebracht hätte. Derartige Maskeraden waren letztlich auch gar nicht nötig, denn mein Antrag wurde nach einigem Hin und Her von Herzog Franz, dem Chef des Hauses Wittelsbach, genehmigt. Damit hielt ich die gewünschte *Carte blanche* in Händen.

Nun blickte ich mit Spannung meiner ersten Recherchewoche in München entgegen. Im Vorhinein hatte ich mysteriöse Andeutungen über Geheimbestände in sprichwörtlichen Giftschränken gehört, die meinen Forschergeist natürlich zusätzlich anstachelten. In der Tat glaubte man offensichtlich lange Zeit, die vornehmliche Aufgabe eines Geheimen Hausarchivs bestehe darin, die Bestände möglichst geheim zu halten. Dafür gab es zunächst auch gute Gründe. Um es drastisch zu formulieren: Man wollte Ludwig vor seinen Anhängern in Schutz nehmen. Aus Sicht der Wittelsbacher galt es, den Missbrauch des Archivs durch Hobbyhistoriker, Möchtegernschriftsteller, Schwärmer und Verschwörungstheoretiker zu verhindern. Nicht zuletzt dieser Geschäftspolitik des Geheimen Hausarchivs ist es aber auch zu verdanken, dass seit Ende des Zweiten Weltkriegs zwar viele Hundert Bücher über Ludwig II. erschienen sind, sich darunter aber keine umfangreiche Biographie »von der Wiege bis zur Bahre« befindet, für die die Münchner Bestände zur Verfügung gestanden hätten. Als der bayerische Historiker Ludwig Hüttl Anfang der 1980er Jahre ein Buch über König Ludwig vorbereitete, erhielt er – gewissermaßen selbstverständlich – keinen Zugang: Professor Hüttl musste seine Biographie schreiben, ohne die zentralen Dokumente auswerten zu dürfen.

Doch einige Jahre später hatten sich die Zeiten geändert. Historiker wie Christof Botzenhart, Rupert Hacker und Franz Merta konnten für ihre Arbeiten die Archivalien des Hausarchivs verwenden. So erschienen in den vergangenen Jahren beispielsweise in der *Zeitschrift für bayerische Landesgeschichte* wichtige Fachartikel, die sich mit bestimmten Details in Ludwigs Leben befassen – eine Biographie des Königs ersetzen diese Studien gleichwohl nicht. Diese Lücke möchte ich schließen.

Bei meinen zahlreichen Besuchen im Geheimen Hausarchiv wurde ich von Dr. Gerhard Immler, dem Archivdirektor, sowie dessen Mitarbeitern stets freundlich und mit großer Hilfsbereitschaft empfangen. Gelegentlich bat mich Dr. Immler kurz in sein Büro, bevor er mir eine bislang streng vertrauliche Akte aushändigte. Dann wies er mich auf die besonderen Inhalte hin und warb für einen sensiblen Umgang mit den Informationen. Mehr nicht – ich hatte nie den Eindruck, dass man mir etwas vorenthielt.

Es ist für den Historiker immer ein aufregendes Gefühl, die Schnur, die einen Aktenstoß zusammenhält, zu lösen und dann den Deckel zu öffnen. Was wird mich erwarten? Ohne an dieser Stelle zu viel zu verraten: Ich erhielt im Geheimen Hausarchiv einige Konvolute auf den Tisch, die zuvor wohl noch nie ans Tageslicht gekommen waren, darunter Ludwigs Krankenakte sowie die medizinischen Berichte über die Obduktionen seiner Eltern, seines Bruders Otto und seiner Tante Alexandra. Darüber hinaus las ich hunderte Briefe, Telegramme, Notizen und Befehle – und schimpfte nicht nur einmal über Ludwigs exzentrische Handschrift.

Von besonderem Interesse erschienen mir Ludwigs Tagebücher. Einem Tagebuch vertraut man ja im Allgemeinen solche Dinge an, über die man sonst zu keinem Menschen sprechen kann, darf oder will. Von den Geheimtagebüchern des barocken Londoners Samuel Pepys bis zu den monumentalen Selbstreflexionen Thomas Manns, dem autosuggestiven Gestammel eines Joseph Goebbels oder Nicolaus Sombarts drastisch-exhibitionistischem *Journal intime* – diese Aufzeichnungen gleichen Selbstgesprächen, in deren Verlauf häufig Klartext geredet wird. Auch Ludwig II. verfasste derartig vertrauliche Briefe an die eigene Person. Und doch ist die Ausgangslage hier wesentlich komplizierter als etwa bei Thomas Mann. Die Geschichte von König Ludwigs Tagebüchern ist nicht nur ein echter Krimi, der sich zu erzählen lohnt, sie berichtet auch viel über die verhängnisvolle Rezeption Ludwigs nach dessen Tod.

Am 13. Juni 1858 schrieb Kronprinz Ludwig die erste Zeile in sein Tagebuch – zu diesem Zeitpunkt hatte er sein dreizehntes Lebensjahr noch nicht vollendet.[6] Der letzte Eintrag datiert vom 7. Juni 1886, sechs Tage später ertrank der König im Starnberger See. Dazwischen liegen 28 Jahre, die von ihm mit variierender Intensität beschrieben werden. Alles in allem füllte er neun Bände mit vielen hundert Seiten. Während die ersten sieben Bände mit den Eintragungen bis November 1869 nach Ludwigs Tod direkt in das Geheime Hausarchiv gelangten – wo sie heute noch aufbewahrt werden –, fielen die Nummern acht und neun mit den Notaten vom November 1869 bis zum Juni 1886 zunächst in die Hände der Staatskommission, die die Absetzung des Königs betrieben hatte. Sie dienten den Beamten als Beweismaterial für die angebliche Geisteskrankheit des Königs. Daraufhin gerieten diese beiden letzten Alben für einige Zeit in den Privatbesitz des Ministers Johann von Lutz und nach dessen Tod 1890 über verschlungene Wege ebenfalls in das Hausarchiv. Dort wurden alle neun Bücher aufbewahrt, bis der gesamte Bestand nach der Revolution 1918 in die Obhut des Reichsarchivs wechselte. Irgendwann zwischen 1918 und 1923 wurde der letzte Band im Auftrag des Kronprinzen Rupprecht von Bayern vernichtet – die genauen Hintergründe für diese Entscheidung sind nicht bekannt. Im Juli 1936 kehrten die restlichen Papiere in das Geheime Hausarchiv nach München zurück. Der damalige Direktor beging einen verhängnisvollen Fehler, als er den vorletzten Tagebuchband mit den Aufzeichnungen vom November 1869 bis Dezember 1885 in seiner Schreibtischschublade deponierte. Während die Tagebuchbände eins bis sieben im Zweiten Weltkrieg an einem sicheren Ort ausgelagert wurden, verbrannte der achte und vorletzte Band bei einem Bombenangriff Ende April 1944.

Als ob das alles nicht schon verwirrend genug gewesen wäre, erschien 1925 in einem obskuren Liechtensteiner Verlag eine Edition der *Tagebuch-Aufzeichnungen von Ludwig II., König von Bayern*. Beim genaueren Hinsehen handelt es sich dabei um Auszüge der beiden letzten Bände. Doch wie war das möglich? Denn: 1925 befand sich Band acht in sicherer Verwahrung des Reichsarchivs und Band neun existierte seit mindestens zwei Jahren nicht mehr. Handelte es sich bei dem Buch um eine Fälschung? Und wer war der Herausgeber? Auf dem Titelblatt erscheint der Name eines gewissen Edir Grein. Der kuriose Vorname lässt vermuten, dass man es mit einem Pseudonym zu tun hat, und in der Tat versteckte sich hinter »Edir Grein« der Stiefsohn des Ministers Lutz aus seiner dritten und letzten Ehe mit Margareta Riedinger. Als seine Mutter im Juli 1924 verstarb, fand Erwin Riedinger in ihrem Nachlass ein Konvolut mit Tagebuchtexten des Königs, das wiederum von Lutz stammte. Dabei handelte es sich um Originalblätter, die Lutz aus dem Tagebuch offensichtlich herausgetrennt hatte, sowie um Pausen der Autographe. Diese Papiere waren es, die Erwin Riedinger alias Edir Grein in seinem Buch veröffentlichte.

Riedingers Ausgabe basierte also zweifellos auf echten Vorlagen, gleichwohl ist größte Vorsicht angezeigt. Wir haben es nämlich nicht mit einer wissenschaftlich sauber erarbeiteten und fachlichen Ansprüchen genügenden Edition zu tun, sondern mit einem tendenziösen Machwerk. »Der ›Wahnsinn in Purpur‹ tritt uns in den Aufzeichnungen Ludwigs II., die dieses Buch wiedergibt, erschütternd vor

Augen«, heißt es marktschreierisch im Vorwort. »Nicht nur der Psychiater, sondern auch der Laie, der diese Tagebucheintragungen liest, wird zur Erkenntnis kommen, daß sie nur einen Irren zum Verfasser haben können. Und damit fallen alle Vorwürfe, die noch immer wegen seiner Entthronung da und dort erhoben werden, in Nichts zusammen.«[7] Riedingers Ausgabe verfolgte knapp vierzig Jahre nach Ludwigs Tod das Ziel, dessen Absetzung moralisch zu legitimieren und das Handeln Johann von Lutz' posthum reinzuwaschen. Dabei war dem Stiefsohn jedes Mittel recht. Zum einen veröffentlichte er nur eine bruchstückhafte und einseitige Auswahl von Ludwigs Aufzeichnungen. Aus alten Bestandsverzeichnissen wissen wir, dass der Umfang des 1944 verbrannten Tagebuches rund 400 Blätter betragen haben muss. Diesem Konvolut entnahm Riedinger aber lediglich 33 Blätter, was nur 8 Prozent des ursprünglichen Inhalts entspricht.[8] Franz Merta wies zum anderen nach, dass der Herausgeber die Texte an vielen Stellen noch zusätzlich verstümmelte. Darüber hinaus konnte Riedinger Ludwigs zugegebenermaßen extravagante Handschrift offensichtlich nicht immer lesen, sodass ihm auch zahlreiche Entzifferungsfehler unterliefen. Und nicht zuletzt verkannte er Ludwigs bildhafte Sprache, da ihm die zahlreichen Zitate, die der König etwa den Werken Richard Wagners oder Friedrich Schillers entnahm, wohl nicht geläufig waren. Ludwigs metaphernreiche Ausdrucksweise verleitete den Herausgeber wiederum zu allerlei absurden Kommentaren über den »Wahnsinn in Purpur«. Alles in allem stellt Erwin Riedingers Tagebuchausgabe eine Karikatur des Originals dar. Er zeichnete ein Zerrbild, das den König als hässlich-verrückte Fratze darstellte. Glücklicherweise standen für die vorliegende Biographie Ludwigs erhaltene Tagebuchbände im Geheimen Hausarchiv zur Verfügung.

Neben der Selbstbespiegelung, die Ludwig in seinen Diarien und Briefen betrieb, existiert auch so etwas wie eine Außenschau auf ihn. Ludwig war als Folge seiner Herkunft immer eine Person des öffentlichen Interesses: Ob als Kind, Jugendlicher oder später als Erwachsener, ob als Kronprinz oder als König, ob in der Kirche, auf dem Oktoberfest, im Theater oder auf einer Ausfahrt – Ludwig wurde von unzähligen Menschen unentwegt gemustert. Viele seiner Zeitgenossen haben ihre privaten Erinnerungen an den Wittelsbacher notiert und später veröffentlicht, sodass sie uns heute als mitunter wichtige Quellen zur Verfügung stehen.

Darüber hinaus war Ludwig II. aber auch das Objekt einer professionellen politischen Beobachtung. Bei seinem Regierungsantritt 1864 existierten in München siebzehn ausländische Gesandtschaften. Darunter befanden sich die großen europäischen Mächte Preußen, Österreich, Frankreich, Russland, Großbritannien und Spanien, aber auch die Königreiche Schweden, Brasilien, Belgien und der Niederlande bis hin zu kleineren deutschen Ländern wie Hessen oder Hannover. Die jeweiligen Diplomaten verfassten für ihre heimischen Regierungen regelmäßig Berichte über die Münchner Politik, über das Leben im Königreich Bayern, über gesellschaftliche Ereignisse und nicht zuletzt auch über den Monarchen selbst. Diese Depeschen hatten so etwas wie eine seismographische Funktion: Sie mussten Strömungen in der Politik sowie Stimmungen in der Bevölkerung auffangen, bewerten und – falls möglich – weitere Entwicklungen vorhersagen. Das gelang umso präziser, je besser der einzelne Gesandte in München und Bayern vernetzt war.

Der preußische Diplomat Georg von Werthern etwa war ein Meister seines Fachs. Der 1816 geborene Adlige kam nach Stationen in Madrid, Wien, Sankt Petersburg, Athen, Konstantinopel und Lissabon im Frühjahr 1867 nach München, wo er bis zu seiner Pensionierung im Jahre 1888 als Gesandter blieb. »Werthern war durchaus ein Original«, erinnert sich sein Mitarbeiter Philipp zu Eulenburg, »körperlich und geistig beweglich wie ein Jüngling, trug Kleider von seltsamem Schnitt und Hüte von merkwürdiger Form.«[9] Dass Werthern über zwanzig Jahre auf seinem Münchner Posten blieb, war eher ungewöhnlich, denn normalerweise wurden die Beamten nach einer gewissen Zeit ausgewechselt. Der preußische Ministerpräsident und Reichskanzler Otto von Bismarck – Wertherns Chef – wusste aber, was er an seinem Mann an der Isar hatte. Georg von Werthern verfügte über beste Beziehungen in die bayerische Politik und in die Münchner Gesellschaft. Der exzentrische Diplomat verkehrte am liebsten in Künstler- und Gelehrtenkreisen, doch verstand er es auch, seine geheimen Kanäle zu den Ministern und Sekretären König Ludwigs II. virtuos zu nutzen. In vertraulichen Hintergrundgesprächen erfuhr er so manches Detail über den König, das Leben am Hof und die bayerische Politik, das Werthern umgehend an seine Vorgesetzten in Berlin meldete. Diese Hintergrundinformationen machen Wertherns politische Depeschen, die ich für diese Biographie vollständig ausgewertet habe, zu überaus wichtigen Quellen. Sehr gut unterrichtet zeigten sich auch die Vertreter der österreichisch-ungarischen Gesandtschaft, deren Reporte ich in Wien konsultiert habe. Dank beider Überlieferungen – der preußischen wie der österreichischen – lassen sich insbesondere die Vorgänge rund um die Reichsgründung 1870/71 aus zwei unterschiedlichen europäischen Perspektiven beleuchten.

Richtig ist aber auch, dass die diplomatischen Schreiben häufig gespickt waren mit Klatsch und Tratsch. Wer was über wen dachte wurde ebenso thematisiert wie das triste Eheleben bayerischer Minister oder die sinnesfrohen Fehltritte bekannter Würdenträger. Werthern referierte mit vollendeter Ironie über »nackete Bälle« – Sexpartys –, an denen königliche Prinzen in roter Tüll-Tunika und Pumps teilgenommen haben sollen. Selbst die sexuellen Präferenzen König Ludwigs II. fanden, wie wir noch sehen werden, eine erstaunlich offene Diskussion. Georg von Werthern nannte diese pikanten Ausflüge in den Bereich der Plauderei augenzwinkernd »Hofnachrichten«. Viele dieser saftigen Berichte liest man heute wie eine *Chronique scandaleuse* mit atemloser Spannung. Auch wenn sich nicht jede Information als zuverlässig erwies – die Grenze zur üblen Nachrede war naturgemäß fließend –, erfüllten aber auch diese »Hofnachrichten« eine wichtige Funktion und dürfen nicht geringgeschätzt werden.

Bei den verschiedenen Archivbesuchen in München, Berlin und Wien – das Quellenverzeichnis gibt genaue Auskunft – konnte ich gut tausend relevante Dokumente zusammentragen. Viele dieser Briefe, Notizen, Befehle, Depeschen und Tagebucheinträge sind mehrere Seiten lang, sodass dieser Biographie ein Quellenfundament von einigen Tausend Seiten Umfang zugrunde liegt. Oft musste ich mich aus profanen Platzgründen gegen den Abdruck eines Zitates entscheiden, schließlich ist eine Biographie keine Quellensammlung. Doch sind in dieses Buch auch Informationen eingeflossen, die dem einen oder anderen Zeitgenossen nicht gefallen werden. »Kini«-Verehrer werden mir vielleicht vorwerfen, dass ich mit der Enthüllung delikater Trouvaillen Ludwigs Privatsphäre verletze und dem Denkmal des »Märchenkönigs« dadurch tiefe Kratzer zufüge. Das stimmt – und doch scheint mir dieses Vorgehen alternativlos zu sein. Wenn man das Leben einer Person anhand von Originaldokumenten rekonstruiert, darf es keine Zensur geben. Auch dann nicht, wenn Papiere ans Tageslicht kommen, die vielleicht weniger schöne Seiten des Protagonisten zeigen. Über 120 Jahre nach Ludwigs Tod im Starnberger See sollte es nicht mehr um die Stilisierung des Königs zu einer Kunstfigur gehen, sondern um eine wahrheitsgetreue und gerechte Beurteilung seines Lebens und seiner Herrschaft.

Viele Details der nur gut vierzig Lebensjahre Ludwigs II. berühren und verzaubern, andere schockieren und verstören, und wiederum andere lassen uns ratlos zurück. Wenn man Ludwig aber ernst nimmt, entsteht das neue und faszinierende Bild eines klugen und mutigen Monarchen, eines großzügigen und weitsichtigen Förderers und eines unglücklichen und mit sich selbst hadernden Mannes, der in erster Linie eines war – ein unzeitgemäßer König.

Oliver Hilmes
Berlin, im Juli 2013

KAPITEL I

Der Kronprinz

KÖNIG MAXIMILIAN II. VON BAYERN war ein Ordnungsfanatiker mit einem starken Hang zur Umstandskrämerei. Was sein Vater Ludwig I. im Übermaß besaß – Temperament, Leidenschaft, Selbstbewusstsein, Charisma und Entscheidungsfreude –, ging Max weitgehend ab. Im Gegensatz zu Ludwig, der sich mit Vorliebe als egomanisches und mitunter polterndes Originalgenie inszenierte, trat sein Sohn den Zeitgenossen steif, still, übertrieben förmlich und unnahbar gegenüber. Angesichts der unterschiedlichen Charaktere mag es kaum verwundern, dass sich das Mit- und Nebeneinander des schillernden Vaters und des vergleichsweise blassen Sohnes zeitlebens als schwierig erweisen sollte. Die beiden fanden einfach keinen Weg zueinander. Noch über seinen 28-jährigen Filius klagte Ludwig: »An meinen Sohn Max darf ich nicht denken, soll ich heiter bleiben.«[1]

Dass Maximilian so wurde, wie er war, mag ebenso viel mit seiner Persönlichkeit wie mit seiner Erziehung zusammenhängen, die ganz im Zeichen einer strengen geistigen und körperlichen Züchtigung gestanden hatte. Von Anfang an wurde der im November 1811 geborene Kronprinz im Hinblick auf sein zukünftiges Amt gedrillt; auf die Bedürfnisse eines Knaben nahmen die zumeist lieblos agierenden Lehrer keine Rücksicht. In Max' Worten klang das so: »Mein Inneres war gedrückt und verwundet. Meine im Ganzen gesunde, aber erregbare Körperbeschaffenheit, brachte es mit sich, daß ich Alles um so lebhafter und tiefer empfand. Einer um so verständigeren, mich zum frohen Lebensmuth und Selbstvertrauen erziehenden Leitung hätte ich bedurft, während vielmehr das Gegentheil stattfand.« Der Junge fühlte sich auf das Leben schlecht vorbereitet. Noch als erwachsener

Mann beklagte er sich über die offensichtlich unzureichenden Lerninhalte. »Die Zeit meiner Erziehung war vollendet, und ich war eigentlich nicht erzogen«, gestand er sich mit larmoyanter Aufrichtigkeit ein. »Vielerley hatte ich gelernt und nichts recht. Ich war ohne feste, religiöse Ueberzeugung und Grundsätze.«[2]

Als junger Mann von achtzehn Jahren zog der Kronprinz im Herbst 1829 zum Studium nach Göttingen und im Jahr darauf nach Berlin, wo er bei so angesehenen Gelehrten wie Friedrich Christoph Dahlmann und Leopold von Ranke Vorlesungen hörte. Nach der Theorie kam die Praxis: Max unternahm in den folgenden Jahren ausgedehnte Bildungsreisen, die ihn nach Österreich und Ungarn, nach Frankreich und England, nach Belgien und in die Niederlande sowie nach Griechenland und immer wieder in das besonders geliebte Italien führten. Er lernte aber auch das eigene Land kennen und besuchte Augsburg, Nürnberg, Bamberg, Regensburg und das Alpenvorland.

Im Jahre 1835 erkrankte er plötzlich und litt seitdem an starken Kopfschmerzen, deren Ursache aber im Dunkeln liegt. Nach Max' Tod wurde die Leiche zwar seziert – das Sektionsprotokoll, das für diese Biographie erstmals ausgewertet werden kann, gibt in dieser Frage aber leider keinen Aufschluss. Es werden dort keine erkennbaren Zeichen einer Infektion oder einer früheren Entzündung des Gehirns und der Häute erwähnt. Die Ärzte fanden auch keine Hinweise auf eine Atrophie – auf einen Substanzverlust –, ganz im Gegenteil beschrieben sie in ihrem Bericht ein »wohlgeformtes und großes Gehirn«.[3] Wie auch immer, das mysteriöse Leiden muss so schlimm gewesen sein, dass sich im Laufe der Zeit seine Persönlichkeit veränderte: Max wurde übertrieben skrupulös, und die körperlichen Qualen lähmten seine Entschlusskraft zeitweise bis zur Apathie.

Da der bayerische Kronprinz ein Zauderer war, tat er sich auch mit der Brautwahl nicht leicht. Hochzeiten in Königshäusern hatten in der Regel wenig mit Liebe und viel mit dynastischen Zwängen zu tun. Es ging um Macht, um politischen Einfluss und um die Thronfolge, schließlich sollte aus der Verbindung der nächste Regent erwachsen. Royale Ehen wurden von den Familien arrangiert – persönliche Zuneigung oder gar romantische Liebe spielten nur eine untergeordnete Rolle; im Idealfall waren sich die Brautleute nicht unsympathisch.

Die mangelnde Entschlusskraft des bayerischen Kronprinzen machte diesen schwierigen Prozess sicher nicht einfacher. Und so warb Max erst mit dreißig Jahren – für die damalige Zeit also vergleichsweise spät – um die Hand einer jungen Dame. Seine Wahl fiel auf Marie von Preußen. Die erst sechzehnjährige Prinzessin war das, was man damals eine gute Partie nannte. Sie war jung und gesund genug, um den dynastischen Reproduktionspflichten entsprechen zu können, sie war anmutig und hübsch, was gerne gesehen wurde, und sie stammte aus dem wichtigen preußischen Herrscherhaus. Darüber hinaus war sie wie ihre zukünftige Schwiegermutter evangelisch, was man als freundliches Zeichen an die protestantisch geprägten Landesteile Bayerns deuten konnte. Eine Liebeshochzeit war es wohl alles in allem nicht, wie Max' und Maries Sohn Ludwig Jahre später seinem Hofsekretär erzählte: »Seine Mutter habe den König geheirathet, weil er ein Schloß bei Tirol gehabt u. er sie, weil er ihre Schwester liebte. Sonst hätte sie den Herzog von Koburg genommen.«[4]

Die Hochzeitsfeierlichkeiten begannen am 5. Oktober 1842 und dauerten genau sieben Tage. Da die Brautleute verschiedenen Konfessionen angehörten, wurden zwei Trauungen nötig. Nach der evangelischen »Prokurativ-Trauung« im Berliner Schloss, bei der Max nicht anwesend war und von Prinz Wilhelm – dem späteren Kaiser Wilhelm I. – vertreten wurde, brach Marie in ihr neues Leben nach Bayern auf. Die Reise geriet zum Triumphzug: Ob in Bayreuth, Amberg, Schwandorf, Regensburg, Landshut oder Freising – überall wurde die zukünftige Königin herzlich begrüßt und von der Bevölkerung bejubelt. In München angekommen, fand in der dortigen Allerheiligen-Hofkirche am 12. Oktober 1842 die katholische Trauung statt. Max hatte nun endlich seine Frau – und Bayern eine Kronprinzessin.

ALLER ANFANG WAR SCHWER – auch für Marie. Sie war jetzt Teil einer neuen Familie und musste sich mit ihrem neuen Leben in einer für sie neuen Stadt erst noch arrangieren. Als Kronprinzessin verfügte sie über einen eigenen Hofstaat, der sieben Personen zählte. An der Spitze stand die Oberhofmeisterin Euphrosine von Pillement – »eine ganz verwitterte, kleine alte Dame« –, der die sittliche Reinheit der knapp Siebzehnjährigen offensichtlich sehr am Herzen lag. Sie soll Maries Gesellschafterinnen angewiesen haben, »beim Vorlesen von Romanen und Novellen das Wort ›Liebe‹ stets durch ›Freundschaft‹ zu ersetzen.«[5] Doch trotz dieser Schonung lernte Marie die körperliche Seite des Ehelebens augenscheinlich schnell kennen. Nachdem sie bereits im Frühjahr 1843 eine Fehlgeburt erlitten hatte, wurde sie Ende 1844 erneut schwanger. Am frühen Morgen des 25. August 1845 brachte Marie nach gut zwanzigstündigen Wehen im Grünen Salon von Schloss Nymphenburg einen Jungen zur Welt. Bereits am nächsten Tag taufte man ihn auf den Namen Otto Friedrich Wilhelm Ludwig. Da der Kleine am Geburtstag des königlichen Großvaters das Licht der Welt erblickt hatte, nannte man ihn fortan Ludwig. Da war er also: Erbprinz Ludwig, später besser bekannt als König Ludwig II. von Bayern.

»Der Augenblick, wo das Kind den ersten Schrei that, war ein herrlicher«, schrieb Max einige Tage später an einen Verwandten. »Es ist doch ein prächtiges Gefühl, Vater zu sein.«[6] Aber war der Kronprinz überhaupt der Erzeuger seines Sohnes? Die Frage klingt zunächst paradox, sie ist aber doch einer kurzen grundsätzlichen Überlegung wert. Die Zweifel an Maxens Vaterschaft gehen im Wesentlichen auf das Gerede zurück, dass der Kronprinz an einer Geschlechtskrankheit gelitten habe und daher zeugungsunfähig gewesen sei. Da aber ein Stammhalter gebraucht wurde, so die wabernden Gerüchte, habe sich der erotisch versierte Ludwig I. höchstpersönlich seiner Schwiegertochter angenommen. Eine andere Fama besagt, dass Max' Adjutant Ludwig von und zu der Tann diese staatstragende Aufgabe übernommen habe. Das behauptete im Herbst 1991 der angesehene Historiker Karl Bosl – Belege für seine steile These lieferte er indes nicht.[7] Gelegentlich wird auch König Ludwigs Kammerdiener Giuseppe Tambosi als möglicher Kindsvater genannt. Bei dieser Version der Geschichte (»dem Tambosi sei' Bua'«) musste die arme Marie aber zuvor mit Wein betrunken gemacht werden – offensicht-

Die bayerische Königsfamilie: König Maximilian II. mit seiner Frau Königin Marie und den Söhnen Ludwig (links) und Otto, 1860.

lich war der damals knapp fünfzigjährige Italiener ihr sonst nicht zumutbar.

Um es deutlich zu sagen: Für diese Lesarten gibt es keinerlei überzeugende Beweise – weder für das Vorliegen einer Geschlechtskrankheit bei Max (im Sektionsprotokoll wird dazu nichts erwähnt) noch für das beherzte Eingreifen fremder Herren. Wir haben es vielmehr mit Gerüchten zu tun, die von Generation zu Generation weitergegeben werden und die immer aufs Neue das Sensationsbedürfnis des Publikums bedienen. Der preußische Diplomat Georg von Werthern hatte seine eigene Erklärung für das eifrige Kolportieren zwielichtiger Legenden: »Es gibt wohl keinen Ort in Deutschland«, lästerte er vor gut 140 Jahren, »in welchem die absurdesten Gerüchte mit größerer Bereitwilligkeit aufgenommen & verbreitet werden als in München.«[8]

Unordnung und frühes Leid

DER KLEINE LUDWIG wurde unmittelbar nach seiner Geburt einer Amme zum Stillen übergeben. Das war damals in gehobenen Kreisen durchaus üblich – und zwar unabhängig davon, ob die leibliche Mutter stillen konnte oder nicht. Ludwigs Amme war eine stark übergewichtige Bäuerin aus Miesbach, von der man offensichtlich glaubte, dass sie den Säugling besonders gut mit allen wertvollen Nährstoffen versorgen könnte. Selbstverständlich wurde das königliche Baby regelmäßig vom Leibarzt der Familie Franz Xaver von Gietl untersucht. Es mangelte also vordergründig an nichts, und so entwickelte sich Ludwig zunächst prächtig, wie Marie den Doktor im November wissen ließ: »Der Kleine ist so wohl wie uns möglich, er lacht viel u. ist sehr munter.«[9]

Wenige Monate später fand die Familienidylle ein vorläufiges Ende. Aus Berlin erreichte das Kronprinzenpaar die schlimme Nachricht, Maries Mutter Prinzessin Marianne von Preußen sei schwer leidend. Es stehe nicht gut um die 61-Jährige, hieß es, und es sei besser, sich auf das Unvermeidbare vorzubereiten. Während Marie und Maximilian Ende Februar 1846 in Richtung Berlin abfuhren, ließen sie Ludwig bei der Amme zurück; die beiden sollten möglichst schnell nachreisen. Da jedoch an der Spree die Masern grassierten, nahm man von diesem Plan rasch wieder Abstand. Marie war traurig und vermisste ihr Kind sehr. »Nun darf er hoffentlich bald herkommen, die Masern nehmen sehr ab«, schrieb Marie Mitte März 1846 an Gietl. »Heut ist der 15te von dem Tage an, sagten Sie, dürfte er reisen, das Wetter ist jetzt noch gut, der Kleine wohl, also hoffe ich Sie bringen ihn bald, denn ich habe große Sehnsucht nach ihm und kann es nicht erwarten ihn Mama zu zeigen, der es leider nicht gut geht, etwas beßer Gottlob doch als am Mittwoch, wo wirklich Gefahr vorhanden war und wir große Angst hatten.«[10]

Marie und Max hatten indes die Rechnung ohne den Großvater gemacht. König Ludwig verbat Gietl kurzerhand, seinen Enkel nach Berlin zu bringen. Das sei zu gefährlich, entschied das Familienoberhaupt, man dürfe kein Risiko eingehen. Erst nach gutem Zureden des

Doktors änderte Ludwig im April seine Meinung. Marie konnte die Ankunft ihres Kindes kaum erwarten: »Ich hoffe, daß die Nachtquartiere des Kleinen doch immer recht durchgeheizt werden auf der Reise, Sie fragen wohl für Alles?«[11]

Während die Mutter sich auf das Wiedersehen mit ihrem Sohn freute, erkrankte dessen Amme völlig unerwartet so schwer, dass sie innerhalb kurzer Zeit starb. Professor Gietl glaubte zunächst, dass die Bäuerin an Typhus gelitten habe, wofür sich aber bei der eilig angeordneten Obduktion keine Hinweise finden ließen. »Das Fieber und der Tod sind wohl die Folge einer Zersetzung des übermäßigen Fettes und wohl auch der Milch gewesen«, schrieb der Doktor später in einem Bulletin, »und es war das was man gewöhnlich Milchversetzung auf das Gehirn nennt.« Mit dieser Formulierung beschrieb man damals einen Selbstvergiftungsprozess des Körpers, der durch einen Abszess an einer Brust und durch das Nicht-Abfließen der Milch ausgelöst werden konnte. Ob die Bäuerin wirklich an einer bakteriellen Vergiftung starb, lässt sich heute aber nicht mehr zweifelsfrei feststellen. Ebenso denkbar ist, dass die Amme an Meningitis litt. Bei der Untersuchung von Ludwigs Gehirn fand man Jahrzehnte später klare Belege für eine überstandene Hirnhautentzündung. Es wäre also gut möglich, dass sich Ludwig als Baby bei seiner Amme angesteckt hat. Gesichert ist, dass es nach dem Tod der Amme auch den Kleinen schwer erwischte. Franz Xaver von Gietl: »Das Kind verfiel darauf in Diarrhö und Erbrechen mit starkem Verfall. Ein paar Monate darauf bekam es Convulsionen mit so starkem Einsinken der Fontanellen, daß die größte Lebensgefahr eintrat. Doch diese beiden Krankheiten wurden überwunden, und das Kind begann dann bald darauf sichtlich zu gedeihen.«[12]

Marie hatte von der Katastrophe, die sich während ihrer Abwesenheit ereignete, lange Zeit keine Ahnung – offensichtlich wollte man sie schonen. Als die Kronprinzessin nach gut fünf Monaten im Juli 1846 nach Bayern zurückkehrte, hatte ihr Sohn körperlich das Schlimmste hinter sich, was an ein Wunder grenzt, denn für die meisten Kinder verlief eine Meningitis damals tödlich. Die kleinen Patienten, die Glück hatten und nicht starben, behielten oft Schäden zurück. Doch daran – auch an die emotionalen Folgen dieser Krise – dachte Marie nicht. Sie dankte dem lieben Gott, dass ihr Ludwig dem Tod noch einmal von der Schippe gesprungen war.

Wenige Wochen später traf eine Frau in München ein, die das Wittelsbacher Königshaus gehörig durcheinanderwirbeln sollte. König Ludwig I. von Bayern war bekannt als leidenschaftlicher Mann, der das Schöne liebte. In den knapp 23 Jahren seiner Regentschaft entstanden Museen, Kirchen und Paläste, er schuf Theater, Denkmäler, Bibliotheken und Universitätsgebäude und erfand gewissermaßen nebenbei das weltberühmte Oktoberfest. Doch Ludwig förderte nicht nur die schönen Künste – er verehrte auch schöne Frauen, deren Porträts er in einer »Schönheitengalerie« sammeln ließ. Die Liste seiner außerehelichen Affären ist entsprechend lang. Mit der Marquesa Marianna Florenzi unterhielt er über vierzig Jahre lang eine intensive und zeitweise wohl auch intime Beziehung. Es ist gut möglich, dass Mariannas Sohn Ludovico (!) königlich-bayerischer Lendenkraft entsprang. Ludwigs Ehefrau Therese, mit der er seit 1810 verheiratet war, ertrug die Eskapaden ihres Mannes meistens in stillem Gleichmut.

Einer Frau jedoch wäre Ludwig besser aus dem Weg gegangen: Maria de los Dolores Porrys y Montez, alias Lola Montez. Die fünfundzwanzigjährige Tänzerin sei in Sevilla geboren, behauptete sie, doch das war, wie so vieles in ihrem Leben, frei erfunden. Señora Montez hieß eigentlich Elizabeth Rosanna Gilbert, stammte aus Irland und war eine waschechte Hochstaplerin. Am 7. Oktober 1846 stand sie dem sechzigjährigen Ludwig in einer Audienz gegenüber, und bereits kurze Zeit später war der Monarch ihr hoffnungslos verfallen. In seiner Verliebtheit beschrieb der König sich als Vesuv, der als erloschen gegolten habe und nun wieder ausgebrochen sei. Ludwig hofierte die Montez hemmungslos, verlieh ihr einen Adelstitel – und machte sich zum Gespött seines Volkes. Berühmt wurde ein Bonmot, das Ludwig dem Münchner Erzbischof Karl August von Reisach entgegengehalten haben soll, als der ihn zur Keuschheit ermahnte: »Bleib er bei seiner Stola, ich bleib bei meiner Lola!«

König Ludwigs Liebeskapriolen fielen in eine politisch bewegte Zeit. Ende der 1840er Jahre gärte es in Europa: Enttäuschte politische

Hoffnungen, soziale Spannungen, hohe Arbeitslosigkeit und Hungersnöte bereiteten vielerorts den Boden für eine Revolution. Im Februar 1848 musste der französische König Louis-Philippe auf Druck der Straße abdanken, und es wurde die Zweite Republik ausgerufen. Der Sturz des »Roi Citoyen« wirkte wie ein Fanal, und ausgehend von Baden und der Pfalz erfasste die Revolution nun auch Deutschland. Pressefreiheit, Ministerverantwortlichkeit, Schwurgerichte, Parlamentarisierung und ein auf die Verfassung vereidigtes Militär waren die Forderungen der Stunde.

In Bayern trafen die Demokraten auf einen liebestollen Monarchen, der sich nur sehr widerwillig auf Zugeständnisse einließ. Zwar berief Ludwig I. am 11. März ein neues Kabinett mit einem liberalen Innenminister, doch sein Einlenken kam zu spät. Das Volk hatte genug von seinem König, es wollte ihm seine Fehler, insbesondere dessen Hingabe an Lola Montez, nicht länger nachsehen. Er musste gehen. Am 20. März 1848 dankte König Ludwig I. zugunsten seines Sohnes Maximilian ab. Mit diesem Schritt retteten die Wittelsbacher die Monarchie in Bayern: Die Revolution sollte bald in die Defensive geraten und scheitern.

Von den dramatischen politischen Vorgängen jener Jahre bekam der noch nicht dreijährige Kronprinz Ludwig naturgemäß nicht viel mit. Erst viel später wird er erfahren haben, dass sein Großvater 1848 der einzige deutsche Fürst war, der als Folge einer demokratischen Bewegung seinen Thron verlor. Diese Tatsache trug sicher dazu bei, dass der spätere König Ludwig II. eine tiefe Abneigung gegenüber jeder Form von Mitsprache und Parlamentarismus hegte. Den Rest erledigte die Erziehung.

Alte Fehler

DIE ERZIEHUNG DES KRONPRINZEN und seines im April 1848 geborenen Bruders Otto lag in den Händen von Gouvernanten, Privatlehrern, Militärs und Geistlichen. Eine besonders wichtige Rolle spielte die 1814 geborene Kinderfrau Sybilla Meilhaus, die Ludwig von seinem ersten bis zum neunten Lebensjahr betreute. Meistens war er mit »Millau«, wie Ludwig die Erzieherin nannte, alleine. Dann las sie ihm aus der Bibel vor – etwa die Geschichte der Samariterin –, und er spielte die Szenen nach; gerne kostümierte er sich auch als Klosterfrau. Kontakt zu anderen Kindern hatte er nur sonntags, wenn gleichaltrige Adelige eingeladen wurden. Manchmal spielten die Jungen Soldat und Krieg, doch viel lieber stellte Ludwig die Fronleichnamsprozession dar. Mit klerikaler Attitüde hielt er die Monstranz hoch und schritt dem Festzug stolz voran. Es waren weitgehend unbeschwerte Jahre, an die Ludwig sich auch als erwachsener Mann noch gerne erinnerte. Später schied »Millau« aus dem Hofdienst aus und heiratete den Freiherrn August Ludwig von Leonrod. Sie starb im April 1881, und Ludwig widmete ihr auf dem Augsburger Friedhof ein Grab, dessen aufwändig gestalteter Stein die Inschrift trägt »der treuen Pflegerin seiner Kinderjahre«. Als König Ludwigs damaliger Kabinettssekretär Friedrich von Ziegler davon erfuhr, schüttelte er den Kopf: »Der theuren Verzieherin« sei passender, spottete er.[13] Denn das war die Kehrseite von Ludwigs unbeschwerter Kindheit: Die Meilhaus verhätschelte ihren Zögling und gab ihm schon früh das Gefühl, als Kronprinz etwas Besonderes und Besseres zu sein.

Am 1. Mai 1854 übernahm Theodor Graf Basselet de La Rosée Prinz Ludwigs Erziehung. Der 52-jährige Generalmajor machte die Bevorzugung zum System. Er impfte seinem Schüler unterschwellig einen gewissen Hochmut ein: dass er als Kronprinz die zukünftige Nummer eins sei, dass er sich nicht zu sehr mit Bürgerlichen einlassen und die Lakaien nur ganz kurz grüßen solle und dergleichen mehr. Ludwig übernahm dieses Rollenbild augenscheinlich sehr gerne. Selbst sein Bruder Otto musste hinter den Älteren zurücktreten. Aus Ludwigs zwölftem Lebensjahr datiert eine vielsagende Anekdote, die verschiedentlich dokumentiert ist. Beim Spielen warf Ludwig den kleinen Otto zu Boden, »setzte ihm sein Knie hart auf die Brust, drückte ihm sein Taschentuch auf den Mund und rief mit gebieterischer Stimme: ›Du bist mein Untertan. Du sollst mir gehorchen! Ich werde einmal dein König sein!‹«[14] Einer anderen Überlieferung zufolge soll Ludwig erklärt haben, seinen Bruder hinrichten

Die kleinen Prinzen Ludwig und Otto brechen 1860 zu einem Ausflug auf. Die Anzüge sind noch zu groß, und die Wanderstöcke überragen die Jungen um Haupteslänge.

zu müssen. Ein Hofbeamter ging dazwischen und konnte Schlimmeres verhindern. Als Max von dem Zwischenfall erfuhr, setzte es Ohrfeigen.

Im Unterschied zu Prinz Wilhelm von Preußen – dem späteren Kaiser Wilhelm II. –, der sein Abitur 1877 auf dem heutigen Friedrichsgymnasium in Kassel ablegte, besuchte Ludwig nie eine öffentliche Schule. Er wurde in der Münchner Residenz und in Schloss Nymphenburg privat unterrichtet. Neben Graf de La Rosée zählten Baron Emil von Wulffen, Major Carl von Orff, Gymnasialprofessor Franz Steininger, Domdechant Georg Carl Reindl und einige andere Herren mehr zu seinen Lehrern. Im ideellen Mittelpunkt standen christliche Tugenden wie Gottes- und Nächstenliebe, aber auch Werte wie Aufrichtigkeit, Fleiß, Genügsamkeit und Selbstachtung.

Aus dem Jahre 1859 ist ein Stundenplan überliefert, der heutigen Pädagogen als Dokument des Schreckens erscheinen dürfte. Die »Tagesordnung für den Kronprinzen«, wie das Papier überschrieben ist, begann von Montag bis einschließlich Samstag jeden Morgen um 5.30 Uhr mit dem Anziehen und dem Frühstück und endete um 19 Uhr mit Lektionen in Schwimmen, Fechten oder Turnen. Dazwischen lagen im täglich wechselnden Stundenrhythmus Unterrichtseinheiten in Deutsch, Französisch, Latein und Griechisch, in Geometrie, Mathematik und Geschichte sowie in Religion, Zeichnen, Kalligraphie, Reiten und Tanzen.[15] Pausen gab es nur beim Mittagessen sowie bei den Fahrten zwischen der Residenz und dem Schloss Nymphenburg. Alles in allem hatte der vierzehnjährige Ludwig an sechs Tagen in der Woche ein gut dreizehnstündiges Curriculum zu durchstehen – und das oftmals mit knurrendem Magen. Es gehörte zu den Absonderlichkeiten dieser Erziehung, dass man die Kinder bei Tisch knapp hielt. Als Teenager war Ludwig jedenfalls froh, wenn einer der Köche oder Diener ihm heimlich ein Butterbrot zusteckte. Für einen vollen Magen war in diesem gehetzten Leben ebenso wenig Platz wie für kindliche Kurzweil.

Auch die wenige freie Zeit, die Ludwig zur Verfügung stand, sollte möglichst sinnvoll genutzt werden. Mit knapp dreizehn Jahren, am 13. Juni 1858, schrieb Ludwig die erste Zeile in sein Tagebuch. Das Führen eines »Journal intime« ist Arbeit am Ich, formende Suche nach Identität anhand der Leitfragen: Wer bin ich? Und mehr noch: Wer will ich sein? Im Hause Wittelsbach hatte diese Selbstbespiegelung Tradition. Ludwigs Mutter Marie schrieb Tagebuch, Großvater Ludwig I. notierte Jugenderinnerungen, und Vater Max II. verfasste Memoiren. Wir dürfen also vermuten, dass der junge Ludwig nicht ganz freiwillig zu Papier und Feder griff. Das Tagebuchführen war vielmehr Teil des Erziehungsprogramms, denn mittels der Aufzeichnungen sollte der Kronprinz sein Gewissen erforschen und sich selbst kontrollieren lernen. Mehr als einmal forderte Theodor Graf Basselet de La Rosée seinen Zögling auf, auf diese Weise Rechenschaft abzulegen: »Aber sagen Sie mir, haben Sie denn Ihrerseits auch etwas gethan, um sich all des Guten, das Sie Gott und Ihren Eltern verdanken, würdig zu machen? Beantworten Sie diese Frage sich selbst, aber gewissenhaft.«[16] Die Grenze zur Gesinnungsschnüffelei war augenscheinlich fließend.

LUDWIGS VATER MAX hatte als junger Mann – wie bereits geschildert – eine ähnlich strenge Ausbildung über sich ergehen lassen müssen, und er hat darunter zeitlebens gelitten. Man sollte also vermuten, dass er alles daransetzen würde, den eigenen Kindern derartig traumatische Erfahrungen zu ersparen. Doch das Gegenteil war der Fall: Ludwig und Otto wurden ebenso unnachgiebig erzogen wie er selbst es erlebt hatte. Dabei hatte Ludwig das Glück, mit den meisten Lehrern gut auszukommen. Als Graf de La Rosée im April 1864 im Sterben lag, besuchte Ludwig ihn mehrfach, was er wohl kaum getan hätte, wenn nicht eine gewisse persönliche Sympathie vorhanden gewesen wäre. Falsch an dieser Art von Pädagogik war zum einen der Anspruch, unter allen Umständen allumfassend und elitär sein zu müssen. Es ging ja nicht nur um die Erziehung eines jungen Menschen, sondern auch um die Ausbildung des zukünftigen Herrschers. Zum anderen wurde Ludwig nicht individuell und seinen Neigungen und Talenten entsprechend gefördert, er wurde mit möglichst viel Wissen aus möglichst vielen Bereichen torpediert. Diese Informationsflut konnte er aber nicht verarbeiten, sodass bei ihm – wie schon bei seinem Vater Max – das peinliche Gefühl der Halbbildung zurückblieb.

So verfehlt uns das alles heute auch erscheinen mag – vor gut 150 Jahren war diese Art von Erziehung der Standard in den vornehmen Kreisen. Letztlich ist es aber völlig unerheblich, dass zahllose andere junge Männer zeitgleich ein ähnliches Schicksal zu erleiden hatten. Bei der Rekonstruktion von Ludwigs Biographie kann uns im Grunde auch gleichgültig sein, dass man damals die besten Absichten verfolgte. Beschäftigen müssen uns vielmehr die ganz individuellen Folgen, die diese Erziehung für den Prinzen hatte. Ludwig selbst beschrieb seine Kindheit als »eine Kette demütigender Peinigungen«. Wichtig ist nicht, ob das der Wahrheit entsprach, sondern dass er es so empfand. Er selbst brachte seine Gefühle gut auf den Punkt: »Nicht, daß ich schlechter behandelt worden wäre, als man mit Kindern gewöhnlich umzugehen pflegt. Aber meine Natur war so ungleich der von anderen Kindern, daß Dinge, die andere gar nicht bemerken, mich zutiefst kränkten.«[17]

Ludwig fühlte sich von seiner Umgebung unverstanden. Kein Wunder, dass es zwischen ihm und seinen Eltern schon früh zu einer Entfremdung kam, die dadurch noch verstärkt wurde, dass er sich ihnen nicht unbefangen nähern konnte. Der Kontakt zwischen Kind und Eltern wurde durch die höfischen Usancen bestimmt, und in der Regel sah Ludwig Vater und Mutter ein- oder zweimal täglich bei den Mahlzeiten, wobei nicht selten Gäste anwesend waren. Nur in den Ferien gestaltete sich das Miteinander etwas zwangloser. Hinzu kam jedoch, dass Max, kühl und gehemmt, wie er nun einmal war, aus seiner Haut nicht herauskonnte. Wenn er überhaupt mit seinen Söhnen sprach, dann im professoralen Tonfall. Als er einmal auf einer Reise im März 1854 von Ludwig und Otto Post erhielt, antwortete er geschäftsmäßig: »Liebe Söhne, erhaltet meinen Dank für Eure lieben, sehr schön geschriebenen Briefe und Gedichte; sie machten mir Freude.«[18] So schrieb ein Vater seinen acht- und fünfjährigen Kindern!

Max hatte seinem Ältesten nicht viel zu sagen, was sich auch nicht änderte, als Ludwig schon ein junger Mann war. Als Max' Sekretär Franz von Pfistermeister ihm einmal vorschlug, den fast volljährigen Kronprinzen auf seinen täglichen Morgenspaziergang im Englischen Garten mitzunehmen, zuckte der König mit den Schultern und sagte: »Was soll ich mit dem jungen Herrn sprechen? Es interessiert ihn nichts, was ich anrege.«[19]

Ludwig wiederum glaubte sich von seinem alten Herrn nicht akzeptiert und schlecht behandelt; die Wunden waren auch über zehn Jahre nach Max' Tod noch nicht verheilt. Im Dezember 1875 klagte König Ludwig II. seinem Freund Kronprinz Rudolf von Österreich: »Du bist sehr zu beglückwünschen, eine so durch und durch ausgezeichnete, verständnißvolle Erziehung genossen zu haben, ein Glück ferner ist es auch, daß der Kaiser persönlich so lebhaft für Deine Ausbildung Sich interessirt, bei meinem Vater ist dieß leider ganz anders gewesen, stets hat er mich de haut en bas [herablassend] behandelt, höchstens en passent einiger gnädiger, kalter Worte gewürdigt, diese eigenthümliche Art u. sonstige Erziehungsmethode wurde aus dem sonderbaren Grunde beliebt, weil es bei seinem Vater ebenso gehalten wurde.«[20]

Kaum besser stand es um das Verhältnis der Jungen zu ihrer Frau Mama. »Sie besuchte sie zwar häufiger in ihren Zimmern«, so Pfistermeister, »wußte sich aber nicht mit ihnen abzugeben, wie Kinder es eben verlangen. Das zog die Söhnchen auch nicht an die Mutter.«[21] Empfand Ludwig seinen Vater als kalt und abweisend, nahm er seine Mutter als ungebildet und dumm wahr. Das erscheint reichlich ungerecht, denn platt oder gar gewöhnlich war Marie sicherlich nicht. Sie muss eine große Herzensbildung besessen haben, denn wer sie näher kennenlernte, zeigte sich ob ihres freundlichen und leutseligen Charakters entzückt. Zur Wahrheit gehört aber auch, dass Marie sich aus Kunst, Literatur und Musik nicht viel machte. In der Oper und im Theater schaute sie anstatt auf die Bühne lieber in die Ränge, und bei den kulturellen Teeabenden, die ihrem Gatten so wichtig waren, blätterte sie gerne in Photoalben oder unterhielt sich mit ihrer Nachbarin. Maries »Kulturlosigkeit« erlebte der junge Ludwig als Provokation. Er sah sich von ihr nicht verstanden und geradezu verhöhnt, wie eine Zeitzeugin beobachten konnte: »Wie ein Stich ging es dem jungen, stolzen Wittelsbacher durch's Herz, wenn er in der Familie wegen seiner ›Überspanntheit‹ ausgelacht wurde, ein nüchternes Wort seiner Mutter, das in seine Exstase fiel, verdroß ihn bis ins Mark.«[22]

Marie wollte ihren Sohn durch ihr Verhalten sicherlich nicht kränken, doch Ludwig erblickte darin Demütigungen, die er ihr auch in späteren Jahren nicht verzeihen konnte. Die Mutter avancierte in seinen Augen mehr und mehr zum Gegenentwurf des eigenen Ichs. »Bei ihr ist alles verkehrt«, erklärte er im August 1866 seiner damaligen Verlobten Sophie. »Was schön ist, ist es in ihren Augen nicht, was geistreich ist, ist bei ihr fast das Gegentheil. Wundervolle Haltung wird bei ihr zur Geziertheit, Edelmuth u. Hochherzigkeit wird interessirtes Spiel des Egoismus genannt.«[23] Als Sophie sich um ein gutes Verhältnis zu ihrer zukünftigen Schwiegermutter sorgte, gab Ludwig kurzerhand Entwarnung: »Was meine Mutter betrifft, so brauchst Du sie nicht zu fürchten, sie hat keine Gnade zu spenden u. kann keine Ungnade fühlen lassen, sie kann höchstens nutzlos murren.«[24] So verwundert es kaum, dass Ludwig seiner Mutter am liebsten aus dem Weg ging. War das nicht möglich, kam es zu neuen Frustrationen: »Leider wird mir jetzt der Aufenthalt durch die Mutter, die mich durch ihre Liebe fortgesetzt grausam peinigt, gründlich verdorben, von Ruhe keine Rede, auch jeder Schimmer von Poesie flieht dahin in ihrer prosaischen Nähe.«[25] Mit Marie hatte Ludwig in seiner Wahrnehmung im Grunde nichts gemein. Sie sei lediglich »die Mutter meines Bruders u. Wittwe meines Vaters«,[26] schrieb er einmal, als er schon König und sein Vater bereits gestorben war, und fühlte sich mit ihr offensichtlich gar nicht verwandt.

Ludwigs Überzeugung, in der eigenen Familie fremd zu sein, steigerte sich im Laufe der Jahre zu einer tiefen Abneigung, die nicht selten in echten Hass umschlug. Für Anwesende war es ausgesprochen peinlich, miterleben zu müssen, wie der Sohn über die eigene Mutter herzog: Dummheit, Borniertheit, Ganshaftigkeit (!) und Geistlosigkeit waren gängige und vergleichsweise harmlose Beleidigungen. Schlimm und geradezu beklemmend wurde es, wenn Ludwig von seinen Phantasien berichtete: »Verschiedene Male erzählten Seine Majestät Träume, in denen Allerhöchstdieselben Ihre Majestät die Königin mißhandelt, über eine steile Treppe hinabgeschleudert, ihr die Brüste herausgerissen hätten.«[27]

WOHER STAMMEN DIESE GEWALTPHANTASIEN? Was ging in Ludwig vor? Waren diese Ausbrüche Ausdruck einer psychischen Störung? Darf man einen Menschen, der seit über 120 Jahren tot ist und über den nur wenige gesicherte medizinische Erkenntnisse vorliegen, als geisteskrank abstempeln? Und überhaupt: Was heißt schon »krank« oder »gesund«? Was wird durch derartige Etikettierungen gewonnen? Der berühmte österreichische Schriftsteller und Wortakrobat Karl Kraus würde antworten: nichts! »Ein guter Psycholog ist imstande, dich ohneweiters in seine Lage zu versetzen«,[28] lautete einer seiner bitterbösen Aphorismen. Kraus sah in dem Analysieren der menschlichen Psyche ein sinnloses Stöbern in der Vergangenheit, da man aus der Rückschau doch nur sich selbst erfüllende Prophezeiungen vorfinden würde. Frei nach Karl Kraus heißt das auf Ludwig II. bezogen: Mit dem Wissen um sein späteres Schicksal erscheinen die Kindheit und Jugend des Wittelsbachers zwangsläufig in einem grellen Licht, das jedoch mehr blendet als ausleuchtet. Dieser Einwand ist nicht von der Hand zu weisen – und doch würde ich es mir als Biograph zu einfach machen, bezöge ich in der Frage nach Ludwigs geistiger Gesundheit nicht Stellung.

Ich bin weit davon entfernt, Ludwig mit dem Etikett »krank« denunzieren zu wollen. Gleichwohl bietet uns die moderne Psychologie gute Möglichkeiten, bestimmte Verhaltensweisen und Charaktereigenschaften Ludwigs auf Begriffe zu bringen, sie gewissermaßen begreifbar zu machen. Der Psychoanalytiker Wolfgang Schmidbauer weist bei der Beurteilung Ludwigs auf die Bedeutung intakter Mutter-Kind-Beziehungen hin. Das Fehlen der leiblichen Mutter, der plötzliche Verlust der Amme als Muttersatz und das abrupte Abstillen gingen demnach an Ludwig nicht spurlos vorüber: »Die Bindungsscheu und gleichzeitige Bindungssehnsucht, die Angst Ludwigs vor dauerhaften Beziehungen zu Menschen, die ihm ebenbürtig waren, wurzelt wahrscheinlich in diesem frühen Verlust.«[29] Schmidbauer vermutet, dass bei Ludwig eine »narzisstische Persönlichkeitsstörung« vorlag. In der Tat zeigte Ludwig viele Merkmale einer narzisstischen Persönlichkeit: die übersteigerte Selbstbezogenheit, die Unfähigkeit zu echten zwischenmenschlichen Beziehungen, das Schwanken zwischen emotionaler Kälte und übertriebener Schwärmerei bei gleichzeitigem Mangel an Empathie, die Flucht in Traum- und Phantasiewelten sowie eine ausgeprägte Kränkbarkeit. Allerdings fällt auch ein wichtiger Unterschied auf: Ist der narzisstische Mensch dank seines ausgeprägten Selbstbewusstseins meistens problemlos in der Lage, Kontakte herzustellen, war Ludwig menschenscheu und ängstlich und zog sich im Laufe der Zeit immer tiefer in die Isolation zurück.

Der Münchner Psychiatrieprofessor Hans Förstl verfolgt bei der Beurteilung Ludwigs einen anderen Ansatz. Er glaubt, bei Ludwig II. eine sogenannte schizotype Störung nachweisen zu können.[30] Menschen mit einer schizotypen Störung haben Schwierigkeiten im Umgang mit anderen. Sie wirken distanziert und abweisend und finden nicht das richtige Verhältnis von Nähe und Distanz. »Himmelhoch jauchzend, zu Tode betrübt« ist ein geflügeltes Wort, das hier gut passt. Die schizotype Persönlichkeit ist oft misstrauisch und neigt zum Grübeln, zeigt sich dann aber wieder flammend begeistert. Ihr Auftreten ist nicht selten unkonventionell und exzentrisch. Das alles trifft – wie wir im weiteren Verlauf sehen werden – auf Ludwig II. zu.

Die schizotype Persönlichkeitsstörung ist noch relativ wenig erforscht. Man geht davon aus, dass eine frühkindliche Traumatisierung bei ihrer Entwicklung eine wichtige Rolle spielt. Der Tod der Amme und Ludwigs schlechtes Verhältnis zu seinen Eltern scheinen diese Vermutung zu bestätigen. Darüber hinaus spricht einiges für eine genetische Disposition, denn die schizotype Störung findet man gehäuft in Familien mit Schizophrenieerkrankungen. Ludwigs Bruder Otto litt eindeutig an dieser Krankheit. Gleichsetzen darf man beide Leiden allerdings nicht, denn die schizotype Persönlichkeit ist im Gegensatz zum Schizophrenen durchaus in der Lage, die eigene Existenz und das eigene Handeln kritisch zu reflektieren.

War der junge Ludwig also krank? Sicher war er eher schrullig und exzentrisch als verrückt. Das schien ihm wohl auch selbst bewusst gewesen zu sein, wenn er sich Jahre später in einem Gespräch mit dem amerikanischen Schriftsteller Lew Vanderpoole als »überempfindlich« charakterisierte: »Es wird oft hämisch angedeutet oder sogar offen erklärt, ich sei ein Narr. Vielleicht bin ich es, aber ich zweifle daran. Verrücktheit neigt eher dazu, sich vor sich selbst zu verstecken. Ein wirklich Verrückter ist in der Regel die einzige Person, die ihre Verrücktheit nicht erkennt. Es wäre natürlich möglich, daß ich zu keiner Erkenntnis meiner selbst gelangen könnte, außer in einem exaltierten Zustand. Ich glaube aber, daß ich mich ganz ruhig und vernünftig betrachten kann – selbst diese Behauptung könnte freilich als Zeichen meiner Narrheit ausgelegt werden. Und doch zweifle ich daran, ob eine wirklich verrückte Person sich so beobachten und prüfen könnte, wie ich es tue. Ich bin einfach anders gestimmt als die Mehrheit meiner Mitmenschen.«[31]

Königliches Leben

ZUM HOFSTAAT KÖNIG MAXIMILIANS II. gehörten gut ein Dutzend Schlösser und Wohnsitze. Neben der Münchner Residenz und dem Schloss Nymphenburg standen der königlichen Familie das Schloss Berg am Würmsee, wie der Starnberger See damals noch hieß, das Schloss und die Königliche Villa in Berchtesgaden sowie diverse Anwesen etwa in Ansbach, Bayreuth, Bamberg und Würzburg zur Verfügung. Das Wittelsbacher Palais in der Münchner Innenstadt, das König Ludwig I. für seinen Sohn Max hatte errichten lassen, wurde vom Bauherrn nach dessen Abdankung selbst als Altersruhesitz genutzt. Hinzu kamen noch mehrere Berghütten im Gebiet zwischen den Gemeinden Füssen im Ostallgäu und Lenggries im Tölzer Land.

Verbrachten Max, Marie, Ludwig und Otto die Wintermonate meistens in der Hauptstadt, zogen sie sich im Sommer mit Vorliebe ins Grüne zurück. Das bevorzugte Urlaubsrefugium war zweifellos Schloss Hohenschwangau bei Füssen. Kronprinz Max hatte die Ruine »Schwanstein« bei einer Wanderung entdeckt, 1832 erworben und in den folgenden Jahren im damals populären neogotischen Stil wiederaufbauen lassen.[32] Mit dem blauen Alpsee zu Füßen und den steil ansteigenden Ammergauer Alpen als Kulisse ist die Lage auch heute noch atemberaubend. Hier verlebte Ludwig große Teile seiner Jugend.

Der Architektur- und Theatermaler Domenico Quaglio, von dem die Entwürfe für den Wiederaufbau des Schlosses stammten, schuf keinen pompösen Repräsentationsbau, sondern ein vergleichsweise gemütliches Wohnschloss. Die eher kleinen Räume mit ihren niedrigen Decken verströmen eine private und behagliche Atmosphäre und sind bestimmten historischen Epochen und Personenkreisen gewidmet. Vierzehn Räume des Schlosses hat Domenico Quaglio mit insgesamt 107 Wandgemälden versehen lassen.[33] Wenn sich die königliche Familie etwa im »Schwanenrittersaal« zu den Mahlzeiten traf, konnte Ludwig auf vier großen Gemälden die Geschichte von jenem geheimnisvollen Edelmann bestaunen, der in einem von einem Schwan gezogenen Boot der Herzogin von Bouillon und ihrer Toch-

Kronprinz Ludwig in der Uniform des Bayerischen Infanterie-Leibregiments, 1863. Das damals neue Medium der Photographie trug wesentlich zur Verbreitung des Bildes vom jungen und schönen Wittelsbacher bei.

ter zu Hilfe eilt. Besuchten Ludwig und Otto ihre Mutter in deren Wohnzimmer – dem sogenannten Burgfrauenzimmer –, sahen sie Motive aus dem Leben einer Burgfrau im Mittelalter. Auch die anderen Zimmer und Säle erzählten den jungen Prinzen spannende Geschichten: von den Heldentaten der Ritter, dem Leben der Staufer und der Welfen oder von der Schönheit und Exotik des Orients. Maximilians Schlafzimmer – das sogenannte Tassozimmer – war ganz der Sage von Rinaldo und Armida gewidmet. Man kann sich gut vorstellen, dass Ludwig oft stundenlang die Bilder betrachtete und so in seiner Phantasie zum Akteur einer längst vergangenen Zeit wurde.

Man darf den jungen Kronprinzen aber nicht nur für einen weltentrückten Träumer halten. »Wir machen täglich mit Graf la Rosée schöne Spaziergänge, pflücken Blumen, fangen im Alpsee Fische u. jagen den Schmetterlingen nach«,[34] schrieb er im Juni 1854 an seine ehemalige Erzieherin. Ludwig bewegte sich gerne an der frischen Luft und unternahm ausgedehnte Wanderungen. Die Königin war ebenfalls eine begeisterte Bergsteigerin und begleitete ihre Söhne gelegentlich bei den Ausflügen. Sie hatte für sich bequeme Kleidung anfertigen lassen, sodass sie sogar den über 2000 Meter hohen Säuling erklimmen konnte. Ludwig an seinen Großvater: »Vorigen Montag kamen wir hier an, nachdem wir acht Tage in Nymphenburg gewohnt hatten. Anfangs war die Witterung zu größeren Partien nicht günstig; nachdem es aber gestern schön geworden war, durften wir zu unserer großen Freude den Säuling besteigen. Wir verließen mit der Mutter Hohenschwangau um ½ 9 Uhr und gelangten gegen 1 Uhr auf die Spitze desselben, die eine sehr schöne Aussicht bietet; unter anderem sieht man München und die Ortlerspitze. Um 4 Uhr machten wir uns auf den Rückweg und waren um 7 Uhr wieder in der Ebene, ohne daß selbst Otto sich übermüdet fühlte.«[35]

Ludwig war auch ein guter Schwimmer und ein hervorragender Reiter. Nur aus der Jagd machte er sich zum Leidwesen seines Vaters nichts. Er bevorzugte das Fischen, wobei er sich die Wartezeit mit Lesen vertrieb. Stundenlang konnte er mit einem Buch in der Hand vor seiner Angel sitzen. »Neulich fing ich einen achtpfündigen Hecht«, ließ er seinen Großvater einmal wissen, »was mich so freute, daß ich ihn durch [Hofphotograph] Albert, der sich gerade hier befand, photographieren ließ.«[36] Dieses Bild ist erhalten geblieben und zeigt einen knapp sechzehnjährigen jungen Mann von schlaksiger Statur, der einen etwas zu großen Anzug samt Hut und Schleife trägt.

»Die bleiche, etwas ins Graue spielende Gesichtsfarbe kontrastierte eigentümlich mit dem großen schwarzen Auge«, beschrieb ihn damals ein Zeitzeuge. »Die Wangen waren hohl, und nur die feingeschnittenen Gesichtszüge verrieten die Spur jener späteren Schönheit, durch welche der König berühmt war.«[37]

Ludwig und sein Bruder Otto haben im Kindesalter natürlich oft miteinander gespielt, im Laufe der Jahre entwickelten sich ihre Interessen aber weit auseinander. Otto war lebenslustig und konnte gut auf Menschen zugehen, während Ludwig sich bereits als Teenager verschlossen zeigte. Otto spielte gerne Gesellschaftsspiele und Billard, was ihn mit Marie verband, Ludwig konnte dem nichts abgewinnen. Otto schwärmte als junger Mann für die leichte Muse, Ludwig war das ein Graus; er besuchte lieber das Theater und die Oper. In der ersten Jahreshälfte 1861 hörte er etwa Gaetano Donizettis *Belisar*, Giacomo Meyerbeers *Le prophète* und *Robert le diable*, Carl Maria von Webers *Oberon* und Wolfgang Amadeus Mozarts *Zauberflöte*. Im Theater sah er unter anderem *Maria Stuart*, *Iphigenie auf Tauris*, *Wilhelm Tell* und *Faust*. In großer Phantasieschrift notierte er in sein Tagebuch die Namen der Stücke, beschrieb Dekorationen und Kostüme und fasste den Inhalt der verschiedenen Teile und Akte zusammen.

Kein anderes Werk machte auf Ludwig aber einen so überwältigenden Eindruck wie jenes, das er am 2. Februar 1861 erlebte: Richard Wagners romantische Oper *Lohengrin*. Zwar soll Ludwig bereits im Sommer 1857 mit der Lektüre von Wagners theoretischen Schriften begonnen haben, indes ist fraglich, was ein zwölfjähriger Knirps von so schwierigen Texten wirklich verstanden haben kann. Doch Richard Wagner war seitdem in seinem Kopf. Die erste Aufführung des *Lohengrin* in München durfte Ludwig sich 1858 noch nicht ansehen. Erst drei Jahre später war es dann so weit: An jenem Samstag im Februar 1861 hatte Ludwig sein Ostererlebnis. Die Geschichte vom Schwanenritter war ihm ja seit frühester Kindheit von den Wandgemälden im Speisezimmer von Schloss Hohenschwangau bekannt, nun begannen diese Bilder aber plötzlich zu leben und zu klingen, sie lernten sprichwörtlich Laufen, was ihn verzauberte, entzückte und überwältigte. Jahre später gestand er Wagner: »in seiner [Lohengrin] Aufführung ward der Keim gelegt zu Unsrer Liebe und Freundschaft bis zum Tod, von dort an ward der bald zur mächtigen Flamme werdende

Funke für Unsre heiligen Ideale in mir entzündet.«[38] Als die Oper am 16. Juni wiederholt wurde, saß Ludwig erneut im Publikum.

Ende Dezember 1861 besuchte er schließlich eine Aufführung von Wagners *Tannhäuser und der Sängerkrieg auf der Wartburg*. An jenem Winterabend war auch der Hofbeamte Franz von Leinfelder anwesend, der nun die Gelegenheit hatte, die Reaktionen des 16-Jährigen zu beobachten. »Glaube doch nicht, daß es die Musik gewesen ist, welche das jugendliche Gemüt des Prinzen für Wagner begeisterte«, erinnerte er sich später. »Allerdings hatte sie eine wahrhaft dämonische Wirkung auf ihn, aber keine angenehme. Sie legte sich eher schmerzhaft auf seine Nerven, und in manchen Momenten steigerte sich die Empfindung in das geradezu Krankhafte.« An einer bestimmten Stelle der Oper sei Ludwig in förmliche Zuckungen verfallen. Leinfelder: »Das war so arg, daß ich einmal einen epileptischen Anfall befürchtete. Der Komponist hätte ihn niemals erobert, es war der Dichter, welcher das träumerische Gemüt des jungen Prinzen in Bande schlug.«[39]

Über Ludwigs Musikalität ist seither viel spekuliert worden. Zwar erhielt er ab Oktober 1858 dreimal wöchentlich Klavierunterricht, doch scheint er es auf diesem Gebiet zu keinerlei Kunstfertigkeit gebracht zu haben. Nach gut zwei Jahren erlöste man Ludwig – und den Klavierlehrer, der von einem »Glückstag« sprach. Der junge Herr sei nämlich gänzlich unmusikalisch und könne einen Strauß'schen Walzer nicht von einer Beethoven-Sonate unterscheiden. Wie auch immer: Franz von Leinfelder lag mit seiner Einschätzung wohl nicht falsch – es waren vor allem die mythischen Figuren, die Ludwig an Wagners Sagenwelt faszinierten. Gleichwohl darf man die Bedeutung der Musik nicht geringschätzen. Sie stellte in diesem Zusammenhang ein verführerisches Parfum dar, das Ludwig berauschte wie benebelte und euphorisierte wie narkotisierte. Die sogenannte absolute Musik in Form von Sonaten oder Sinfonien langweilte ihn hingegen, so dass er zeitlebens so gut wie nie in Konzerte ging.

Ludwig konnte Anfang 1863 seinen Wissensdurst kaum stillen, wobei er nahezu jede freie Minute in der Oper oder im Theater verbrachte. Er las William Shakespeare, Friedrich Schiller und Johann

Wolfgang von Goethe sowie immer wieder Richard Wagner. »Neulich erhielt ich die jüngst erschienene Trilogie v. R. Wagner«, berichtete Ludwig im Juni 1863. »›Der Ring des Nibelungen‹ voraus geht ein Vorspiel, das ›Rheingold‹, welches in d. Fluten d. Rheines spielt, die übrigen Theile heißen I ›Die Wallküre‹, II ›Sigfried‹, III ›Die Götterdämmerung‹. – Käme Wagner doch noch dazu, dieses Werk in Musik zu setzen, was er beabsichtigt. – Auch Tristan u. Isolde v. R. Wagner besitze ich jetzt.«[40] Der Hinweis auf Wagners Kompositionspläne klingt merkwürdig vertraut. Man könnte fast glauben, dass Wagner seinen jugendlichen Verehrer persönlich über seine nächsten Vorhaben informiert hätte. Dieser Eindruck ist nicht falsch – im Vorwort des Buches warb Wagner nämlich um Unterstützung und wandte sich an einen imaginären Fürsten, der die nötigen Geldmittel für seine Pläne aufbringen möge. Sein Appell gipfelte in der Frage: »Wird dieser Fürst sich finden?«[41] Ludwig schien von Wagners Aufruf geradezu elektrisiert gewesen zu sein: Wenn er einmal König sein werde, fühlte er damals, würde er Wagner retten müssen.

DER KRONPRINZ STAND nun kurz vor seiner Volljährigkeit und musste vermehrt offizielle Repräsentationstermine wahrnehmen. Ludwig besuchte häufig Bälle, wo er als guter Tänzer auffiel, oder besichtigte etwa ein Taubstummeninstitut. Mitte August 1863 kam der preußische König Wilhelm I. in Begleitung seines im Vorjahr ernannten Ministerpräsidenten Otto von Bismarck nach München. König Max hatte die Stadt bereits verlassen, um an einem Fürstentag in Frankfurt am Main teilzunehmen, sodass Königin Marie und ihr Ältester die Betreuung der Gäste übernehmen mussten. Man zeigte den Besuchern die weitläufige Residenz, wobei Wilhelm sich insbesondere für die Schatzkammer und den prachtvollen Festsaalbau interessierte. Kronprinz Ludwig wurde der gesamten Delegation vorgestellt, und bei den Mahlzeiten in Schloss Nymphenburg saß er wie selbstverständlich an Bismarcks Seite. Es schadete ja nicht, mag man sich gedacht haben, wenn Preußens neuer Regierungschef Bayerns zukünftigen König schon einmal kennenlernt. Ein inspirierendes Gespräch kam allerdings nicht in Gang, wie Bismarck rückblickend bedauerte: »Ich hatte den Eindruck, daß er mit seinen Gedanken nicht bei der Tafel war und sich nur ab und zu seiner Absicht erinnerte, mit mir eine Unterhaltung zu führen, die aus dem Gebiete der üblichen Hofgespräche nicht herausging. Gleichwohl glaubte ich in dem was er sagte, eine begabte Lebhaftigkeit und einen von seiner Zukunft erfüllten Sinn zu erkennen. In den Pausen des Gesprächs blickte er über seine Frau Mutter hinweg an die Decke und leerte ab und zu hastig sein Champagnerglas, dessen Füllung, wie ich annahm, auf mütterlichen Befehl verlangsamt wurde, so daß der Prinz mehrmals sein leeres Glas rückwärts über seine Schulter hielt, wo es zögernd wieder gefüllt wurde.« Und weiter: »Der Eindruck, den er mir machte, war ein sympathischer, obschon ich mir mit einiger Verdrießlichkeit sagen mußte, daß mein Bestreben, ihn als Tischnachbar angenehm zu unterhalten, unfruchtbar blieb.«[42]

Ludwig sprach in seinem Tagebuch lediglich von einer interessanten Begegnung – dass Bismarck einmal eine zentrale Rolle in seinem Leben spielen würde, konnte er sich im Sommer 1863 wohl kaum vorstellen. Es blieb das einzige Treffen dieser so ungleichen Männer: Der Preuße und der Bayer sollten sich nie wiedersehen.

Gut eine Woche später feierte Ludwig auf Schloss Hohenschwangau seine Volljährigkeit. Am Vorabend des achtzehnten Geburtstages brachte ihm der Füssener »Liederkranz« im Schlosshof eine Serenade dar, anschließend wurden auf den umliegenden Bergen bengalische Feuer entzündet und Böllerschüsse abgefeuert. Den eigentlichen Festtag begann Ludwig ganz alleine, als er in aller Herrgottsfrühe aufstand und zum Fischen auf den Alpsee hinausruderte. Nach dem Frühstück gratulierte die Familie und überreichte kleine Geschenke: Bilder und Bücher, eine Wanduhr, eine Tasse mit dem Relief von Partenkirchen, ein Tintenfass sowie eine Anstecknadel mit Ludwigs Lieblingstier – dem Schwan. Zahlreiche Gratulanten machten im Laufe des Tages ihre Aufwartung, Deputationen aus München und dem nahen Füssen meldeten sich an, und unzählige Briefe trafen ein.

Mit der »Mündigkeitserklärung«, wie man damals sagte, endete gewissermaßen Ludwigs Jugend. Am 20. September leistete er den obligatorischen Eid auf die bayerische Verfassung und durfte in ein größeres Apartment innerhalb der Residenz umziehen. Im Vorlesungsverzeichnis der Münchner Ludwig-Maximilians-Universität für das Wintersemester 1863/64 tauchte erstmals sein Name unter den der Studierenden auf. Er hörte Vorträge über Philosophie, in Französisch und den Naturwissenschaften. Unter seinen Lehrern war auch der berühmte Chemieprofessor Justus von Liebig, dessen Laboratorium der frischgebackene Student besuchte. Bei Philipp von Jolly belegte Ludwig Vorlesungen über Experimentalphysik. Der Kronprinz habe den Kollegs durchaus folgen können, erinnerte sich Jolly Jahre später, doch habe er stets auf einem gesonderten Platz bestanden. Sich unter die anderen Studenten zu mischen, entsprach wohl nicht seiner Vorstellung von königlicher Würde. Alles in allem blieb Ludwigs Zeit an der Universität aber nicht mehr als eine Episode.

Auf Bildern jener Zeit erkennt man einen erwachsenen jungen Mann, der plötzlich viel Wert auf Kleidung sowie auf sein Äußeres legte. Waren die Anzüge zwei Jahre zuvor noch zu groß, erschien Ludwig nun sprichwörtlich wie aus dem Ei gepellt. Mit seiner imposanten Körpergröße von 1,91 Meter, seinem blendenden Aussehen und seiner schlanken Figur machte er einen überaus stattlichen Eindruck. Sein von Natur aus glattes Haar ließ Ludwig sich ondulieren und zu einer Tolle frisieren. Eine besondere Vorliebe hatte er auch für schwere Parfums wie Chypre, das durch eine markante holzige Note auffiel. Hielt er dann noch eine Zigarette in der Hand – Ludwig rauchte! –, konnte man ihn auch für einen jugendlichen Dandy halten.

So gut die Natur es zweifellos mit ihm gemeint hatte, seine Zähne empfand Ludwig schon früh als Makel. Immer wieder berichtete er in seinem Tagebuch von Zahnschmerzen, die ihn tagelang quälten. Ursächlich dafür war wohl seine Vorliebe für Schokolade, Bonbons, Törtchen und süße Liköre. Offensichtlich nahm er es aber auch mit der Zahnhygiene nicht so genau, denn bereits in jungen Jahren begann er, seine Zähne zu verlieren. Dass er sämtlichen Ärzten am liebsten aus dem Weg ging, erwies sich nicht gerade als hilfreich, um diesen Prozess zu stoppen.

Machtwechsel

DAS WEIHNACHTSFEST 1863 verbrachte Ludwig krank im Bett. Er litt mehrere Wochen lang an einer hartnäckigen Halsentzündung, die einfach nicht besser werden wollte. »Von meinem Leben in der letzten Zeit kann ich Dir nicht viel schreiben«, klagte er Sybilla von Leonrod, »es floß einförmig dahin, da ich stets zu Hause war, einige Male besuchte ich das Theater, sehr freue ich mich auf den Tenoristen Niemann aus Hannover, welcher im Februar hier unter anderem als Tannhäuser und Lohengrin auftreten wird.«[43]

Jener Tenor war der 1831 geborene Albert Niemann, der zu den führenden Wagner-Sängern seiner Zeit gehörte. Seinem Gastspiel am 21. Februar 1864 fieberte Ludwig geradezu entgegen. Dann war es so weit – zurück in der Residenz, schrieb er in sein Tagebuch: »6 Uhr in ›Tannhäuser‹! Niemann Tannhäuser! Herrlich Alles gesungen, wundervolles Kunstwerk! Diese Dichtung, diese Töne!«[44] Der Opernbesuch wurde ein Abgesang. Siebzehn Tage später sollte Kronprinz Ludwigs bisheriges Leben ein jähes Ende finden.

Die Katastrophe nahm ihren Anfang im Badezimmer. Am frühen Morgen des 6. März 1864 rieb König Max II. wie jeden Tag seinen Körper mit einer Massagebürste ab. Das brachte den Kreislauf in Schwung und wirkte anregend. Plötzlich spürte er einen oberflächlichen Schmerz auf der linken Brust, weshalb er die Behandlung lieber abbrach. Bis zum Abend jenes Sonntags bildete sich an der Stelle eine handtellergroße Schwellung, die sich wiederum bis zum folgenden Morgen zu einer Geschwulst vergrößert hatte. Da Max sich aber sonst wohlfühlte und keine Beschwerden spürte, verordnete man lediglich Bettruhe. Das sollte sich als Fehler erweisen. Zwar konnte Max am Nachmittag des 9. März noch im Bett liegend den österreichischen Erzherzog Albrecht zu einer Audienz empfangen, danach verschlechterte sich der Zustand des Königs allerdings rapide. Am Abend hatte sich das Ödem über den halben Oberkörper ausgebreitet. Die Ärzte – allen voran der Leibarzt Franz Xaver von Gietl – machten betroffene Gesichter und sprachen vorsichtig von einem bedenklichen Zustand. Ludwig wollte am Abend eigentlich eine Theateraufführung besuchen, jedoch gab er den Plan auf, als er von Gietl die Neuigkeiten über das Befinden seines Vaters erfuhr.

Woran war der König so plötzlich erkrankt? Das Sektionsprotokoll gibt Aufschluss: Max II. wurde nicht vergiftet, wie der Volksmund dichtete (»Und an Max ham's vogift«), der Monarch litt höchstwahrscheinlich an einer sogenannten nekrotisierenden Fasziitis. Dabei handelt es sich um eine bakterielle Entzündung des Bindegewebes, die zumeist von Streptokokken ausgelöst wird. Die Bakterien gelangen in der Regel über Bagatellverletzungen wie Kratzer in den Körper – wahrscheinlich hatte sich Max die Blessur mit der Bürste selbst zugefügt – und richten dort ihr Unheil an: Die betroffenen Hautpartien schwellen rot an, werfen Blasen und sterben ab, im schlimmsten Fall verwest der Mensch bei lebendigem Leibe. Die »nekrotisierende Fasziitis« ist eine sehr schwere Erkrankung, die auch heute noch unbehandelt rasch über eine Blutvergiftung zum Tode führt. Man hätte bei Max die befallenen Hautpartien und Weichteile umgehend chirurgisch entfernen und ihm ein hochdosiertes Antibiotikum wie Penicillin verabreichen müssen – dieses Heilmittel wurde aber erst 1928 entdeckt.

König Max hatte letztlich keine Chance – er wurde nun immer schwächer, und am frühen Morgen des 10. März gaben die Ärzte ihn auf. Um 5 Uhr kam Domdechant Georg Carl Reindl und spendete die Sterbesakramente. Max war zu diesem Zeitpunkt noch bei klarem Verstand und sprach die lateinischen Gebete mit. Nun wünschte er aber auch Erzbischof Gregor von Scherr zu sehen, sodass eilig ein Bote zum bischöflichen Palais gesandt wurde.

Die Nachricht vom Sterben des Königs verbreitete sich in Windeseile. Zahllose Menschen strömten zur Residenz und versammelten sich in stiller Andacht in den Gängen und Höfen des Schlosses. Marie wich keine Sekunde von der Seite ihres Mannes. Ludwig beschreibt die letzten Stunden im Leben seines Vaters eindrücklich in seinem Tagebuch: »9 Uhr hinüber gerufen, immer schlechter, Alles da, Gerüchte in der Stadt, waren lange in dem Nebenzimmer, furchtbarer Augenblick, viele Menschen, große Theilnahme, ¾ 12 hinein

Dieses Gemälde aus dem Jahr 1866 zeigt den jungen König in bürgerlicher Kleidung und hoch zu Ross. Ludwig liebte es zu reiten, von seinen Leibreitpferden ließ er sogar Porträts malen.

gerufen, ging schon zum Vater, Liebe Kinder! noch gesagt, letztes Mal Ihn bei Bewußtsein gesehen, ¾ 12 hinein, in den letzten Zügen, Erzbischof Sterbegebete gesprochen, standen am Bette, wehe! wehe! tiefer Schmerz! Stöhnte, Todeskampf kurz – †! – bei Gott! – Bleiben noch bei der Mutter; Drückte nach dem Tode dem Entschlafenen die Augen zu! – Gott empfange Seine Seele!«

Max II. von Bayern starb am 10. März 1864 um 11.50 Uhr. In großen Lettern, die das gesamte Blatt ausfüllten, schrieb Ludwig daraufhin ein Wort in sein Journal: »König!«[45]

KAPITEL II

König!

»HISTORISCH KOSTÜMIERTE HEROLDE reiten bei heftigem Schneegestöber durch die Stadt und proklamieren König Ludwig II. Traurig und imposant zugleich ist die Zeremonie. Voran im mittelalterlichen Kostüm die Hoftrompeter und Hofpauker, dann die Herolde in reich bestickten Gewändern, in ihrer Mitte der Rufer mit mächtiger Pergamentrolle, von der er den erfolgten Regierungsantritt des Königs mit lauter Stimme abliest.«[1] So erinnerte sich ein Zeitzeuge an den Nachmittag des 10. März 1864. Am folgenden Morgen legte Ludwig als neuer König von Bayern den Eid auf die Verfassung ab. Unmittelbar danach begannen die Regierungsgeschäfte. Ludwig traf mit seinen Ministern und den übrigen Mitgliedern des königlichen Hauses zusammen, gab erste wichtige Audienzen und musste zahllose Kondolenzschreiben und Depeschen studieren. Das alles war verständlicherweise neu für ihn und fiel ihm nicht leicht.

Die feierliche Bestattung des verstorbenen Monarchen fand vier Tage später, am 14. März, statt und brachte Zehntausende auf die Straße. Unter dem Geläut sämtlicher Münchner Kirchenglocken und unter Abfeuerung von 101 Kanonenschüssen zog der Kondukt von der Residenz zur Theatinerkirche, wo Max in der Seitenkapelle des Hauptschiffes seine letzte Ruhe fand. Nach einem alten Brauch wurde das Herz des Toten zuvor entnommen und etwas später in der Gnadenkapelle des Wallfahrtsortes Altötting in einer silbernen Urne beigesetzt. Auch wenn sich Ludwigs Verhältnis zu seinem Vater von Jahr zu Jahr schwieriger gestaltet hatte, empfand er dessen Tod doch als schmerzlichen Einschnitt. Ludwig wurde von den Ereignissen förmlich überwältigt: »noch vor 8 Tagen Alles so anders«,[2] notierte er fast ungläubig in sein Tagebuch. Zeit zum Innehalten, zur Besinnung und zur Trauer blieb ihm nicht.

Der König und sein Land

AM ANFANG STAND EIN GEBET. »Lieber, gütiger Gott! – Vater im Himmel! – Völlig ergebe ich mich in Deinen Heiligen Willen; Du hast meinen Vater von dieser Erde abgerufen, Du wirst Deine weisen Absichten dabei haben! – Auf mich hast du eine schwere Last gewälzt! – Wie soll ich sie tragen, wenn du mich nicht unterstützest! – Heiliger Vater, sende Licht in meine Seele, gib mir Muth und Kraft meine schwere Pflicht recht zu erfüllen, im Namen des Erlösers, in deinem Namen Gebenedeiter! – beginne ich meine Regierung!«[3] Dieser Eintrag Ludwigs in seinem Tagebuch lässt erahnen, wie groß der neue König seine Verantwortung empfand.

Max II. hinterließ seinem Sohn ein Land im Umbruch. Bayern zählte 1864 etwa 4,7 Millionen Einwohner – Tendenz steigend. Bei Ludwigs Tod 1886 sollten es bereits 5,4 Millionen sein, heute sind es zum Vergleich über 12 Millionen. Drei Viertel der Menschen lebten bei Ludwigs Regierungsantritt auf dem dünn besiedelten Land, nur ein Viertel in den Städten, von denen München mit 170 000 Einwohnern im Jahre 1871 als die größte galt. Die Wirtschaftsstruktur des Königreiches war noch stark agrarisch geprägt, die Industrialisierung verlief im Vergleich zum Rheinland oder zu Sachsen eher schleppend. So arbeiteten 1882 noch gut 55 Prozent der bayerischen Bevölkerung in der Land- und Forstwirtschaft.

Ludwig II. war das Oberhaupt einer sogenannten konstitutionellen Monarchie. Mit anderen Worten: Der König herrschte grundsätzlich uneingeschränkt, allerdings hatte er seine Macht durch eine Verfassung selbst begrenzt. Die prinzipielle Machtvollkommenheit des Regenten machte seine Person »heilig und unverletzlich«, wie es in der bayerischen Verfassung hieß, er musste sich also gegenüber keiner anderen Instanz verantworten. Als König bestimmte Ludwig

Ferdinand Piloty d.J. malte Ludwig 1865 in bayerischer Generalsuniform mit Krönungsmantel. Wie sein Vater, Großvater und Urgroßvater wurde auch Ludwig II. nicht gekrönt. Repräsentative Porträts zeigen ihn aber mit der Königskrone und dem Krönungsmantel.

die Gesamtpolitik des Landes, er führte den Oberbefehl über die Armee und hatte das Recht, die sechs Staatsminister zu berufen und jederzeit zu entlassen. Die Minister des königlichen Hauses und des Äußeren, der Justiz, des Innern, des Innern für Kirchen- und Schulangelegenheiten, der Finanzen und der Kriegsminister waren wiederum verpflichtet, den König zu beraten. Die Gesetze erhielten erst nach der Unterschrift des jeweils zuständigen Ressortchefs Rechtskraft, womit die Beamten aber auch Verantwortung für den Inhalt der Bestimmungen übernahmen.

Der Landtag bestand aus zwei Kammern – einem Ober- und einem Unterhaus. Die Kammer der Reichsräte – das Oberhaus – setzte sich aus Vertretern des gesellschaftlichen und politischen Establishments zusammen: die Prinzen des königlichen Hauses, hohe Beamte, Bischöfe sowie vom König berufene Honoratioren. Die Kammer der Abgeordneten – das Unterhaus – ging hingegen aus allgemeinen Wahlen hervor. Wahlberechtigt waren aber nur volljährige Männer, die Steuern zahlten. Die politischen Gestaltungsmöglichkeiten des auf sechs Jahre gewählten Landtags waren zu Ludwigs Zeiten vergleichsweise klein. So durften die Mitglieder zwar Gesetze vorschlagen, nicht aber von sich aus beschließen. Darüber hinaus konnten sie alle Steuern festsetzen und so einen gewissen Einfluss auf den Staatshaushalt ausüben. Der König behielt aber immer das letzte Wort, denn es lag in seiner Macht, den Landtag einzuberufen und zu vertagen, die Kammer der Abgeordneten aufzulösen und Neuwahlen auszuschreiben. Doch Ludwig II. war nicht nur das Oberhaupt seines Staates – er war auch der Chef einer großen und alten Familie, der Wittelsbacher. In dieser Funktion besaß er zahlreiche Weisungsrechte gegenüber seinen Verwandten. So durften die Mitglieder des königlichen Hauses ohne Ludwigs Zustimmung weder heiraten noch ins Ausland verreisen. Auch war es ihm gestattet, sich jederzeit in die Erziehung der Kinder einzuschalten.

Bei Ludwigs Regierungsantritt gab es am königlich-bayerischen Hof zwölf sogenannte Hofstaaten. Neben dem König besaßen die Königinmutter Marie, Ludwigs Bruder Otto, der abgedankte König Ludwig I. sowie die Prinzessinnen und Prinzen ihren eigenen Hofstaat. Der weitaus größte war der des Königs, wobei die Vielzahl der Einrichtungen eine blühende Bürokratie erahnen lässt: Oberst-Hofmeister-Stab, Oberst-Kämmerer-Stab, Oberst-Hofmarschall-Stab, Oberst-Stallmeister-Stab, Hofmusik-Intendanz, Hoftheater-Intendanz, Hofjagd-Intendanz, Hofbau-Intendanz, Hof-Rechnungs-Revisions-Stelle, Secretariat Seiner Majestät des Königs, Hof-Secretariat sowie die Hof- und Cabinettscassa.[4]

Das alles kostete sehr viel Geld. Die finanziellen Verhältnisse des Hauses Wittelsbach waren im Familienstatut vom August 1819 sowie in einem Gesetz aus dem Jahre 1834 geregelt. König Ludwig stand für die Erfüllung seiner Aufgaben eine Pauschalsumme – die sogenannte Zivilliste – zur Verfügung. Diese betrug zunächst 2,3 Millionen Gulden und wurde 1866 auf gut 2,9 Millionen Gulden jährlich erhöht. Aus diesem Topf musste der König seinen Hofstaat finanzieren, Gehälter und Pensionen zahlen, die Schlösser instandhalten und dergleichen mehr. Hinzu kam die Besonderheit, dass Max sich bei seiner Regierungsübernahme verpflichtet hatte, dem abgedankten König Ludwig I. auf Lebenszeit 500 000 Gulden aus der Zivilliste zu überlassen. Diese Verbindlichkeit hatte Ludwig gewissermaßen geerbt. Alles in allem standen dem neuen König zunächst nicht mehr als 450 000 Gulden zur freien persönlichen Verfügung, was nach heutiger Kaufkraft etwa 7,4 Millionen Euro entspricht.[5] Erst nach dem Tod des Großvaters im Februar 1868 erhöhte sich die Summe um den entsprechenden Betrag.

Ludwig I. feierte im August 1864 seinen 78. Geburtstag. Seit seiner Abdankung residierte er im sogenannten Wittelsbacher Palais in der Münchner Innenstadt, er begab sich aber auch immer wieder auf Reisen, die ihn bis nach Darmstadt, Wien, Prag und Paris oder im Winter nach Nizza führten. Wie schon für Max II. war es auch für Ludwig II. anfänglich nicht immer leicht, unter den Augen des alten Königs zu regieren. Ludwig I. schien zunächst auch Versuche unternommen zu haben, sich in das politische Tagesgeschäft einzuschalten. Im Geheimen Hausarchiv sind entsprechende Briefe mit Ratschlägen an den Enkel überliefert, die dieser stets höflich, aber geschäftsmäßig kühl beantwortete.

Auch andere Zeitgenossen glaubten, Einfluss auf den neuen Regenten nehmen zu können. Offensichtlich hielt man den jungen Mann für unbedarft und manipulierbar, was sich aber als krasse Fehleinschätzung herausstellen sollte. Als Ludwigs einstiger Religionslehrer Domdechant Georg Carl Reindl dem König unaufgefordert einen Rat gab, verbat dieser sich jeden Zwischenruf. Anstatt das Schreiben des Kirchenmanns persönlich zu beantworten, schickte er seine Sekretäre vor: »Das hat den König wieder geärgert und so hat mir Derselbe denn befohlen, dich zu ersuchen, daß du dem Dechant Reindl sagen sollst, er habe sich der Einmischung in Dinge zu enthalten, die ihn nichts angingen, und dem König sei seine Rathsertheilung unangenehm gewesen.«[6] Ebenso schnell wie unmissverständlich machte der neue König deutlich: Interventionen wird er nicht dulden – weder von familiärer noch von kirchlicher Seite.

DIE KLEINE GESCHICHTE von Dechant Reindls Fauxpas wirft die grundsätzliche Frage nach Ludwigs Verhältnis zur Kirche auf. In seinen Tagebüchern, insbesondere in den frühen Bänden, fällt immer wieder die Verwendung religiöser Formeln auf. Häufig beendete er die Einträge mit frommen Bitten wie »Das Haus der Freiheit hat nur Gott gegründet!«, »Mit dem starken Gott!«, »Dank dem Schöpfer für Alles!«, »In Gottes Hand befehle ich mich« oder »Heiliger Gott erhalte mich gut!«[7] Penibel protokollierte der junge König Kirchgänge und Gebete. Vordergründig erinnert das Journal hier an ein frommes Poesiealbum, es finden sich dort aber auch Einträge, die ein höheres Ziel erkennen lassen.

Ludwig präsentiert sich in seinem Tagebuch als waschechter Anhänger des mittelalterlichen Gottesgnadentums, dem zufolge der König sein Amt nicht durch Menschenhand, sondern von Gott übertragen erhalten hat. König »von Gottes Gnaden« zu sein, bedeutete aber auch, als Stellvertreter und sichtbares Abbild des Schöpfers auf Erden zu wirken und dessen Licht zu verkünden.[8] Glaubwürdig ist der Monarch dabei aber nur dann, so die inhärente Logik, wenn er auch ein heiliges Leben führt. Insofern verwundert es kaum, dass der Allmächtige in Ludwigs Tagebuch auch bei sittlichen Verfehlungen bemüht wurde, wenn er etwa wortreich seine Lust an der Selbstbefriedigung beklagte. In der Neujahrsnacht 1873 etwa notierte Ludwig ein pathetisches Keuschheitsgelübde: »Ich schwöre und gelobe auf das Feierlichste, bei dem Heiligen, reinen Zeichen der Königlichen Lilien innerhalb der nie zu durchschreitenden, unverletzlichen Balustrade die das Königliche Bett einschließt, im Laufe des soeben beginnenden Jahres, soviel als mir irgend möglich ist, jeder Anfechtung auf das Tapferste zu widerstehen, einer solchen, nie nachzugeben, weder in Werken noch Worten, selbst nicht in Gedanken; Mich auf diese Weise stets mehr und mehr von allen Schlacken zu reinigen, die der menschlichen Natur leider anhaften, die Gott Mir verliehen hat.«[9] Es gelang dem jungen König wohl nicht, sich an diesen Eid zu halten. Zumindest heißt es einige Jahre später: »Am 30. Dec im Jahre, in dem Ich 40 wurde letzter Fall, unwiderruflich, mit Gottes u. des Königs Hilfe!«[10]

Viele der Fürbitten, die Ludwig in sein Tagebuch notiert, wirken auswendig gelernt. Den Formulierungen haftet etwas Theatralisches und Pathetisches an, wenn Ludwig sich redselig auf den lieben Gott beruft. Bei aller persönlichen Gläubigkeit – die Religion war für Ludwig auch ein Instrument zur Begründung, Inszenierung und Absicherung seiner Macht. Seinem Freund Kronprinz Rudolf von Österreich schrieb er mit entwaffnender Offenheit: »Das Volk soll nur seinem guten katholischen Glauben treu bleiben mit den wohlthuenden Vertröstungen auf ein Jenseits, seinen Wundern u. Sakramenten, dem Gebildeten aber können, wie Du so richtig sagtest, diese veralteten Anschauungen unmöglich genügen.«[11]

Ludwigs Untertanen waren zu knapp 70 Prozent katholisch, 28,5 Prozent protestantisch und 1,3 Prozent jüdisch. Trotz dieser »römischen« Dominanz forcierte er – wie schon sein Vater – zeitlebens die in der Verfassung garantierte Gleichberechtigung aller Konfessionen. Wer »gleich« ist, so die inhärente Logik, kann sich nicht über andere erheben. Denn das fürchtete Ludwig am meisten: einen Kontrollverlust. Er bekämpfte alle kirchlichen Bestrebungen, die darauf hinausliefen, staatliche Hoheitsrechte zu unterhöhlen. Die Kirche sollte in erster Linie im Sinne des Staates positiv auf die Menschen einwirken. Insofern musste Ludwig auch die Unfehlbarkeit des Papstes, die Pius IX. 1870 verkündete, geradezu zwangsläufig ablehnen.

Gut zwei Jahre nach seiner Thronbesteigung gab Ludwig bei dem angesehenen Theologen Ignaz Döllinger ein Gutachten über die liturgischen Rechte des Königs in Auftrag. In diesem Papier erscheint die dienende Rolle, die er der Kirche zuwies, wie in einem Brennglas. »Das erste und wichtigste liturgische Recht, dessen Einstufung oder vielmehr Wiederherstellung gegenwärtig wünschenswerth erscheint, ist das tägliche Gebet für den König im Kanon der Messe«, schrieb Döllinger an Ludwig. Hintersinnig fügte er hinzu: »So lange in Frankreich Könige regierten, hieß es immer: et pro rege nostro Ludovico oder Carolo.«[12] Der Hinweis auf die Gepflogenheiten im absolutistischen Frankreich zeigte dann auch sofort Wirkung. Johann von Lutz an seinen Chef, Kabinettssekretär Franz von Pfistermeister: »Ich solle dich beauftragen, daß du unverweilt in München die nöthigen Einleitungen dafür treffen mögest, damit auch bei uns die eben besprochene Einrichtung getroffen werde.«[13]

Das war mehr als eine Marotte. Ludwigs monarchisches Selbstverständnis leitete sich direkt vom französischen Königtum ab. Die Religion – genauer gesagt: das Sakrament der Taufe – fungierte dabei als Bindeglied. Ludwigs Taufpate war sein Großvater König Ludwig I., dessen Taufpate war wiederum Ludwig XVI. von Frankreich. Wird nach christlichem Verständnis mit der Taufe eine unauflösbare Gemeinschaft mit Gott etabliert, sah Ludwig in der Taufgenealogie einen Beweis für seine wahre Abstammung. Kurzum: Nicht die eigene Dynastie stiftete Identität, sondern das Ancien Régime – jene absolutistische Herrschaftsform, die über siebzig Jahre zuvor durch die Französische Revolution beseitigt worden war.

Die Süße des Lebens kenne nur, wer vor 1789 gelebt habe, schwärmte der Politiker Charles Maurice Herzog von Talleyrand-Périgord. Dieser untergegangenen Welt nachzuspüren und sie in Theateraufführungen, Schlossbauten und nicht zuletzt im eigenen Herrschaftsstil wiederzuerwecken wurde zu einem Leitmotiv in Ludwigs Leben. Er war wirklich ein unzeitgemäßer König.

Das System

»ICH HABE WIE BISHER, VIEL ZU THUN, u. sehe Delegationen von vielen Städten«, schrieb Ludwig Mitte April 1864 an seine einstige Erzieherin Sybilla von Leonrod, »mein Beruf wird mir wirklich mit jedem Tage lieber.«[14] Der Terminkalender des jungen Königs war randvoll und sah in etwa aus wie folgt: »Morgens kommen die Sekretäre um ½ 9 – ½ 10 oder 10 Uhr. – Zweimal in d. Woche kommt Hofmann, dieser um 10-11; um 11 Uhr jeden Tag ein Minister, dann nehme ich ein 2. Frühstück ein u. ertheile gewöhnlich um 12 Uhr Audienzen, fahre u. gehe, um 4 Uhr ist die Tafel, um 6 Uhr kommt abwechselnd je einer v. den Sekretären, Leinfelder liest dann d. Zeitungen vor, was bis gegen 9 Uhr dauert, dann ist Thee.«[15]

Das war ein straffes Programm, dessen Durchführung eine gute Organisation voraussetzte. Bei der Erledigung der täglichen Pflichten standen Ludwig zwei Sekretäre zur Seite – Hofsekretär Julius von Hofmann für die privaten Belange sowie Kabinettssekretär Franz von Pfistermeister für die Regierungsgeschäfte. Beide Herren hatte Ludwig aus dem Dienst seines verstorbenen Vaters übernommen. Das harmlos klingende Wort »Sekretär« führt in Bezug auf Pfistermeister und dessen Nachfolger in die Irre. Das Kabinettssekretariat darf man sich nicht als ein reines Schreibbüro vorstellen. Natürlich erledigten die Mitarbeiter tagein, tagaus Schreibarbeiten, doch ging die tatsächliche Bedeutung dieses Amtes weit darüber hinaus. Der Kabinettssekretär war der Verbindungsmann zwischen dem König und der Regierung. Alle Dokumente gingen zunächst über seinen Schreibtisch, wobei er dann bestimmte, was der König zu Gesicht bekam. Darüber hinaus regelte er den Zugang zur Allerhöchsten Person: Wer den Monarchen sprechen und ihn für eine bestimmte Sache gewinnen wollte, musste sich geradezu zwangsläufig gut mit dem Kabinettssekretär stellen. Das Sekretariat wurde zwar aus öffentlichen Mitteln finanziert, gehörte aber offiziell nicht zur Verwaltung. Es war keiner staatlichen Behörde rechenschaftspflichtig und galt sozusagen als Privatsache des Königs. Diese zweifelhafte Konstruktion mit ihren unklaren Kompetenzen und undurchsichti-

Als Kabinettssekretär Seiner Majestät des Königs war Franz von Pfistermeister ein einflussreicher Mann, der naturgemäß viele Feinde hatte – einer von ihnen war der Komponist Richard Wagner.

gen Zuständigkeiten war nicht im Geiste der Verfassung, mehr noch, sie widersprach ihr sogar.

Während der Regentschaft von Ludwigs Vater war das Sekretariat zu einer Art Nebenministerium ausgebaut worden. Das hing unmittelbar mit Max' Arbeitsweise zusammen. Er wollte das Regieren gewissermaßen als Wissenschaft betreiben, wenn er versuchte, durch ständiges Abwägen der verschiedenen Argumente das beste Ergebnis zu erzielen. Dazu hatte er ein kompliziertes Wiedervorlagesystem entwickelt, mit dessen Hilfe er eine Unmenge von Zetteln und Tabellen verwaltete. Darüber hinaus gab er zahlreiche Gutachten in Auftrag, die bestimmte Fragen oder Aspekte einer Entscheidung von allen denkbaren Seiten beleuchteten. Die Ernsthaftigkeit, mit der Max seinen Herrscherberuf ausübte, spricht zwar für ihn, in der Realität verlor er aber vor lauter Nachdenken und Sinnieren oftmals den

Überblick und kam gar nicht mehr zum Herrschen. Skrupulös und entscheidungsschwach wie Max nun einmal war, überließ er das Feld nicht selten seinem Kabinettssekretär.

Franz von Pfistermeister hatte dieses einflussreiche Amt bei Ludwigs Regierungsantritt bereits seit fünfzehn Jahren inne. Der damals 43-jährige Jurist galt als verschwiegen und loyal, und nicht zuletzt beherrschte er diesen komplizierten Machtapparat mit dem unscheinbaren Namen aus dem Effeff. Es sprach aus Ludwigs Sicht also alles dafür, den erfahrenen Beamten auf seinem Posten zu belassen.

Wie darf man sich also die Arbeitsbedingungen an der Schaltstelle zwischen König und Ministerium vorstellen? Das Kabinettssekretariat bestand aus dem Sekretär, einem Mitarbeiter sowie zwei Schreibern. Diese vier Personen mussten tagtäglich die ankommenden Akten, Briefe, Meldungen und Anträge von sechs Staatsministerien durcharbeiten. Die Fälle, die eine individuelle Entscheidung des Königs verlangten, trug Pfistermeister mündlich vor und erwartete dann etwaige Befehle. Alle formalen Angelegenheiten wie etwa Beförderungen oder Pensionierungen präparierte er so weit, dass Ludwig die entsprechenden Dekrete nur unterschreiben musste. Jeder einzelne Vorgang wurde mit einem Aktenzeichen versehen und in der Kabinettsregistratur verzeichnet. Leider hat dieser Katalog den Zweiten Weltkrieg nicht überstanden, sodass wir die Gesamtzahl der Signate nicht kennen. Wir wissen aber aus dem Jahre 1865, dass etwa 23000 Nummern aufgelaufen sind.[16] Rein rechnerisch waren das über sechzig Fälle pro Tag, alles in allem dürften es in 22 Regierungsjahren somit einige Hunderttausend gewesen sein.

Zu Beginn seiner Regentschaft pflegte Ludwig einen regelmäßigen Gedankenaustausch mit seinen Ministern, die er an unterschiedlichen Tagen zur Audienz empfing. Das schien sinnvoll, da die Verfassung einen politischen Monarchen beschrieb, der nicht nur repräsentierte und herrschte, sondern auch aktiv regierte. Die Ausübung der Macht setzte aber den Willen zum Führen voraus. Keiner verstand dieses monarchische Prinzip besser als Otto von Bismarck. Als der preußische König Wilhelm I. ihn im September 1862 fragte, ob er Ministerpräsident werden wolle, antwortete er: »Ich habe den

Mut zu gehorchen, wenn Eure Majestät den haben zu befehlen.« Darauf der König: »Dann wollen wir die Sache versuchen.«[17]

Um den Gedanken aufzugreifen: Wollte Ludwig denn überhaupt herrschen? Hatte er den Mut, zu befehlen? Bismarck sprach nach Ludwigs Tod mit Blick auf das Kabinettssekretariat von ungesetzlichen Zuständen, wenn er Pfistermeister und den anderen Sekretären vorhielt, den König von seinen Ministern und der Politik entfremdet zu haben. Die Beamten hätten sich eine Macht angemaßt, die ihnen nicht zugestanden habe, sie seien an König Ludwigs schlimmem Schicksal letztlich mitschuldig.[18] Bismarcks Vorwurf ist nicht ganz von der Hand zu weisen, gleichwohl greift er aber auch zu kurz. Schuldig an der Malaise war nicht – wie wir noch sehen werden – eine einzelne Person aus Ludwigs Entourage. Wir haben es vielmehr mit einem unglücklichen Zusammenwirken verschiedener Faktoren zu tun.

Da war zunächst die Person des neuen Königs. Ludwig wollte in der Anfangszeit zweifellos regieren, doch ging es ihm mehr um die poetische Inszenierung seiner Herrschaft als um das tatsächliche Führen. Die ausländischen Diplomaten berichteten schon früh über eitle Marotten, denen der junge Mann frönte. Das begann bereits mit der Art des Gehens: Ludwig zog die Knie fast bis zum Kinn hoch und nannte dieses merkwürdige Staksen den »Königsschritt«. Seine Auftritte hatten, so ein preußischer Beobachter, »bei aller Schönheit des Kopfes etwas theatralisch Lächerliches. Er posierte in einer komisch übertriebenen Haltung, die ihm als Ausdruck königlicher Würde erschien, tatsächlich aber schon damals für den unparteiischen Zuschauer Zweifel an seiner vollen Zurechnungsfähigkeit erregen mußte.«[19]

Auch dem österreichischen Gesandten Gustav von Blome fiel bereits im April 1865 auf, dass Ludwig seine Regentschaft pompös ausstaffierte. Für ihn war das Ausdruck eines bedenklichen Charakters: Die Natur habe Ludwig nämlich »mehr Einbildungskraft als Verstand gegeben und ist in der Erziehung das Herz am Meisten vernachläßigt worden. Ein übertriebenes Selbstgefühl, Eigenwilligkeit und Rücksichtslosigkeit machen sich in bedenklicher Weise geltend. Der König duldet keinen Rath den Er nicht verlangt hat, und straft jede Vorstellung gegen eine Seiner Anordnungen durch wochen- oft monatelange Ungnade.«[20]

Die Minister und Sekretäre stellten also schnell fest, dass sie besser fuhren, wenn sie Ludwig nicht widersprachen oder ihn mit unverlangten Ratschlägen provozierten. So etablierte sich ein System, in dem Unterwerfung mit königlicher Gnade belohnt und alles andere mit Ungnade getadelt wurde. Das sorgte für eine Kultur der Speichelleckerei und des blinden Jasagertums – oftmals gegen besseres Wissen.

Ein gutes Beispiel für diese Tendenz finden wir in der Person des Johann von Lutz. Der 1826 geborene Jurist war bereits unter König Maximilian als Mitarbeiter in das Kabinettssekretariat eingetreten; in dieser Zeit freundete er sich auch mit seinem damaligen Chef Franz von Pfistermeister an. Als dieser Mitte Dezember 1866 seine Entlassungspapiere erhalten sollte, folgte Lutz ihm als Kabinettssekretär nach. Er blieb zwar nur wenige Monate im Amt, nichtsdestotrotz begann damit eine der erstaunlichsten Karrieren in der bayerischen Geschichte des 19. Jahrhunderts. Bereits im folgenden Jahr ernannte Ludwig ihn zum Justizminister, 1869 wurde Lutz Kultusminister, und 1880 stieg er in dieser Position zum Vorsitzenden des Ministerrates auf. Bis zu seinem krankheitsbedingten Rückzug im Jahre 1890 war Lutz der starke Mann der bayerischen Politik, zwei Jahrzehnte lang drückte er dieser seinen Stempel auf. Johann von Lutz war ein hochintelligenter und ebenso ehrgeiziger wie durchsetzungsfähiger Politiker, der seine Fachressorts pragmatisch und ideologiefrei führte. Zeitgenossen bewunderten sein eloquentes und zupackendes Wesen, doch galt er auch als rücksichtsloser und verschlagener Machtmensch, dem man besser nicht in die Quere kam. Kein Wunder, dass er unter seinen Kollegen nicht sonderlich beliebt war.

In wichtigen politischen Fragen lagen Lutz und Ludwig auf einer Linie. Es gab aber noch ein gewissermaßen höheres Motiv, das aus der Sicht des Regenten für Lutz sprach: dessen Vorstellung vom Königtum. Der Minister verteidigte die herausragende Stellung des Monarchen als politische Instanz gegenüber den Parteien und dem

Der Strippenzieher: Johann von Lutz galt als einflussreichster Politiker während der Regentschaft Ludwigs II. Am Ende wandte er sich gegen den König und betrieb dessen Entmachtung.

Parlament. Liest man die Briefe, die Johann von Lutz etwa als Mitarbeiter im Kabinettssekretariat an seinen Vorgesetzten Franz von Pfistermeister schrieb, erhält man einen Eindruck von der Art und Weise, wie er mit seinem königlichen Herrn umzugehen pflegte. »Mit dem König komme ich bis jetzt, wie es scheint, ganz gut aus«, schrieb er beispielsweise im Oktober 1866. »Er thut gar nicht dergleichen und ich gebe nie einen Rath, höre, blos was befohlen wird, und mache mich keiner Widerrede schuldig. Was würde es jetzt nutzen?«[21] Das hieß letztlich aber auch, dass Lutz seine Pflicht, den König zu beraten, völlig vernachlässigte. Selbst Jahre später, als die Krise der königlichen Kasse längst ein Einschreiten erfordert hätte, lehnte Lutz weiterhin jede Intervention von Seiten der Regierung ab.

Nicht zu widersprechen und keine Ratschläge zu erteilen mag im persönlichen Umgang mit dem König der bequemste Weg gewesen sein, sich das allerhöchste Wohlwollen zu sichern, gleichwohl führte diese Strategie in eine Sackgasse. Der politische Führungsanspruch des Monarchen, den Lutz immer wieder beschwor, wurde während der Regentschaft Ludwigs immer mehr zur Fiktion. Er wies dem

König eine Aufgabe und eine Verantwortung zu, der dieser im Grunde nicht gerecht werden konnte, und zwang seine Beamten dazu, Entscheidungen für ihn zu treffen.

Im Laufe der Regentschaft Ludwigs entstand so der paradoxe Effekt, dass die Person, die führen sollte – also der König –, als Herrscher immer stärker ausfiel und die ausführenden Beamten – also Männer wie Johann von Lutz – selbst das Zepter übernahmen. »Die Staatsgeschäfte werden stets durch das königliche Cabinet vermittelt, da der König die Minister fast nie sieht«, analysierte der österreichische Diplomat Ferdinand von Zwierzina zutreffend. »Es ist daher ganz richtig, wenn mir Fürst Hohenlohe sagte: in Bayern sei das Cabinet des Monarchen historisch und den Wittelsbachern unentbehrlich, unmöglich es ganz zu beseitigen; bestünde dieses Institut nicht so würden die Geschäfte wenigstens bei dem jetzt regierenden Herrn ganz darnieder liegen.«[22] Mit anderen Worten: Ludwig regierte nicht – er tat nur so.

Auftritt Wagner

AM 17. APRIL 1864 – gut fünf Wochen nach seiner Thronbesteigung – erteilte Ludwig seinem Kabinettssekretär Franz von Pfistermeister einen sensiblen Auftrag: Er möge Richard Wagner suchen und ihn nach München einladen. »Mein Entschluß ist schnell gefaßt; reisen Sie möglichst rasch R. Wagner nach, wenn es irgend ohne Aufsehen geschehen kann. – Ich hoffe, es wird möglich sein; mir liegt Alles daran, diesen, meinen längst gefaßten Wunsch bald erfüllt zu sehen.«[23] Der Beamte wollte sich sofort auf den Weg machen – doch wo sollte er mit seiner Suche beginnen? Erste Nachforschungen bestätigten Gerüchte, dass der Komponist hoch verschuldet aus Wien – seinem letzten Aufenthaltsort – habe fliehen müssen. Es ist nicht klar, ob Pfistermeister zunächst in die Donaustadt reiste, um von dort Wagners Verfolgung aufzunehmen. Drei Tage später kehrte er jedenfalls ohne den Gesuchten nach München zurück. Ins Blaue hinein zu fahnden führte zu nichts, soviel war nun klar, sodass der Kabinettssekretär zunächst ausführliche Recherchen anstellte. Am 30. April hatte er endlich eine heiße Spur: Wagner sollte sich angeblich in Stuttgart aufhalten. Ludwig: »½ 11 Pfistermeister fort, Hoffnung, naht Euch Tage der Wonne!«[24]

Es war ein Dienstag, als Franz von Pfistermeister Vollzug melden konnte. An jenem 3. Mai 1864 hatte er Richard Wagner in einem Stuttgarter Hotel aufgespürt und ihm mitgeteilt, König Ludwig wünsche ihn zu sehen. Es sei ihm ernst, erklärte Pfistermeister dem völlig verdutzten Komponisten, Seine Majestät habe sich entschlossen, für Wagner zu sorgen und ihn zukünftig von allen Bürden zu befreien. Als ob Ludwig sein Versprechen unter Beweis stellen wollte, ließ er seinem Idol ein Porträtbild sowie einen kostbaren Ring überreichen. »Depeschen von Pfistermeister«,[25] jubelte Ludwig währenddessen in seinem Tagebuch.

Wir wissen nicht, wie dem Kabinettssekretär bei dieser Szene zumute war, Wagner jedenfalls musste sofort verstanden haben: Hier schickte sich jemand an, seinem – Wagners – Leben eine neue Richtung zu geben, mehr noch, es vom Kopf auf die Füße zu stellen. Kurze Zeit nachdem der Beamte das Zimmer verlassen hatte, griff Wagner zu Feder und Tinte: »Diese Thränen himmlischester Rührung sende ich Ihnen, um Ihnen zu sagen, dass nun die Wunder der Poësie wie eine göttliche Wirklichkeit in mein armes, liebebedürftiges Leben getreten sind! – Und dieses Leben, sein letztes Dichten und Tönen gehört nun Ihnen, mein gnadenreicher junger König: verfügen Sie darüber als über Ihr Eigenthum!«[26] Als Ludwig diese Zeilen las, war er außer sich vor Freude. Der Eintrag im Tagebuch beschreibt einen psychischen Ausnahmezustand: »Mittwoch Abends 11 Uhr kam noch Pfistermeister, Alles geht gut, wonnevolle Bothschaft, der Ersehnte hier, Brief von Ihm! Höchst erregt, Entzücken, Wonnen athmend! – Nacht sehr unruhig, Träume von Ihm! wüst durch einander gemengt!«[27]

Keine 24 Stunden später standen sich König Ludwig II. und Richard Wagner in der Münchner Residenz erstmals gegenüber. Ludwig: »Sprachen – ¾ 4 Uhr von dem Verfall der Kunstzustände, Wehe! – Von Seinem Lebensmuth, Werken! ›Tristan und Isolde‹,

›Lohengrin‹, ›Tannhäuser‹, ›Meistersinger von Nürnberg‹, ›Ring des Nibelungen‹! Musik Extase! – Hoher Mann. Strahlensonne! Ihn zu sehen, Zu verzehren, Ihn zu fassen, mir zu lassen, Ihn zu halten, mit Gewalten, sehr Geschick! Wonneglück!«[28]

Auch Richard Wagner schien überwältigt. »Er ist leider so schön und geistvoll, seelenvoll und herrlich«, berichtete er einer Freundin, »dass ich fürchte, sein Leben müsse wie ein flüchtiger Göttertraum in dieser gemeinen Welt zerrinnen. Er liebt mich mit der Innigkeit u. Gluth der ersten Liebe: er kennt und weiss Alles von mir, und versteht mich wie meine Seele. Er will, ich soll immerdar bei ihm bleiben, arbeiten, ausruhen, meine Werke aufführen; er will mir Alles geben, was ich dazu brauche; ich soll die Nibelungen fertig machen, und er will sie aufführen, wie ich will. Ich soll mein unumschränkter Herr sein, nicht Kapellmeister, nichts als ich und sein Freund. Und dies versteht er Alles ernst und genau, wie wenn wir beide, ich u. Sie, mit einander sprächen. Alle Noth soll von mir genommen sein, ich soll haben was ich brauche – nur bei ihm soll ich bleiben. Was sagen Sie dazu? – Was sagen Sie? – Ist es nicht unerhört? – Kann das anderes als ein Traum sein?«[29]

Ludwig II. war nicht weniger verzückt. In schwärmerischem Tonfall gestand er seinem Lieblingskomponisten: »Unbewußt waren Sie der einzige Quell meiner Freuden von meinem zarten Jünglingsalter an, mein Freund, der mir wie keiner zum Herzen sprach, mein bester Lehrer und Erzieher. – Ich will Ihnen Alles nach Kräften vergelten! – O, wie habe ich mich auf die Zeit gefreut, dieß thun zu können! – Ich wagte kaum die Hoffnung zu nähren, schon so bald im Stande sein zu können, Ihnen meine Liebe zu beweisen.«[30]

Rückblickend erscheint das Zusammentreffen des schüchternen Monarchen und seines charismatischen Tonsetzers wie ein märchenhafter Glücksfall für die europäische Kulturgeschichte. Ohne den Wittelsbacher gäbe es keinen *Ring*, die *Meistersinger* wären nicht vollendet, der *Parsifal* wohl kaum geschrieben und die Bayreuther Festspiele sicherlich nicht gegründet worden. Doch das ist allenfalls die halbe Wahrheit. Richtig ist nämlich auch, dass diese angeblich so märchenhafte Episode mit einem großen Betrug begann, mit zahlreichen persönlichen Verletzungen einherging, Bayern an den Rand einer Staatskrise und den König hinters Licht führte sowie Wagners bestem Freund die Frau raubte. Die schicksalhafte Begegnung zwischen Ludwig und Richard Wagner ließ überall Verwundete zurück.

Die Frage liegt auf der Hand: Was band diese beiden in vielerlei Hinsicht so unterschiedlichen Männer aneinander? Wie konnte es so weit kommen, dass der sonst so standesbewusste König über alle Standesgrenzen hinweg seinem bürgerlichen sächsischen Komponisten Huldigungsbriefe schrieb, die auch heute noch peinlich berühren? Betrachtet man die knapp 600 Briefe, Depeschen und Gedichte, die Ludwig und Wagner zwischen 1864 und 1883 wechselten, fällt zunächst der überschwängliche, schwärmerische Tonfall auf, der sich mitunter zur heißblütigen Raserei steigert. Es wimmelte nur so vor ekstatischen Liebeserklärungen – einige Beispiele:

»Leuchte des Lebens, einziger Freund!« (Ludwig II., 11.12.1864)
»O, mein König! Du bist göttlich!« (Richard Wagner, 11.12.1864)
»Letztes! Höchstes! Schönstes meines Lebens! Wundervoller König!« (Richard Wagner, 31.12.1864)
»O Heiliger! ich bete Dich an!« (Ludwig II., 5.1.1865)
»Heiß Geliebter! Mein Einziger!« (Ludwig II., 23.3.1865)
»Mein edler, herrlicher Freund! Mein schöner Wille, meine liebende Vorsehung!« (Richard Wagner, 21.3.1865)
»Preis und Anbetung Dir, der Du mehr bist als ein Mensch, Dich erfüllt eines Gottes Geist.« (Ludwig II., 12.7.1865)

Sind das nicht die Liebesschwüre zweier Männer? Bei Ludwig könnte dies – wie wir noch sehen werden – durchaus der Fall gewesen sein, bei Wagner sicher nicht. Doch die Homosexualität des Königs würde als alleinige Interpretationshilfe nicht ausreichen. Wir haben es vielmehr mit einer dichten Melange aus philosophischen, psychologischen und finanziellen Aspekten zu tun. Werfen wir zunächst einen Blick in Richard Wagners Portemonnaie.

RICHARD WAGNER LEBTE IM FRÜHJAHR 1864 alles andere als in geordneten Verhältnissen. Als Folge windiger Wechselgeschäfte war er völlig verschuldet, seine Gläubiger saßen ihm im Nacken, und um einer Verhaftung zu entgehen, hatte er wie ein gewöhnlicher Ganove aus Wien fliehen müssen. Das war Wagners finanzielle Bestandsaufnahme, als Pfistermeister ihn in Stuttgart ausfindig machte. Nun spielte so etwas Profanes wie Geld in Ludwigs Leben noch keine Rolle – er ließ also zunächst 4000 Gulden auszahlen, damit der Schuldner seine dringendsten Verpflichtungen erfüllen konnte. Doch damit nicht genug, gewährte er ihm ein Jahresgehalt von 4000 Gulden und ließ die Umzugskosten von Wien nach Bayern in Höhe von ebenfalls 4000 Gulden begleichen. Im Juni machte der König Wagner ein Geschenk von 16 000 Gulden, und für die Vollendung der Tetralogie *Der Ring des Nibelungen* erhielt er 18 000 Gulden als Vorschuss. Ludwig mietete Wagner ab September 1864 für 3000 Gulden eine pompöse Villa in der Brienner Straße, die er im folgenden Jahr für 55 000 Gulden erwarb. Immer wieder wurde Wagner von seiner Vergangenheit eingeholt, so auch Mitte Mai 1865, als der Gerichtsvollzieher Altschulden in Höhe von 2400 Gulden eintreiben wollte. Auch in diesem Fall half der König, der sämtliche Summen aus der Zivilliste entrichten ließ.

Alles in allem zahlte das Hofsekretariat in der Zeit vom 1. Mai 1864 bis zum 30. September 1865 an Wagner die stattliche Summe von 104 000 Gulden, was heute in etwa 1,71 Millionen Euro entsprechen würde.[31] Aus dem gesuchten Bankrotteur wurde binnen kurzem ein wohlhabender Mann. Drei Zahlen verdeutlichen, wie großzügig der Monarch tatsächlich war: Das Jahreseinkommen eines königlichen Professors betrug damals 600 bis 1200 Gulden, Münchens Hofkapellmeister Franz Lachner verdiente 4000 Gulden, und ein Minister bezog 12 000 Gulden. Mit anderen Worten: Richard Wagner erhielt in nur siebzehn Monaten den Wert von knapp neun Jahresgehältern eines Ministers. Zweifellos: Der König war für den Komponisten zunächst von geradezu existentieller Bedeutung.

Richard Wagner war ein Mann mit Plänen und Zielen. Er verfolgte so etwas wie eine Agenda, auf der etwa die Vollendung des

Rings oder die Komposition des *Tristan* und des *Parsifal* standen. Kaum zwei Jahre zuvor hatte er sich an einen imaginären Fürsten gewandt, ihm bei der Verwirklichung dieser Ideen zu helfen. »Wird dieser Fürst sich finden?«, rief er damals aus. Und dann erschien König Ludwig und sagte: »Hier bin ich!« So oder so ähnlich muss Wagner das plötzliche Auftauchen des Monarchen empfunden haben. Das bedeutete mehr als die Beseitigung der aktuellen Finanzprobleme: Ludwigs Eintritt in Wagners Leben kam einem Heilsversprechen gleich.

Weniger schwärmerisch gestimmte Zeitgenossen betrachteten die Liaison des achtzehnjährigen Bayern und des 51-jährigen Sachsen hingegen mit Argwohn. »Die Zwecke Wagners waren zunächst keine politischen, sondern rein egoistische«,[32] ätzte etwa der Politiker Ludwig von der Pfordten in seinen unveröffentlichten Erinnerungen. Auch der bereits erwähnte Theologe Ignaz Döllinger wunderte sich bereits im Juni 1864 über so viel Freigiebigkeit: »Unser junger König beginnt, kostspielige Liebhabereien zu entwickeln, und große Summen schlüpfen ihm durch die Finger.«[33]

Dass Wagner ganz diesseitige Hoffnungen in den König setzte, liegt also auf der Hand. Doch das war nur eine Seite der Medaille. Auch aus Ludwigs Perspektive trug das Zusammentreffen mit Richard Wagner schicksalhafte Züge. Bereits als zwölfjähriger Kronprinz hatte Ludwig Wagners theoretische Schriften zu lesen begonnen.

Der Autor benutzt darin einen spezifischen Wortschatz – gewissermaßen einen Code –, der vom König in seinen Briefen nun aufgegriffen wurde. Manche Texte sind geradezu durchsetzt mit Wagner-Zitaten. Wenn Ludwig ihm im Juli 1865 etwa schrieb: »Heiliger, ruhen Sie sich aus; Ruhe! Ruhe Du Gott!«,[34] dann war das mehr als nur eine bizarre Lobpreisung. Der zweite Halbsatz ist vielmehr ein Zitat aus Brünnhildes Schlussgesang aus dem dritten Akt der *Götterdämmerung*. Bayerns neuer Herrscher trat dem Komponisten wie sein gelehriger und nach Lob heischender Meisterschüler entgegen. Richard Wagner durchschaute diesen Rollenkonflikt sehr schnell. Es sei Liebe, schrieb Wagner einem Freund, »wie nur je Lehrer und Schüler sich lieben können. Er ist selig, mich zu haben, und ich ihn. Er ist vollkommen nach meinen Werken und Schriften ausgebildet, nennt mich vor seiner Umgebung unbedingt als seinen einzigen wahren Erzieher.«[35] Und ebenso freimütig gestand Ludwig, der bis dahin unter seiner Erziehung nur gelitten hatte, seine Pennälerliebe: »Sie sind ja der Zielpunkt meines Denkens und Fühlens, sind meine höchste Liebe und werden es immer bleiben.«[36]

Es wäre völlig falsch, Ludwigs Wagner-Verehrung nicht ernst zu nehmen und gewissermaßen als Spinnerei abzutun. So überhitzt uns das alles auf den ersten Blick auch erscheinen mag – der neue Regent verfolgte wie schon Ludwig I. und Maximilian II. ein kunstpolitisches Ideal. Aber anders als Großvater und Vater, die etwa die Architektur und die Wissenschaften förderten, erblickte Ludwig seine Hauptaufgabe in der Durchsetzung Richard Wagners. Der junge König wollte seine Untertanen durch Wagners Opern veredeln und so auf eine höhere sittliche Stufe heben. In Ludwigs Worten klang das so: »Meine Absicht ist, das Münchener Publikum durch Vorführung ernster, bedeutender Werke, wie die des Shakespeare, Calderon, Goethe, Schiller, Beethoven, Mozart, Gluck, Weber in eine gehobenere, gesammeltere Stimmung zu versetzen, nach und nach dasselbe jenen gemeinen, frivolen Tendenzstücken entwöhnen zu helfen und es so vorzubereiten auf die Wunder Ihrer Werke und ihm das Verständniß derselben zu erleichtern, indem ich ihm zuerst die Werke anderer bedeutender Männer vorführe; denn von dem Ernste der Kunst muß Alles erfüllt werden.«[37] Wohlgemerkt: Die Aufführungen der »Klassiker« von Shakespeare bis Weber stellten in Ludwigs Augen nur ein Präludium dar. Sie hatten die Funktion eines Reinigungsprozesses, den das Publikum durchlaufen musste, um Wagners Werken würdig, geläutert und – um bei diesem Bild zu bleiben – vom Schmutz der Welt »gesäubert« entgegentreten zu können.

Wagner erkannte augenblicklich seine Chance und erwies sich als raffinierter Demagoge, wenn er seinen Schüler Ludwig als eigentlichen Vollender seines – Wagners – Kunstwerks und sich selbst nur als williges Instrument darstellte. Wagner an Ludwig: »Was ich noch vermag, wird Sein Werk sein: Er ist bestimmt, weit über mich hinaus mein Werk zu vollenden.«[38] An anderer Stelle säuselte er: »Bin ich es nun, der aus mir spricht, wenn ich Ihnen rathe? Ist es nicht nur, was Sie sind, was Sie wollen, sage ich Ihnen, was ich aus Ihnen errathe? Ich bin nur Ihr Bewusstsein von Sich selbst.«[39] Das war virtuose Sprachakrobatik, die die Wahrheit auf den Kopf stellte. Denn in Wirklichkeit geriet Ludwig immer stärker in eine existentielle Abhängigkeit von Wagner. Dessen utopische Gedankenwelt wurde für den König mehr und mehr zur idealen Welt, die theoretischen Schriften avancierten zur Heilslehre. »Folge davon war«, analysiert die Musikwissenschaftlerin Verena Nägele, »dass der König sein ganzes Leben theatralisierte, theatralisieren musste, und so den Sinn für die Realität mehr und mehr verlor.«[40]

Dieser Realitätsverlust ging sogar so weit, dass Ludwig sich und seine engste Umgebung mit Gestalten aus Wagners Sagen identifizierte. Kritiker wie Franz von Pfistermeister wurden zu »Fafner« oder »Mine«, seine spätere Verlobte Sophie nannte er »Elsa«, während er für sich die Figur des die Welt erlösenden Ritters »Parsifal« reservierte. Diese Rolle schrieb Wagner seinem Freund geradezu auf den Leib, als er im Sommer 1865 auf Ludwigs Bitten mit der Aufzeichnung des Prosaentwurfs begann. Gelegentlich sprach er den König sogar mit »Parsifal« an und nannte das Schloss Hohenschwangau »Parsifals Gralsburg«. Ludwig übernahm diese Bestimmung: »Bitte nenne mich in Deinem Briefe an Wagner weder Ludwig noch Heinrich«, bat er seine Verlobte Sophie, »sondern Parsival und wenn Du willst, zur Abwechslung hie und da der König.«[41] Doch Parsifals Schuhe waren für den Regenten sprichwörtlich zu groß. Mit »Parsifal« schuf Wagner nämlich einen »Jüngling ohne Eigenschaften«, wie Peter Wapnewski resümiert, dessen einzige Aufgabe darin bestand, »Katalysator der Eigenschaften anderer zu sein und auf solche Weise Amfortas und Kundry wieder werden zu lassen, was sie einst waren, nämlich unschuldig«. Dahinter verbarg sich, fährt Wapnewski fort, »ein zutiefst unmenschliches, weil sinnenfeindliches, frauenfeindliches, eine sterile Männerwelt und ihre militärisch-mönchischen Ideale verklärendes Spektakel«.[42]

Wagner stellte Ludwig vor eine brutale Aufgabe. »Nur aber, wer vor den Verlockungen der Sinnenlust sich bewahrt, erhält sich die

Kraft des Segens des Grales«, schwadronierte er Ende August 1865 in seiner Prosadichtung für den Freund, »nur dem Keuschen offenbart sich die beseligende Macht des Heiligthumes.«[43] Damit predigte er, der Schürzenjäger, einem knapp zwanzigjährigen Mann, der gerade im Begriff war, seine Sexualität zu entdecken, Enthaltsamkeit. Ludwig verstand die Worte seines Meisters: »›Stark ist der Zauber des Begehrenden, doch stärker der des Entsagenden‹! – Welche Größe, welch' eine erschütternde Wahrheit in diesen Worten! – O Parcival, Erlöser!«[44] Sexualität wurde für Ludwig, noch bevor er sie richtig entdecken konnte, zu etwas Schlechtem, Unreinem, zu einem Laster, das es zu bekämpfen galt. Noch Jahre später, wenn er mit seiner Onaniesucht haderte, schrieb er Wagners Zeilen vom Begehren und Entsagen in sein Tagebuch.[45] König Ludwig II. sollte an seiner Parsifal-Rolle scheitern.

DOCH ZURÜCK IN DAS FRÜHJAHR 1864. Die intellektuell dürftige und emotional unterkühlte Erziehung des Kronprinzen hatte bei ihm eine Leere hinterlassen. Als dann König Maximilian II. unerwartet verstarb und Ludwig über Nacht Thronfolger wurde, war er denkbar schlecht auf das Amt vorbereitet. Dieses Handicaps scheint sich Ludwig zumindest in der Rückschau durchaus bewusst gewesen zu sein: »In hohem Grade beklage ich es, daß ich, nachdem ich kaum nach erfolgter Volljährigkeit meine Universitäts-Studien begonnen hatte, dieselben, einzustellen gezwungen war, da durch den so früh u. so unerwartet erfolgten Tod meines Vaters ich durch die Verhältnisse in andere Bahnen gerissen wurde.«[46]

Der junge Mann sehnte sich nach einer gerechten, besseren und reineren Welt, er suchte höhere Werte und Inhalte, die er in seiner – wie er es empfand – stumpfsinnigen Umgebung nicht finden konnte. Dabei war es in den ersten Monaten nach der Thronbesteigung keinesfalls nur die Oper, die den neuen Regenten beschäftigte. »Unser junger König hat doch angefangen, die geistige Leere, die seine mangelhafte Erziehung in ihm gelassen hat, einigermaßen ausfüllen zu wollen«, beobachtete Ignaz Döllinger. »Prof. Huber soll ihn in die Philosophie einweihen – eine ungemein schwierige Aufgabe!«[47] Zwischen Dezember 1864 und April 1865 traf Ludwig insgesamt 23 Mal mit dem Münchner Philosophieprofessor Johannes Huber zusammen. Der 34-Jährige erläuterte ihm dann in ungezwungener Atmosphäre die verschiedenen Entwicklungslinien im religiösen und philosophischen Denken bis hin zum Buddhismus und Brahmanismus. Der Professor lernte seinen König bei diesen Sitzungen als hochintelligenten und wissbegierigen Mann kennen. Ludwig sei ein ebenso kühner Denker wie Reiter, erinnerte er sich, dem man kein X für ein U vormachen könne. Auch sei er fraglos gläubig, der katholischen Amtskirche stünde er aber mit großer Skepsis gegenüber. Huber war von seinem Gesprächspartner durchaus angetan, ganz geheuer war er ihm dennoch nicht: »Es ist ohne Zweifel etwas Unheimliches in ihm bei aller Offenheit und Liebenswürdigkeit.« Huber glaubte, eine gewisse Menschenverachtung bei Ludwig zu erkennen. Sein Resümee: »Er scheint überhaupt von niemandem viel zu halten, mit Ausnahme von Wagner.«[48] Der Unterricht bei Johannes Huber war dann auch nur ein Intermezzo: Der Professor verschwand im Frühjahr 1865 wieder von der Bildfläche, Richard Wagner blieb.

Vielleicht wäre alles ganz anders gekommen, wenn Ludwig erst einige Jahre später den Thron bestiegen und mehr Zeit für die persönliche Reife erhalten hätte? Vielleicht hätte sich die Geschichte anders entwickelt, wenn er mehr von der Welt als nur Richard Wagners Wolkenkuckucksheim gesehen hätte? Gut möglich, doch letztlich führen solche Überlegungen ins Reich der Spekulation.

»Wie sich Regenteneigenschaften bei ihm entwickeln werden, ist nun allerdings die grosse Frage«, orakelte Wagner im März 1866 mit entwaffnender Weitsicht. »Einer unbegreiflich sinnlosen Erziehung ist es gelungen in dem Jünglinge einen tiefgehenden, bis jetzt noch ganz unüberwindlich sich zeigenden Widerwillen gegen ernstliche Beschäftigung mit Staatsinteressen zu erwecken, welche er, verachtungsvoll gegen alle hierbei Betheiligten, ganz nur nach der vorgefundenen Routine durch die vorgefundenen Beamten, wie mit Ekel, abthun lässt. Seine Familie, der ganze Hof ist ihm widerwärtig, das Armee- und Soldatenwesen verhasst, der Adel lächerlich, die Volksmasse verächtlich; über Pfaffenwesen ist er klar und vorurtheilslos, in

Betreff der Religion ist er ernst und inbrünstig.« Schließlich folgte der entscheidende Satz: »Es giebt einen einzigen Weg zur Erregung seiner sympathischen Seelenkräfte zu gelangen, und diess bin ich, meine Werke, meine Kunst, in denen er die eigentliche wirkliche Welt ersieht, während Alles Uebrige ihm wesenloser Unsinn dünkt. Die Berührung mit diesem Einen Elemente erweckt in ihm die überraschendsten, wahrhaft wunderbaren Fähigkeiten: er sieht und fühlt darin mit bestaunenswerther Sicherheit, und offenbart für die Erreichung meiner ferntragendsten Kunstzwecke einen Willen, welcher für jetzt die ganze Wesenheit des Menschen ausmacht.«[49]

Wagner formulierte an dieser Stelle einen interessanten Gedanken. Die Erregung seiner – Ludwigs – »Seelenkräfte« war anscheinend ein ekstatischer Vorgang. Wagners Musik konnte bei ihm eine Euphorie bis hin zur Verzückung hervorrufen, aber offensichtlich ließ diese Wirkung auch schnell wieder nach. Dieser Mechanismus fand eine Entsprechung in der Korrespondenz der beiden Männer. Ludwig vermochte es, einen regelrechten Rausch zu Papier zu bringen – einige liebestrunkene Bonmots wurden eingangs zitiert –, schwand das Delirium aber, beurteilte er die Dinge rational, gewissermaßen nüchtern. Ein Beispiel: Im Frühjahr 1867 wollte Wagner seinem königlichen Freund den Schriftsteller Gustav zu Putlitz als Intendanten für das Münchner Hoftheater schmackhaft machen. Wagner drängelte, in mehreren Briefen stellte er die Berufung als ausgesprochen wichtig dar und war voll des Lobes über den Kandidaten. »Mit Jubel hat mich Ihr theures Schreiben erfüllt und mit beseligendem Stolze«, antwortete Ludwig – und erwähnte die Personalie mit keinem Wort. Stattdessen findet man die üblichen Huldigungsfloskeln: »Liebend bis in den Tod, gestählt durch unerschütterlichen Glauben, Ihr getreuer Ludwig.«[50]

Liest man indes, was Ludwig nahezu zeitgleich an seine damalige Verlobte Sophie schrieb, entsteht ein ganz anderer Eindruck. »Diesen Morgen erhielt ich wieder einen Brief von Frau v. Bülow, welche mir jenen Putlitz neuerdings empfiehlt, den der theure Freund durchaus zum Theater-Intendant haben will, ich bin damit durchaus nicht einverstanden, denn das immerwährende Herüberziehen von Ausländern hat ihm und unserer Sache schon so geschadet.«[51] Das war – wie wir im weiteren Verlauf noch sehen werden – eine völlig richtige Einschätzung: Die Einstellung eines weiteren »Ausländers« – Putlitz war in Retzin in der Prignitz geboren – wäre dem Münchner Publikum in der Tat kaum vermittelbar gewesen.

Die Frage liegt auf der Hand: Wie ehrlich war der Schriftwechsel zwischen König Ludwig II. und Richard Wagner? Muss man die gekünstelte und hymnische, mit Zitaten und Codes durchsetzte, hyperemotionale Ausdrucksweise nicht als fassadenhaft und letztlich unaufrichtig bezeichnen? Ludwig hätte diese Frage wohl verneint. Ihm ging es in seinen Mitteilungen an den geliebten Komponisten nicht um die Darstellung der Lebensrealität, die er ja zumeist als traurig und öde empfand, sondern um die Reflexion eines imaginären Idealzustandes. Es war ein großes Rollenspiel mit Ludwig und Wagner als Hauptdarstellern und der wechselseitigen Korrespondenz als Regiebuch. Der Empfänger der königlichen Briefe sah das rückblickend indes kritisch, und einige Jahre später waren ihm die verbalen Liebkosungen sogar regelrecht peinlich. Als Cosima Wagner ihrem Mann im Juli 1878 gestand, sie habe einige dieser Episteln gelesen, »sagt er, ›da herrscht kein guter Ton. Ich aber habe ihn nicht angestimmt.‹«[52]

Es spricht für Richard Wagners Menschenkenntnis, dass er die Art der Beziehung zu und seine Verantwortung für den königlichen Schüler klar erkannte. Gegen ihn spricht jedoch, was er daraus machte.

Der Betrug

RICHARD WAGNER FÜHLTE SICH Anfang Juni 1864 einsam. Zwar bewohnte er seit kurzem in Kempfenhausen, einem verschlafenen Nest am Nordostufer des Starnberger Sees, das »Haus Pellet«, eine feudal ausgestattete 22-Zimmer-Villa, die Ludwig II. für seinen Musikgott gemietet hatte, doch dort fiel ihm die Decke auf den Kopf. Wagner wurde schmerzlich bewusst, dass er zwar aller finanziellen Probleme enthoben, aber auch nach wie vor alleine war. Die Nähe des

Königs, der sich vom 14. bis zum 26. Mai im benachbarten Schloss Berg aufhielt, reichte ihm offensichtlich nicht, was einen erneut an der Glaubwürdigkeit seiner Liebesschwüre zweifeln lässt. Bereits fünf Tage nach Ludwigs Abreise hatte Wagner ihn schon vergessen. »Lieber, quäle Dich nicht so für den Sommer ab!«, schrieb er daraufhin einem anderen Freund. »Ich bitte Dich! – Bei mir wohnst Du u. lebst Du solange Du willst, ohne einen Kreutzer auszugeben. Wie die Einrichtung nun getroffen, störst Du mich in alle Ewigkeit nicht. Reisekosten u.s.w. erhältst Du hier jedenfalls vollkommen entschädigt (besser: vergütet); auch bin ich Dir noch einiges Geld schuldig, das Du bei dieser Gelegenheit eincassiren kannst.«[53]

Der Empfänger jener verführerischen Zeilen hieß Hans von Bülow, seines Zeichens genialischer Pianist, Komponist, Dirigent, Musikschriftsteller sowie Richard Wagners Jünger und bester Freund. Bülow, Jahrgang 1830, hatte bei dem großen Franz Liszt Klavier studiert und im August 1857 dessen Tochter Cosima geheiratet. Es war von Anfang an ein schwieriges Miteinander, und sieben Jahre später war die Ehe des Barons und der Baronin von Bülow bereits gescheitert, doch noch wollte man sich das nicht eingestehen. Mit ihren zwei Töchtern Daniela und Blandine lebten die Bülows in Berlin, wo Hans als Klavierlehrer am Stern'schen Konservatorium tätig war. Als Bülow auf Wagners Lockrufe nicht reagierte, legte dieser nach und schlug seinen Freunden vor, Hans möge seine Berliner Stellung aufgeben und sich als König Ludwigs »Vorspieler« in München niederlassen. Der hohe Herr sei von dieser Idee begeistert und garantiere ein Gehalt von mindestens 1500 Gulden. Das war der Durchbruch – die Bülows sagten zu.

Was Hans zu dieser Zeit noch nicht wusste: Einige Monate zuvor, Ende November 1863, hatten der beste Freund und die eigene Ehefrau ein heimliches Techtelmechtel begonnen. Die Baronin war aber keineswegs die einzige Affäre, der sich Wagner zu jener Zeit hingab. Bereits Ende 1862 hatte er sich nach über 25-jähriger Ehe von seiner Frau Minna getrennt, daraufhin folgten amouröse Abenteuer mit der Mainzer Notarstochter Mathilde Maier, mit der Schauspielerin Friederike Meyer, mit einer Wiener Metzgerstochter und deren

Schwester und so weiter. Es wäre somit wenig überraschend, wenn Wagner bei der Einladung der Bülows Hintergedanken gehegt hätte und Cosima dauerhaft in seiner Nähe installieren wollte. Gegen eine Kabale spricht allerdings die Tatsache, dass Wagner sein Liebeswerben um Mathilde Maier just zu jener Zeit energisch fortsetzte. Aber vielleicht war das Hin und Her nur Ausdruck von Wagners Angst vor der eigenen Courage? Vielleicht ahnte er, erhoffte er insgeheim, was nach Cosimas Eintreffen in der Villa Pellet geschehen würde? Wer kann das schon mit Sicherheit sagen?

Da Hans von Bülow noch beruflich in Berlin gebunden war, schickte er seine Frau und die Töchter vorerst alleine an den Starnberger See, er wollte möglichst bald nachkommen. Als die Bülow-Frauen am 29. Juni 1864 Kempfenhausen erreichten, ging alles sehr schnell. Es dauerte nur wenige Tage, und Richard Wagner und Cosima von Bülow waren ein heimliches Liebespaar. Neun Monate später sollte Cosima Richard Wagners erste Tochter Isolde zur Welt bringen. Hans traf am 7. Juli in der Villa Pellet ein, war völlig ahnungslos – und sollte es nach dem Willen seiner Frau auch bleiben. Cosima wollte das Bekanntwerden der Affäre unter allen Umständen vermeiden. Auch Wagner war bestrebt, sich den genialen Pianisten und Dirigenten Hans von Bülow als Freund und Interpreten zu erhalten. Cosima und ihr Liebhaber beschlossen also, den gehörnten Gatten im Unklaren zu lassen. Und noch einer durfte von alledem unter keinen Umständen etwas erfahren: König Ludwig II. Dessen Liebe zu Wagner sollte keinesfalls durch eine dritte Person getrübt werden. Zum Weihnachtsfest 1864 schickte Wagner dem Monarchen einen Feiertagsgruß, der an Heuchelei kaum zu überbieten war: »So ist mein holder König mir denn Alles, und einsam kann ich nicht mehr sein, da Weib und Kind, Freund und Bruder, Alles – mir in dem erhabenen, freundlichen Schutzgeist meines Lebens enthalten ist!«[54] Zu dem Zeitpunkt war Cosima im fünften Monat von Wagner schwanger.

DAS VERSTECKSPIEL FUNKTIONIERTE eine Zeit lang erstaunlich gut, doch dann ereignete sich ein dramatischer Zwischenfall. Franz Mrazek, Wagners Diener, wurde zufällig zum Zeugen und berichtete seiner Frau Anna, die das Geschehen wie folgt wiedergab: »Bülow habe soeben in das Schlafzimmer Richard Wagners eintreten wollen. Dieses Schlafzimmer sei versperrt gewesen, die Frau Bülow sei bei Richard Wagner drinnen gewesen. (Das wußte nämlich mein Mann, daß die Frau Bülow bei Wagner drinnen sei.) Mein Mann erzählte weiter: Bülow sei in sein Wohnzimmer gegangen, habe sich auf den Boden niedergeworfen, habe mit Händen und Füßen geschlagen wie ein Wahnsinniger und habe geschrieen, ja gebrüllt.« Die Hausangestellten hegten jedenfalls keine Zweifel, welcher Art das Miteinander von Wagner und Cosima war. Und der so Betrogene? »Bülow schien sich, soweit er davon Wahrnehmungen machte, nichts besonderes daraus zu machen«, erinnerte sich Anna Mrazek. »Mir kam es damals so vor, als ob Bülow das Verhältnis für ein freundschaftliches hielt, ich selbst aber habe das Verhältnis schon für ein Liebesverhältnis gehalten.«[55]

Bis heute wird über Hans von Bülows Verhalten gerätselt. Er kann doch nicht wirklich so nichtsahnend gewesen sein, wie er sich nach außen gab. Spätestens nach jener Schlafzimmerszene muss er doch zumindest eine leise Ahnung gehabt haben, mag man denken. Sein emotionaler Ausbruch spräche zumindest dafür. Wie auch immer – in der Folge ließ er sich jedenfalls nichts anmerken, auch nicht gegenüber dem König. Eine Woche lang fuhren Bülow und Wagner täglich nach München, um Ludwig Bruchstücke aus Wagners Werken vorzuspielen.

Auch Franz Liszt, der allem Anschein nach von den Eheproblemen seiner Tochter und seines Schwiegersohnes gehört hatte, kam damals nach Bayern. Es beunruhigte ihn, dass Richard Wagner an dieser familiären Krise nicht unschuldig schien, kannte er doch die Geschichten über Wagners unstetes Privatleben und seine Vorliebe für Mätressen. Liszt verehrte den zwei Jahre jüngeren Kollegen zeitlebens als großen Künstler, dem Menschen Richard Wagner stand er hingegen skeptisch gegenüber. In Liszts Augen war Wagner ein Menschenfischer und Verführer, der andere jeweils so benutzte, wie er es brauchte. Ob Liszt und Bülow unter vier Augen aussprachen, was doch so deutlich schien: dass Cosima die Frau eines anderen geworden war? Wir wissen es nicht. Sicher ist, dass sie über das von Wagner arrangierte Angebot König Ludwigs diskutierten. »Viele Bedenken hielten mich von der sofortigen Annahme des königlich bayerischen Anerbietens zurück«, deutete Bülow gegenüber einem Freund an. »Nach reiflicher Berathschlagung mit meinem Schwiegervater habe ich mich nun aber definitiv entschlossen, zu versuchen, ob mir anderwärts eine neue Ära blüht.«[56]

Es gehört zu den Treppenwitzen der Geschichte, dass es ausgerechnet Franz Liszt war, der Bülow dazu riet, als königlicher »Vorspieler« nach München zu wechseln. Seine Tochter blieb somit dauerhaft in Wagners Nähe. Allem Anschein nach glaubte Liszt aber, Cosima und Richard wieder trennen zu können – von der Schwangerschaft konnte er zu dieser Zeit ja noch nichts wissen.

Am 17. September 1864 unterzeichnete der König Hans von Bülows Anstellungsurkunde.[57] Mit Bülows Verpflichtung war es aber noch nicht getan. Wagner brauchte die Gegenwart seiner Freunde, er sprach davon, in München eine »Kolonie« gründen zu wollen. Als Nächstes versuchte er, den 1824 geborenen Komponisten und Pianisten Peter Cornelius an die Isar zu lotsen und dort in Amt und Würden zu bringen. Wagner ließ nicht locker. Wie schon für Hans von Bülow handelte er nun auch für Cornelius bei König Ludwig einen Ehrensold heraus. Diese Berufungen nach Wagners Wünschen sprachen sich schnell herum und sorgten für Kopfschütteln. Der König interessiere sich doch gar nicht für das Klavierspiel, wurde hinter vorgehaltener Hand getuschelt. Und was Peter Cornelius in München machte und wofür er sein Geld erhielt, war ohnehin ein Rätsel. »Wenn das so fortgeht«, orakelte Ignaz Döllinger, »werden den guten Bayern die fremden Tonkünstler bald so widerwärtig werden, als ihnen die vom Vater hereingerufenen fremden Gelehrten geworden sind.«[58] Der Professor sollte recht behalten.

In der Kolonie

»FÜR MICH WAR DAS nun bald vergangene Jahr das schönste meines Lebens«, schrieb Ludwig am Silvestertag 1864 an Richard Wagner, »für mich glücklich und wonnevoll in allen seinen Theilen: ›Keiner ging, doch Einer kam!‹«[59] Das war also das Fazit seines ersten Regierungsjahres. »Keiner ging, doch Einer kam!« ist vordergründig ein Zitat aus dem ersten Akt der *Walküre*, in diesem Zusammenhang hieß es aber auch so viel wie: Der Tod des Vaters bedeutete ihm nichts, das Auftauchen Wagners hingegen alles.

Richard Wagner konnte mit der Fürsorge seines königlichen Freundes in der Tat zufrieden sein. Am 7. Oktober 1864 erhielt er den »Befehl«, den *Ring* zu vollenden. Gut eine Woche später zog er vom Starnberger See in eine Villa in der Brienner Straße – Münchens feinster Wohngegend. Anfang November genehmigte Ludwig eines von Wagners Lieblingsprojekten: die Gründung einer eigenen Musikschule, die ganz auf seine Ideen und Bedürfnisse ausgerichtet sein sollte. Letztlich wollte Wagner durch die Ausbildung der jungen Musiker peu à peu Münchens Musikleben vollständig unter seinen Einfluss bringen. Und am 26. November fasste Ludwig den Entschluss, für die Uraufführung der *Ring*-Tetralogie eigens ein neues Opernhaus auf den Münchner Gasteighöhen bauen zu lassen. Als Architekt war kein Geringerer als Gottfried Semper auserkoren. Drei Jahre später stand das kostspielige Projekt aber schon vor dem Aus, was Wagner nicht bedauerte, stellte er sich doch ein schlichteres Haus als das von Semper konzipierte vor. Dennoch: Die ehrgeizigen Pläne schürten Neid und Missgunst, was den Gegnern des Komponisten gerade recht kam. Sie sammelten bereits Munition.

Ein besonders machtvoller Rivale Richard Wagners betrat Anfang Dezember 1864 die Münchner Bühne: Ludwig von der Pfordten. Es war genau genommen eine Rückkehr, denn der 1811 geborene Jurist und Politiker hatte bereits von 1849 bis 1859 das Amt des bayerischen Außenministers innegehabt. Das Wiederauftauchen von der Pfordtens beendete eine mehrmonatige Ministerkrise, die kurze Zeit nach Ludwigs Thronbesteigung begonnen hatte. Worum ging es?

Offensichtlich glaubten einige Spitzenbeamte, die Unerfahrenheit des jungen Monarchen ausnützen und für eigene Zwecke instrumentalisieren zu können. Der Kriegsminister Eduard von Lutz ignorierte sogar einfach einen Befehl seines Königs. »Ich will, daß Sie meinen Adjutanten Sauer zum Hauptmann befördern, und zwar ohne Widerrede«, schrieb dieser daraufhin sichtlich erregt an Pfistermeister. »Lassen Sie es sogleich nach Lesung dieser Zeilen dem Kriegsminister wissen. Ich befehle, daß es sogleich expedirt werde; ich will den Kriegsminister und Sie nicht zuvor darüber hören.«[60]

Als widerspenstig erwiesen sich neben dem Kriegsminister vor allem Kultusminister Theodor von Zwehl sowie Justizminister Karl Christoph Freiherr von Mulzer. Ludwig zeigte durchaus Führungsstärke, als er die renitenten Politiker Ende Juli 1864 kurzerhand entließ. Zuvor war Außenminister Karl Freiherr Schrenck von Notzing in das Fadenkreuz königlicher Unzufriedenheit geraten. Vordergründig ging es um Meinungsverschiedenheiten in Fragen der Zollpolitik, wichtiger waren aber wohl persönliche Empfindlichkeiten. Bereits im Mai stand Ludwigs Entscheidung fest: Schrenck müsse gehen.

Dieser Entschluss fiel in einer außen- wie innenpolitisch schwierigen Zeit: Die sogenannte Deutsche Frage beherrschte die Politik, und Bayern stand als drittgrößte Macht zwischen Preußen und Österreich, die um die Vorherrschaft im deutschsprachigen Raum kämpften. Der Deutsch-Dänische Krieg um die Elbherzogtümer Schleswig, Holstein und Lauenburg endete 1864 mit einer Niederlage der Dänen. Während sich Preußen durch den Gewinn dieser Ländereien einen Machtzuwachs im norddeutschen Raum erhoffte, lehnte Österreich dies natürlich ab. Hinzu kamen die Auseinandersetzungen um die Zukunft des »Zollvereins«, des handelspolitischen Zusammenschlusses der deutschen Bundesstaaten. Mit anderen Worten: Bayern brauchte in jenen turbulenten Monaten einen starken und erfahrenen Chefdiplomaten. Als Franz von Pfistermeister den ehemaligen Außenminister Ludwig von der Pfordten über Schrencks mögliche Verabschiedung informierte, riet dieser zur Besonnenheit und plädierte für Kontinuität: »Seine Majestät möge den Baron Schrenck nicht entlassen, ohne daß der Grund dazu von diesem selbst in einer Entlassungsbitte oder in einer ausgeprägten richtigen Meinungsverschiedenheit dargeboten wird. Schrenck ist ein Ehrenmann durch u. durch, gut monarchisch und bayrisch gesinnt, und in unserer ganzen Diplomatie wüßte ich Niemand über ihn zu stellen.«[61]

Der König sah das anders, und der Minister wurde am 4. Oktober 1864 von seinem Amt entbunden. Schrencks Nachfolger sollte ausgerechnet sein Vorgänger werden: Ludwig von der Pfordten. Doch Ludwig II. beging nun einen verhängnisvollen Fehler, wenn er den Amtsinhaber entließ, ohne sich des neuen Kandidaten sicher sein zu können. Pfordten zeigte nämlich kein Interesse, seinen Gesandtenposten am Bundestag in Frankfurt aufzugeben. Für die ausländischen Diplomaten in München war das Hin und Her um das Außenamt Ausdruck der chaotischen Verhältnisse in der bayerischen Politik. »Der König glaubt persönlich zu regieren, wenn er sich nicht von seinen Ministern beeinflussen lässt«,[62] lästerte der österreichische Gesandte Gustav von Blome und brachte das Dilemma auf den Punkt. Auch in der Öffentlichkeit entstand im Laufe der Wochen Unruhe, und nicht wenige fragten sich, ob der junge Monarch nicht überfordert sei. Ludwig reagierte gewohnt empfindlich: »Das Volk muß etwas zu bekritteln u. zu schreien haben, wenn es auch die Sache nicht versteht«,[63] ätzte er gegenüber seiner einstigen Erzieherin.

Es dauerte zwei lange Monate, bis Ludwig von der Pfordten sich notgedrungen bereit erklärte, dem königlichen Wunsch zu folgen. »Ich habe in der That damals ein Opfer gebracht, das von allen Seiten von mir verlangt wurde«, schrieb der Politiker in seinen Erinnerungen. »Ich hoffte das Vertrauen des 19jährigen Königs gewinnen und auf die wissenschaftliche und politische Bildung und Entwicklung, die ihm noch gänzlich fehlte, günstigen Einfluß üben zu können, wie das auch die königliche Familie und das Publikum erwartete und vielfach geradezu von mir verlangte.«[64] Am 4. Dezember 1864 übernahm Ludwig von der Pfordten die Amtsgeschäfte. Damit trat König Ludwigs Regentschaft in eine Phase ein, die durch chaotische Machtverhältnisse, zahlreiche Intrigen und ein Tohuwabohu gegensätzlicher Interessen geprägt schien.

Der Politiker Ludwig von der Pfordten verspürte zunächst keine Ambitionen, das Amt des Außenministers zu übernehmen. Er hielt König Ludwig für wankelmütig und unreif.

Da war zunächst der neue Außenminister, dem es insbesondere an einem nicht mangelte: an Selbstbewusstsein. Das Auftreten Ludwig von der Pfordtens war dominant, seine Umgangsformen erschienen im persönlichen Verkehr erstaunlich undiplomatisch, selbst dem König trat er mitunter schroff gegenüber. Pfordten verstand sich als Ludwigs Mentor und Lehrer in Staatsdingen: »Ich wollte dadurch den König in die Geschäfte einführen und zum Studium und zur Selbstthätigkeit anleiten.«[65] Er hatte dem Regenten sogar die Zusage abgerungen, wenn nötig jederzeit von ihm empfangen zu werden. Wenn er auf ein direktes Vortragsrecht bestand, hebelte er aber die Vermittlerrolle des Kabinettssekretariats aus, was wiederum Franz von Pfistermeister nicht recht sein konnte. Die beiden Spitzenbeamten beäugten sich gegenseitig, und gemeinsam blickten sie voller Argwohn auf den einflussreichen Lieblingskomponisten Seiner Majestät, den sie als Gegner erkannten. Wagner wiederum empfand »Pfi« und »Pfo«, wie er seine Kontrahenten verhöhnte, als Gefahr für seine eigenen ehrgeizigen Pläne. Und dann war da schließlich ein Monarch, der bereits nach kurzer Zeit auf dem Thron den Staatsapparat mit seiner Bürokratie als Bedrohung der königlichen Souveränität wahrnahm. »Jeder Tag zeigt mir aufs neue«, schrieb Ludwig an seinen Chefdiplomaten, »daß dieses Korps auf dem besten Wege ist, zu einer der Krone feindlichen Macht heranzuwachsen. Sehr dringend nothwendig scheint es mir, dasselbe in seine Schranken zurückzuweisen und die Grenzen seiner Befugnisse scharf zu ziehen.«[66] Ludwig von der Pfordten beobachtete das alles mit Grauen. »Nur durch schlimme Erfahrungen konnten dem Könige die Augen geöffnet werden«, befürchtete er, »und diese mußte man abwarten.«[67] Keine Frage: Das Stadtgebiet links und rechts der Isar war politisch vermint, und Ludwigs Außenminister wartete auf den ersten Knall.

DER KONFLIKT ENTZÜNDETE SICH ausgerechnet an einem Gemälde. König Ludwig hatte Wagner gebeten, sich von dem Maler Joseph Bernhardt porträtieren zu lassen. Wagner wandte nun ein, Bernhardt sei ihm persönlich unbekannt, und er könne nur einem Künstler sitzen, den er auch persönlich kenne. Daraufhin beauftragte er seinen alten Freund Friedrich Pecht mit der Ausführung des Gemäldes. Ende Januar 1865 war das Kunstwerk fertig. »Soeben vom Spaziergange zurückgekehrt, finde ich das herrliche Bild!«, jubelte Ludwig. »Welch' eine Ueberraschung für mich! – Wie bezaubernd gut getroffen! – Empfangen Sie meinen heißesten, innigsten Dank!«[68] Diese Zeilen lassen vermuten, dass Ludwig das Bild als ein Geschenk betrachtete – nicht so Richard Wagner. Als er und Pfistermeister wenige Tage später – am 6. Februar – zusammentrafen, brachte Wagner Pechts Honorar ins Spiel. Die Rede war von 500 Gulden, die seines Erachtens aus der Kabinettskasse beglichen werden sollten. Wagner argumentierte hinterlistig: Er dürfe dem Monarchen gar kein Geschenk machen, weil er sich dadurch mit seinem Herrn auf eine Stufe stellen würde. Einerseits hatte er damit nicht ganz unrecht, denn üblicherweise nahm ein Regent kein Geschenk eines Untertanen an, andererseits gab es von dieser Regel natürlich immer wieder Ausnahmen, und Wagner hätte Ludwig ganz einfach um Erlaubnis bitten können, ihm das Bild schenken zu dürfen. Bei Pfistermeister musste der Eindruck entstehen, dass der Porträtierte sich um die Bezahlung drücken wollte. Darüber hinaus überschritt Wagner offensichtlich

Corpus delicti? Richard Wagner gab bei seinem Freund Friedrich Pecht dieses Gemälde von sich in Auftrag, wollte es aber nach der Fertigstellung nicht bezahlen. Das sollte ihm viel Ärger bereiten.

mal wieder die Grenzen der Courtoisie, angeblich soll er Ludwig II. als »mein Junge« bezeichnet haben. Pfistermeister hatte genug gehört. Umgehend unterrichtete er den König und dramatisierte dabei diese Unhöflichkeiten wohl zu furchtbaren Entgleisungen. Plötzlich war sogar von 1000 Gulden Honorar die Rede.

Ludwig reagierte pikiert. Als Wagner zu einer bereits genehmigten Audienz erschien, ließ er ihn abwimmeln. Seine Majestät sei verstimmt, sagte man ihm, er möge gehen. Der Skandal war perfekt, und binnen kurzem kursierte das Gerücht, der König wolle mit Wagner nichts mehr zu tun haben, er sei in Ungnade gefallen. Nun entwickelte sich ein regelrechter Pressekrieg, in dessen Verlauf Wagners Freunde und Feinde sich gegenseitig heftig attackierten. Ludwig schien den Anlass seiner Verstimmung schnell wieder vergessen zu haben und reagierte, wie er noch oft in seinem Leben reagieren würde: Er wandte sich gegen sein eigenes Volk. Am 14. Februar schrieb er an Wagner: »Elende, kurzsichtige Menschen, die von Ungnade sprechen können, die von unsrer Liebe keine Ahnung haben, keine haben können! – ›Verzeihe ihnen, sie wissen nicht, was sie thun!‹ – Sie wissen nicht, daß Sie mir Alles sind, waren, und bis in den Tod sein werden, daß ich Sie liebte, noch ehe ich Sie sah; doch ich weiß, mein Freund kennt mich, sein Glaube an mich wird nie sinken!«[69] Ludwig schien in seiner Wagner-Idolatrie jedes Maß verloren zu haben, wenn er die Worte aus dem Lukasevangelium zitierte, die Jesus sprach, als er ans Kreuz genagelt wurde. Die Rollenverteilung war klar: Ludwig als leidender Messias und Wagner als verzeihender Gottvater.

Doch die erhitzten Gemüter in der Presse ließen sich nicht so leicht besänftigen. Fünf Tage später – am 19. Februar – blies der damals viel gelesene Autor Oskar von Redwitz in der *Augsburger Allgemeinen Zeitung* zum Frontalangriff. Im Mittelpunkt seiner Abrechnung stand Wagners Verschwendungssucht: »Seine Ansprüche an das tägliche Leben und seinen Comfort scheinen so ausgesucht sybaritischer Art, daß wahrlich ein orientalischer Grandseigneur sich nicht scheuen dürfte in seiner Behausung vor den Propyläen dauernd einzukehren und sich mit ihm als Gast zu Tisch zu setzen.« Doch damit nicht genug – der Komponist missbrauche Ludwigs Gunst und Großzügigkeit: »Oder ist das einer wahrhaft großen und edeln Künstlernatur würdig daß Wagner bei seinen hiesigen Einkäufen für seine luxuriöse Hauseinrichtung nur allein z.B. für Teppiche mit Tausenden um sich warf, in der prahlenden Rolle eines modernen Krösus aus dem Säckel seines freigebigen Wohlthäters?« Der arme König habe von den Machenschaften seines zügellosen Günstlings doch gar keine Ahnung, so Redwitz, Ludwig müsse vor Wagner geradezu geschützt werden. Der Autor argumentierte damit äußerst raffiniert, um nicht zu sagen verschlagen: Unter dem Deckmäntelchen der Sorge um den König versuchte er, einen Keil zwischen Ludwig und Wagner zu treiben. »Sonst müßten wir wahrlich den Tag preisen an welchem Richard Wagner sammt seinen Freunden, wirklich ›gestürzt‹, unserer guten treuen Stadt München und ganz Bayern den Rücken kehren würde. Denn so hoch auch Wagner und seine Musik gestellt werden mag, unser König und unsre Liebe zu ihm steht uns doch noch hundertmal höher.«[70]

Macht und Einfluss

WARUM DIESER FUROR? Waren es wirklich nur die königlichen Zahlungen, die Richard Wagners Gegner auf den Plan riefen? Oder verbarg sich hinter jenen Angriffen nicht eine ganz andere Motivation? »Das Ganze war eine Kabinettsintrigue«,[71] vermutete Peter Cornelius und lag mit dieser Einschätzung wohl nicht ganz falsch. Wagner befand sich im Frühjahr 1865 inmitten eines veritablen politischen Komplotts: Es ging um dubiose Betrügereien und Schmiergeldzahlungen, um katholisch-reaktionäre Machenschaften und Landesverrat, um Spionage und Betrug, um die Gründung eines neuen Staates und letztlich um sehr viel Geld. Im Zentrum stand der belgische Geschäftsmann André Langrand-Dumonceau, der sich vom kleinen Bäckerjungen zu einem schwerreichen Bankier hochgearbeitet hatte. Sein Geld verdiente er mit antisemitischen Ressentiments, wenn er etwa jüdische Händler angriff und einer »Christianisierung des Kapitals« das Wort redete. Das kam in klerikalen Kreisen gut an, aber auch Bauern, Handwerker und Beamte vertrauten Langrand-Dumonceau ihr Geld an. Auf dem Höhepunkt seines Erfolges besaß er 24 Aktien- und Kommanditgesellschaften in halb Europa. Er betrieb Versicherungsunternehmen, Hypotheken- und Investitionsbanken sowie Eisenbahnlinien. 1869 brach sein Imperium zusammen, da er, wie sich herausstellen sollte, ein kriminelles Schneeballsystem konstruiert hatte: Um die versprochenen hohen Renditen auszahlen zu können, musste er immer mehr Kunden anwerben. Als diese ausblieben, platzte die Blase.

Doch vier Jahre zuvor – Anfang 1865 – konnte man von diesen Entwicklungen noch nichts wissen. André Langrand-Dumonceau wurde in diesem Jahr sogar von Papst Pius IX. in den römischen Grafenstand erhoben, und seine Finanzgeschäfte erhielten den apostolischen Segen. Der 1826 Geborene galt im Wortsinne als sichere Bank. Das sah auch Fürst Maximilian Karl von Thurn und Taxis so, der 25 Millionen Franc in ein neues Geldinstitut des Belgiers investieren wollte. Der Kontakt war durch eine der schillerndsten Persönlichkeiten des 19. Jahrhunderts zustande gekommen: Georg Klindworth. Offiziell arbeitete Klindworth als Jurist und Journalist, in Wahrheit war er aber einer der einflussreichsten Spione seiner Zeit. Vom Wiener Kongress 1814/15 bis in die 1870er Jahre hinein versorgte er ganze Politikergenerationen mit diskreten Informationen.[72] Im Laufe seiner Karriere arbeitete Klindworth für Österreich, Preußen, Württemberg, Russland, Frankreich, England und Spanien. Dabei schuf er ein kompliziertes System von gegenseitigen Verpflichtungen und Abhängigkeiten, das er virtuos zu lenken wusste. Der österreichische Diplomat Johann Bernhard von Rechberg beschrieb ihn als einen »Mann von Fähigkeiten, aber zugleich käuflich und bereit, jedem zum Spion zu dienen, der ihn bezahlte. Er diente stets mehreren Mächten zugleich und verriet denjenigen, die ihm den größten Preis zahlten, die ihm anvertrauten Geheimnisse anderer.«[73] Dass er frei von moralischen Skrupeln war, erwies sich für seine lange Karriere nicht gerade als hinderlich.

André Langrand-Dumonceau, Maximilian Karl von Thurn und Taxis und Georg Klindworth wollten aber nur vordergründig ein gutes Geldgeschäft einfädeln – das Trio hatte andere Pläne. Es ging ihnen um die Lösung der bereits erwähnten Schleswig-Holstein-Frage und damit um eine Neuordnung der deutschen Länder. Preußen, das nach seinem Sieg im Deutsch-Dänischen Krieg die Herzogtümer Lauenburg, Schleswig und Holstein zunächst gemeinsam mit Österreich verwaltete, sollten alle drei Länder zugesprochen werden, wenn es dafür auf seine linksrheinischen Gebiete verzichtete. Dieser

Landstrich sollte mit der nordöstlichen Hälfte Belgiens zu einem neuen katholischen Staat vereinigt und von Maximilian Anton, dem ältesten Sohn des Fürsten von Thurn und Taxis, regiert werden. Mit Hilfe der Bankaktivitäten dachte man, dabei finanziellen Druck auf Politiker und Würdenträger ausüben zu können.

Bei der Durchführung dieses Vorhabens setzten die Verschwörer auf die Unterstützung des bayerischen Königs. Und nun kam Richard Wagner ins Spiel: Der Komponist sollte seinen erheblichen Einfluss auf Ludwig II. nutzen und ihn dazu bringen, Kabinettssekretär Franz von Pfistermeister durch Georg Klindworth zu ersetzen. Wäre Klindworth erst einmal in der Nähe des Königs installiert, so das Kalkül, würde er dem Regenten seine politischen Ideen schon schmackhaft machen. Den Lockvogel spielte Klindworths Tochter Agnes Street-Klindworth, die über zehn Jahre zuvor bei Wagners altem Freund Franz Liszt Klavier studiert und eine Zeit lang ein Liebesverhältnis mit dem Maestro unterhalten hatte. Aus dieser Zeit kannte Wagner Vater und Tochter. Im Februar 1865 kam es in München zu mindestens zwei Treffen, in deren Verlauf Klindworth Wagner umgarnte. Man versprach ihm Anteile an der neuen Bank und versuchte, ihn mit dem Versprechen zu ködern, dass seine vielfältigen Pläne von einem Kabinettssekretär Klindworth jedwede Förderung erhalten würden. Doch letztlich war Wagner diese Sache zu heiß, er verweigerte seine Unterstützung.

Damit verhielt Richard Wagner sich intuitiv richtig, denn die »belgische Lösung« sollte sich bereits kurze Zeit später als politische Totgeburt erweisen. Mitte August 1865 wurde die Schleswig-Holstein-Frage mit der »Gasteiner Konvention« zumindest vorläufig geklärt. In diesem diplomatischen Abkommen einigten sich Preußen und Österreich auf die Zuständigkeiten im Norden: Preußen erhielt die Verwaltung von Schleswig und Österreich die von Holstein zugesprochen. Darüber hinaus trat Österreich seine Rechte an dem Herzogtum Lauenburg für 2,5 Millionen dänische Taler an die preußische Krone ab. Damit waren die katholisch-separatistischen Träume des Fürsten Thurn und Taxis ausgeträumt. Als zwei Jahre später sein Sohn Maximilian Anton, der designierte Herrscher jenes Phantasiestaates, unerwartet verstarb und wiederum zwei Jahre später das betrügerische Imperium des André Langrand-Dumonceau zusammenbrach, versickerte die »belgische Lösung« endgültig im Rinnstein der Geschichte.

Die Vorgänge im Februar 1865 stellen dennoch viel mehr als ein historisches Aperçu dar. Dass die Verschwörer Richard Wagner als Komplizen gewinnen wollten, illustrierte, für wie schwach sie König Ludwig II. und für wie einflussreich sie Wagner hielten. Aber auch Franz von Pfistermeister, der Wagner gewissermaßen sein politisches Überleben zu verdanken hatte, und Ludwig von der Pfordten konnten nun keinen Zweifel mehr daran hegen, dass Wagner ein für sie gefährlicher Machtfaktor war. Der Komponist selbst zog aus der Causa Klindworth die Lehre, dass der König von den falschen Beratern umgeben sei, dass »Pfi« und »Pfo« als Anwälte Seiner Majestät versagt hätten. Die Verunsicherung und die Angst voreinander waren auf allen Seiten groß.

Und König Ludwig? Er wurde krank. Mitte März erwähnte er gegenüber seiner einstigen Erzieherin Sybilla von Leonrod ein »leichtes Unwohlsein«, das ihn aber immerhin genötigt habe, vierzehn Tage das Zimmer zu hüten.[74] Knapp zwei Monate später – am 9. Mai – fühlte er sich erneut leidend. »Ich war krank, doch eigentlich krank nur kurze Zeit; einige Blätter jedoch und die geschwätzige fama haben meinen Zustand bedenklicher dargestellt, als er war.« Der Widersprüche nicht genug, hieß es wenige Zeilen später: »Von hier kann ich Dir nicht Vieles berichten, da ich schon mehrere Wochen beständig auf das Zimmer gebannt bin.« Die Doktoren seien nicht besorgt, versicherte er seiner mütterlichen Freundin, erwähnte aber im gleichen Atemzug, dass er eine geplante Rundreise durch Bayern auf ärztliches Anraten nicht unternehmen könne.[75] Während in den Zeitungen von einer »Brustentzündung« die Rede war, sprach Ludwig selbst von einer Erkältung. Wie auch immer: Die psychosomatische Dimension dieses Leidens war mit Händen zu greifen. Man gewinnt den Eindruck, dass Ludwig sich hinter einer Unpässlichkeit vor dem politischen Tagesgeschäft versteckte.

Die Februarkrise hatte ihn desillusioniert. Noch kein Jahr nach Richard Wagners Berufung nach München stand dieser im Kreuzfeuer von Politik und Öffentlichkeit. Dass Wagner – in Ludwigs Augen ein »Heiliger«, sein »Lehrer und Erzieher«, seine »Leuchte des Lebens«, um nur einige Formulierungen in Erinnerung zu rufen – so hart angegangen wurde, stellte auch einen Angriff auf das absolutistische Selbstbild des Königs dar. Soll heißen: Die Attacken gegen Wagner empfand Ludwig in letzter Konsequenz als narzisstische Kränkung. Er versuchte, der Erniedrigung seines Selbstwertgefühles auszuweichen, indem er sich dem Aggressor – der Öffentlichkeit – entzog, krank wurde und – angeblich – das Bett hüten musste. In späteren Jahren wird Ludwig in vergleichbaren Situationen in die Berge flüchten und irgendwann fast gar nicht mehr nach München kommen.

Als der österreichische Diplomat Gustav von Blome den König Ende März 1865 zu Gesicht bekam, fand er ihn körperlich bei bester Gesundheit. »Ich kann dennoch nicht verhehlen, daß Er in Bezug auf Seine geistige Entwicklung keinen günstigen Eindruck hinterläßt«, schrieb Blome daraufhin an seinen neuen Chef in Wien, Außenminister Alexander von Mensdorff-Pouilly. »Den politischen Dingen, besonders von den Fragen der Gegenwart weiß Er noch weniger als bei Seinem jugendlichen Alter zu erwarten ist. [...] Mir scheint nun, daß der König im Grunde der Politik nur sehr geringe Aufmerksamkeit schenkt und durch allgemeine Redensarten Seinen Mangel an Interesse zu verdecken sucht, deshalb aber auch es vermeidet, mit den Diplomaten in häufigere Berührung zu treten.«[76]

Die Angriffe auf Richard Wagner gingen derweil auch im Frühjahr 1865 weiter. Auf den Straßen und Plätzen Münchens erzählte man sich allerlei wahre und erfundene Geschichten über das luxuriöse Leben des Komponisten in seinem Palais in der Brienner Straße. Immer häufiger fiel in diesem Zusammenhang der Name Lola Montez, jener angeblich spanischen Tänzerin, die Ludwigs Großvater 1848 den Thron gekostet hatte. Gustav von Blome: »Im Volke nennt man Richard Wagner nur mehr den Lolus und König Ludwig I. soll gestern Jemandem gesagt haben: ›Sehr traurig die Verirrung meines Enkels, aber es wird nicht lange dauern, dann wird die Population schon ein Ende machen.‹«[77] Der alte Herr kannte die Macht der Straße – er sollte sich nicht irren.

Agitation und Agonie

IN DIESER TURBULENTEN ZEIT wurde am 10. Juni 1865 Richard Wagners Oper *Tristan und Isolde* uraufgeführt. Die Premiere in Gegenwart des Königs war ein großer künstlerischer Erfolg. Am Ende jubelte das Publikum, und Wagner und die Mitwirkenden standen überwältigt und gerührt auf der Bühne. Der Aufführung waren allerlei Skandale vorausgegangen, und insbesondere Hans von Bülow, der Dirigent des *Tristan*, überschritt mehrfach die Grenzen der Höflichkeit, wenn er, der aus Berlin zugewanderte gebürtige Sachse, die Münchner derb beleidigte. Während einer Probe verlangte Bülow, dass zur Erweiterung der Bühne eine Sitzreihe des Parketts entfernt werde. Auf den Einwand eines Theatermitarbeiters, dass dadurch dreißig Plätze verloren gingen, erwiderte er, es sei doch völlig egal, »ob 30 Schweinehunde mehr oder weniger hereingehen«.[78] Das war typisch Bülow und kaum geeignet, das Ansehen von Wagners Münchner »Kolonie« zu verbessern.

»Meine Ueberzeuzung ist: Bülow muß von Seiner Majestät entlassen werden, je eher, desto besser«, schrieb Ludwig von der Pfordten daraufhin an seinen Kollegen Pfistermeister. »Für Wagner sollen alle vertragsmäßigen Verpflichtungen erfüllt werden, aber die persönlichen Beziehungen können nicht fortdauern, ohne dem Könige im In- und Auslande sehr zu schaden.«[79] Doch davon wollte Ludwig nichts wissen. Er ließ seinem Minister vielmehr kühl mitteilen, dass er »keine weitere Erörterung der Wagner-Bülow'schen Angelegenheit« wünsche. Ludwig von der Pfordten: »Ich schweige also, da ich weder das Recht noch die Anmaßung habe, hierin irgendwie Maß zu geben. Ich fühlte nur die Pflicht auf Gefahren aufmerksam zu machen, von denen ich glaubte, daß Seine Majestät in der idealen Abgeschlossenheit von der realen Welt sie nicht wahrnehme.«[80]

Das war sehr freundlich formuliert. Was Ludwig von der Pfordten in Wahrheit sagen wollte: Der Monarch bekam nicht mehr mit, was um ihn herum geschah. Die »ideale Abgeschlossenheit von der realen Welt« äußerte sich in einer zunehmenden Selbstisolation des Königs. Das fing bereits damit an, dass er München mied. Am 17. Mai

1865 verließ Ludwig die Residenzstadt und verbrachte den Sommer und Herbst 1865 weitgehend in seinen Schlössern in Berg und Hohenschwangau. In diesen mehr als sechs Monaten kam er zwar wenige Male nach München, blieb aber nie länger als zwei Tage. Ludwig besuchte dann meist Theater- oder Opernaufführungen, und die Minister konnten froh sein, wenn sie ihren Regenten in einer Pause kurz zu Gesicht bekamen. Auch Ludwig von der Pfordten musste einmal acht Wochen warten, bis ihm eine Audienz gewährt wurde. Erst am 5. Dezember kehrte der König für längere Zeit in die Hauptstadt zurück.

Ludwigs Abwesenheit von München bedeutete aber nicht zwangsläufig eine Vernachlässigung seiner Regierungstätigkeit. Im Laufe der Zeit perfektionierte er das Regieren aus der Ferne in einem Maße, dass es hinsichtlich der reinen Verwaltungsabläufe im Grunde keinen Unterschied mehr machte, ob er sich in der Residenz, in einem der Schlösser oder auf einer einsamen Berghütte aufhielt. Die zu erledigenden Akten wurden ihm mit beträchtlichem Aufwand überallhin nachgeschickt. Es wurden sogar gesonderte Verbindungsfahrten zwischen den Schlössern und den nächstgelegenen Bahnhöfen eingerichtet, sodass Staatspapiere innerhalb von zwei Stunden in Berg und innerhalb eines halben Tages in Hohenschwangau eintreffen konnten.[81] Seinen bürokratischen Pflichten kam Ludwig so gewissenhaft nach: Er las die eingelieferten Dokumente zügig, kommentierte und korrigierte wo nötig und leistete die erbetenen Unterschriften. In dieser formalen Hinsicht konnte man ihm bis in seine letzten Lebenstage hinein keine Vorwürfe machen. Aber zu den Regierungspflichten eines Königs gehörte eben mehr, sehr viel mehr, als nur das fleißige Studium der Akten.

Es war der persönliche Umgang mit seinen Mitmenschen, der Ludwig bereits in seinem zweiten Regierungsjahr zu schaffen machte. Die Bürger seien es gewöhnt, schrieb Ludwig von der Pfordten, »den Herrscher in vielfachem Verkehr mit der Bürgerschaft, in Konzerten, auf Bällen und selbst in den Straßen zu sehen«. Das war Ludwigs Sache nicht. Der Außenminister glaubte eine Zeit lang, dass er seinen Herrn durch eine behutsame Führung und Anleitung mit den an ihn gerichteten Ansprüchen versöhnen könne. Als Ludwig Mitte Juli 1865 dann versprach, im nächsten Winter »ernste Studien« betreiben zu wollen – »der Geist darf nicht zügellos ins Blaue schweifen«[82] –, hielt Pfordten die Wende für erreicht. Er zeigte sich von dem königlichen Handschreiben »tief ergriffen« und war zuversichtlich, dass Ludwig sich nun endlich seinem Regierungsberuf voll und ganz zuwenden werde. Doch die Enttäuschung kam schnell, zumal Pfordten Hinweise erhielt, dass das Versprechen des Königs nur ein Lippenbekenntnis gewesen war. »Noch jetzt kann ich nicht glauben«, resümierte der Diplomat, »daß, wie mir später wohl angedeutet worden ist, der Brief nur darauf berechnet gewesen sei, mich zu gewinnen und von jeder ferneren Opposition abzuhalten.« In seiner Unzufriedenheit bat von der Pfordten sogar König Ludwig I. in einer Audienz um Vermittlung: Er möge auf seinen Enkel einwirken und ihn zum Einlenken bringen. Doch der alte König winkte angeblich ab: »›Ich will mir meine Stellung nicht verderben!!‹«[83]

Das war in etwa die Situation zur Jahresmitte 1865: König Ludwig II. erfüllte zwar seine formalen Aufgaben, ging aber – anders als von Ludwig von der Pfordten gewünscht – keinesfalls auf Distanz zu Richard Wagner. Im Sommer traf er wiederholt mit dem Komponisten zusammen – im Juli empfing er ihn mehrfach in Berg, im August besuchte Wagner den König in dessen Jagdhütte auf dem Hochkopf am Walchensee, und Anfang Oktober erhielt er eine Audienz in München. Als Cosima von Bülow sich im August in die Korrespondenz Wagners mit König Ludwig II. einschaltete, trat deren Verhältnis in ein neues Stadium. Offiziell war die Baronin ja nur eine Freundin des »Meisters« – gewissermaßen dessen guter Geist. Dass die beiden seit gut einem Jahr ein Verhältnis hatten und dass die im April geborene Bülow-Tochter Isolde in Wahrheit Wagners Kind war, blieb vorerst ein gut gehütetes Geheimnis.

Die nun beginnende Korrespondenz zwischen Cosima und Ludwig war nicht nur in dieser Hinsicht verlogen. Wagner schien mit der Einschaltung seiner Geliebten eine Absicht zu verfolgen. In einem Brief an seinen Gönner pries er Cosima als »edles, tiefsinnig erhabenes weibliches Wesen« und empfahl sie als zukünftige Ansprechpartnerin: »Wollen Sie wahre, tiefe Aufschlüsse über irgend etwas Unverständliches in meinem Betreff, wenden Sie sich an dieses seltene Wesen, das Ihnen rein wie die Urquelle der Nornen Alles zuspiegeln wird.«[84] Offensichtlich war Wagner der Briefwechsel mit Ludwig mittlerweile lästig geworden. Die wichtige aber zeitraubende Aufgabe, den König bei Laune zu halten und ihm detailliert wie hymnisch zu antworten, übernahm nun Frau von Bülow. Wagners Formulierung vom »Zuspiegeln« lässt sich dabei in einem doppelten Sinn verstehen: Cosima hielt ihrem royalen Briefpartner einen Spiegel vor, und Ludwig bekam das zu lesen, was er lesen wollte. Darüber hinaus drückte sie aber auch das aus, was der König nach Wagners Meinung von ihm wissen und lesen sollte. Sie war des Meisters Sprachrohr und das, was man wohl heute seine Managerin nennen würde. Diese Arbeitsteilung erwies sich als ausgesprochen erfolgreich, selbst Pfistermeister und seine Beamten akzeptierten Cosima von Bülow als Wagners Geschäftsführerin. Man schätzte die Baronin, konnte man mit ihr doch sachlich und schnörkellos verhandeln. Pfistermeister: »Ihr erleuchteter, klarer und ruhiger Geist, hochverehrte gnädige Frau, ist der beste Spiegel für Wagners gewiß geniale Anschauungen.«[85]

Richard Wagners »geniale Anschauungen«, um diese spöttische Formulierung aufzugreifen, empfanden die Staatsdiener mehr und mehr als Provokation. Der Unmut nahm weiter zu, als Wagner in der zweiten Septemberhälfte 1865 mit Aufzeichnungen über das Wesen des Deutschen begann (Jahre später erschien der erweiterte Text unter dem Titel *Was ist deutsch?*) und diese dann dem König überreichte. Ludwig ließ Wagners Text mehrfach abschreiben und an seine Minister verteilen – die Herren mögen die hier geäußerten Ideen zur Ausführung bringen. »Nun und nimmer wird das glatt abgehen, daß ein Künstler entscheidenden Einfluß auf das Gesamtleben des Staates bekommt«,[86] orakelte Peter Cornelius und erwies sich einmal mehr als guter Beobachter.

Darüber hinaus ging es auch wieder um Geld. Richard Wagner an König Ludwig II.: »Schenken Sie königlich, und überlassen Sie es meinem Gewissen, wie ich dereinst diess königliche Vertrauen erwidere!«[87] Hinter dieser charmanten Formulierung verbargen sich faustdicke Forderungen. Wagner verlangte 200 000 Gulden – 40 000 Gulden sollten sofort ausbezahlt werden, die verbleibenden 160 000 Gulden angelegt und auf Lebenszeit (!) mit jährlich fünf Prozent verzinst werden. Dazu konnte sich Ludwig zwar nicht durchringen – Wagner erhielt 40 000 Gulden in bar sowie ein kündbares Jahresgehalt von 8000 Gulden –, in den Amtsstuben schrillten trotzdem die Alarmglocken. Wagner sei zu weit gegangen, hieß es allenthalben, und der König müsse zur Besinnung gebracht werden, zumal er seinem Musikus jüngst sogar versprochen habe, dass er einen neuen Mitarbeiter im Kabinettssekretariat installieren werde, der sich nur um seine – Wagners – Belange kümmern werde.

Anstatt die Gemüter zu beruhigen, einen gewissen Abstand zu Wagner zu wahren und nach München zurückzukehren, tat Ludwig das genaue Gegenteil. »Ich halte es für höchst bedenklich, wenn S. Maj. noch auf länger von hier weggeht«, warnte von der Pfordten in einem Brief an seinen Kollegen Pfistermeister. »Ich kann nur dringend bitten, daß der König jetzt seinem Berufe lebe, nicht blos der Neigung. Ich stehe sonst für nichts.«[88]

Von den Ratschlägen seiner engsten Umgebung unberührt, bat Ludwig Wagner Mitte November zu sich nach Hohenschwangau. Der »Meister« blieb eine Woche, in deren Verlauf man vierspännige Ausfahrten in die Umgebung unternahm, Wagner für seinen König musizierte und ihm aus seinen im Entstehen begriffenen Memoiren vorlas. Es war ein romantischer Abgesang auf die Münchner Zeit. »Der König ist natürlich sehr viel mit W. zusammen«, schrieb Johann von Lutz an seinen Chef Pfistermeister, »speist heute mit ihm auf dem Schweizerhause, hat noch 20 Musiker von München kommen lassen, um Wagnerei zu hören und hören zu lassen und schwimmt so in altdeutschen Sagen und Göttergeschichten und ist im Ganzen genommen sehr guter Dinge.« Doch dieses unentwegte Zusammensein mit Wagner schien Ludwig hin und wieder zu überfordern. Wagner war für ihn bislang im Grunde ja immer ein Brieffreund gewesen, den er aus einer gewissen räumlichen Distanz wahrgenommen hatte. Nun lernte er den Egoismus und die vielen kleinen eitlen Marotten des Komponisten aus nächster Nähe kennen. Gegenüber seinem Sekretariatsmitarbeiter Johann von Lutz soll Ludwig geklagt haben: »›es ist merkwürdig, wie delikat der W. behandelt werden muß; ich habe ihn natürlich ganz gerne hier, aber ich sage nur …‹.« Lutz und Pfistermeister, die ihren König zweifellos gut kannten, hatten das offensichtlich kommen sehen. Lutz: »Ist das ein Wink in dem Sinn, den wir schon öfter besprochen?«[89] Ihre Vorahnung sollte die beiden nicht trügen, denn bald schon kam es zum Finale furioso.

Es begann mit einem Zeitungsartikel, in dem Wagner als Landplage und Parasit (»Heuschrecke«) bezeichnet wurde, gefolgt von einem zweiten, offensichtlich von Pfistermeister lancierten, in dem man von dessen angeblich bevorstehender Entfernung berichtete, »damit gewisse Gelüste auf Ausbeutung der königlichen Kabinetskasse leichte Befriedigung erlangen«.[90] Das war eine Falle, und Richard Wagner tappte hinein. »Ihr Sekretär fühlt sich mächtiger, wie Sie«, schrieb er an den König, »er gebietet der weithin zerstreuten Schaar seiner von ihm versorgten Günstlinge, seinen höchsten Herren zu verläumden, – und es geschieht. Die beängstigendsten Gerüchte erfüllen die Stadt: dass Sie die Regierungsgeschäfte vernachlässigen, nur Phantastereien nachhängen, aus welchen ich wiederum Nahrung für unverschämte Forderungen zöge –, diess ist das Eine, worunter man Unser Verhältniss zu verstehen würdigt.« Wagners Forderung: »sofortige Entlassung Pfistermeister's […]. Aber, mein König! schnell und entschlossen!«[91]

Ludwig von der Pfordten war außer sich, an Pfistermeister schrieb er postwendend: »Zu meinem heutigen kurzen Vortrage an Seine Majestät füge ich nur noch bei, daß ich empört bin über die grundlosen Angriffe auf das Cabinet, daß ich bereit bin zur Abwehr mitzuwirken, daß aber meines Erachtens nichts Wirksames geschehen kann, so lange Seine Majestät von hier abwesend ist. […] Da Seine Majestät nicht will, daß ich seine Rückkehr bespreche, und ich überdies aus Erfahrung weiß, daß es nichts nützt, so schweige ich, obgleich tief betrübt; denn Sie glauben kaum, wie sehr der letzte Aufenthalt in Hohenschwangau und der Besuch Wagners und die damit verbundenen Unterhaltungen dem Ansehen des Königs geschadet haben.« Den kursierenden Gerüchten, dass der König den Wunsch geäußert habe, man möge sein privates Budget – die »Zivilliste« – erhöhen, begegnete der Außenminister indes mit Gelassenheit: »So viel ist mir aber klar, daß jeder Versuch dazu mißlingt, so lange ein Heller aus der Civilliste in die Tasche Richard Wagner's fließt.«[92]

Ludwig schien die ganze Aufregung nicht zu verstehen. »Schenken Sie doch, ich ersuche Sie dringend, den Übertreibungen nicht Glauben«, appellierte er an seinen Außenminister. »Man sagt sogar, was in der That unerhört ist, daß er [Wagner] mich von den Staatsgeschäften abziehe und Einfluß zu gewinnen suche.«[93] Das sei nicht wahr, verteidigte sich der König, er verfolge mit Wagner nur künstlerische Zwecke. Es sei nun von der Pfordtens Pflicht, dies der Öffentlichkeit unmissverständlich klarzumachen. Doch dazu war der Beamte nicht mehr bereit. Er nahm allen Mut zusammen und formulierte eine Antwort, die Ludwigs absolutistisches Selbstverständnis tangierte. Es muss für ihn eine schmerzhafte Erfahrung gewesen sein, als Pfordten ihm sprichwörtlich die Pistole auf die Brust setzte und eine Entscheidung einforderte: »Euere Koenigliche Majestät stehen an einem verhängnißvollen Scheidewege, und haben zu wählen zwischen der Liebe und Verehrung Ihres treuen Volkes und der ›Freundschaft‹ Richard Wagners.«[94] Der Landesvater musste sich entscheiden – und entschied sich für sein Volk. »Mein Entschluß steht fest – R. Wagner muß Bayern verlassen«, schrieb Ludwig an den »lieben Herrn Staatsminister«. Und weiter: »Ich will meinem theuren Volke zeigen, daß sein Vertauen, seine Liebe mir über Alles geht. – Sie werden beachten, daß es mir nicht ganz leicht wurde; doch ich habe überwunden.« Und als Postskriptum fügte er sichtlich verunsichert hinzu: »Mit der Entfernung Wagners werden, ich hoffe es zuversichtlich auch jene schändlichen Verläumdungen gegen mich verstummen.«[95]

Bemerkenswert ist, dass Ludwig für diesen Schritt die große Öffentlichkeit suchen und Wagners Ausweisung in den Zeitungen veröffentlichen lassen wollte. Die Motivation scheint klar gewesen zu sein: Das Schreiben war zwar an den Minister adressiert, richtete sich aber in Wahrheit an seine Untertanen. Ludwig von der Pfordten empfand dieses Vorgehen als eine peinliche Selbstentblößung des

Königs und riet dringend von einem Abdruck des Briefes ab – ohne Erfolg.

Richard Wagner musste sich dem Befehl fügen: Am frühen Morgen des 10. Dezember 1865 verließ er in Begleitung seines Dieners und seines Hundes Bayern in Richtung Schweiz. Und Ludwig? Schenkt man von der Pfordtens Memoiren Glauben, dann war Ludwigs Einlenken nur gespielt. Der König habe Kreide gefressen und gar nicht ernsthaft daran gedacht, so der Vorwurf, den Komponisten dauerhaft aus München zu entfernen. Vielmehr versuchte Ludwig nun, seinen Minister durch Dritte zum Einlenken zu bewegen: »Die Kabinettsbeamten, die Adjutanten, der Leibarzt Gietl, zuletzt Staatsrath Daxenberger wurden im Laufe des Dezember an mich abgesendet, um mich zu überzeugen, daß die Rückkehr Wagner's doch wohl nicht bedenklich sei, daß der König die Trennung zu schwer empfinde, daß selbst seine Gesundheit darunter leide [...].«[96] Für von der Pfordten wurde das ewige Gezerre um Wagners Exil mehr und mehr zu einer nervlichen Belastung. Am Silvestertag 1865 versicherte Ludwig ihm in einem süßlichen Brief, wie sehr er ihn – von der Pfordten – schätze und verehre und dergleichen mehr. Doch der Außenminister schenkte den Treueschwüren keinen Glauben, gewann er doch den Eindruck, dass der König sich bei ihm lediglich einschmeicheln wollte. Noch bevor Ludwig Wagners mögliche Rückberufung zum Thema machen konnte, zog Ludwig von der Pfordten alle Register und stellte gewissermaßen prophylaktisch die Vertrauensfrage. Es sei ihm »eine moralische Unmöglichkeit«, schrieb er zwei Tage später, »nach Wagner's Rückkehr im Amte zu bleiben«.[97]

Damit war das Theater indes noch nicht beendet. Am 5. März 1866 erschien Cosima von Bülow bei Ludwig von der Pfordten. Die Baronin umgarnte den Minister mit ausgesuchter Höflichkeit und warb wortreich für ihren Liebhaber. Doch dieser verhielt sich so ablehnend, dass das Gespräch ein baldiges Ende fand. Was er zu diesem Zeitpunkt noch nicht wusste: Frau von Bülow handelte mit Wissen und Zustimmung des Königs, mehr noch, Ludwig wurde von ihr sogar umgehend über das negative Resultat informiert. »Ich kann Ihnen nicht schildern, wie ich Sie liebe, das arme Wort reicht nicht aus«, schrieb der König derweil an seinen Gott. »Vor Ihrer Büste, welche der Blumen Duft magisch belebt, knie ich anbetend, ich vergieße Thränen, bittere Thränen, soll ich denken, daß Sie einst nicht mehr sein werden!«[98]

DEN WOHL SCHWERSTEN FEHLER beging Ludwig im Sommer 1866, als die Presse sich erneut auf Wagner stürzte. In zahlreichen Zeitungsartikeln rückte nun auch das Liebesverhältnis von Wagner und der Baronin ins journalistische Fadenkreuz. In einem an Heuchelei und Verlogenheit kaum zu überbietenden Brief bat Cosima den König um eine Bescheinigung ihrer ehelichen Treue. Sie schrieb: »Wie könnte mein Mann in einer Stadt zu wirken vermögen in der die Ehre seiner Frau angetastet wurde? Mein königlicher Herr, mein Freund, ich habe drei Kinder denen ich es schulde Ihnen den ehrenwerthen Namen ihres Vaters fleckenlos zu übertragen, für diese Kinder, damit die nicht einst meine Liebe zu dem Freunde [Wagner] schmähen, bitte ich Sie mein höchster Freund, ›schreiben Sie den Brief‹.«[99]

Nachdem auch Wagner den König um eine Stellungnahme zugunsten der Bülows gebeten hatte, unterzeichnete Ludwig am 11. Juni einen von Wagner formulierten Brief an Hans von Bülow, der zeitgleich an die Presse ging. Darin drohte der König: »Da Ich ferner die genaueste Kenntniss des edlen und hochherzigen Charakters Ihrer geehrten Gemahlin, welche dem Freunde ihres Vaters, dem Vorbilde ihres Gatten mit theilnahmvollster Sorge tröstend zur Seite stand, Mir verschaffen konnte, so bleibt Mir das Unerklärliche jener verbrecherischen öffentlichen Verunglimpfungen zu erforschen übrig, um, zur klaren Einsicht des schmachvollen Treibens gelangt, mit schonungslosester Strenge gegen die Uebelthäter Gerechtigkeit üben zu lassen.«[100] Ludwig gab sich mit diesem Dokument der Lächerlichkeit preis, denn Cosimas außereheliche Aktivitäten waren in München längst Stadtgespräch. Die Spatzen pfiffen es sprichwörtlich von den Dächern – und Ludwig will davon nichts gewusst haben? Das volle Ausmaß dieser Täuschung wird deutlich, wenn man bedenkt, dass Cosima zu dieser Zeit bereits mit Wagners zweiter Tochter Eva schwanger war. Kein Wunder, dass die Öffentlichkeit dem königlichen Keuschheitsattest nicht glauben wollte, ganz im Gegenteil, man lachte über Wagners und Cosimas Chuzpe. »Wie hier über den jungen König räsonnirt wird«, berichtete Gustav von Blome nach Wien, »das übersteigt alle Begriffe. Im Volke heißen sie Ihn nur mehr den Wagnergesellen.«[101]

Die Bilanz zur Jahresmitte 1866 fiel verheerend aus: Richard Wagner und Cosima von Bülow hatten König Ludwig II. zu einer Art Meineid angestiftet, sie hatten ihn belogen und sein Vertrauen missbraucht. Der Monarch war lange Zeit offensichtlich völlig ahnungslos – es sollten weitere eineinhalb Jahre vergehen, bis ihm erste Zweifel kamen. Als er dann im Herbst 1868 die volle Wahrheit erfahren sollte, erhielt die Beziehung zwischen Ludwig und Wagner einen Knacks, von dem sie sich nie mehr ganz erholen würde. Doch dazu später mehr. Einstweilen zogen am politischen Horizont dunkle Wolken auf.

Krieg und Frieden

OTTO VON BISMARCK SPIELTE im Frühjahr 1866 mit dem Feuer. Österreich war dem preußischen Ministerpräsidenten seit geraumer Zeit ein Dorn im Auge, genauer gesagt: Österreichs Anwesenheit im Deutschen Bund. Bereits zehn Jahre zuvor hatte er geschrieben: »Ich kann mich der mathematischen Logik der Thatsachen nicht erwehren, sie bringt mich zu der Überzeugung, daß Österreich unser Freund nicht sein kann und will.«[102] Der Deutsche Bund, jener 1815 auf dem Wiener Kongress kreierte Staatenbund, hatte sich in seinen Augen überlebt. Bismarck wollte Österreich aus dem Bund herausdrängen – notfalls mit militärischen Mitteln. Sein Ziel war eine »kleindeutsche Lösung«: ein Bündnis der deutschen Staaten unter der Führung Preußens. Bereits ein Jahr zuvor – im Sommer 1865 – wäre es wegen der Schleswig-Holstein-Frage beinahe zum Krieg gekommen, doch konnten die Spannungen mit der »Gasteiner Konvention« noch einmal beigelegt werden. Rückblickend weiß man, dass jenes

Abkommen allenfalls eine kriegsaufschiebende Wirkung hatte. Nun – im Frühjahr 1866 – war die Kriegsgefahr größer denn je.

Ludwig II. wollte von alledem nichts wissen, wie der österreichische Gesandte Gustav von Blome nach Wien berichtete: »Der junge König führt Sein indolentes Leben fort und sieht im Grunde nur den Pianisten Bülow. Er sagt; ›Ich will keinen Krieg!‹ und bekümmert Sich des Weiteren nicht um die Sache.«[103] Ludwig überließ »die Sache«, wie Blome die Entscheidung über Krieg und Frieden spöttisch nannte, seinem Außenminister Ludwig von der Pfordten. Doch der Diplomat bewies hier keine glückliche Hand. Er hatte weder Klarheit über die eigenen politischen Ziele, noch war er Bismarcks raffiniertem Machtspiel gewachsen. Zwischen Preußen und Österreich schwankend, formulierte von der Pfordten einen Vermittlungsvorschlag, wonach der Deutsche Bund in drei große Gruppen geteilt werden sollte mit Süddeutschland unter bayerischer Vorherrschaft. Auch Ludwigs Großvater König Ludwig I. griff aus Nizza in das politische Tagesgeschäft ein. Hatte er sich zunächst Zurückhaltung auferlegt, schließlich wollte er sich auch weiterhin gut mit seinem Enkel stellen, wandte er sich Ende April 1866 an diesem vorbei an den preußischen König Wilhelm und versuchte diesen von seinen Plänen abzubringen: »Euere Majestaet, deren Manier ruhmvoll in der Geschichte glänzen kann, werden nicht wollen, daß es heißt: König Wilhelm's Vergrößerungsabsichten stürzten das deutsche Vaterland in's Verderben.«[104]

Die Mahnung des alten Königs, den Frieden zu wahren, kam zu spät, denn bereits am 9. April 1866 beantragte Bismarck im Frankfurter Bundestag, eine Versammlung einzuberufen, um eine Reform der Bundesverfassung zu beraten und zu beschließen, was in letzter Konsequenz zum Ausschluss Österreichs geführt hätte. Nun ging alles sehr schnell: Wien forderte daraufhin eine erneute Behandlung der Schleswig-Holstein-Frage, was Berlin als Bruch der »Gasteiner Konvention« interpretierte. Als jetzt Preußen Holstein besetzte, forderte Österreich am 11. Juni 1866 die »Bundesexekution«, das heißt: die Mobilisierung der Bundesarmee gegen den Rechtsbrecher Preußen. Der Bruderkrieg begann, und die deutschen Staaten standen sich nun an der Seite der beiden Großmächte gegenüber. Mit Österreich kämpften zwölf deutsche Staaten, darunter das Königreich Bayern. Auf Preußens Seite standen im Wesentlichen die norddeutschen Klein- und Mittelstaaten sowie Italien.

Und Ludwig? Tatsache ist: Der König wollte keinen Krieg. »Ich war eifrig bemüht, auf die Erhaltung des Friedens im Bunde hinzuwirken«, erklärte er in einer Thronrede am 27. Mai 1866. »Noch will Ich die Hoffnung nicht aufgeben, dass das Verderben eines Bürgerkrieges von Deutschland abgewendet werde; dass eine Lösung der Schleswig-Holsteinischen Frage auf dem Wege des Rechtes u. eine zeitgemässe Reform des deutschen Bundes unter Mitwirkung einer nationalen Vertretung unserm grossen Vaterlande neuerdings dauernden Frieden gebe.«[105] Das waren große Worte, jedoch mit wenig Substanz. Als Ludwig gegenüber seinem Außenminister einmal mehr betonte, dass er unbedingt Frieden wolle, antwortete von der Pfordten lakonisch, dass es auf sein Wollen nicht mehr ankäme.

Ähnlich ausweichend reagierte Ludwig auf das Eintreten des Bündnisfalls. Als deutlich wurde, dass bayerische Truppen an der Seite Österreichs in einen Krieg ziehen mussten, duckte der König sich weg, mehr noch, er wollte abdanken. »Wenn es des Theuren Wunsch und Wille ist«, kabelte er an Wagner, »so verzichte ich mit Freuden auf die Krone und den öden Glanz, komme zu ihm, um nimmer mich von ihm zu trennen.«[106] Wagner zeigte sich schockiert, denn die Aussicht auf einen privatisierenden Monarchen gefiel ihm ganz und gar nicht. Ludwig war für ihn nur als König von Interesse. Postwendend flehte er ihn in einem Brief an, nicht zu resignieren, sich nach München zu begeben und sich dort seinen Regierungspflichten zu widmen. Ludwig dankte zwar nicht ab, nach München kehrte er aber auch nicht zurück. Er blieb bis Mitte Juni in Berg.

Die ausländischen Gesandten beobachteten die Eskapaden des Regenten mit Kopfschütteln. »Das Verhalten Seiner Majestät des jungen Königs Ludwig in der jetzigen kritischen Zeit fängt an den übelsten Eindruck auf das Publikum zu machen«, wusste der preußische Vertreter zu melden. »Es hat manchmal den Anschein, als wenn der junge Herr mit Vorbedacht Alles thäte, um die Anfangs so große

Anhänglichkeit an Seine interessante Persönlichkeit zu zerstören.«[107] Das war am 16. Mai 1866. Sechs Tage später beging Ludwig einen kapitalen Fehler, als er unangekündigt das Schloss Berg in Begleitung eines Reitknechts verließ und einfach davonritt. Sein Ziel war das etwa siebzig Kilometer entfernte Biessenhofen, wo er den Schnellzug nach Lindau bestieg. Dort angekommen, wechselte er auf ein Dampfboot, das ihn über den Bodensee nach Rorschach brachte. Und von dort ging es schließlich rund 130 Kilometer in Richtung Tribschen. Es war Dienstag, der 22. Mai – Richard Wagners Geburtstag. Wagner hatte sich wenige Wochen zuvor in einer Villa auf der kleinen Landzunge im Vierwaldstättersee häuslich niedergelassen – ihm galt der konspirative Besuch. Ludwig blieb insgesamt zwei Nächte und kehrte dann nach Berg zurück.

Diese königliche Exkursion ließ sich nicht lange verheimlichen. Zahlreiche Gerüchte schossen wie Pilze aus dem Boden: Der hohe Herr lasse in dieser ernsten Zeit sein Volk im Stich, Minister von der Pfordten sei mit wichtigen Depeschen nach Berg gereist, wo man ihm gesagt hätte, der König sei verschwunden, und dergleichen mehr. Auch unter den Politikern war die Aufregung groß, wie Gustav von Blome zu Ohren kam: »Die Reden über den König, welche man jetzt aus dem Munde von Abgeordneten vernimmt, übersteigen alle Begriffe.«[108]

Ludwig schien das alles nicht zu bekümmern. Am 10. Juni zog er sich in Begleitung seines Adjutanten und eines Reitknechts auf die kleine Roseninsel im Starnberger See zurück. Dort schwelgte er in Erinnerungen an die *Tristan*-Premiere, die genau ein Jahr zuvor stattgefunden hatte. Er weigerte sich, seine Minister zu empfangen, auch Franz von Pfistermeister wurde der Zugang zur Insel verwehrt. Einmal am Tag durften die zu unterschreibenden Papiere mit einem Boot angeliefert werden – das war alles. Man erzählte sich derweil abenteuerliche Geschichten über das Treiben auf dem romantischen Eiland. Der König und sein Adjutant seien als Lohengrin und Barbarossa kostümiert im Mondschein lustgewandelt. Während Ludwig die Insel nachts illuminieren und Feuerwerke abbrennen ließ, brach am 14. Juni der Krieg aus. Ludwig von der Pfordten bat den König

König Ludwig II. zeigte bereits in seinen ersten Regierungsjahren kuriose Verhaltensweisen: »Er posierte in einer komisch übertriebenen Haltung, die ihm als Ausdruck königlicher Würde erschien, tatsächlich aber schon damals für den unparteiischen Zuschauer Zweifel an seiner vollen Zurechnungsfähigkeit erregen mußte.«

inständig, sofort nach München zu kommen. Es sollten weitere fünf Tage vergehen, bis Ludwig endlich in der Residenz eintraf.

In München war die Lage angespannt, aufgebrachte Bürger sollen ihrem König sogar Schimpfworte nachgerufen haben. »Es ist nicht zu leugnen, daß der Stimmung über Seine Majestät jener Enthusiasmus fehlt, welcher wünschenswerth wäre«,[109] gab Münchens Polizeidirektor Sigmund von Pfeufer zu Protokoll. Und Gustav von Blome zuckte nur ratlos mit den Schultern: »man fängt an den König für irrsinnig zu halten«,[110] lautete sein Kommentar. In letzter Minute lenkte Ludwig ein und benahm sich – wenn auch nur für einige Tage – so, wie man es von einem Monarchen in Kriegszeiten erwartete. Am 25. Juni reiste er für zwei Tage nach Bamberg, wo er das Hauptquartier seiner Armee besuchte und eine Truppenparade abnahm. Doch kurz darauf kehrte er an den Starnberger See zurück. Bayerns König befand sich schon wieder auf der Roseninsel, als die preußischen Truppen am 3. Juli 1866 in der berühmt gewordenen Schlacht bei Königgrätz Österreich besiegten. Die Bayern wurden eine Woche darauf bei Kissingen geschlagen und hinter die Mainlinie zurückgedrängt.

Preußens militärische Erfolge waren vor allem dem Einsatz moderner Kriegstechnik zu verdanken: Das Zündnadelgewehr ermög-

lichte fünf Schuss pro Minute, und mit Hilfe der Telegraphie und der Eisenbahn ließen sich große Truppenbewegungen zügig bewerkstelligen. Österreich und seine Alliierten konnten hier nicht mithalten. Die Niederlage stürzte König Ludwig II. in tiefe Verzweiflung, erneut spielte er mit dem Gedanken, zugunsten seines Bruders Otto abzudanken, und bat seine Brieffreundin Cosima von Bülow um Erlaubnis: »Nun drängt es mich, Ihnen zu sagen, dass es mir ganz unmöglich ist, länger von Ihm, der mein Alles ist, getrennt sein zu müssen. Ich halte dies nicht aus.«[111] Mit dieser Liebeserklärung war natürlich Richard Wagner gemeint, der dem amtsmüden König einmal mehr ins Gewissen redete, jetzt nicht aufzugeben.

Nachdem Österreich und Preußen bereits am 26. Juli in der südmährischen Stadt Nikolsburg einen vorläufigen Friedensvertrag vereinbart hatten, schlossen auch Bayern und Preußen am 2. August 1866 einen Waffenstillstand – damit war der Krieg faktisch beendet. Nun schlug die Stunde der Sieger. Der preußische Kronprinz Friedrich Wilhelm fasste Berlins Politik militärisch-knapp wie folgt zusammen: »Rücksicht auf alte Dynastien nicht maßgebend, die logische Konsequenz des Bismarckschen régime's und Politik.«[112] Otto von Bismarck verlangte nicht nur einen geradezu gigantischen Schadensersatz in Höhe von 32 Millionen Gulden, er beanspruchte auch gut ein Fünftel des bayerischen Staatsgebietes. Als von der Pfordten ihm vorhielt, dass diese Forderungen ungerecht seien, schließlich habe Bayern den Krieg nicht begonnen, erwiderte Bismarck kühl, dass es nach einem Krieg nicht um Gerechtigkeit ginge, sondern um Macht. Das war eindeutig und ließ das Schlimmste befürchten. Doch Bismarck mäßigte sich: »So schlecht ich dann bei den Friedensunterhandlungen in Nikolsburg den Minister Pfordten behandelte, so rücksichtsvoll war ich gegen den König Ludwig und das Land Bayern.«[113]

An einer Schwächung und Demütigung Bayerns und seines Königs war Bismarck letztlich nicht gelegen, denn er hatte mit dem Land und seinem Monarchen noch ganz andere Pläne. Vielmehr sollte Ludwig von der Pfordten durch Einschüchterungen zermürbt und anschließend dank ostentativer Nachgiebigkeit zur Annahme eines Bündnisses motiviert werden. Diese Taktik ging auf: Am 22. August einigten sich die Kontrahenten auf Reparationszahlungen in Höhe von 30 Millionen Gulden sowie auf geringfügige Gebietsabtretungen in Nordbayern. Von dem wohl wichtigsten Teil der Vereinbarung erfuhr die Bevölkerung vorerst nichts: Berlin und München schlossen ein geheimes Schutz- und Trutzbündnis, das die Vertragsparteien im Kriegsfall zu wechselseitiger militärischer Hilfe verpflichtete, wobei der bayerische König dem preußischen König den militärischen Oberbefehl übertragen musste.[114] Für Ludwig bedeutete dieses Zusatzabkommen ein schmerzhafter Verlust an Souveränität, den er nur widerwillig akzeptierte. Dabei hatte Bayern noch Glück gehabt. Ganz anders erging es dem Königreich Hannover unter König Georg V., dem Kurfürstentum Hessen, dem Herzogtum Nassau und der Freien Stadt Frankfurt am Main – sie verloren ihre staatliche Selbständigkeit und wurden Preußen einverleibt, die Herrscher kurzerhand abgesetzt.

Otto von Bismarck war seinem Ziel näher gekommen: der Bildung eines deutschen Nationalstaates unter Ausschluss Österreichs und unter der Vorherrschaft Preußens. Da ihm allerdings klar war, dass Frankreich eine sofortige Vereinigung Nord- und Süddeutschlands nicht kampflos hinnehmen würde, gründete sich zunächst der

Der Zeichner der österreichischen Zeitschrift Figaro *sah Bayerns Zukunft im April 1868 wenig rosig. Preußens Ministerpräsident Otto von Bismarck treibt die süddeutschen Staaten mit Gewalt in den Norddeutschen Bund: »Die Süddeutschen werden schon auch noch kommen, wir sind ihnen vorderhand nur noch zu liberal!«*

Norddeutsche Bund als Zusammenschluss der deutschen Staaten nördlich der Mainlinie. Bismarck hatte geschickt vorgebaut: In der Verfassung des Norddeutschen Bundes vom 17. April 1867 existierten Regelungen, die den Beitritt Süddeutschlands, das vorerst unabhängig blieb, »im Wege der Bundesgesetzgebung« ermöglichten.

Bayerns auswärtige Politik lag nach dem Kriegsende in Scherben. Die Schuldigen für das Desaster waren in den Augen vieler Zeitgenossen schnell benannt: Ludwig von der Pfordten und Franz von Pfistermeister. Richard Wagner nutzte die Gunst der Stunde, wieder einmal gegen seine alten Feinde zu wettern. Mit Erfolg – im Oktober 1866 gab Kabinettssekretär Pfistermeister auf, und Ende Dezember erhielt auch Ministerpräsident von der Pfordten seine Entlassungsurkunde. Den König schien der Neuanfang in seiner engsten Umgebung kurzzeitig zu beflügeln. »Ich glaube, es wird den Theuersten freuen zu hören, daß ich in einigen Tagen eine kleine Reise in die fränkischen Provinzen unternehmen werde«, schrieb Ludwig Anfang November an Wagner. »Ich will mit einem Mal den Dunstkreis der Gehässigkeit, die Wolken der Bosheit und falschen Kunden, welche die Leute geschäftig oft um meine Person zu verbreiten suchten, auseinander jagen, will, daß mein Volk erfährt, wie ich bin, daß es seinen Fürsten endlich kennen zu lernen beginnt.«[115]

Dieser Brief kündigte ein Vorhaben an, das viele Beobachter inzwischen für völlig unwahrscheinlich gehalten hatten: die aktive Hinwendung des Königs zu seinem Volk. Ludwig hatte sich auf Vorschlag seines neuen Sekretärs Max von Neumayr kurzfristig dazu entschlossen, die vom Krieg heimgesuchte fränkische Provinz zu besuchen, sich selbst ein Bild von der dortigen Lage zu verschaffen und den demoralisierten Menschen Mut zuzusprechen.

Eifrig begann man mit den Reisevorbereitungen. Zunächst wurden die Routenpläne ausgearbeitet. Nicht jeder Abstecher konnte mit der Eisenbahn vorgenommen werden, sodass an den jeweiligen Orten Kutschen und Pferde in ausreichender Anzahl vorhanden sein mussten. In den Städten, in denen der König zu übernachten plante, ließ man die entsprechenden Unterkünfte eigens aufwändig vorbereiten. Und da er selbstverständlich nicht alleine, sondern mit einem großen Gefolge aus Ministern, Beamten und Honoratioren reiste, wuchs das Unternehmen zu einem logistischen Großeinsatz. Das Vorauskommando, das fünf Tage zuvor in Richtung Franken aufbrach, bestand aus folgenden Personen: »ein Zahlmeister, ein Kämmerer, ein Confektmeister, 14 Offizianten, 20 Personen Küchenpersonal, 24 Jäger und Livreebediente, zwei Bereiter und 22 Stallbedienstete sowie 93 der prächtigsten Pferde und 17 Staatskarossen aus den königlichen Marställen in München«.[116] Darüber hinaus brachte man acht große Wagen mit Mobiliar und Einrichtungsgegenständen auf den Weg, schließlich sollte sich Ludwig auch in der Provinz wie zu Hause fühlen. Die Reise selbst unternahm er mit dem königlichen Hofzug, der aus einem Salonwagen, einem offenen Aussichtswagen für Freiluftfahrten, zwei Gefolge-, einem Gepäck- und einem Heizwagen bestand. Gezogen wurde der hellblau lackierte Zug von der Dampflokomotive »Tristan«.

Auf seiner Reise besuchte Ludwig Bayreuth, Hof, Bamberg, Kissingen, Aschaffenburg, Würzburg, Fürth und Nürnberg. Das Industriezentrum an der Pegnitz hatte es ihm besonders angetan. »In keiner

Stadt fühle ich mich so heimisch wie hier«, ließ er Richard Wagner wissen. »Die Bevölkerung ist intelligent und durchaus edel, unterscheidet sich darin so vortheilhaft von dem Münchner Plebs!«[117] Die Kleinstadt Fürth besuchte er gleich mehrfach: Am 30. November hielt der königliche Sonderzug auf dem Weg nach Nürnberg planmäßig im dortigen Bahnhof, wo Ludwig von den örtlichen Honoratioren begrüßt wurde. Eine Besichtigung der Stadt war nicht vorgesehen. Dies schien Ludwig zu bedauern, denn am 4. Dezember kehrte er in Begleitung eines Adjutanten und zweier Diener spontan und gewissermaßen inkognito nach Fürth zurück. Am Stadtrand soll er, wie der Volksmund berichtet, zwei spielende Mädchen nach dem Weg zum Rathaus gefragt haben. Nach dem Besuch beim Bürgermeister ließ er sich mit großem Interesse von Rabbiner Isaak Löwy durch die örtliche Synagoge führen.

Glaubt man zeitgenössischen Aufzeichnungen, dann war die Frankenexkursion vom 10. November bis zum 12. Dezember 1866 ein voller Erfolg. Für vier Wochen war Ludwig ein ganz normaler König, der überall, wo er auftauchte, herzlich empfangen und bejubelt wurde. Der König nahm an Festbällen und Besichtigungen teil, er besuchte Theateraufführungen und Konzerte, nahm Paraden ab, traf mit Professoren und Studenten zusammen und ließ sich sogar tief ergriffen die Schlachtfelder zeigen. Die Rundreise sollte jedoch die erste und einzige Tour dieser Art bleiben. Nie mehr wieder würde der Monarch die Nähe seiner Untertanen suchen.

KAPITEL III
Kabale und Liebe

Eine gute Partie

FÜR EIN MITGLIED DES ADELS war das Heiraten im 19. Jahrhundert eine besonders ernste Angelegenheit. Ein junger Prinz oder eine junge Prinzessin durfte bei der Partnerwahl nicht nur auf das eigene Herz hören, in der Regel hatte auch das Oberhaupt der jeweiligen Familie ein gewichtiges und oft entscheidendes Wörtchen mitzureden. Die Eheschließung war ein legitimes Mittel der Politik, durch das sich beispielsweise das außenpolitische Einflussgebiet vergrößern ließ. Um die Liebe zweier Menschen ging es dabei allenfalls in zweiter Linie.

Praktische Hilfe und Anleitung fanden die hochzeitswilligen Adligen in einem Buch, das damals in jeder standesbewussten Familie neben der Hausbibel lag: der *Gothaische genealogische Hofkalender*. Der *Gotha*, wie das Nachschlagewerk salopp genannt wurde, war gewissermaßen das »Who's who« des europäischen Adels. Alljährlich wurden die Stammbäume der Adelsfamilien aktualisiert. Neben den Regenten und deren Familien waren sämtliche fürstlichen sowie die gräflichen Häuser in aller Ausführlichkeit verzeichnet. Darüber hinaus informierte der *Gotha* über Sterbefälle sowie über stattgefundene Ordensverleihungen. Der Umfang des Buches erinnerte dabei tatsächlich an eine Bibel: Die Ausgabe von 1866 etwa brachte es auf knapp 1080 Seiten. Von besonderem Interesse dürfte zwecks Heiratspolitik die Rubrik »Verzeichnis regierender Fürsten nach dem Lebensalter« gewesen sein. Dieser Tabelle konnte man entnehmen, welcher Regent sich bereits oder überhaupt noch in einem vermählungsfähigen Alter befand. Im Jahre 1866 führte der ledige Ferdinand Landgraf von Hessen-Homburg die Liste mit 82 Jahren an, starb jedoch noch während der Drucklegung des Buches; König Ludwig II. landete mit neunzehn Jahren auf dem drittletzten Platz. Als Herrscher über das ebenso große wie wichtige Königreich Bayern war der jugendliche Monarch wohl das, was man damals wie heute eine gute Partie nennen würde. Und als ob die Herausgeber des *Gotha* auch die körperliche Attraktivität des Wittelsbachers unter Beweis stellen wollten, druckten sie in jener Ausgabe des Jahres 1866 sogar sein Porträtbild ab.

Kein Wunder, dass nicht wenige Mütter einen Schwiegersohn suchend zum *Gotha* griffen und dabei immer wieder bei König Ludwig II. innehielten. Etliche von ihnen schritten daraufhin zur Tat. Es gab Damen, die sich, ihre Würde und ihre Kinderstube völlig vergaßen, um Seiner Majestät nahe kommen zu können. »Die unglaublichsten Anstalten wurden gemacht, ihm ›unerwartet‹ zu begegnen«, erinnerte sich eine Zeitzeugin. »Mütter aus guten Familien irrten mit ihren schönen Töchtern in den Gängen der Residenz hin und her, bis ein barscher Hartschier [Wachsoldat] sie anfuhr und hinauswies.« Und weiter: »In zahllosen Mädchen- und Frauenköpfen spukte der Gedanke: Wenn man ihm doch nur einmal allein begegnen könnte!«[1] Ludwig erhielt auch immer wieder Liebesbriefe, die er aber meistens lachend las und dann in den Papierkorb warf. Andere Damen wurden wiederum so zudringlich, dass man von offizieller Seite darauf hinweisen musste, dass ein derartiges Verhalten ungehörig sei. Zu besonders peinlichen Szenen kam es, wenn die Verehrerin verheiratet war. Der Gatte der betreffenden Person fiel nicht selten aus allen Wolken, wenn er vom Hofsekretariat erfuhr, dass die eigene Ehefrau dem König schwärmerische Briefe geschrieben und ihm nachgestellt hatte.

Ludwigs Verhältnis zu den Frauen ist ein Thema, das die Menschen schon zu seinen Lebzeiten faszinierte. Ignaz Döllinger behauptete im Juni 1864, dass Ludwig außer seiner Mutter und einigen ältlichen Hofdamen gar keine Frauen kenne. »Neulich gab er aber doch seine Meinung kurzweg auch über den sexe ab. ›Ach die Weiber! auch die Gescheidteste disputiert ohne Logik.‹« Döllingers lakonischer

Ludwig II. war Bayerns begehrtester Junggeselle:
»Wenn man ihm doch nur einmal allein begegnen könnte!«

Kommentar: »Wo er nur diese Entdeckung gemacht haben mag!«[2] Diese Beobachtung mag für die erste Zeit nach der Thronbesteigung zutreffend gewesen sein, das Verhältnis des Königs zum weiblichen Geschlecht war aber komplizierter.

Sicher ist: Ludwig II. hatte durchaus Kontakt zu verschiedenen Damen der Gesellschaft. Mit Cosima von Bülow (nachmals Frau Wagner) führte er, wie wir bereits gesehen haben, eine umfangreiche Korrespondenz, die eine beachtliche Nähe und Intimität erkennen lässt. Auch mit seiner ehemaligen Erzieherin Sybilla von Leonrod stand Ludwig bis zu deren Tod im April 1881 in brieflichem Austausch. Neben seiner Verlobten Sophie, auf die gleich noch ausführlicher eingegangen wird, sind ebenso die Schauspielerinnen Lila von Bulyowsky und Marie Dahn-Hausmann sowie die Sängerinnen Mathilde Mallinger und Josefine Schefzky zu nennen.

Diese Beziehungen blieben jedoch durchweg keusch, wie der preußische Gesandte Georg von Werthern betonte. Es existieren keine Belege, ja noch nicht einmal Hinweise, dass Ludwig etwa gegenüber der Dahn-Hausmann oder gegenüber der Schefzky die Grenzen einer reinen Freundschaft überschritten hätte. »Denn der König kennt den Unterschied der Geschlechter nur aus der Kleidung«, lästerte Werthern an anderer Stelle, »und die Frage, ob das jemals anders werden wird, ist auch in medizinischen Kreisen noch eine offene.«[3] Ludwigs Umgang mit Frauen war von schwärmerischer Bewunderung geprägt. Er verehrte sie um ihr Können, ihre Kunst oder ihres Verstandes willen und trat ihnen mit vollendeter Courtoisie entgegen. »Seine Majestät liebt nun zwar seine Gunst durch Blumen an zu deuten & es vergeht keine Woche wo nicht gewiße Damen in dieser Weise ausgezeichnet werden«, konnte Georg von Werthern beobachten. »Die Mallinger bekommt nach jeder Vorstellung des Tannhäuser oder Lohengrin ein offizielles Bouquet & sehr häufig ein vom König allerhöchsteigenhändig gepflücktes kleineres, eine Art platonischer Selam [Gruß].«[4]

In der Öffentlichkeit stieß jene Haltung auf Unverständnis. Einfach, aber auch weniger einfach gestrickte Gemüter fanden es absonderlich, dass ein junger Mann an sinnlichen Vergnügungen offensichtlich gar kein Interesse zeigte. Ludwigs Diener berichteten manchmal hinter vorgehaltener Hand über merkwürdige Vorkommnisse, und in den Wirtshäusern garnierte man diese Anekdoten dann mit Beiwerk und Ranken, was es oft schwierig macht, den Wahrheitsgehalt zu ermitteln. Auch die ausländischen Diplomaten hörten so manche Geschichte: »Ein junges Mädchen, hübsch und mit reizender Stimme, wurde in den letzten Wochen nach Hohenschwangau citirt um die langen Winternächte durch Gesang kürzen zu helfen. Bei Tage sollen Seine Majestät in den Gärten mit dieser jungen Dame tout à fait à la

Louis XIV. bras dessus bras dessous [Arm in Arm] spazieren gewandelt haben während um Mitternacht der Gesang zwei Zimmer weit von Seiner Majestät, obwohl bei offenen Thüren, stattfand. Gesungen wurde von Mitternacht bis 2 Uhr und bei gelungenen Momenten so wie nach den Liedern erfolgte königlicher Applaus, doch mußte die Sängerin ganz allein in ihrem Zimmer verbleiben so wie Seine Majestät nie das Seine verließen.«[5]

Ludwig II., so scheint es, war ein Kavalier und Ritter – aber kein Eroberer. Er liebte Frauen, resümierte der Sexualwissenschaftler Magnus von Hirschfeld, »wie man ein schönes Kunstwerk liebt, die Venus von Milo oder Raffaels Madonna Sixtina, diese Liebe war frei von jeder Sinnlichkeit, ein kameradschaftliches Verstehen«.[6] In Ludwigs eigenen Worten klang das in einem Brief an Ludwig von der Pfordten so: »Sehr interessiert hat es mich, was Sie über die Frauen sprachen; seien Sie überzeugt, dass ich ihren Werth durchaus nicht unterschätze. Bei den meisten jungen Leuten mischt sich Sinnlichkeit in ihre Neigung zum andern Geschlecht, diese verdamme ich. – Da ich Gottlob davon nichts weiss, so ist, wie ich sicher glaube, meine Verehrung für die Reinheit der Frauen eine umso tiefer empfundene.«[7]

»Rein«, das heißt: unerotisch, war auch das Verhältnis von Ludwig zu der acht Jahre älteren »Sisi«, der Kaiserin Elisabeth von Österreich. Die sagenumwobene »Sisi« entstammte der herzoglichen Nebenlinie der Wittelsbacher: König Ludwig I., Ludwigs Großvater und Elisabeths Mutter Ludovika waren Geschwister. Herzogin Ludovika war also Ludwigs Großtante, und Elisabeth galt streng genommen als seine Tante zweiten Grades. Der Kontakt war zunächst nicht sonderlich eng, da »Sisi« ihre bayerische Heimat bereits im Frühjahr 1854 verlassen hatte – zu einem Zeitpunkt, als der damalige Kronprinz Ludwig noch keine neun Jahre alt war. Erst nach Ludwigs eigener Thronbesteigung nahm der Austausch zu. Aus der »Tante Kaiserin«, wie er sie anfangs noch angesprochen hatte, wurde seine »Cousine«. Im Laufe der Zeit entwickelte sich zwischen den beiden eine von Verehrung und Respekt geprägte enge Freundschaft. »Du Glücklicher, Beneidenswerter, dem es vergönnt ist, so viel bei der angebeteten Kaiserin weilen zu dürfen«, schrieb Ludwig einmal an

Elisabeths Sohn Rudolf. »Bitte lege mich Ihr zu Füßen u. flehe Sie in meinem Namen an, gnädig Ihres getreuen, Sie von jeher u. für immer verehrender Sklaven zu gedenken.«[8]

Ludwig und Elisabeth empfanden sich als wesensähnlich und seelenverwandt: Beide liebten die Einsamkeit und hassten das höfische Leben. Sie verachteten ihre Hauptstädte Wien und München und isolierten sich im Laufe der Jahre immer mehr von der Außenwelt. Die exzentrische Kaiserin und der extravagante König – beide hielt man zunächst für schrullig, später bezeichnete man sie als verrückt. Das Leiden an der Welt, an den verständnislosen Verwandten und an den Regentenpflichten – das alles verband Ludwig und Elisabeth und machte sie gewissermaßen zu Duldern. Der kitschige »Sisi«-Kult der 1950er und -60er Jahre tat des Guten indes zu viel, wenn er Ludwig und ihr eine Liebelei andichtete. Ihr Verhältnis war ausschließlich poetisch-romantischer Art, Sexualität spielte keine Rolle.

Weitaus weniger bekannt ist König Ludwigs Beziehung zu Kaiserin Maria Alexandrowna von Russland. Die 1824 Geborene war eine Prinzessin aus dem Großherzogtum Hessen und heiratete im April 1841 den russischen Thronfolger Alexander II. Am 18. Februar 1855 bestieg Marie von Hessen-Darmstadt als Maria Alexandrowna den Kaiserthron. »Diese bedeutende Frau macht auf mich den Eindruck einer Heiligen«, schrieb König Ludwig nach dem ersten Treffen mit ihr im Sommer 1864 an Ludwig von der Pfordten. »Die Glorie der Reinheit umstrahlt sie.«[9] »Rein« bedeutete in diesem Zusammenhang nicht nur asexuell – auch im Verhältnis zur Zarin spielte Sinnlichkeit keine Rolle –, »rein« hieß vor allen Dingen: absolut. Es war der totale Machtanspruch des russischen Kaiserreiches im Sinne des Gottesgnadentums, der Ludwig so faszinierte. An Maria Alexandrowna schrieb er einmal: »Dreimal gesegnetes u. gepriesenes Rußland, das mit vollem Recht das Heilige genannt wird u. für mich das Ideal eines Reiches ist, gesegnetes Land, in dessen Gränzen ein Volk lebt wie kein zweites auf Gottes weitem Erdenrund, ein Volk von Treue u. hingebender Liebe für seinen von Gott ihm gegebenen Herrscher entflammt.« Immer wieder berichtete Ludwig seiner »lieben Tante«, dass er historische Bücher über Russland lese. Für die aktuellen politischen, wirtschaftlichen und gesellschaftlichen Verhältnisse in dem Riesenreich interessierte er sich aber kaum. Dass Alexander II. ein rücksichtsloser Gewaltherrscher war, der in Polen 1863 den sogenannten Januaraufstand mit äußerster Brutalität niederknüppeln ließ, der in seiner engsten Umgebung Korruption und Betrug duldete, die Presse scharf zensieren und ein polizeiliches Überwachungssystem aufbauen ließ, kurzum: dass Alexander ein Monarch war, der dem monarchischen Prinzip sehr geschadet hat – von alledem wollte sein bayerischer Verehrer nichts wissen. Als Ludwig wieder einmal von revolutionären Umtrieben in Russland hörte, reagierte er mit Unverständnis. »Was soll aus Völkern werden, die keiner Autorität sich beugen wollen, die die Existenz Gottes läugnen u. den Geboten Seiner Gesalbten, Seiner Stellvertreter auf Erden Hohn sprechen!«[10] Unnötig zu betonen: Jene »Gesalbten« und »Stellvertreter« waren nicht die Priester, es waren die Monarchen, die er hier in höchste Höhen hob.

Zu der ersten persönlichen Begegnung zwischen Ludwig und Maria Alexandrowna kam es im Sommer 1864 in Bad Kissingen, wo sich die kränkliche Zarin zur Kur aufhielt. Da auch der österreichische Kaiser Franz Joseph samt der »Tante Kaiserin« in Kissingen weilte, war es für den neuen Landesherrn – Ludwig hatte erst wenige Monate zuvor den Thron bestiegen – ein Gebot der Höflichkeit, die Verwandten zu besuchen. Wollte Ludwig ursprünglich nach wenigen Tagen wieder abreisen, blieb er letztlich gut vier Wochen. »Wie zu einer Gottheit blicke ich auf nach Dir«, erinnerte er sich später an das Kennenlernen, »denn Du hast mich Dir unterworfen für immer.«[11] Im Sommer 1868 traf er die Zarin erneut anlässlich ihrer Kur, und Ende September 1868 lud er sie nach Schloss Berg ein.

Am Abend ihrer Ankunft veranstaltete Ludwig für die »theuerste Tante« ein prachtvolles Seefest, das beim diplomatischen Korps für Aufsehen sorgte. Georg von Werthern war vom bayerischen König ja schon einiges gewohnt, was er aber an jenem 26. September zu sehen bekam, imponierte dem Diplomaten sichtlich: »Das ganze Schloß war mit neuen, eigens dazu gewebten Stoffen, die unter anderen, in Anspielung auf Lohengrin, in Medaillons Schwäne in verschiedenen Stellungen zeigten, austapeziert, mit den besten Möbeln & Bildern der Residenz, mit Statuetten & Porträts des Königs als Großmeister des Georgs-Orden's im himmelblauen Sammtmantel geschmückt & eingehüllt in einen Wald von exotischen Gewächsen, frischen Rosen & Camelien. Alle erdenklichen Gegenstände im Salon der Kaiserin waren von Lapislazuli & alle trugen ihren Chiffre in Gold. Ganz feenhaft soll der Anblick am Abend beim Feuerwerk gewesen sein. Die Ufer & Gärten schwammen in einem Meer von Licht; in den Busquets standen, in Bengalischem Feuer die kostbarsten Statuen aus der Glyptothek. Zwei Dampfmaschinen trieben coloßale Fontänen, die einen vor dem Schloß, die andern aus dem Spiegel des See's empor, den ein erleuchtetes Dampfschiff & hunderte von Gondeln mit bunten Lichtern bedeckten. Dazwischen ertönten aus wohlberechneter Entfernung Gesänge des Opernchors abwechselnd mit zwei Musikbanden, doch nicht Ein Stück von Wagner, da die Kaiserin diese Musik nicht leiden mag. Kurz in aller & jeder Hinsicht schien der König bemüht gewesen zu sein mit einem Raffinement von Kunst, Zartheit, & Geschmack, aber auch mit ganz ernormen Kosten, den an sich so reizenden Ort in Armiden's Zaubergarten, in den Schauplatz eines Mährchen's aus Tausend & Einer Nacht zu verwandeln. Dem entsprechend war auch die Bewirthung & dieselbe erstreckte sich herab bis auf den letzten Lakaien der Kaiserin in einer so fabelhaft luxuriösen Weise, daß selbst die verwöhnten Russen ihre Verwunderung nicht laut genug ausdrücken konnten.«

Werthern rätselte über diesen außergewöhnlichen Aufwand, zumal der König die Kaiserin nur zweimal – »am ersten Abend eine halbe Stunde auf der Roseninsel, am zweiten etwas länger auf einem Spazirgange« – gesehen habe. In der Tat scheint die Frage nach der Verhältnismäßigkeit berechtigt zu sein. Vordergründig war diese gigantische Inszenierung eine Hommage an eine verehrte Freundin, doch zugleich lag wohl eine zweite, subtilere Motivation vor: Verfügte Ludwig II. schon nicht wie der Zar über die absolute politische Macht, so wollte er zumindest deren künstliches Abbild erschaffen. Mit dem demonstrativ zur Schau gestellten Selbstverständnis eines absolutistischen Herrschers setzte er ein Fest feudalen Zuschnitts in Szene, um das zu überspielen, was er gerade nicht sein durfte: ein absolutistischer Herrscher. Das Ganze war letztlich eine Inszenierung des Gottesgnadentums.

Georg von Werthern hegte einen weiteren Verdacht: »Es liegt hier offenbar mehr ein halb kindliches halb amourisches Verhältniß vor, wie es zwischen jungen Männern abnormer Geistes- & Gefühlsrichtung & alten Frauen zuweilen Statt zu finden pflegt. Soviel ist aber gewiß, daß dieser Besuch & seine Feier den König immer weiter von der realen Wirklichkeit entfernen, in der Vorstellung von seiner Macht & Größe bestärken, ihn immer tiefer in seine Phantasterei & Traumseligkeit hinüber ziehen werden.«[12] Mit der angeblich »abnormen Geistes- & Gefühlsrichtung« war König Ludwigs Sexualität gemeint. Das Wort »homosexuell« war damals noch nicht gebräuchlich, da es erst 1868 von dem österreichischen Schriftsteller Karl Maria Kertbeny kreiert wurde. Die Frage liegt trotzdem auf der Hand: War Ludwig II. homosexuell? Die Antwort lautet ganz eindeutig: Ja. Mancher »Kini«-Verehrer errötet bei dieser Vorstellung und verweist darauf, dass der König ja auch herzlichen Umgang mit einigen wenigen Frauen gepflegt habe. Das stimmt – und sagt dennoch nichts aus. Denn: Homosexualität bezieht sich nicht nur auf sexuelle Handlungen. Ludwig war homosexuell, weil sich – wie wir in den folgenden Kapiteln sehen werden – sein gesamtes sinnliches und romantisches Begehren auf Männer fokussierte.

Münchens politische Kreise zweifelten nicht an der gleichgeschlechtlichen Orientierung des Königs. Man machte darüber allenfalls kleine Witzchen, so wie Georg von Werthern, wenn er lästerte, Seine Majestät kenne die Unterschiede zwischen Männlein und Weiblein »nur aus der Kleidung«. Abgesehen davon war das Privatleben der Allerhöchsten Person natürlich sakrosankt. Zum Politikum wurde Ludwigs Homosexualität erst in den 1880er Jahren im Zusammenhang mit der Schuldenkrise. Plötzlich galt Ludwigs Umgang mit Männern als Beweis für seine angebliche Geisteskrankheit.

In dieses Horn stieß Jahre später auch Erwin Riedinger; im Vorwort zu seiner Tagebuchedition wimmelt es nur so von Ausführungen über »konträr-sexuelle Veranlagungen«, »anormale Sinne«, »sexuelle Anomalien« und »krankhafte Triebe«. Die Veröffentlichung der königlichen Diarien sollte den Wahnsinn des Monarchen anhand seiner Sexualität nachweisen. Eine nähere Betrachtung von Ludwigs Liebesleben ist somit kein Voyeurismus. Vielmehr geht es um die alte Geschichte von Liebe, Eifersucht, Intrigen und Verrat, um die Wechselwirkungen von Sex und Politik, um Kabale und Liebe. Denn Ludwig II. war eines sicherlich nicht – ein jungfräulicher König.

Von Spinatstechern und Reitknechten

OTTO JOSEPH EMANUEL REICHSFREIHERR von Lerchenfeld-Aham war ein Mann vom alten Schlag. Die Familie des im März 1817 Geborenen gehört zum altbayerischen Uradel, ihre Spuren lassen sich bis in das Jahr 1070 zurückverfolgen. Im Laufe der Jahrhunderte brachte die weitverzweigte Sippe zahlreiche Gutsbesitzer, hohe Verwaltungsbeamte, Politiker und Diplomaten hervor. So auch Otto von Lerchenfeld-Aham, der 1846 in den bayerischen Hofdienst eintrat.[13] Dort machte er schnell Karriere, zehn Jahre später war er bereits zum »Viceoberst-Stallmeister« aufgestiegen. Und als Ludwig 1864 die Regentschaft übernahm, beförderte er von Lerchenfeld-Aham am 1. Mai zum »Oberst-Stallmeister«. In dieser Funktion war er für die Beaufsichtigung der königlichen Pferdeställe und ihrer Einrichtungen zuständig. Als Chef des »Oberst-Stallmeister-Stabs« zeichnete er für über hundert Mitarbeiter verantwortlich, darunter den Leibkutscher Seiner Majestät, zwei Futtermeister, zwei Sattler, zwölf Reitknechte, sechzehn Kutscher, sechzehn Postillione und einen Pferdekrankenwärter. Der Oberst-Stallmeister zählte damit zu den wichtigsten und höchsten Hofbeamten. Otto von Lerchenfeld-Aham war ein erfahrener und hoch angesehener Amtsträger, der für seine Verdienste zahlreiche Orden und Auszeichnungen erhalten hat. Doch im Dezember 1865 kam der Karriereknick.

Was sich genau zugetragen hat, ist nicht ganz klar. Sicher ist: Es ging um den Vorwurf der »Notzucht« – so nannte man zu Ludwigs Zeiten eine Vergewaltigung. Die Brüder Joseph und Ludwig Völk – zwei Reitknechte aus Lerchenfelds Stab – sollten eine Frau vergewaltigt haben, eine schwerwiegende Anklage, der man seitens der Staatsanwaltschaft sofort nachging. Ob an der Geschichte nun nichts dran war oder ob man die Tat nur nicht nachweisen konnte, ist schwer zu sagen. Jedenfalls kam es nicht zur Klageerhebung. Lerchenfeld forderte nun eigenmächtig den Untersuchungsrichter Christoph Welzel und den Staatsanwalt Wilhelm von Bibra auf, noch einmal genau hinzusehen und den Fall zu verfolgen, wodurch er aber mit seinem eigenen königlichen Dienstherrn aneinandergeriet. Als Ludwig II. von Lerchenfelds Appell erfuhr, soll er getobt haben. »Mein Oberststallmeister Freiherr von Lerchenfeld soll nun die Aufnahme der Untersuchung bei dem betreffenden Richter persönlich betrieben und dieses Verfahren durch Gründe motivirt haben, welche Ich hier nicht näher bezeichnen will«, schrieb er an Ludwig von der Pfordten. »Da Ich Solches keinem Hofdiener, welchen Ranges er sei, hingehen zu lassen gedenke, so ersuche Ich Sie, Herr Staatsminister Freiherr von der Pfordten, in Benehmen mit Meinem Staatsminister der Justiz hierüber in geeigneter Weise Recherche zu pflegen und Mir den Bericht in persönlichem Vortrag zu unterbreiten.«[14]

Die Hintergründe, die Ludwig nicht anzusprechen wagte, waren äußerst delikater Natur. Denn: Der zwanzigjährige Joseph Völk stand offensichtlich unter Ludwigs persönlichem Schutz. Über die Gebrüder Völk ist so gut wie nichts überliefert. Die einschlägigen Personalakten wurden im Zweiten Weltkrieg größtenteils vernichtet, sodass wir auf Zeugnisse aus zweiter Hand angewiesen sind. Für den zeitgenössischen Schriftsteller und Hof-Intimus Josef Ludwig Craemer war Joseph »der viel bewunderte und beneidete Völk« – eine Formulierung, die aufhorchen lässt, schließlich ging es um einen gewöhnlichen Reitknecht. Craemer verstieg sich sogar zu dem Satz: »Wer kennt nicht diesen Namen aus den Jahren 1864 und 1865?«[15] Joseph Völk erfreute sich zweifellos Ludwigs besonderer Gunst und Zuneigung. Am 25. August 1865 – König Ludwigs 20. Geburtstag – gehörte er zu den Gratulanten, wie der Jubilar in seinem Tagebuch vermerkte: »Nachmittags mein lieber Völk bei mir, traute Augenblicke.«[16] Im Oktober 1865 begleitete er etwa seinen Herrn alleine auf einen gut zweiwöchigen Ausflug zu Pferde durch das Allgäu in die Schweiz.

Der König bewegte sich damals inkognito, stieg in einfachen Behausungen ab und teilte sich mit seinem Reitknecht das Zimmer. Auch wenn Ludwig nicht auf Reisen war, verbrachte er viel Zeit mit Völk. So notierte Franz von Pfistermeister am 2. Dezember in sein Tagebuch: »Der König steht jetzt erst um 11 auf, weil er bis in die späte Nacht mit Völk reitet.«[17]

War Joseph Völk Ludwigs Liebhaber? Das vermutete augenscheinlich Otto von Lerchenfeld, wie sich der zuständige Untersuchungsrichter Christoph Welzel erinnerte: »Oberststallmeister Lerchenfeld kam am Montage den 11. des Monats in mein Bureau, fragte mich nach dem Stande der von ihm gegen die beiden Brüder Voelk gemachten Anzeige wegen Nothzucht, worauf ich ihm entgegnete, daß ich keinen Grund zur Einleitung einer Untersuchung gefunden u. dasselbe [...] zurückgesandt habe. Lerchenfeld gieng mich hierauf an, doch Untersuchung einzuleiten u. zwar aus folgender Ursache: Es gebe in Franken u. Schwaben das Gerede, S. M. der König treibe mit den beiden Reitknechten unzüchtige Handlungen. S. M. sey ein Spinatstecher u. benütze hiezu den einen der Brüder Voelk.«[18] Das war in der Tat ein beispielloser Vorgang. Der Oberststallmeister überschritt nicht nur eindeutig seine Kompetenzen, wenn er den Justizbehörden Weisungen erteilte. Er beauftragte letztlich Ermittlungen im persönlichen Umfeld Seiner Majestät des Königs, verbunden mit einem Vorwurf, der eine derbe Majestätsbeleidigung darstellte: Als »Spinatstecher« bezeichnete man damals einen Mann, der homosexuellen Geschlechtsverkehr ausübte. Unerhört!

Über die Gründe für Lerchenfelds Vorgehen kann nur spekuliert werden. Zeitgenossen rühmten seinen »ehrenhaften Charakter« und den »Adel der Denkungsart«. Er hatte mit seiner Frau Ottilie einen Sohn und fünf Töchter. Die Ehe soll »überaus glücklich« gewesen sein, wie es nach seinem Tod 1884 in einem Nachruf hieß: »Lerchenfeld ein ebenso aufmerksamer, hingebender Gatte wie ein sorgsamer, liebevoller Vater.«[19] Alles in allem dürfen wir uns den Freiherrn als wertkonservativen, pflichtbewussten und frommen Mann vorstellen. Vielleicht war ihm die Tatsache, dass die junge Majestät sich mit Reitknechten und Stallburschen einließ, moralisch zuwider? So kurios es auch erscheint – vielleicht versuchte er den König zu »schützen«, indem er die Brüder Völk entfernen lassen wollte?

Wie auch immer – der von Ludwig von der Pfordten eingeschaltete Justizminister Eduard von Bomhard war alarmiert, zumal auch Staatsanwalt Wilhelm von Bibra eine ganz ähnliche Aussage zu Papier gab: »Herr von Lerchenfeld meinte es werfe ein schiefes Licht auf den König daß er soviel mit Reitknecht Voelk umgehe, es habe sich das Gerücht verbreitet, der König stehe in unerlaubtem Umgange mit Männern, ja man hoere dieses Gerücht schon im Marstalle.« Nach weiteren Befragungen stellte Bomhard fest, dass Lerchenfeld sogar den Oberstaatsanwalt von Schab eingeweiht hatte. Zwar ermahnte der Minister alle Beteiligten »unter Hinweisung auf die Wichtigkeit u. den Ernst der Sache zu tiefstem Schweigen«,[20] doch da war die Angelegenheit bereits in der Welt. »Reitknecht-Geschichte in München sehr verbreitet«, notierte Franz von Pfistermeister Anfang Dezember in sein Tagebuch. »Dem König sehr unlieb«, fuhr er fort, »aber er lügt stets.«[21] Auch Richard Wagner mischte sich ein und behauptete kurzerhand, sein Erzfeind Pfistermeister habe die Gerüchte verbreitet, was aber nachweislich nicht stimmte.

Fest stand: Ludwig musste irgendwie auf den Skandal reagieren. Als Erstes traf es Otto von Lerchenfeld, der am 16. Dezember in den Ruhestand versetzt wurde. Der Betroffene war sich indes keiner Schuld bewusst und wollte beileibe nicht klein beigeben. Gegenüber Minister von der Pfordten beklagte er sich: »Da selbst dem gemeinsten Verbrecher das Recht zusteht, bey gegen ihn erhobenen Beschuldigungen gehört zu werden und sich rechtfertigen zu dürfen, so wird auch wohl mir dieses Recht nicht vorenthalten werden und stelle ich demnach das ergebenste Ansuchen, mir zu diesem Zwecke die Einsicht der betreffenden Akten gönnen, beziehungsweise eine Abschrift der, allerhöchsten Ortes eingereichten, Anklage in möglichster Bälde mir gütigst zukommen zu lassen zu wollen.«[22]

Doch Ludwig von der Pfordten war ein alter Fuchs. Als erfahrener Politiker dachte er nicht im Traum daran, sich in diesen unappetitlichen Skandal hineinziehen zu lassen: »Demgemaeß sehe ich mich ausser Stande, dem Wunsche Euerer Excellenz um Einsicht oder

Abschrift der Anklage zu entsprechen«, beschied der Minister postwendend. »Ich war, wie obige Darstellung zeigt, lediglich der Briefträger zwischen Seiner Majestaet und dem Herrn Justizminister, und auch diese Thaetigkeit war am 15. des Monats beendigt.«[23] Lerchenfeld musste also weichen, sein Nachfolger wurde der dreißigjährige Maximilian Graf von Holnstein – ein Mann, der in König Ludwigs Leben noch eine zentrale Rolle spielen wird.

In Münchner Diplomatenkreisen sorgte das Personalrevirement derweil für »allergrößte Bestürzung«, wie Gustav von Blome seinem zuständigen Minister in Wien versicherte. Joseph Völk sei ein »schlechtes Subject der niedersten Bildungsstufe«, ereiferte sich der österreichische Gesandte, für das Ludwig das hohe Gut des Rechtsfriedens aufs Spiel setze. »Jetzt wird dieses Individuum seiner Exzesse wegen bestraft, und der König rächt diesen Act der Disziplin an des Delinquenten Vorgesetzten, der nur seine einfache Pflicht erfüllt. Derartige Vorgänge geben zu den begründetsten Befürchtungen für die Zukunft Anlaß, und man kann noch mit der heiligen Schrift ausrufen: ›Wehe dem Lande dessen König ein Kind ist.‹«[24]

Doch auch Lerchenfelds Entfernung konnte nicht verhindern, dass der Skandal noch weitere Kreise zog. Witzblätter wie der *Kladderadatsch* nahmen sich der Geschichte an, der mit vollendeter Ironie das Spottgedicht *Vom lieben Reitknecht* reimte:

»Es war einmal ein König,
Der hatt' einen Reitknecht, ein junges Blut,
Den liebt' er gar nicht wenig;
War ihm so recht von Herzen gut –
Dem Reitknecht der junge König.

Der hat sich einst vergangen,
Wie wohl ein Reitknecht sich vergeht:
Eines Mägdleins rosige Wangen
Er gar zu heftig kneifen thät';
Darob ward er gefangen.

Der König hat vernommen
Vom armen Reitknecht die arge Mär'.
Da ward er sehr beklommen:
Es ärgert ihn baß – sogleich ließ er
Den Oberstallmeister kommen.

Er sprach zu ihm voll Grimme:
›Wie kommt es, Herr von Lerchenfeld,
Daß Er mir, der viel Schlimme,
Meinen treuen Knecht gefangen hält?‹ –
Vor Zorn stockt ihm die Stimme.

›Darob muß sich empören
Mein hohes Gerechtigkeitsgefühl!
Die Wirthschaft soll aufhören!
Ich mach' ein Ende Eurem Spiel;
Das will ich jetzt Euch schwören!

Meinen Sänger mußt' ich lassen!
Zwar ward das Opfer mir gar so schwer,
Doch wußt' ich mich zu fassen.
Allein meinen Reitknecht? Nimmermehr!‹ –
Herr Lerchenfeld thät' erblassen.

Vom Hofe fort ihn weist er.
Das war ein tiefer, jäher Fall!
Ein Schrecken ging durch die Geister:
›Weh uns! Es stürzt der Oberstall-,
Es wackelt der Pfistermeister!‹ –

Zähnklappen aller Orten!
Das Pfaffen- und Bureaukratenpack
Erseufzt in Klageworten;
Vorsorglich hält schon den Reisesack
Gepackt Herr von der Pfordten.

Das ist die Wundermäre,
Wie man in München mit Consequenz
Einführt die neue Aere. –
Ein Königreich – – Für'n Pferd? – Ach, wenn's
Auch nur ein – Reitknecht wäre!«[25]

Das war zu viel der Ironie. Am 26. Dezember – zwei Tage nach dem Erscheinen des Blatts – wurde die Ausgabe von der Polizei konfisziert. Offensichtlich hatten die Redakteure ins Schwarze getroffen.

Die weitere Geschichte des Joseph Völk ist schnell erzählt. Der Reitknecht wurde rehabilitiert und verblieb trotz des Skandals vorerst in Ludwigs engster Entourage. Die beiden Männer unternahmen weiterhin gemeinsame Ausritte, und als im Juni 1866 der Krieg ausbrach, war es Völk, der mit dem König romantische Tage auf der Roseninsel verbrachte. Doch dem Reitknecht scheint die Nähe zum Monarchen zu Kopf gestiegen zu sein. »Er wurde übermüthig und dann dreist«, wusste Josef Ludwig Craemer zu berichten, »erlaubte sich Aeußerungen, welche jeden Anderen ins Gefängniß gebracht hätten und so kam es auch, daß sein Stern rasch verblich.« Völk gefiel sich offenbar in wichtigtuerischen Reden über seine Beziehung zum König, vielleicht erpresste er ihn auch. Mehrfach wurden ihm neue Aufgaben übertragen, wobei er aber immer wieder mit seinen Vorgesetzten aneinandergeriet, sodass er »später ganz in Pension versetzt wurde«.[26]

Der Skandal rund um die Gebrüder Völk ging an König Ludwig wohl nicht spurlos vorüber. Es war eine zwielichtige Atmosphäre der unterdrückten Gefühle, der nur heimlich ausgelebten Sexualität und der Furcht vor Entdeckung, die auch Ludwigs Leben umwaberte. Wie so viele homosexuelle Männer litt er unter seiner Veranlagung. Der Schriftsteller Klaus Mann fand für diese seelischen Konflikte Jahrzehnte später Worte, deren Wahrheitsgehalt Ludwig wohl bestätigt hätte: »Man huldigt nicht diesem Eros, ohne zum Fremden zu werden in unserer Gesellschaft, wie sie nun einmal ist; man verschreibt sich nicht dieser Liebe, ohne eine tödliche Wunde davonzutragen.«[27]

Vielleicht war es die Geschichte vom Reitknecht, die Ludwig II. veranlasste, ernsthaft mit einem Gedanken zu spielen, den er bis dahin für völlig abwegig gehalten hatte: zu heiraten.

Verlobung wider Willen

»GESTERN HAT MIR DER KÖNIG eine lange Visite gemacht, und wäre nicht endlich die Großmama dazu gekommen, so wäre er noch da«, schrieb Kaiserin Elisabeth im März 1865 ihrem Sohn Rudolf. »Er ist ganz versöhnt, ich war sehr artig, er hat mir die Hand so viel geküßt, daß Tante Sofie, die durch die Thür schaute, mich nachher fragte, ob ich sie noch habe! Er war wieder in österreichischer Uniform, und ganz mit Chyrpe [Chypre] parfümiert.«[28] Jene Tante war »Sisis« gut zehn Jahre jüngere Schwester Sophie. Die Eltern der beiden, Herzog Max und Herzogin Ludovika, hatten insgesamt zehn Kinder, von denen zwei das Erwachsenenalter aber nicht erreichten. Sophie war das Nesthäkchen unter den Töchtern, sie hatte den Mann fürs Leben noch nicht gefunden und logierte damals – im Frühjahr 1865 – am heimischen Starnberger See, wo die Familie in Possenhofen, gegenüber von Ludwigs Residenz in Berg, ein Schloss ihr Eigen nannte. In Münchens repräsentativer Ludwigstraße besaß man darüber hinaus ein prachtvolles Stadtpalais, das aber in der Regel von Vater Max alleine bewohnt wurde. Überhaupt gingen sich der Herzog und die Herzogin mit Vorliebe aus dem Weg. Die ersten fünfzig Ehejahre seien unglücklich gewesen, gestand Ludovika am Ende ihres Lebens ihren eigenen Kindern, erst ab der goldenen Hochzeit sei der Herr Papa nett zu ihr gewesen. Die Charaktere des Paares waren wohl zu verschieden. Herzog Max galt als nonkonformistischer Bonvivant und Schürzenjäger, der mit seiner »Tafelrunde« bis tief in die Nacht zechte, leidenschaftlich Zither spielte (»Zithermaxl«), in Mundart dichtete und eine besondere Liebe für den Zirkus hegte. Gelegentlich trat er dort sogar selbst als Dressurreiter auf. Da die herzogliche Linie der Wittelsbacher keine offiziellen Funktionen zu erfüllen hatte, konnte Max ganz seine privaten Neigungen ausleben.

Sein unangepasstes und volksnahes Wesen machte ihn sehr beliebt. Die Herzogin Ludovika galt als pflichtbewusst und ehrgeizig. Da ihr Gatte sich um die Erziehung der Kinder nicht kümmerte, lag es in ihrer Hand, die Zukunft der Sprösslinge zu gestalten. Das hieß in der damaligen Zeit zumeist: geschickt heiraten. Mit Verve betrieb sie ihre Hochzeitspolitik, und wie in diesen Kreisen üblich, wurde dabei auf persönliche Zu- oder Abneigungen keine Rücksicht genommen. Kein Wunder, dass die meisten Ehen ihrer Kinder – auch die der Kaiserin Elisabeth – zwar eine gute Partie, aber unglücklich waren.

Als letzte Tochter musste Sophie unter die Haube gebracht werden. Zunächst wollte man sie mit Herzog Philipp von Württemberg verkuppeln. Doch daraus wurde ebenso wenig etwas wie aus einer Vermählung mit dem König von Portugal. Zuletzt geriet Erzherzog Ludwig Viktor von Österreich – Kaiser Franz Josephs Bruder – in den Fokus. Als Sophie aber Gerüchte zu Ohren kamen, dass der Aspirant – Spitzname »Luzivuzi« – die Gegenwart junger Männer bevorzuge, zwielichtige Feste feiere und dabei auch schon in Frauenkleidern aufgetreten sein solle, zog sie die Reißleine. Der passende Gatte ließ also weiter auf sich warten.

Die Tragödie begann als Missverständnis. König Ludwig dachte sich nichts dabei, wenn er sich gelegentlich von Schloss Berg über den See nach Possenhofen rudern ließ und dort Sophie besuchte. Er mochte seine knapp zwei Jahre jüngere »Cousine«, die genau genommen seine Tante zweiten Grades war. Sophie teilte Ludwigs Wagner-Verehrung, gelegentlich musizierte sie auch für ihn. Da die junge Dame gut Klavierspielen konnte und über eine schöne Stimme verfügte, trug sie ihm dann bis spät in die Nacht aus den Partien der Elisabeth, Elsa und Senta vor. Ludwig war tief beglückt, gewissermaßen eine Verbündete in Sachen Wagner gefunden zu haben. In den Monaten nach Wagners Ausweisung aus Bayern und nach dem Ende der »Reitknechtaffäre« gab Sophie ihrem königlichen Verwandten Halt und Stärke. Ludwig erwiderte diese Anteilnahme mit großem Vertrauen. »Mit Seinem [Wagners] Lebensende naht auch meines heran«, gestand er ihr etwa Mitte August 1866. »Sein Todestag ist auch der meine. Diess ist sicher; denn die Liebe zu Ihm, die der Quell meiner Wonnen und Leiden ist, ward in mir zum religiösen Cultus, ohne Ihn kann ich nicht leben.« Und dann machte Ludwig wenige Tage vor seinem 21. Geburtstag eine bemerkenswerte Prophezeiung: »10 Jahre, längstens 20 lebe ich noch; vielleicht auch kürzer; dann hinüber!«[29] Ludwig gab Sophie sogar die Briefe, die er von Wagner erhalten hatte, zur Lektüre.

Ludwig und Sophie – das war die unschuldige Freundschaft zweier Schwärmer. Hintergedanken hegten wohl beide zunächst nicht. Ganz anders Mutter Ludovika, die die regelmäßigen Treffen und das ständige Briefeschreiben für unschicklich hielt. Bei einer gemeinsamen Teestunde kam es am 12. August 1866 zu einem unschönen Zwischenfall. Wir wissen nicht genau, was die Herzogin dem König vorgehalten hat. Wahrscheinlich gab ein Wort das andere: dass Sophie zu gut für »Spielchen« sei, dass Ludwig sich erklären müsse und so weiter. Kurz gesagt: Ludwig sollte um Sophies Hand anhalten – oder den Kontakt abbrechen.

In Ludwigs Augen war das eine bodenlose Unverschämtheit. Denn trotz aller verwandtschaftlichen Nähe war Ludovika eben auch König Ludwigs Untertanin – und ein Monarch lässt so nicht mit sich umspringen. Der König hatte genug gehört, stand auf und verließ das Schloss. Am nächsten Tag schrieb er der »lieben Cousine« Sophie einen Brief: »Wie schauderhaft misslungen war mein gestriger Besuch, wie unangenehm die Unterbrechung. Der Eindruck, den ich erhielt, war ein für mich so fataler, dass ich wahrscheinlich im ganzen heurigen Sommer nicht wieder hinüberkommen werde (sage das aber Niemandem!).«[30]

In den folgenden Wochen machte er einen Bogen um Possenhofen. Ludwig und Sophie sahen sich nur noch gelegentlich, korrespondierten dafür aber nahezu jeden Tag. Natürlich ging es in den Briefen immer wieder um Wagner und dessen Werke, doch ließ Ludwig seine Freundin auch an ganz alltäglichen Dingen Anteil nehmen. Dabei lernen wir Ludwig als launigen und amüsanten Erzähler kennen. Über einen Besuch seines Onkels König Otto von Griechenland – der Regent lebte mit seiner Frau Amalie seit 1862 im Exil in Bamberg – schrieb er: »Nur mehr 2 Stunden und das Entsetzliche naht: der harthörige, ganz vernagelte König und die plumpe, sich in Alles mischende dicke Nudel, die Königin.« Tante Amalie sei ein »vierschrötiges, tratschendes Wesen«, eine »bausbackige, unförmige griechische Majestät.«[31] An anderer Stelle machte er sich über seine ungeliebte Residenzstadt München lustig: »So bin ich denn glücklich wieder in die Hauptstadt Bayerns zurückgekehrt, in die Stadt, welche von den Kunstenthusiasten das zweite Athen genannt wird, in die herrliche Stadt, welche malerisch an der Isar gelegen ist, diesem gewaltigen, meistens wasserarmen Flusse.«[32] Gelegentlich berührte er auch politische Themen, wenn er über das »Ministergesindel« schimpfte oder den Münchner Bürgermeister Kaspar von Steinsdorf als »alten Esel« bezeichnete. Auch die liebe Familie bekam dann und wann einen ironischen Seitenhieb ab. »Du Arme, die Du genötigt bist, allein Tante Sophie zu unterhalten«, stichelte Ludwig über einen Besuch von Sophies Tante, die ebenfalls Sophie hieß. »Wie fatal, dass Deine Mutter stets bei diesen Anlässen an Kopfweh leidet.«[33]

So unauffällig wie unbeschwert entwickelte sich das Verhältnis in der zweiten Jahreshälfte 1866 fort. Als Ludovika Anfang 1867 feststellte, dass Sophie und Ludwig sich immer noch heimlich Briefchen schrieben, schickte sie ihren Sohn Carl Theodor mit der Frage zum König, ob er endlich Heiratsabsichten hege. Ludwig zeigte sich perplex und verneinte – zum Heiraten sei er nicht aufgelegt. »Nach den Mittheilungen, die ich meiner Mutter gemacht, hält dieselbe jede weitere Erörterung für ganz überflüßig«, schrieb Carl Theodor daraufhin an Ludwig. »Sie hat zwar geglaubt, Dein Benehmen habe zu anderen Erwartungen berechtigt, allein nunmehr kennt sie zur Genüge Deine Ansichten und kann daher die Sache nur für definitiv bereinigt und abgemacht erklären. Von Fortsetzung eines Briefwechsels kann natürlich keine Rede sein.«[34]

Die Herzogin verbot ihm – dem König! – den Kontakt zu ihrer Tochter. Ludwig griff nun seinerseits zu Papier und Feder und schrieb seiner »lieben Sophie« einen Abschiedsbrief, in dem es kurioserweise mehr um Richard Wagner als um Ludovikas Machtwort ging. Das war am 19. Januar 1867. Die Geschichte von Ludwig und Sophie hätte an dieser Stelle ein Ende finden können, wenn Ludwig jetzt nicht einen verhängnisvollen Fehler begangen hätte. Als ihm zugetragen wurde, dass Sophie über seine Absage untröstlich sei und sich sehr gräme, begann er auf einmal, an seinem Entschluss zu zweifeln. Drei Tage später – am frühen Morgen des 22. Januar – schrieb er an Sophie: »Ich liebe dich u. schwöre dir Treue, willst du die Meine werden?« Und weiter: »Willst du meine Gattin werden? Genossin meines Thrones? Königin von Bayern?«[35] Das Herz der so Umworbenen jubelte – sie nahm den Antrag wenige Stunden später an.

Selbstverständlich war Sophie von Ludwig beeindruckt, sie mochte ihn und fühlte sich ihm tief verbunden. Es wird ihr sehr geschmeichelt haben, dass der König von Bayern ihr nun doch den Hof machte. Sicherlich wollte sie auch endlich als erwachsene Frau gelten und sich dem Zugriff ihrer dominanten Mutter entziehen. Richtig ist aber auch, dass Ludwigs Entscheidung, um Sophies Hand anzuhalten, in einem fürchterlichen Irrtum wurzelte. Ludwig empfand nach seiner Absage Mitleid mit seiner Freundin, es tat ihm leid, dass er sie verletzt und ihr Kummer bereitet hatte. Das wollte er mit seiner Kehrtwende wiedergutmachen. Letztlich war es eine falsch verstandene Ritterlichkeit, die Ludwig dazu verleitete, aufrichtige Freundschaft mit echter Liebe zu verwechseln.

Die vollzogene Verlobung fand derweil einen bemerkenswerten Niederschlag in den Briefen des jungen Paares. Hatte Ludwig Sophie bislang mit ihrem Vornamen oder mit »liebe Cousine« angesprochen, titulierte er sie fortan mit »Elsa«, während er mit »Heinrich« unterzeichnete. Damit bezog sich Ludwig auf Figuren aus Richard Wagners Oper *Lohengrin*: Elsa von Brabant und Heinrich der Vogler. Das war mehr als eine kuriose Marotte: Ludwig entpersonalisierte sich und seine Braut – er schlüpfte mit ihr gewissermaßen in historische Kostüme, so, als ob er und Sophie eine Rolle spielten, als ob die ganze Angelegenheit gar nicht real sei. Psychologisch entlarvend ist in diesem Zusammenhang, dass Ludwig für sich nicht die Rolle des Schwanenritters Lohengrin reservierte, sondern die des deutschen Königs Heinrich, der seine Pflicht zu erfüllen hatte. Und das tat er, um bei diesem Bild zu bleiben, reichlich ungelenk. »Zur Zeit als König Ludwig sich mit Prinzessin Sophie verlobte, war eine Schwester meiner Mutter ihre Hofdame«, erinnerte sich der Journalist Alfred Mensi von Klarbach. »Als solche hatte sie sich, wenn der König seine Braut besuchte, bei offener Türe im Nebenzimmer als Gardedame aufzuhalten. Da kam es denn vor, daß der König, der seine Braut nur auf die Stirne zu küssen pflegte, manchmal halbe Stunden lang kein Wort herausbrachte als etwa die geistreiche Bemerkung: ›Du hast so schöne Augen!‹ Die Prinzessin, jung, schön, heiter, langweilte sich dabei unsäglich.«[36]

DIE BEVORSTEHENDE HOCHZEIT des Landesherrn war natürlich ein politisches und gesellschaftliches Spektakel, das es detailliert zu planen galt. Eine ganze Schar Beamter war über Monate hinweg mit nichts anderem beschäftigt. Bereits wenige Tage nach der Verlobung besuchten Braut und Bräutigam das Atelier des königlich-bayerischen Hofphotographen Joseph Albert, wo die offiziellen Verlobungsbilder angefertigt wurden. Diese Aufnahmen zeigen zwei junge Menschen, die unbeteiligt nebeneinanderstehen und ganz offensichtlich nicht glücklich sind. Ludwig bietet seiner Braut geradezu altväterlich-steif seinen Arm an, beide blicken in unterschiedliche Richtungen.

Sophie ließ sich bei dieser Gelegenheit auch von Joseph Alberts berühmtem Kollegen Franz Hanfstaengl alleine ablichten; in dessen Studio machte sie eine Bekanntschaft, die uns später noch interessieren wird. Findige Geschäftsleute bedienten den Markt mit allerlei kitschigen Souvenirs. Es entstanden Lithographien der zukünftigen Königin von Bayern, Medaillen mit den Porträts des Paares wurden gepresst und Gedenkblätter gedruckt.

Die ausländischen Diplomaten beobachteten den Hochzeitsrummel genau. »Dieses Ereigniß hat hier sehr überrascht«, berichtete der preußische Gesandte nach Berlin. »Man vermuthete im Allgemeinen, daß der König noch gar nicht daran dächte, Sich zu vermählen, und ich glaube, daß man im Lande diese Wahl nicht gerade gewünscht hat. Man hoffte auf eine für die Bayerische Krone politisch wie finanziell vortheilhafte Allianz und wünschte fast allgemein, daß der König dem schon beinahe zur Tradition gewordenen Gebrauche der

Ein großes Missverständnis: Ludwig II. und seine Verlobte Sophie Charlotte Herzogin in Bayern, 1867.

Bayerischen Souveräne getreu sein und abermals eine protestantische Prinzessin auf den Thron setzen würde.« Gleichwohl sei man in Bayern weit entfernt, die Wahl des Monarchen zu tadeln, fährt der Gesandte fort. Vielmehr hoffe man allenthalben, »daß die damit verbundenen Pflichten jeder Art den jungen Herrn etwas aus Seiner Abgeschlossenheit und den poetischen Schwärmereien herausreißen werden, in denen Er Sich bis jetzt fast ausschließlich gefallen hat.«[37]

Zur Überraschung der meisten Diplomaten ließ Ludwig mitteilen, dass er keine individuellen Glückwünsche annehme. Er werde einen Hofball veranstalten und sich dort mit Sophie zeigen – das müsse genügen. Der badische Gesandte Robert von Mohl war bei jener Feier anwesend. Zwar sei der Ball »mit gebührendem Glanze und mit der ermüdendsten Förmlichkeit« abgelaufen, Sophie und Ludwig seien auch ein reizendes Brautpaar: »Doch lag auf dem Feste eine unbehagliche Atmosphäre, es war kein bräutliches und fröhliches.«[38] Einen anderen Ball verließ Ludwig bereits gegen 22 Uhr, um im Theater das Ende eines Schiller-Dramas ansehen zu können – seine Braut ließ er alleine zurück.

König Ludwigs Unwohlsein und Kummer waren mit Händen zu greifen und wurden jeden Tag größer. »Das allenfallsige Ceremoniell zu Unserer Vermählung wurde mir vorgelegt«, schrieb er Mitte März seiner Zukünftigen. »Es ist prachtvoll aber entsetzlich. O schöner wäre es doch, ginge alles in einer kleinen Kirche am Starnbergersee vor sich.«[39] Doch daran war nicht zu denken: Einerseits gehörte es zu den Repräsentationspflichten eines Monarchen, öffentlich zu heiraten und sich seinem Volk zu zeigen, andererseits hatte auch die Familie der Braut ein Wort mitzureden. Und für Herzogin Ludovika konnte die Trauung nicht pompös genug ausfallen. Entsprechend ausufernd liest sich der Programmentwurf:

»Trauung um 10 ½ Uhr in der St. Michaels-Hofkirche. Feierliche Auffahrt Seiner Majestät des Königs in Begleitung des kleinen Corteges. Achtspänniger Krönungs-Wagen. Eskorte von Linie und Landwehr-Cavallerie. Spalier der Linie und Landwehr, in den festlich geschmückten und dekorirten Straßen. Musik der Corps. Anfahrt Seiner Majestät an dem großen Portale der Evangelium-Seite. Empfang durch den Erzbischof und dem großen Cortege. Sobald Seine Majestät in der Emporkirche angekommen ladet auf Befehl der Ober-Cernmoniemeister Ihre Majestät, die Königin Mutter, Ihre Königlichen Hoheiten die Durchlauchtigste Braut und die Prinzeßinnen des Königlichen Hauses, welche sich mit dem betreffenden Dienste mit der Anfahrt in der weiten Gasse in einer zu diesem Zwecke umgewandelten Vorhalle versammelt haben, zum Eintritt in die Kirche ein. Seine Majestät geht der Durchlauchtigsten Mutter bis an die Treppe entgegen und führt Allerhöchst dieselbe auf den angewiesenen Platz. In der Emporkirche nehmen Platz: Ihre Majestäten, die Durchlauchtigste Braut, Königliche Hoheit; Ihre Königlichen Hoheiten die Prinzen und Prinzeßinnen des Königlichen Hauses mit den Damen und Herren des großen Dienstes, die obersten Kronchargen, die Staatsminister, die Erzbischöfe. Die Emporkirche ist reich spalirt mit rothem Seidendamast, auf welchem in Feldern abwechselnd das bayerische Wappen und der verschlungene Namenszug Ihrer Majestäten in Seide und Goldflickerei angebracht. Reichste Blumendekoration möglichste Prachtentfaltung. Ueber den Betstühlen Ihrer Majestäten ein frei schwebender Baldachin von rothem Sammt mit reicher Goldverziehrung.«

Unmittelbar nach der Trauung waren für 12 Uhr die »Beglückwünschung der Familie« und für 12.30 Uhr die »Beglückwünschung der Diplomatischen Corps« vorgesehen. Von 13 bis 15 Uhr schloss sich der sogenannte »Salut du trône« an, bei dem die dazu eingeladenen Personen – zuerst die Damen, dann die Herren – ihrem Rang nach an dem Brautpaar vorbeidefilieren und durch Verneigung ihre Ehrfurcht ausdrücken. Immerhin war man zu einem Eingeständnis bereit: »Der Handkuß dürfte zur Bequemlichkeit Ihrer Majestät der Königin wegfallen.« Sophie hätte sich sonst hunderte Male die Hand küssen lassen müssen. Von 15 bis 18 Uhr folgte die einzige Pause – drei Stunden, in deren Verlauf Braut und Bräutigam sich in die königlichen Appartements zurückziehen konnten. Am frühen Abend, pünktlich um 18 Uhr, sollte zur Hoftafel geladen werden, an die sich eine Festaufführung im Hoftheater anschloss. Der Tag endete dann kurz vor Mitternacht. Die Beamten des Hofprotokolls wussten, was sie dem Brautpaar zumuteten: »Es läge im Bereiche der Möglichkeit alle diese Punkte des Programmes in einem Tage durchzuführen. Es wäre sehr ermüdend, aber mit einem Male abgemacht.«[40]

Ob die Feierlichkeiten nun an einem Tag stattfinden würden oder an mehreren – für Ludwig war das alles ein Graus. Nachdem einige Zeit gewissermaßen ins Blaue geplant worden war, bestimmte er widerwillig den 12. Oktober 1867 als Hochzeitstag. An jenem Tag hatten bereits sein Großvater 1810 und sein Vater 1842 geheiratet. Doch zunächst trat er die Flucht an. Im April wollte er mit Sophies Bruder Carl Theodor Rom besuchen, sagte dieses Unternehmen aber kurzfristig ab, um alleine nach Jerusalem aufzubrechen. Aber auch davon war kurze Zeit später keine Rede mehr. Ende Mai fuhr er für zwei Tage nach Eisenach, wo er die Wartburg besichtigte. Ende Juli reiste er dann für eine Woche nach Paris, um sich auf dem dortigen Marsfeld die Weltausstellung anzusehen. In der Seine-Stadt traf er auch mit dem französischen Kaiser Napoléon III. und seiner Gattin Eugénie zusammen, die er gut zwei Wochen später in Augsburg wiedersah. Seiner Braut begegnete er in all dieser Zeit nur selten

SOPHIE WAR HIN- UND HERGERISSEN. Einerseits wird sie gespürt haben, dass Ludwig sie nicht wirklich liebte, andererseits war auch sie sich ihrer Gefühle alles andere als sicher. Beide – Braut und Bräutigam – blickten voller Furcht auf den herannahenden Hochzeitstag. Was Ludwig zu diesem Zeitpunkt nicht wissen konnte: Sophie hatte sich in einen anderen Mann verliebt. In Franz Hanfstaengls Photoatelier war sie im Frühjahr dessen fünfundzwanzigjährigem Sohn Edgar begegnet. Nach kurzer Zeit wurden sie ein heimliches Liebespaar. In diskret ausgetauschten Briefen beklagte Sophie ihr Schicksal, einen Mann ehelichen zu müssen, den sie nicht liebte. »Warum mußte ich dich kennen lernen nun da meine Freiheit in Feßeln geschlagen ist?«,[41] schrieb sie Ende Juli an Edgar. Zwar traf man sich mehrfach zu aufwändig organisierten konspirativen Schäferstündchen, doch war beiden gleichwohl bewusst, dass ihre Beziehung keine Zukunft haben konnte. »Ich möchte in deinen Armen – sterben u. mein Name sollte verklingen – die Welt vergessen, daß eine bayerische Königsbraut gelebt«, klagte Sophie Mitte August. »Ich küsse dich tausendmal vergiß mich nicht – O wenn du wüßtest.«[42]

Im September kursierten erste Gerüchte, dass die Vermählungsfeierlichkeiten verschoben werden würden. Plötzlich war in der Presse von einem Termin im Dezember die Rede, was der Hof aber dementieren ließ. Der Oktobertermin sei aber gleichfalls nicht zu halten, hieß es etwa in der *Bayerischen Zeitung*, da die Vorkehrungen, »welche die königliche Vermählung erfordert, noch eine geraume Zeit beanspruchen«.[43] Der neue Zeitpunkt werde wohl – so das Blatt – in die zweite Novemberhälfte fallen. Der Hinweis auf die aufwändige Vorbereitung der Hochzeit war natürlich nichts anderes als eine faule Ausrede. König Ludwig wollte nicht heiraten – er springe »lieber in den Alpsee«, soll er einem seiner Beamten gestanden haben. Jedoch schreckte er zu diesem Zeitpunkt noch davor zurück, die Verlobung wieder zu lösen.

Doch schon die Nachricht von der Verschiebung der Hochzeit schlug ein wie eine Bombe. Zahlreiche diplomatische Geheimberichte verließen München, in denen wieder einmal die Frage nach Ludwigs Geistesverfassung gestellt wurden. »Der Zustand Königs Ludwig II. ist, wie ich aus dem Munde competenter Personen weiß und wie die Thatsachen darthun, unbestreitbar ein geistig krankhafter, ein ungemein erregter«, berichtete etwa der österreichische Geschäftsträger nach Wien. »Die Einsamkeit, die Er aufsucht, vermehrt das Uebel. Dieses Sehnen nach Alleinsein treibt Seine Majestät zu den unstäten Ritten in den Bergen bei Nacht und Mondschein; sie ist wohl die Hauptursache der verzögerten Vermälung – weniger eine verminderte Neigung zu der mit geistigen und körperlichen Vorzügen begabten Braut. Der König kann den Gedanken nicht fassen Seine träumerische Isolirtheit aufzugeben. Die herzogliche Familie, welche erst in jüngster Zeit von der Verzögerung der Vermälung erfuhr, ist davon unangenehm berührt.«[44] Letztlich war es dann auch der Brautvater, der dem Hin und Her ein Ende bereitete. Herzog Max stellte seinem Schwiegersohn in spe Anfang Oktober ein Ultimatum: Wenn die Hochzeit nicht bis Ende November stattgefunden haben sollte, betrachte er – Max – die Verlobung für gelöst.

König Ludwig empfand die Zeilen seines herzoglichen Untertans als Anmaßung, er soll ob dieser angeblichen Frechheit sogar getobt haben. Aber offenbar bedurfte es dieser Drohung, um Ludwig zu einer Entscheidung zu zwingen. Am 7. Oktober schrieb er seiner »geliebten Elsa« einen Abschiedsbrief, in dem er zunächst versuchte, seine ehemalige Braut zu trösten: »Wenn ich nun alle Vorbereitungen zur Hochzeit treffen ließ, dir darüber sprach u. schrieb, sie hinausschob und doch nicht aufgeben wollte, so geschah dieß durchaus nicht, um dich anzuführen, und wie du glauben könntest, nach und nach zurückzugehen; o nein, hintergehen wollte ich dich nicht, dieß lag fern sehr fern von mir, ich handelte im festen Glauben, es würde Alles zu einem befriedigenden Ende führen.« Dann folgte der entscheidende Satz: »Ich hatte nun Zeit mich zu prüfen, mit mir zu Rathe zu gehen, u. sehe daß nach wie vor meine treue, innige Bruderliebe zu dir tief in meiner Seele wurzelt, nicht aber die Liebe, die zu Vereinigung in der Ehe erforderlich ist.«[45] Damit war alles gesagt. Als Ludwig kurze Zeit später von Sophies Techtelmechtel mit Edgar Hanfstaengl erfuhr, soll er die Marmorbüste seiner einstigen Verlobten durch das Fenster in den Hofgarten geschleudert haben.

Die Auflösung einer Verlobung war in Adelskreisen ein sehr ernster Vorgang – erst recht, wenn der Regent involviert war. Die verschmähte Braut galt danach nicht selten als mit einem Makel behaftet. Sophie zog sich in das Familienschloss nach Possenhofen zurück; dort harrte sie der Dinge. An eine Fortsetzung der Liebelei mit dem bürgerlichen Edgar Hanfstaengl war nicht zu denken. Mutter Ludovika setzte nun alles daran, einen neuen und zuverlässigeren Ehemann für sie zu suchen. Schon ein knappes Jahr später sollte sie Sophie mit Herzog Ferdinand von Alençon verheiratet haben.

Und Ludwig? »So lange Prinzeß Sophie die Rolle der Elsa von Brabant spielte war der König in seiner Verlobung glücklich«, vermutete der preußische Gesandte Georg von Werthern. »Als sie, der Ungewißheit müde, eine Gelegenheit suchte ihn die schöne Frucht vom Baume der Erkenntniß kosten zu lassen, trat der Schauer vor dem Unverständlichen ein & er warf ihre Büste zum Fenster hinaus.«[46] Gegenüber Richard Wagner beschrieb Ludwig die geplante Hochzeit als einen nicht enden wollenden Albtraum, als eine Folter, gar als eine lebensgefährliche Krankheit. »Nur das füge ich noch hinzu«, schrieb er seinem Freund, »daß ich mit Sophie unglücklich geworden wäre, daß Sie nicht die mir von Oben bestimmte ist, nicht ›das Weib, das Gott mir angetraut‹, daß sie mein Wesen nur oberflächlich zu beurtheilen versteht, daß sie nicht die Tiefe besitzt, die ich bei meiner künftigen Gattin verlange, daß aber momentan mich ihr Liebreiz, ihre Anmuth, die mehr äußerlich bei ihr sind, geblendet haben; doch Gott sei gedankt, ich kam bald zur Erkenntniß; nun zu etwas Anderem.«[47] Es wirft kein gutes Licht auf Ludwig, dass er seine einstige Verlobte, die er noch kurze Zeit zuvor auch gegenüber Wagner in den höchsten Tönen gelobt hatte, nun schlechtmachte und gewissermaßen als flatterhaftes Dummchen darstellte. Wahrscheinlich wollte er sein schlechtes Gewissen beruhigen, zumal ihm bewusst gewesen sein muss, dass er Sophie tief verletzt hatte.

In Possenhofen galt Ludwig verständlicherweise als der Hauptverantwortliche für die Misere. »Wie sehr ich über den König empört bin und der Kaiser auch, kannst Du Dir vorstellen«, schrieb »Sisi« an ihre Mutter Ludovika. »Es gibt keinen Ausdruck für ein solches Benehmen.«[48] Aber auch außerhalb der herzoglichen Familie war man offensichtlich zeitweise nicht gut auf den König zu sprechen. Der österreichische Gesandte erwähnte in seinen Berichten eine »sehr ernste Stimmung«, die im Land gegen den Souverän herrsche. Das Mitgefühl der einfachen Bevölkerung lag wohl auf Seiten der verschmähten Braut. Nur König Ludwig I. gratulierte seinem Enkel zu der vollzogenen Trennung.

Gut vier Wochen nach dem Platzen der Verlobung zog Georg von Werthern eine vorläufige Bilanz des Skandals. Seine Majestät habe sich nach Hohenschwangau zurückgezogen, ließ er seinen Chef Otto von Bismarck im fernen Berlin wissen: »Dort sitzt er nun wieder wochenlang ganz allein, den halben Tag verschlafend, die Nächte Verse machend oder laut declamirend, bis ihm vor Aufregung die Glieder zittern, ein Verkehr nur mit zwei Reitknechten, denen er aber auch seine Gunst launenhaft entzieht und wieder zuwendet. Stoßweise kommt ein cavaleristischer Paroxysmus. Dann setzt er sich aufs Pferd und reitet bis es über den Haufen fällt.« Und weiter: »Diese künstliche Aufregung, diese – man möchte sagen geistige Selbstbefleckung – ist in der That betrübend und beängstigend, und es begreift sich, wenn gute Patrioten allen Ernstes ihre letzte Hoffnung darauf setzen, daß es Frau von Bouliowska (der bekannten Schauspielerin aus der Schule des Herzogs von Coburg) die der König als

Maria Stuart verehrt und photographisch in hundert Attitüden und Costümes besitzt, im Laufe des Winters gelingen möchte, ihm den Apfel vom Baume der Erkenntniß zu reichen und den Strom verirrter Gefühle in sein naturwüchsiges reizendes Bett zu leiten.«[49]

Ein Eingreifen Lila von Bulyowskys war indes nicht nötig, mag man Georg von Werthern rückblickend antworten. Ludwig war in Liebesdingen nämlich erfahrener, als der preußische Gesandte glaubte.

Männersachen

KÖNIG LUDWIGS ERSTER LIEBHABER hieß Paul Maximilian Lamoral Prinz von Thurn und Taxis. Der gut zwei Jahre ältere Paul entstammte einem alten Adelsgeschlecht, das im 16. bis 18. Jahrhundert als Postunternehmen zu enormer Macht und ebensolchem Reichtum gelangt war. Pauls Vater Maximilian Karl hatte insgesamt sechzehn Kinder aus zwei Ehen. Der in Regensburg ansässige Clan war international bestens vernetzt. Der älteste Sohn Maximilian Anton heiratete 1858 Herzogin Helene in Bayern – besser bekannt als »Néné«, Kaiserin Elisabeths Schwester. Paul war zunächst in das bayerische Militär eingetreten und im Mai 1863 als Ordonnanzoffizier in den Dienst des damaligen Kronprinzen Ludwig gewechselt. In dieser Funktion übernahm er sozusagen die Aufgaben eines persönlichen Referenten, er überwachte den Schriftverkehr und erledigte für seinen Chef allgemeine Aufgaben. Bei der täglichen Arbeit entdeckten die jungen Männer schnell gemeinsame Interessen. Sie besuchten gerne das Theater und vergötterten den Komponisten Richard Wagner. Da Paul gut Klavier spielen konnte und über eine schöne Stimme verfügte, musizierte er gelegentlich für Ludwig. Beide liebten die freie Natur und unternahmen, wann immer möglich, Wanderungen durch die heimische Bergwelt – auch das verband. Nach Ludwigs Thronbesteigung blieb Paul wie selbstverständlich in königlichen Diensten und wurde im Januar 1865 zum Oberleutnant und Flügeladjutanten befördert.

Paul von Thurn und Taxis war Ludwigs Flügeladjutant und erster Geliebter. Als der Prinz sich in eine Frau verliebte, fiel er beim König in Ungnade und wurde verstoßen.

Zunächst schien es, als würde Paul von Thurn und Taxis Ludwigs Gefühle erwidern. »Heiß geliebter Ludwig! Wie pochte mein Herz als ich aus der Ferne deinen Wagen kommen sah«, schrieb er etwa im Mai 1866. »Du fragst mich ob ich deiner gedacht, du weißt Du bist mein einziger Gedanke, daß ich einzig aus dir gehöre, daß dein Bild mir stets vor Augen schwebt!« Und weiter: »O einziger, innigst geliebter Freund! Auch ich werde süß träumen, du wirst mir erscheinen, dein holdes Antlitz, deine schönen, lieben Augen werden mich naschen, ich werde Wonne küßen und denselben o ich werde nunmehr glücklich sein! Lebe wohl, theuerster Freund, schlaf wohl, träume süß, und gedenke deines dich glühend liebenden Paul.«[50]

Bereits am nächsten Tag folgte ein weiterer Liebesbrief: »Mein innigstgeliebter Ludwig! Meine Seeligkeit, mein Alles! Keine Feder kann schreiben, keine Worte können die Seeligkeit ausdrücken in der ich schwelge seit dem ich Dich sah, seitdem ich mit Dir bis an Deine

Thüre gehen durfte! Als wir so Arm in Arm gingen, so innig verschlungen, mir war nie so wohl, so überaus wohl! Du kannst bezeugt sein, daß ich die Minuten zählen werde, bis ich Morgen zu dir kommen darf, dich wieder einmal sehen, dir Nahe sein! Wie wird mir der Tag so lange werden!«[51]

In König Ludwigs Nachlass befinden sich noch zahlreiche weitere *billets doux* dieser Art. Einmal jubelte Paul: »Telegramm eben erhalten. Sende sogleich verlangten Brief! Sehnsucht! Seeligkeit! Millionen Grüße und Kü…«[52] Ein anderer Brief endet mit der überschwänglichen Formel: »Mit 100 000 000 Küssen Dein Friedrich.«[53]

Die Korrespondenz von Ludwig II. und Paul von Thurn und Taxis erinnert in verschiedener Hinsicht an Ludwigs Schriftwechsel mit Richard Wagner und mit seiner Verlobten Sophie. Zunächst fällt auch hier die Maskerade auf: Schlüpften Ludwig und Sophie in die Rollen König Heinrichs und Elsas, so übernahm Paul die Figur des brabantischen Grafen Friedrich von Telramund aus Wagners Oper *Lohengrin*. Das Jonglieren mit den Rollen ging sogar so weit, dass die Beteiligten sich in ihren wechselseitigen Briefen mit ihren Phantasienamen anredeten beziehungsweise damit unterzeichneten. Paul trat als der »getreue Friedrich« in Erscheinung. Diese Camouflage war eine Flucht aus der Gegenwart in die Irrealität einer stilisierten Vergangenheit – Wagners *Lohengrin* spielt ja in der ersten Hälfte des 10. Jahrhunderts in Brabant.

Zu Ludwigs 20. Geburtstag am 25. August 1865 lieferte Paul sein Meisterstück ab. Am Abend jenes Freitags ließ er sich als Lohengrin verkleidet und auf einem künstlichen Schwan stehend über den Alpsee bei Hohenschwangau ziehen. Dabei trällerte er Ausschnitte aus Richard Wagners gleichnamiger Oper, die der Komponist eigens mit ihm einstudiert hatte. Begleitet wurde der singende Adjutant von der Kapelle des 1. Infanterie-Regiments, die sich am Ufer unter Fichtenbäumen versteckt hielt. Der See und die umliegenden Berge wurden mit bengalischen Feuern illuminiert, und beim Auftauchen des Schwans wurde allerlei Hokuspokus gezündet. Alles in allem muss der Aufwand enorm und die Illusion nahezu perfekt gewesen sein. »Lieber Paul, Du hast Gottvolles geleistet«, soll sich Ludwig anschließend bedankt haben. »Das Andenken an diese Nacht wird mir und Dir teuer sein und bleiben!«[54]

Auffallend an der Korrespondenz ist aber auch ihr überbordender, hoch emotionaler und geradezu verzückter Stil. Richard Wagners Diktum vom Ton, der in Ludwigs Briefen nicht gut sei, trifft auch auf den Schriftwechsel mit Paul von Thurn und Taxis zu. Die beiderseitigen Liebesbekundungen kennen keine Mitte und kein Maß, die Emotionen scheinen wie in einem Treibhaus fieberhaft überhitzt gewesen zu sein. Aber: War das alles überhaupt ernst gemeint? Wurzelten die exaltierten Schwüre überhaupt in ehrlichen Gefühlen? Oder war die sinnliche Erregung nicht – ähnlich wie das Lohengrin-Fest auf dem Alpsee – vielmehr Teil einer großen theatralischen Inszenierung?

Natürlich mochte Paul seinen Ludwig, er verehrte und bewunderte ihn und vielleicht liebte er ihn auch, wie man einen guten Freund liebt. Bei der Durchsicht seiner Briefe erhält man aber ebenso den Eindruck, dass hier einer etwas pflichtschuldig bekannte, was von ihm erwartet wurde. Paul wusste, was sein königlicher Herr von ihm hören wollte – und das fasste er in Worte. Insofern scheinen die Wonne und das Schwelgen in zärtlichen Superlativen – die »100 000 000 Küsse« und die anderen Liebesbekundungen – eher Teil eines Rollenspiels zu sein. Sollte es zu erotischen Avancen von Ludwig gekommen sein, so dürfte Paul daran kaum Gefallen gefunden haben. Denn nach allem, was wir wissen, war Paul von Thurn und Taxis nicht homosexuell.

Das Miteinander der beiden jungen Männer funktionierte eine Zeit lang erstaunlich gut, bis Paul im Oktober 1866 sprichwörtlich aus seiner Rolle fiel. Auf Enttäuschungen, die in einer Partnerschaft ja irgendwann zwangsläufig eintreten, reagierte Ludwig beleidigt und verletzt. Es ist nicht ganz klar, was sich genau ereignet hat. Paul wurde offensichtlich nachlässig und beantwortete Ludwigs Briefe nicht immer postwendend. Bei einem schizotyp gestörten Menschen wie Ludwig II. konnte aber bereits ein achtloser Augenaufschlag oder ein Lächeln an der falschen Stelle zu einer schlimmen Kränkung führen. Paul gelang es immer weniger, die vom König gewünschte Liebe überzeugend zu inszenieren. Sätze wie »Keine Feder kann schreiben, keine Worte können die Seeligkeit ausdrücken« erhalten so, wenn auch unbeabsichtigt, einen doppelten Sinn: Der Schreiber wusste wohl wirklich nicht mehr, was er noch alles zu Papier bringen sollte. Als Ludwig dann zugetragen wurde, dass sein Adjutant ein liederliches Doppelleben führe, war das der sprichwörtliche Tropfen, der das Fass zum Überlaufen brachte.

Pauls angebliche Frivolität bestand darin, dass der 23-Jährige ab und zu mit gleichaltrigen Damen ausging. Fräulein Elisabeth (»Elise«) Kreuzer hatte es ihm wohl besonders angetan. Die junge Sopranistin arbeitete als Soubrette am »Actien-Volkstheater«, dem heutigen Gärtnerplatztheater, und war die Tochter eines berühmten österreichischen Opernsängers. Der »geliebte Friedrich« bändelte mit einer gewöhnlichen Sängerin an? Wenn sie doch wenigstens eine »Isolde« gewesen wäre – aber eine Soubrette, eine Komikerin vom Dienst? Ludwig hatte genug gehört. »Am Hofe geht es bunt zu«, lästerte Johann von Lutz in einem Brief an seinen Chef Franz von Pfistermeister. »Taxis ist wirklich in Ungnade. Der Allergnädigste schimpft ohne Rückhalt über ihn und gibt als Grund des Sturzes die Ueberhebung des Fürsten gegenüber aller Welt an.«[55] Das war Ende Oktober 1866 – wenige Tage später, am 7. November, wurde Paul von Thurn und Taxis der Funktion als Flügeladjutant enthoben und zum reitenden Artillerie-Regiment »Königin Mutter« versetzt.[56] In letzter Minute versuchte er noch, Ludwig zu einer Aussprache zu bewegen. Vergeblich – der König ignorierte fortan die Briefe seines einstigen Freundes.

Paul stand plötzlich vor den Scherben seiner Existenz. Im Dezember teilte Elise ihm mit, dass sie von ihm schwanger war; der Sohn Heinrich, benannt nach Elises Vater, kam im Juni des folgenden Jahres zur Welt. Augenscheinlich sah Paul in Bayern keine Zukunft mehr für sich. Mitte Januar 1867 wurde er auf eigenen Wunsch aus dem Militärdienst entlassen. Es folgte ein unstetes Umherreisen mit Stationen in Basel, Mannheim und Aachen. Um die bürgerliche Elise im Juni 1868 heiraten zu können, verzichtete Paul gegen eine Rente von 6000 Gulden auf seinen Fürstentitel sowie sämtliche Geburtsrechte. Damit war er faktisch aus seiner Familie ausgeschlossen worden. Die Beamten in Regensburg und München hatten vereinbart, dass der gestürzte Aristokrat eine neue Identität erhalten sollte. Am 19. Juni 1868 wurde er als Paul von Fels in den persönlichen Adelsstand erhoben. Ludwig musste das entsprechende Dekret unterschreiben – mehr wollte er für seinen einst so geliebten »Friedrich« nicht tun. Herr von Fels verdingte sich noch einige Jahre mehr oder weniger erfolglos als Schauspieler und Theaterdirektor, bis er sich mit Tuberkulose infizierte. Mit nur 35 Jahren starb er am 10. März 1879 im südfranzösischen Cannes.

Doch zurück in den Winter 1866. Ludwigs damalige Brieffreundin und spätere Verlobte Sophie erfuhr erst sieben Wochen später vom Sturz des Prinzen Thurn und Taxis. »Friedrich hat sich zu sehr überhoben«, teilte Ludwig ihr Ende Dezember mit. »Ich musste ihn entfernen [...].«[57] Man hätte annehmen dürfen, dass der König ihr eine so wichtige Entscheidung früher eröffnet hätte, schließlich korrespondierten sie nahezu jeden Tag, und nicht zuletzt waren Sophie und Paul miteinander gut bekannt. Ludwigs dürre Zeilen verhüllen mehr als sie erklären. Die angebliche »Überhebung des Fürsten gegenüber aller Welt«, die Lutz und Sophie als Begründung für Pauls Entlassung serviert bekamen, war nur vorgeschoben. In Wirklichkeit hatte Pauls Affäre mit Elise Kreuzer die Rollenverteilung zwischen ihm und Ludwig durcheinandergebracht. Ludwig wollte seinen Partner ausschließlich und jederzeit für sich haben – für einen anderen Menschen, insbesondere für eine Frau, war kein Platz in ihrem Miteinander. Dass der König den geliebten »Friedrich« nun ausgerechnet mit einer Soubrette teilen musste, war in seinen Augen nicht nur eine schlimme Kränkung, Paul hatte vielmehr die Inszenierung einer reinen und tiefen Männerliebe zerstört.

Gleichwohl gab es zwei bedeutende Ausnahmen: Männer, die über Jahre hinweg in Ludwigs Nähe bestehen und sich seiner – wenn auch schwankenden – Zuneigung sicher sein durften. Diese zwei wichtigsten Vertrauten Ludwigs hießen Karl Hesselschwerdt und Richard Hornig.

Wie im Fall des bereits erwähnten Reitknechts Joseph Völk fällt es auch hier schwer, an verlässliche biographische Daten zu gelangen. Einerseits haben die Personalakten von Hesselschwerdt und Hornig

den Krieg nicht überstanden, andererseits stammten beide Herren aus Familien, die in den Quellen jener Zeit meist keine Spuren hinterließen. Wir haben es mit einfachen Leuten zu tun, die für gewöhnlich ihrer Arbeit nachgehen, ein mehr oder weniger redliches Leben führen und keine politische Bedeutung für sich in Anspruch nehmen können. Das alles traf auf Hesselschwerdt und Hornig zu – und auch wiederum nicht. Beide gelangten nämlich in Positionen, die ihnen unter normalen Umständen eigentlich hätten verschlossen bleiben müssen. Aber was war an Ludwigs Hof schon »normal« zu nennen?

Karl Hesselschwerdt, Jahrgang 1840, war der Sohn eines Münchner Hofpostillions. Mit sechzehn Jahren begann er seine Ausbildung im Marstalldienst des Prinzen Adalbert, wechselte aber im Oktober 1864 zum königlichen Hofmarstallstab. Keine zwei Jahre später – am 4. März 1866 – wurde Ludwig auf ihn aufmerksam. »Mit inniger Freude gedenke ich jener schönen Abendzeit, die wir neulich zusammen, so traulich im Gespräch, zubrachten«, hieß es bereits vier Tage nach dem Kennenlernen. »Sehr gern möchte ich Sie wieder bei mir sehen; ich hoffe, es wird sich in einigen Tagen einrichten lassen.‹ Und weiter: »Ich habe einen Ring für Sie bestellt.«[58] Von nun an ging alles sehr schnell. Am 23. März – knapp drei Wochen nach dem ersten

Zum Verwechseln ähnlich: Karl Hesselschwerdt (links) und Richard Hornig waren Ludwigs engste Vertraute. Äußerlich waren die beiden ganz nach Ludwigs Geschmack, denn der König bevorzugte Männer mit stattlichem Bartwuchs.

Treffen – sprach Ludwig ihn in seinen Briefen bereits mit »Mein vielgeliebter Karl!« an. Und wiederum kurze Zeit später tauschten die beiden so ungleichen Männer erste Küsse aus.

Hesselschwerdt war zunächst als Postillion tätig, avancierte 1867 zum Leibreitknecht Seiner Majestät und wurde 1880 zum Marstallfourier befördert. Damit zeichnete er als Unteroffizier für die Angelegenheiten der königlichen Stallungen verantwortlich. Neben diesen gewissermaßen offiziellen Tätigkeiten übernahm Hesselschwerdt im Laufe der Jahre noch zahlreiche andere Aufgaben. Er wich nicht von Ludwigs Seite, war sein Mann fürs Delikate wie fürs Grobe und avancierte zur rechten Hand seines Herrn. Der Marstallfourier gab sich loyal, freundlich und verbindlich, sodass man ihn leicht unterschätzen konnte. In Wahrheit repräsentierte er den Typus des raffinierten Strippenziehers, der – wenn nötig – zur Intrige bereit war. Im Volksmund nannte man ihn »den Reichskanzler« und sprach halb spöttisch, halb respektvoll vom »Ministerium Hesselschwerdt«.

Es verwundert deshalb kaum, dass Zeitgenossen wie Gottfried von Böhm skeptisch auf Hesselschwerdts stetig wachsenden Einfluss blickten. »Er stellte nicht gerade die edelste Inkarnation des bayerischen Typus vor, sprach aber sachlich und benahm sich gewandt«, erinnerte sich der Verwaltungsbeamte. »Ich weiß nicht, warum er mir nichtsdestoweniger ein gewisses Mißtrauen einflößte; und ich damals so deutlich die große Wesensverschiedenheit der Lebensauffassungen empfand, die zwischen einem Gentleman und einem Lakaien zu bestehen pflegt.«[59]

Dass eine subalterne Person wie Hesselschwerdt – ein »Lakai«, wie Böhm zutreffend feststellte – in Amt und Würden gelangen konnte, hatte Gründe, die viel über die Machtstrukturen an Ludwigs Hof erzählen. Hesselschwerdts Erfolg lag in seinem absoluten Gehorsam begründet. Wie nahezu alle Personen in Ludwigs Entourage gab auch der Marstallfourier keine Widerworte. Er zeigte sich seinem königlichen Herrn gewissermaßen hündisch ergeben und garantierte so scheinbar die Ausführung der allerhöchsten Befehle. Wenn sich eine Anweisung nicht umsetzen ließ – das kam insbesondere in Ludwigs letzten Lebensjahren nicht selten vor –, log Hesselschwerdt und gaukelte ihm die erfolgreiche Erledigung vor. Anders als Paul von Thurn und Taxis, der aus seiner zugewiesenen Rolle und damit in Ungnade fiel, hatte sich Karl Hesselschwerdt weitgehend auf Ludwigs komplizierte Persönlichkeit eingestellt. Karl gab seinem royalen Gegenüber das Gefühl, etwas zu sein, was dieser gerne gewesen wäre, aber nicht sein konnte und durfte: ein absolutistisch regierender Monarch. Das war ausgesprochen raffiniert – und erfolgreich.

Es gab aber noch einen weiteren Grund für Karl Hesselschwerdts herausgehobene Stellung: Der Marstallfourier hielt für seinen Herrn nach jungen Männern Ausschau, ließ sie unter einem Vorwand ablichten und leitete Ludwig dann die Photographien zu. Der König bevorzugte Jünglinge, die nicht wesentlich älter als zwanzig Jahre und stark behaart waren. Hatte er sich dann für einen Burschen entschieden, versuchte Hesselschwerdt, diesen diskret anzusprechen und ein heimliches Treffen zu vereinbaren. Ludwig: »Das Original selbst könnte ich vielleicht dann im November in Hohenschwangau kennenlernen.«[60] Immer wieder bat Ludwig seinen »lieben Karl«, ganz genau »nach Vorschrift« zu suchen und insbesondere die Behaarung zu studieren. »Sieh Dir auch Niebler ohne Aufsehen an«, lautete ein Befehl. »Wie ist der Heizer Nagler?«[61] Hesselschwerdt solle mit dem

Aspiranten selbst »recht intim« werden, forderte Ludwig ihn einmal auf, und ihn sozusagen auf seine Verwendbarkeit testen. Da die bayerische Heimat aber offensichtlich nicht genügend geeignete Kandidaten bereithielt, ließ Ludwig auch in Innsbruck, Linz, Bozen, Weimar, Paris und sogar im fernen Athen, Neapel und Nizza nach Liebhabern suchen. Einige dieser jungen Männer, von denen wir meistens kaum die vollständigen Namen kennen, wechselten als Lakaien, Knechte oder Kammerdiener sogar in den Hofdienst. Ludwig schenkte seinen Günstlingen oft Geld oder ließ für sie teure Uhren oder Ringe anfertigen. »Sorge dafür, daß A. Welker sich morgen noch photographieren läßt (ohne Aufsehen), gib ihm 500 Mark von mir, frage ihn, ob er Meiner gedenkt.«[62]

Das gesamte Unternehmen war natürlich streng geheim, sodass Ludwig fast jeden Brief an Karl mit dem Satz »Verbrenne dieses Blatt« beschloss, woran dieser sich aber nicht hielt. Die pikanten Briefe blieben Jahrzehnte im Besitz der Familie Hesselschwerdt, wurden dann an einen Privatsammler verkauft und stehen seit kurzem der Wissenschaft zur Verfügung. Königstreuen Bayern gilt Hesselschwerdts Verhalten bis heute als unverzeihlicher Verrat am »Kini«.

RICHARD HORNIG, der zweite enge Vertraute König Ludwigs II., wurde 1841 im mecklenburgischen Basedow geboren, zog aber bereits im Kindesalter mit seinen Eltern nach München. Nach der obligatorischen Ausbildung im Marstall gehörte er zu dem Tross, der Ludwig im Winter 1866 bei seiner Frankenreise eskortierte. Zum ersten persönlichen Kontakt kam es Anfang Mai des folgenden Jahres, als Hornig den König bei einem längeren Spazierritt begleiten durfte. Der Funke zwischen den beiden schien sofort gezündet zu haben, denn bereits wenige Tage nach dem Ausflug bot der König seinem Bereiter das »Du« an. Richard Hornig wird Ludwig gefallen haben, trug er doch bereits als junger Mann einen stattlichen Vollbart. Erotik und sexuelle Attraktion waren bei dieser Beziehung zweifellos mit im Spiel, wie sich an manchen Tagebuchaufzeichnungen des Königs erkennen lässt, die sich auf den Freund beziehen. »Vivat Rex et Richardus in aeternum«,[63] hieß es etwa im Januar 1872. Ludwig gedachte auch des Tages, an dem er Hornig kennengelernt hatte, »um uns nie mehr zu trennen, und nie von einander zu lassen bis zum Tode«. Immer wieder erwähnte er Küsse, und augenscheinlich kam es auch zum Austausch anderer Zärtlichkeiten. »Bei unserer Freundschaft sei es geschworen, auf gar keinen Fall mehr vor 3ten Juni …«,[64] notierte der König am 6. März 1872. Beide – Ludwig und Richard – unterschrieben schließlich das Gelübde.

Hornig verfügte nach allem, was wir aus seinen Briefen wissen, über eine erstaunlich gute Bildung, sodass er sich mit Ludwig auch über Musik, Literatur und das Theater austauschen konnte. Obschon Richard ursprünglich als Bereiter – als eine Art Pferdepfleger – am Hof angestellt worden war, wurde er der ständige Begleiter seines Herrn und avancierte im Laufe der Jahre zu dessen Privatsekretär. Bereits kurze Zeit nach dem Kennenlernen war er aus Ludwigs Leben nicht mehr wegzudenken. Gottfried von Böhm schildert ihn als eine »durchaus honette Persönlichkeit«,[65] Hornig galt als loyal, gewissenhaft und aufrichtig.

Ludwigs Verhalten gegenüber Richard war auf den ersten Blick widersprüchlich. Einerseits schrieb er ihm zärtliche Epistel, machte ihm teure Geschenke und ließ im Alltag eine große Nähe zu. »Wie schön war es das letztemal bei Dir«, bedankte sich Hornig einmal, »immer denke ich an die schönen verlebten Stunden, nur darf ich nie mehr eine ganze Flasche Champagner trinken, die letzte hat mir so zugesetzt daß ich am folgenden Tage starkes Kopfweh hatte, er muß viel stärker gewesen sein, wie gewöhnlich.«[66] Andererseits behandelte Ludwig seinen Freund mitunter ausgesprochen rücksichtslos, wie eine Zeitzeugin zu berichten wusste: »Ebenso mußte der königliche Stallmeister Hornig oft bei Wind und Wetter von seinem Pferde absteigen, um mit entblößtem Haupte dem König seine Hermelindecke hinaufzuziehen, wenn sie sich etwas verschoben hatte, oder für denselben eine Orange zu schälen.«[67]

Dieses merkwürdige Nebeneinander von großer Intimität und kalten Herrscherallüren ist ein charakteristisches Symptom der schizotypen Persönlichkeitsstörung. Ludwig scheint nicht in der Lage gewesen zu sein, ein Mittelmaß von Nähe und Distanz zu finden. Insofern konnte er mit Hornig an einem Abend Champagner trinken und es kurze Zeit später als unschicklich und respektlos verbieten, dass der geliebte Richard in seiner Gegenwart trotz eisiger Temperaturen einen wärmenden Hut trug.

Die Beziehung der beiden Männer geriet in eine schwere Krise, als Hornig mit einer jungen Frau anbändelte und diese im Mai 1870 heiratete. Wie nicht anders zu erwarten, reagierte Ludwig darauf tief verletzt. »Du kannst Dir daher auch leicht denken«, entschuldigte sich Hornig, »wie weh' es mir thuen muß, etwas begangen zu haben, was dir nicht nur nicht recht ist, sondern Dir sogar Schmerzen verursacht; ich meine die Angelegenheit mit Anna, die Du Das letztemal, als ich bei Dir sein durfte, so oft in dieser Weise berührtest; Dieses grämt mich nun den ganzen Tag, und läßt mich nie recht froh werden.«[68] Richards Vermählung mit Fräulein Anna soll Ludwig angeblich ärger zugesetzt haben als die gesamten politischen Umwälzungen im Zuge der Reichsgründung. Jahre später ließ er die Verhältnisse im Hause Hornig sogar diskret auskundschaften – der Spitzel gab aber Entwarnung: Richard liebe Seine Majestät »mehr als Anna, mehr als Alles. Es wundert mich, dass diese Frau sich nicht von ihrem Manne als vernachlässigt betrachtet.« Von Leidenschaft könne keine Rede sein, so der Informant: »Richard ist artig gegen Anna, aber einer besonderen Aufmerksamkeit kann sie sich nicht rühmen. Ich glaube fest, dass es Richard längst bereute geheiratet zu haben und das Band loesen würde, wenn es nur ginge.«[69] Gottfried von Böhm war sogar zu Ohren gekommen, dass Ludwig den Befehl erteilt habe, die »junge Frau bei einer Kahnfahrt zu ertränken«.[70] Doch das war wohl eine Räuberpistole, denn Beweise gibt es für diese Schauergeschichte nicht.

Dass Ludwigs Beziehung zu Richard Hornig nicht wie die zu Paul von Thurn und Taxis wegen einer Frau scheiterte, lag daran, dass Hornig auch als verheirateter Mann die narzisstische Rollenverteilung nicht infrage stellte. Als der Lakai sich wortreich und demütig für sein angebliches Fehlverhalten entschuldigte, nahm der König ihn nach einer gewissen Zeit der Trennung wieder in Gnaden auf. Wie bereits Karl Hesselschwerdt ließ auch Richard Hornig es zu, dass

Ludwig sich ihm gegenüber wie ein absolutistischer Herrscher gebärden konnte. Selbst als er ihn einmal schlug, blieb diese Konstellation unangetastet. Statt den Dienst zu quittieren, was nicht wenige Diener nach ihm tun sollten, bedankte sich Hornig für die erhaltene Tracht Prügel. Kaum zu glauben – aber er schrieb tatsächlich: »Hierfür sei Dir ein Dank entgegengetragen, der unermeßlich ist, denn fest hatte bei mir der Gedanke Wurzel gefaßt, Daß Du mir nie vergeben könntest, nicht weil ich Dich zurückgestoßen, denn so etwas ist überhaupt nie zu verzeihen, sondern klar stand es mir schon vor Augen, wie groß mein Fehler gewesen war, daß es die mir gewordene körperliche Züchtigung erforderte.« Und weiter: »Immer will sich mir das Wort ›Dank‹ in die Feder drängen, und ich kann es nicht zurückhalten, Dank, tausend tausend Dank für Deine unbeschreibliche Hochherzigkeit.«[71]

KAPITEL IV

Die Reichsgründung

Zeitenwende

»DAS LAND IST IN TRAUER VERSETZT. Die tiefschmerzliche Kunde, worauf man nach den letzten Meldungen gefaßt sein mußte, ist soeben durch den Telegraphen gebracht worden. Seine Majestät König Ludwig I. ist heute Morgen 8 Uhr 35 Minuten von dem Allmächtigen aus diesem Leben abberufen worden.«[1] Die Nachricht vom Tod des 81-jährigen Königs am 29. Februar 1868 kam nicht wirklich überraschend, hatte sich der alte Herr doch schon seit längerer Zeit hinfällig gefühlt. Zu Beginn der kalten Jahreszeit war er – wie er es seit einigen Jahren zu tun pflegte – nach Nizza gereist. Das angenehme Flair der Côte d'Azur hatte es ihm angetan, und die milden Temperaturen wirkten sich positiv auf sein Wohlbefinden aus. Tagsüber unternahm er Spaziergänge durch die prachtvollen Gärten der Stadt, in denen auch im Winter die Blüten dufteten, abends spielte er zumeist mit seiner Entourage Domino.

Es war buchstäblich ruhig um Ludwig geworden, da er mittlerweile so schwerhörig war, dass er im Grunde an einer gepflegten Konversation nicht mehr teilnehmen konnte. Eitel wie er war, wollte er sich das natürlich nicht eingestehen, und so kam es in seinen letzten Lebensjahren zu allen möglichen und vor allen Dingen unmöglichen Zwischenfällen. Bei einem Besuch des französischen Kaisers Napoléon III. und seiner Gattin Eugénie in Kleßheim bei Salzburg hatte Ludwig I. im Vorjahr einen peinlichen Eindruck hinterlassen, wie sich ein Zeitzeuge erinnerte: »Die Unterbrechungen, welche der alte taube König Ludwig durch seine mit lautem Geschrei vorgebrachten derben Redensarten lieferte, trugen nichts dazu bei, die Franzosen zu befriedigen, besonders als er sich eines Nachmittags auf der Terrasse von Klesheim [sic!], dem Schlosse des Erzherzogs Ludwig Victor, mit der Kaiserin Eugenie allein befand und zärtlich zu ihr wurde.«[2] Doch damit nicht genug – als der Kaiser Ludwig bat, ihm seine Minister vorstellen zu dürfen, soll er erwidert haben: »Oh, das würde mich tödlich langweilen!« Offensichtlich hatte er da etwas missverstanden.

Ludwig I. hatte am 19. März 1848 auf den Thron verzichtet, knapp zwanzig Jahre später wurden ihm nun *pompes funèbres* zuteil. Die Feierlichkeiten begannen mit der Bestattung am 9. März 1868 und dauerten insgesamt vier Tage. Das Leben in München stand nahezu still, als sich am Nachmittag jenes Montags der Kondukt in der Hofkapelle der Residenz in Bewegung setzte. Unter dem Läuten sämtlicher Kirchenglocken und unter Abfeuerung der obligatorischen 101 Kanonenschüsse zog die riesige Trauergemeinde zur Abteikirche St. Bonifaz. In jenem Gotteshaus, das er selbst zwischen 1835 und 1850 hatte errichten lassen, fand der König an der Seite seiner Frau Therese die letzte Ruhe.

Für nicht wenige Beobachter bedeutete Ludwigs Tod eine Zeitenwende. »Mir schien«, schrieb der preußische Diplomat Joseph Maria von Radowitz, »daß ein unwiederbringlich abgeschlossenes Stück deutscher und europäischer Geschichte an diesem Tage mit dem alten Ludwig in die Gruft versenkt worden sei.«[3] Neben den »Allerhöchsten Herrschaften« erwiesen Vertreter des Hofes, des Militärs, des Klerus, der Münchner Schulen, der beiden Kammern, der Staatsministerien sowie Abgesandte der ausländischen Regierungen dem Verstorbenen die Ehre. Das Königreich Preußen wurde durch den Prinzen Adalbert vertreten.

Nur einer fehlte: Ludwig II. Der Regent war krank, genauer gesagt: Er litt an einem Katarrh. Wir wissen nicht, ob er es bedauerte, dem Requiem fernbleiben zu müssen. In der Korrespondenz dieser Zeit äußerte sich Ludwig mit keinem Wort über den Tod seines Großvaters. Sicher ist aber, dass er die Erkältung als Ausrede benutzte, um sich vor den lästigen repräsentativen Pflichten zu drücken.

An der Spree machte man sich derweil Sorgen, wie es mit König Ludwig und den Verhältnissen in Bayern weitergehen würde. »Als ich vor einigen Wochen die Ehre hatte Seine Majestät auf einem Hofballe wieder zu sehen, ist mir eine wesentliche Veränderung seines Blickes aufgefallen«, berichtete Georg von Werthern an Otto von Bismarck. »Es liegt in demselben etwas Nachholendes, Düsteres. Er sieht den, welcher mit ihm spricht, in einer Weise an, als brauche das Wort, welches er hört, mehr Zeit um bis zum Geiste zu dringen; als sei der Weg von der Außenwelt bis zu seinem Innern weiter als früher. In der That nimmt auch seine Neigung, sich zu isoliren, immer mehr zu und es geschehen Dinge, die vermuthen lassen, die haarscharfe Grenze zwischen Originalität und Geistesstörung sei bereits erreicht.«[4]

Durch die Gänge der Münchner Residenz waberten abenteuerliche Gerüchte über die neuesten Kapriolen des Königs. Zu den diplomatischen Geheimberichten gehörten damals auch die – abstrakt formuliert – »Hofnachrichten«, und da Georg von Werthern bestens vernetzt war, wusste er viele kuriose Geschichten nach Berlin zu melden. An den preußischen König Wilhelm I. schrieb er im Juli 1869: »In der Stadt erzählt man sich, er habe aus dem Schatze eine Krone & ein Scepter nach Berg kommen lassen und gehe damit im Park spaziren.«[5]

In dieser Geschichte mag auch Wilhelm I. nur eine skurrile Anekdote erkannt haben – sofern sie denn überhaupt der Wahrheit entsprach –, gleichwohl wird man sich in Preußen mehr und mehr gefragt haben, wie verlässlich und berechenbar Ludwigs Politik noch war. Otto von Bismarck war an einer Schwächung des bayerischen Königs nicht interessiert – ganz im Gegenteil. Seit dem aus seiner Sicht erfreulichen Ende des »deutschen Krieges« im Sommer 1866 stand für den preußischen Ministerpräsidenten fest, dass eine Vereinigung von Nord- und Süddeutschland bloß noch eine Frage der Zeit war. Bismarck hatte weitreichende Pläne – und die bayerische Regierung, allen voran das Haus Wittelsbach, schienen durchaus in der Lage, analysierte Georg von Werthern im Februar 1869 absolut brillant, ihm noch einen Strich durch die Rechnung zu machen:

»Allerdings würde die politische Lage eine total andere & für den Moment sicherere sein wenn anstatt eines geistreichen, aber die Idealen sich verlierenden, politisch unreifen, ja unzurechnungsfähigen jungen Königs ein intelligenter & thatkräftiger Soldat auf dem Throne dieses Landes säße. Aber ein Souverän, der hier seine Zeit & sein königliches Handwerk verstünde; der seine kostbare Armee fest in die Hand nähme & seinem compacten Volksstamme von fünf Millionen Leben einhauchte; der im Bewußtsein der einzige Herrscher in Deutschland zu sein, deßen Haus in tausendjähriger Tradition unverändert über dasselbe Land regiert & frei ist vom Odium gewaltsamer Vergrößerung sich auf den deutschen Gedanken stützen wollte – ein solcher Souverän hätte Karten in der Hand, mit denen er unser Spiel auf die perfideste Weise durchkreuzen könnte.« Doch Werthern konnte seinen Chef beruhigen: »Aber, Gott Lob, das Haus Wittelsbach hat keinen solchen Mann. Es ist keiner unter allen seinen Prinzen, der seine Zeit begriffe & zu benutzen verstünde.«[6]

Die politischen Zustände in Bayern befanden sich, um Wertherns Gedanken aufzugreifen, zum Ende der 1860er Jahre an einer Wegscheide. Dabei ging es um die großen Fragen der damaligen Zeit: das Verhältnis der deutschen Staaten zueinander, der Kampf von Liberalen und Konservativen um die politische Vormachtstellung sowie um die Frage einer weiteren Parlamentarisierung der Politik. König Ludwig vertrat in diesen Auseinandersetzungen zwei zentrale Anliegen: die Stärkung des monarchischen Prinzips im Innern sowie die Wahrung der bayerischen Souveränität nach außen.

Den Parlamentarismus betrachtete Ludwig als ärgerliches Übel. »Bis in den April habe ich die lästigen Kammern auf dem Hals, die mir nicht wenig zu schaffen machen«,[7] klagte er beispielsweise im März 1867 einem Verwandten. Auch knapp zehn Jahre später hatte Ludwig noch keinen Frieden mit dem politischen System geschlossen: »Die Kammern die gegenwärtig hier tagen, bereiten mir nicht selten sehr unangenehme Stunden, denn in Vielem sind sie bockbeinig und verrannt u. mischen sich in Angelegenheiten die zu entscheiden die Krone allein zu kommen; es ist ein abscheuliches Jahrhundert in dem wir leben müssen.«[8] Er hielt jede Art von parlamentarischer

Mitsprache für prinzipiell unvereinbar mit seiner Vorstellung vom Königtum. Ludwig: »Entweder herrsche Ich oder das Volk, zusammen tun wir nicht gut.«[9] Ihm war natürlich bewusst, dass er die Kammer der Abgeordneten nicht einfach ausschalten oder gar abschaffen konnte. Daher zielte seine Politik darauf, den Status quo zu konservieren und jede weitere Parlamentarisierung zu verhindern.

Sein Ideal war eine Regierung über den Parteien: ein Ministerkollegium, das nur ihm – dem König – verpflichtet war und sich um das Parlament am besten nicht weiter kümmerte. Ludwigs Dilemma bestand darin, dass seit den Wahlen vom April 1863 liberal orientierte Abgeordnete eine Mehrheit im Parlament bildeten, die sich buchstäblich nicht mehr ignorieren ließ. Der König beobachtete das Erstarken des Liberalismus, der in der erst 1863 gegründeten »Bayerischen Fortschrittspartei« ein lautes Sprachrohr fand, mit Argwohn. Einerseits musste er alle liberalen Forderungen nach einer Durchsetzung des modernen Rechtsstaates sozusagen naturgemäß ablehnen, standen diese doch im krassen Gegensatz zu seinem monarchischen Selbstverständnis. Andererseits konnten ihm auch die deutschlandpolitischen Vorstellungen der Liberalen nicht gefallen, die auf einen kleindeutschen Bundesstaat unter preußischer Führung hinausliefen. In einem Brief an seine ehemalige Erzieherin beklagte Ludwig dann auch einen »Preußenschwindel« und sprach von einem »Coquettieren mit der Fortschrittsparthei«, das »nur zum Übel führen« müsse.[10] Kein Wunder, dass er den »Fortschritt« als Bedrohung empfand und sich regelmäßig über die Aktivitäten der Partei informieren ließ.

Paradox erscheint, dass Ludwig als Nachfolger für den gescheiterten Ludwig von der Pfordten ausgerechnet einen Mann ins Visier nahm, der als Freund Preußens galt: Chlodwig Carl Viktor Fürst zu Hohenlohe-Schillingsfürst. Noch Ende November 1866 hatte Ludwig I. seinen Enkel beschworen, »den Fürst Hohenlohe nicht zum Minister zu ernennen, nicht seine im Reichsrath gehaltene Rede zu vergessen, welcher Bayerns Anschluß an den Norddeutschen Bund wollte, also Bayerns halbe Mediatisierung«.[11] Doch der großväterliche Rat verhallte ungehört, und Hohenlohe trat am 31. Dezember 1866 sein Amt als Staatsminister des königlichen Hauses und des Äußeren an. Die Berufung des 1819 geborenen Fürsten stellte für Ludwig zweifellos keine Herzenssache dar. Der Glaube an die Selbstbestimmung des Staates und das Vertrauen in die politische Freiheit der Menschen verband Hohenlohe mit den Liberalen, obschon er kein Parteipolitiker war. Das alles sprach aus Ludwigs Sicht ebenso wenig für ihn wie dessen Abstammung aus einem mediatisierten Fürstenhaus, also einer Familie, die lange Zeit direkt dem Kaiser unterstellt gewesen war. Wahrscheinlich betrachtete Ludwig seinen neuen Außenminister als unsicheren Kantonisten, an dessen dynastischer Loyalität man Zweifel hegen konnte.

Für Chlodwig zu Hohenlohe-Schillingsfürst sprach indes genau das, was Ludwig I. ihm vorwarf: seine Nähe zu Preußen. Nach dem verlorenen Krieg von 1866 musste Bayern an einem guten Miteinander mit der Siegermacht gelegen sein. Hohenlohes Verpflichtung war ein stillschweigendes Zugeständnis an Otto von Bismarck, an dem in der Deutschlandpolitik fortan kein Weg mehr vorbeiführte. Insofern erwies sich König Ludwig II. in der Causa Hohenlohe einmal mehr als pragmatischer und strategisch denkender Realpolitiker.

Konflikte und Enttäuschungen waren bei Ludwigs absolutistischem Verständnis des eigenen Königtums gewissermaßen programmiert. Knapp sechs Monate nach Hohenlohes Berufung war er seines Ministers bereits überdrüssig. Mitte Juni 1867 bat er ausgerechnet Ludwig von der Pfordten, in die Regierung zurückzukehren. Mit deutlichen Worten beklagte er sich beim Vorgänger über den Nachfolger: »Bei Gott es ist die höchste Zeit, unmöglich kann ich noch länger einen Minister dulden, auf den ich ganz und gar kein Vertrauen habe, der mir fast täglich neue Beweise seiner Unfähigkeit und seines Mangels an allem patriotischen Gefühle liefert.« Am Ende beschwor er Pfordten geradezu: »Folgen Sie dem Rufe Ihres Königs u. Freundes, der wohl begreift welches Opfer Sie hiedurch bringen würden, der aber auch immer hiefür Ihnen dankbar sein wird; seien Sie dessen versichert.«[12] Der so Umgarnte lehnte das Angebot dankend ab, und Ludwig gab seine Versuche, Hohenlohe loszuwerden, zähneknirschend auf. Einen Rücktritt erzwang im März 1870 das Parlament und nicht der König.

In Hohenlohes Amtszeit brachte das Kabinett mit Ludwigs ausdrücklicher Billigung wichtige Reformgesetze auf den Weg. Die neue Gewerbeordnung vom 30. Januar 1868 garantierte erstmals die Gewerbefreiheit für fast alle Berufe (Apotheker und Gastwirt stellten einige der wenigen Ausnahmen dar), und das im April des Jahres in Kraft getretene »Gesetz über Heimat, Verehelichung und Aufenthalt« gewährte die volle Freizügigkeit und Freiheit der Eheschließung. In den Gemeinden stieß diese Neuerung auf Widerstand, verloren die Kommunen doch damit das Recht, den Zuzug von Personen willkürlich zu beschränken. Im folgenden Jahr 1869 übertrug das »Gesetz über die öffentliche Armen- und Krankenpflege« den Gemeinden die Pflicht, die Armenpflege, die Arbeitsbeschaffung, die Ausbildungsförderung sowie die Wohnungsfürsorge zu gewährleisten, was in den Rathäusern ebenfalls mit Skepsis betrachtet wurde. Die neue Zivilprozessordnung führte schließlich die Öffentlichkeit der Gerichtsverfahren ein, und das »Gesetz über die Wehrverfassung« reformierte die bayerische Armee nach preußischem Vorbild.

Hohenlohes Reformen zielten auf den Ausbau individueller Freiheitsrechte und letztlich auf eine Modernisierung der bayerischen Gesellschaft. Als heißes Eisen erwies sich in diesem Zusammenhang das mutige Vorhaben des Kultusministers Franz von Gresser, den kirchlichen Einfluss auf die Schulen zurückzudrängen. Hohenlohe und Gresser waren davon überzeugt, dass der Staat ein Aufsichtsrecht gegenüber den Kirchen hatte – und nicht umgekehrt. Der Gesetzentwurf wurde in der Zweiten Kammer des bayerischen Landtags mit einer breiten Mehrheit von 114 gegen 26 Stimmen angenommen, doch hatten die Reformer die Rechnung ohne die Erste Kammer gemacht. Nachdem der katholische Klerus mit Hilfe der ihm nahestehenden Zeitungen und Journale einen wahren Proteststurm entfesselt hatte, brachten die größtenteils konservativen Reichsräte das Vorhaben im April 1869 zu Fall.

Das Scheitern des Schulgesetzes markierte den Anfang vom Ende der Regierung Hohenlohe. In ländlichen Gebieten formierte sich massiver Widerstand gegen dessen Reformgesetzgebung, die von der bäuerlich-konservativen Bevölkerung als umstürzlerisch wahrgenommen wurde. Hinzu kam, dass die katholische Kirche massiv in die Auseinandersetzungen eingriff und Modernisierungsängste schürte. Nicht wenige Priester predigten sonntags von der Kanzel herab gegen Hohenlohes Regierung. »Liberal« galt ihnen nahezu als anrüchiges Schimpfwort. Rückendeckung erhielten sie aus Rom: Bereits im Dezember 1864 hatte Papst Pius IX. die Enzyklika *Quanta cura* veröffentlicht, in der er den Fortschritt, den Liberalismus und überhaupt die moderne Kultur als Fehlentwicklungen stigmatisierte. Die von liberalen Politikern proklamierte Gewissens- und Religionsfreiheit geißelte der Pontifex sogar als »Wahnsinn«. Mit dem berühmt-berüchtigten *Syllabus Errorum* erschien zeitgleich eine achtzig Thesen umfassende »Liste der Irrtümer«, womit die katholische Kirche sich in den Augen vieler aufgeklärter europäischer Politiker ins intellektuelle Aus manövrierte. Zugleich entstand eine politische Bewegung, die ihr Heil »ultra montes« – jenseits der Berge – in Rom suchte. »Ultramontan« wurde zum Schlachtruf eines politisierten Katholizismus, der die römische Kirche über das eigene Land stellte. Für einen machtbewussten Monarchen war das eine Kampfansage.

Ludwig II. und sein Regierungschef Chlodwig zu Hohenlohe-Schillingsfürst gingen gegenüber den bayerischen Ultramontanen auf Konfrontationskurs, doch schienen der König und der Fürst die Macht ihrer Gegner unterschätzt zu haben. Die einfachen Landpfarrer trafen in ihren sonntäglichen Predigten den richtigen Ton und betätigten sich als Lautsprecher des Papstes. Darüber hinaus erreichten die Ultramontanen mit Hilfe von diversen Postillen, Landblättchen und Tageszeitungen wie dem *Volksboten für den Bürger und Landmann* ihre Klientel direkt. Das alles zeigte Wirkung, zumal man nicht vergessen darf, dass Bayern damals noch vorwiegend agrarisch und ländlich geprägt war.

Bei den Wahlen zum Zollparlament, einem Gremium des Deutschen Zollvereins, errangen die Ultramontanen 1867 aus dem Stand heraus die meisten Mandate, was rückblickend wie ein Menetekel erscheint. Die konservativen Kräfte formierten sich, im März 1868 gründete sich der »Verein der bayerischen Patrioten«, und in der Zweiten Kammer des Landtags schlossen sich Abgeordnete zu einer

»patriotischen Fraktion« zusammen. Bei den Wahlen vom 20. Mai 1869 erzielte die erst kurz zuvor gegründete »Bayerische Patriotenpartei« einen Erdrutschsieg, und die Konservativen stellten fortan mit 78 Abgeordneten die Mehrheit. Wie verhärtet die Fronten in der neuen Kammer waren, zeigte sich bereits bei dem vergeblichen Versuch, einen Präsidenten zu wählen. In sieben Wahlgängen konnte sich keiner der Kandidaten durchsetzen. Dem König blieb daraufhin nichts anderes übrig, als den Landtag am 6. Oktober 1869 aufzulösen und Neuwahlen für den November auszurufen. Bei jenem neuerlichen Urnengang erlitt die Regierung abermals eine empfindliche Niederlage: 80 Patrioten standen nun 74 liberalen Abgeordneten unterschiedlicher Couleur gegenüber.

Hohenlohe erkannte darin zu Recht ein Misstrauensvotum gegen seine Person und die von ihm geführte Regierung. Er wollte zurücktreten, was der König aber entschieden ablehnte. Der Minister schlug nun vor, auf die neue Parlamentsmehrheit zuzugehen und mit den Vertretern der Patriotenpartei das Gespräch zu suchen. Aber auch dieser Idee erteilte Ludwig eine Absage, erinnerte sich Hohenlohe, da »man gar keiner festgeschlossenen Partei gegenüberstehe, also nicht mit Parteichefs verhandeln, sondern nur mit Privatpersonen reden könne«. Das alles sei dem König zuwider, er »wolle von ihren Vorschlägen nichts wissen«.[13] Nach einigem Hin und Her erklärte sich Ludwig doch noch zu einer versöhnlichen Geste bereit. Er eröffnete den neuen Landtag am 17. Januar 1870 mit einer feierlichen Thronrede, die von Hohenlohe verfasst worden war und in der Ludwig die Hoffnung auf ein Ende des parteipolitischen Streits äußerte. Doch damit ließ sich die antiliberale Opposition nicht besänftigen. »Unbelehrbar & unversöhnlich, sind die Ultramontanen fest entschloßen den Fürsten Hohenlohe zu stürzen«,[14] schrieb Werthern an Bismarck. Er sollte Recht behalten. Die Reichsräte sandten nur elf Tage später – am 28. Januar 1870 – eine sogenannte Adresse – eine Art Memorandum – an den König. Darin forderten sie den Regenten auf, zukünftig nur noch Minister zu berufen, die gleichermaßen das Vertrauen des Königs und des Landes besaßen. Das war in Ludwigs Augen ein unerhörter Vorgang, wurde doch einerseits die Bedeutung seiner Thronrede desavouiert und andererseits die königliche Personalpolitik hinterfragt. Ludwig reagierte ausgesprochen heftig: Er weigerte sich, die »Adresse« entgegenzunehmen, und erteilte der Familie des Prinzen Luitpold, deren Vertreter ihr im Reichsrat zugestimmt hatten, zeitweilig Hausverbot. Dass sich auch Ludwigs eigener Bruder Otto der Resolution angeschlossen hatte, sorgte für zusätzlichen Wirbel. Doch das habe nichts zu sagen, beruhigte Georg von Werthern König Wilhelm I.: »Er [Otto] hat im Gegentheil seinen Königlichen Bruder mit Thränen um Verzeihung gebeten & der König hält ihn für viel zu unbedeutend um ihm lange zu zürnen.«[15]

Ludwig wollte jetzt erst recht an Hohenlohe festhalten. Als aber auch die Abgeordneten der Zweiten Kammer ihre Unzufriedenheit mit dem Ministerium äußerten und Hohenlohe sein Verbleiben im Amt als Gefahr für die Krone bezeichnete, lenkte der König widerwillig ein und akzeptierte am 7. März 1870 das Entlassungsgesuch des Fürsten. Für Ludwig stellte der Sturz Hohenlohes ein einschneidendes Erlebnis dar. Dabei ging es ihm nicht in erster Linie darum, dass ein im Grunde gescheiterter Politiker sein Amt verlor, sondern dass der Rücktritt von einer anderen Macht als dem König erzwungen werden konnte. Das war in Ludwigs Augen ein Zeichen von Schwäche, mehr noch, es war ein Sündenfall, für den er die Patrioten verantwortlich machte.

Doch waren die Patrioten überhaupt Ludwigs Feinde, wie er mehr und mehr glaubte? Wohl kaum. Die Partei vertrat das monarchische Prinzip und bekannte sich zum Hause Wittelsbach, sie wollte Bayerns Souveränität unter allen Umständen erhalten und predigte eine bodenständige Gesellschaftsordnung. Mit dieser Haltung standen die Patrioten dem König im Grunde viel näher als der politische Liberalismus. Dass Ludwig sie trotzdem als Gegner betrachtete, scheint vor allem auf einem Missverständnis zu beruhen. Wenn die Patriotenpartei Minister verlangte, die das Vertrauen der Kammern besaßen, so war das kein königsfeindlicher Akt, wie Ludwig wohl argwöhnte. Diese Forderung diente vielmehr dem Zweck, resümiert der Historiker Friedrich Hartmannsgruber, »das Königtum mit dem politischen Willen der Volksmehrheit auszusöhnen und den monarchischen Gedanken dadurch lebensfähig zu halten«.[16] Mit anderen Worten: Die Patrioten wollten Ludwigs Regentschaft nicht beschränken, sie wollten sie stärken und fortschreiben.

Ludwig II. schien diese Mechanismen nicht zu durchschauen, er stand sich offensichtlich selbst im Weg. Hohenlohes Sturz hatte ihm einmal mehr gezeigt, was vom Parlamentarismus zu halten war – nämlich nichts. Darüber hinaus glaubte er nun, seine wahren Feinde zu erkennen: die Patrioten, die es gewagt haben, von ihm – dem König – den Rücktritt des Fürsten zu verlangen. Dieser Irrtum Ludwigs wirbelte die bayerische Parteienlandschaft gehörig durcheinander. Die Liberalen galten plötzlich als Anwalt der Krone, während die königstreuen Patrioten als verkappte Parlamentarier erschienen.

Ludwigs Abneigung gegen die Patrioten und den politischen Katholizismus machte auch die ausländischen Diplomaten ratlos. Über ein Gespräch mit dem König berichtete der österreichische Gesandte nach Wien: »Als ich betreffs der Ultramontanen bemerkte, daß sie doch, im Grunde genommen, das monarchische Princip hoch halten, sagte mir Seine Majestät: ›Ja so lange man so handelt, wie sie es wollen; will man aber anders vorgehen, so sind die noch feindlicher als die Communisten.‹«[17]

Ludwig zog aus der Causa Hohenlohe den Schluss, dass mit den Patrioten kein Staat zu machen sei. Auch wenn die Zweite Kammer bis zu seinem Tod 1886 fest in konservativer Hand blieb, hielt der König eisern an seinem unbeschränkten Ministerernennungsrecht fest und berief nur liberale Amtsträger. Damit ließ er gewissermaßen gegen den erklärten politischen Willen seines Volkes anregieren. So entstand die paradoxe Situation, fasst Christof Botzenhart zusammen, »daß er den patriotischen Teufel durch den liberalen Beelzebub austreiben zu müssen glaubte«.[18] König Ludwig II. wurde zum Liberalen wider Willen.

Der Rossober

MAXIMILIAN KARL THEODOR VON HOLNSTEIN war ein Verräter – ein Verräter an Bayern und an König Ludwig II. Das glauben jedenfalls bis heute nicht wenige königstreue Bajuwaren. Dieses Urteil ist zwar reichlich ungerecht, nichtsdestotrotz kann man mit Fug und Recht behaupten, dass dieser Adlige Geschichte geschrieben hat. Die Rolle, die Max von Holnstein in Ludwigs Leben spielte, ist so schillernd, wie seine Familienverhältnisse ungewöhnlich erscheinen. Sein Vater Karl Theodor war ein wohlhabender Gutsbesitzer und königlicher Kämmerer, seine Mutter Caroline eine außergewöhnlich schöne Frau. Sie war sogar so bezaubernd, dass König Ludwig I. ihr Bildnis 1834 in seine sogenannte Schönheitengalerie aufnahm, die sich heute im südlichen Pavillon des Schlosses Nymphenburg befindet.

Als Max von Holnstein im Oktober 1835 in München das Licht der Welt erblickte, galt die Ehe der Eltern schon längst als gescheitert. Frau Caroline hatte sich in den ebenfalls verheirateten Freiherrn Wilhelm von Künsberg verliebt. Ein Jahr später – 1836 – verstarb dessen Frau, und Caroline verließ ihren Gatten und zog mit dem kleinen Max und seinen zwei Geschwistern zu ihrem Geliebten. Mit Künsberg bekam sie vier weitere Kinder, die mit den drei Holnstein-Trabanten zusammen aufwuchsen. Karl Theodor schien sich daraus nichts zu machen, zumindest lehnte er eine Scheidung ab. So vergingen die Jahrzehnte. Trotz der – wie man damals sagte – »ungeordneten Familienverhältnisse« hatten die Holnsteins Zugang zum Münchner Hof. Max zählte dort sogar zu den Spielkameraden der Prinzen Ludwig und Otto. 1857 starb Karl Theodor, und seine Witwe Caroline konnte endlich den Witwer Künsberg heiraten und die unehelichen Kinder legitimieren lassen. Doch das Glück währte nicht lange, denn am 24. Juli 1859 verschied nun auch Caroline mit nur 44 Jahren. Ihr Sohn Max war also bereits im Alter von knapp 24 Jahren Vollwaise. Das familiäre Hin und Her dürfte auf Max' Charakterbildung prägenden Einfluss gehabt haben. Er galt bereits in Jugendtagen als ausgesprochen ehrgeizig, dominant und zupackend, hatte er doch schon früh gelernt, Verantwortung zu übernehmen.

Ende 1863 stand das Leben Max von Holnsteins an einer Wegscheide. Zwischen seinen Halbbrüdern und Hugo Freiherr von Sternbach – dem Mann seiner Halbschwester Wilhelmine – war es zu einem so heftigen Streit gekommen, dass sich einer der jungen Männer mit Sternbach duellieren wollte. Max ging dazwischen und sagte: »Ihr seid zu nahe verwandt, laßt mich die Sache besorgen.«[19] Daraufhin regelte er die Angelegenheit auf seine Art: Am 27. Dezember 1863 erschoss er seinen Schwippschwager.

Duelle waren in Bayern offiziell zwar verboten, in der Praxis nahm Justitia es mit der Verfolgung aber oft nicht so genau. Wenn überhaupt ahndete man eine »Tötung im Zweikampf« nicht als gewöhnlichen Mord, sondern als Sondertatbestand mit geringerer Strafandrohung. Das Duell galt vielerorts noch als Privatsache unter vermeintlichen Ehrenmännern. Holnstein wurde im März 1864 vom Bezirksgericht Freising zu einjähriger Festungshaft verurteilt.[20] Auch das war ein Zugeständnis an die mutmaßliche Würde des Täters, galt die Festungshaft im Gegensatz zur Gefängnis- oder Zuchthausstrafe nicht als entehrend.

Der Karriereknick war nicht von Dauer. Als Otto von Lerchenfeld-Aham im Dezember 1865 wegen der sogenannten Reitknecht-Affäre sein Amt abgeben musste, erinnerte sich Ludwig wohl an seinen einstigen Spielkameraden aus Kindertagen. Am 29. März 1866 wurde Max von Holnstein als Lerchenfelds Nachfolger zum königlichen Oberststallmeister berufen. Damit begann eine der bemerkenswertesten Karrieren in König Ludwigs Hofstaat. Holnstein errang Macht und Einfluss, die weit über sein eigentliches Tätigkeitsfeld hinausgingen. War er eigentlich nur für die vielfältigen Belange des Stallwesens zuständig, wurden bald nahezu keine Entscheidungen mehr getroffen, in die Holnstein nicht involviert gewesen wäre. So hatte er etwa bei der Berufung des Fürsten Hohenlohe Ende 1866 seine Finger im Spiel, galt er doch als Freund Preußens und stand mit Georg von Werthern in regem Austausch. Dieser Kontakt sollte sich noch einmal für ihn auszahlen.

Max von Holnsteins Erfolgsrezept bestand darin, dass man ihn zu unterschätzen neigte, was bereits mit seiner äußeren Erscheinung

Ludwigs Mann fürs Grobe: Maximilian von Holnstein wurde von Zeitgenossen als kaltblütiger und korrupter Machtmensch beschrieben.

begann. Holnsteins Personalakte im Kriegsarchiv gibt seine Körpergröße mit 1,74 Meter an – er war also auch für die damalige Zeit nicht sonderlich groß, und seine Statur würde man wohl als untersetzt bezeichnen. Sein Auftreten war stets verbindlich und leutselig, er sprach mit bayerischem Dialekt und war immer für einen deftigen Scherz zu haben. Im einfachen Volk kam diese Bodenständigkeit gut an, dort war er die »Pferde-Exzellenz« oder der »Rossober«. Doch Holnstein hatte auch eine andere Seite, die vor allem dann sichtbar wurde, wenn man sich mit ihm anlegte. »Furcht kannte er nicht«, erinnerte sich der Diplomat Hugo von Lerchenfeld-Koefering. »Er neigte stark zum Jähzorn und konnte dann auch brutal werden.«[21] Das war wohl noch freundlich formuliert. Holnstein führte seinen Bereich mit eiserner Hand und scheute dabei auch vor roher Gewalt nicht zurück. Gehorchte ein Untergebener nicht, so schlug der »Rossober« zu. Dann verteilte er Ohrfeigen, die auch kräftige junge Männer buchstäblich umhauten. Wer Holnstein näher kennenlernte, achtete ihn, liebte ihn aber nicht.

Auch das Verhältnis zu Ludwig war nicht immer gut. »In den Beziehungen zwischen dem König und Grafen Holnstein gab es manche Schwankungen«, so Lerchenfeld-Koefering, »mitunter kam es zwischen beiden zu sehr scharfen Auftritten, ohne daß jedoch

Holnsteins Stellung je ernstlich bedroht war. Der König brauchte ihn und fürchtete sich vor dem energischen Manne.«[22] Waren Ludwigs Beziehungen etwa zu Karl Hesselschwerdt und Richard Hornig durchaus von erotischen Gefühlen geprägt, schien das bei Holnstein nicht der Fall gewesen zu sein. Der König begegnete seinem Oberststallmeister vielmehr mit ausgesuchter Höflichkeit. »Es naht der Augenblick, indem ich so dringend Ihrer bedarf«, flötete er beispielsweise im Januar 1867. »Viel u. oft gaben Sie mir Beweise von Ihrer wahren Freundschaft gegen mich, von Ihren treuen u. anhänglichen Gesinnungen. – Jetzt gibt es aufs neue sie zu beweisen in einer sehr wichtigen Angelegenheit, o suchen Sie dieselbe zum Besten zu lenken u. seien Sie meiner ewigen Dankbarkeit versichert.« Es ist nicht klar, worum es bei diesem Sonderkommando ging. Ein kurzer Nachsatz lässt aber vermuten, dass es sich um einen diskreten Einsatz handelte: »Theilen Sie diese Zeilen keiner Seele mit.«[23]

Man darf also davon ausgehen, dass der Graf über die Vorgänge in Ludwigs Umfeld bestens unterrichtet war. »Der König brauchte einen Mann, der niemals zögerte, die Spuren seiner dunklen Handlungen zu verwischen.«[24] Das glaubte zumindest Philipp zu Eulenburg, der an der preußischen Gesandtschaft in München tätig war. Holnstein besaß Wissen, so war der Diplomat überzeugt, mit dem er seinen König erpresste. An Otto von Bismarcks Sohn Herbert schrieb Eulenburg im August 1882: »Mir sagte jemand, der die Verhältnisse genau kennt: ›Holnstein muß irgendeine wunderliche Sache des Königs wissen und dieselbe als Waffe benutzen – der König liebt ihn nicht mehr und gehorcht ihm doch! Und daß ist bei der Natur des Königs sehr seltsam.‹«[25]

Auch Harry Graf Kessler – Literat, Mäzen, Diplomat und nicht zuletzt ein feinsinniger Beobachter – vernahm dunkle Gerüchte. Im Februar 1903 traf er Georg von Wertherns Witwe Gertrud, die freizügig ausplauderte, was sie wohl Jahre zuvor bei ihrem Gatten aufgeschnappt hatte: »Sie erzählte, wie Holnstein seinen Einfluss auf Ludwig II gewonnen habe«, notierte Kessler anschließend in sein Tagebuch. »Er habe eine sehr kompromittierende Korrespondenz zwischen dem jungen König und dem jungen Prinzen Taxis in Händen gehabt und habe jedesmal mit dieser gedroht, wenn der König widerstand.«[26]

Derartige Machenschaften waren Holnstein durchaus zuzutrauen, gleichwohl hatte er eine aktive Erpressung des Königs im Grunde gar nicht nötig. Was Philipp zu Eulenburg und die anderen Zeitzeugen damals noch nicht wissen konnten: Ludwig II. und sein Oberststallmeister waren Ende 1870 einen sprichwörtlichen Pakt mit dem Teufel eingegangen, der Holnsteins diplomatisches Meisterstück werden sollte. Doch zuvor bedurfte es noch eines Krieges.

Entscheidung in Ems

IM MÄRZ 1870 war Chlodwig zu Hohenlohe-Schillingsfürst vom Parlament aus seinem Amt als Staatsminister des königlichen Hauses und des Äußeren gedrängt worden. Insgeheim hoffte er wohl, bald auf seinen Posten zurückkehren zu können, und brachte vielleicht auch deswegen einen Nachfolger ins Spiel, den er als Mann des Übergangs betrachtete: Otto Camillus Hugo Graf von Bray-Steinburg. Seit 1860 wirkte der 1807 geborene Bray als bayerischer Gesandter in Wien, nachdem er zuvor verschiedene andere diplomatische Stationen durchlaufen hatte. Doch der Posten in der österreichischen Hauptstadt war eine Aufgabe ganz nach seinem Geschmack, verfügte er doch über weitreichende Kontakte in die Wiener Gesellschaft und über beste Beziehungen zum Hof. Kein Wunder, dass Bray sich zunächst sträubte, als Außenminister nach München zu wechseln. Er sei mit über sechzig Jahren zu alt, gab er zu bedenken, habe wenig Erfahrungen mit der Parteipolitik und leide überdies an Schwerhörigkeit. Erst nach längeren Verhandlungen, in deren Verlauf der Kandidat auch Bismarcks vertrauliche Zustimmung zu seiner Ernennung einholte, sagte er schweren Herzens zu, nicht ahnend, dass in seiner etwas mehr als einjährigen Amtszeit Weltgeschichte geschrieben werden sollte.

Für Ludwig II. war der monarchisch gesinnte Bray ein Kompromisskandidat, der auch der konservativen Parlamentsmehrheit vermittelbar erschien. An einen Richtungswechsel dachte der König freilich nicht – Bray sollte die Außenpolitik seines Vorgängers fortsetzen. Ende Februar besuchte Ludwig einen Offiziersball, an dem auch Georg von Werthern teilnahm. In einer Pause nahm Ludwig den preußischen Gesandten zur Seite: »Dann plötzlich, in der gewohnten hastigen Manier, fragte mich Seine Majestät: ›Das sind merkwürdige Verhältniße: Man ist wohl in Berlin sehr besorgt gewesen was hier geschehen würde?‹« Werthern beruhigte den König, dass man in Berlin volles Vertrauen zu ihm habe. »›Ich danke Ihnen dafür‹«, fuhr Ludwig nach Wertherns Erinnerung fort. »›Sie werden sich nie in mir täuschen, verlaßen Sie sich darauf. So lange ich hier bin ist von einem Systemwechsel auch gar keine Rede. Ich weiß, Sie glauben mir & Sie machen auch, daß man es in Berlin glaubt.‹« Hatte Werthern sich in den vergangenen Jahren oft negativ über den König geäußert, war er nun voll des Lobes. »So klar, frei & selbstbewußt habe ich den König noch nie gefunden«, schloss er seinen Bericht an Bismarck. Er hoffe, so Werthern, »daß auch einmal die Zeit kommt, wo Allerhöchstdieselben versuchen werden, den so außerordentlich vortheilhaften Eindruck, welchen seine glänzende Persönlichkeit hervorbringt & für den er selbst sehr empfänglich ist, auf größerem Schlauplatze außerhalb seines Landes hervor zu rufen.«[27] Das erscheint aus der Rückschau fast wie eine Prophezeiung. Otto von Bismarck hielt den Inhalt des Berichts jedenfalls für so bedeutend, dass er allen wichtigen preußischen Gesandtschaften in Europa Abschriften zukommen ließ.

Otto von Bray-Steinburg sollte kaum Zeit bleiben, sich in seine neuen Aufgaben einzuarbeiten. Er war erst wenige Wochen im Amt, als die politische Lage sich gefährlich zuspitzte. Vorausgegangen war der Streit um die spanische Thronfolge. Auf der Iberischen Halbinsel hatte 1868 eine Revolution die Bourbonenherrschaft beseitigt und Königin Isabella II. vertrieben. Auf der Suche nach einem geeigneten Thronfolger geriet Prinz Leopold von Hohenzollern-Sigmaringen ins Visier. Nach anfänglichem Zögern unterstützte Otto von Bismarck die Kandidatur, bot sich ihm damit doch eine gute Gelegenheit, Frankreich eine diplomatische Niederlage zuzufügen. Der

Preuße wusste natürlich, dass sein Pariser Gegenspieler Napoléon III. die Inthronisation eines Deutschen schlecht akzeptieren konnte. Außenminister Bray betrachtete dieses Vorhaben als »eine sehr ernste Angelegenheit«, wie er dem österreichischen Gesandten Karl Ludwig von Bruck anvertraute. Er sei sich sicher, so der Graf, »daß das preußische Geld, oder vielmehr die confiscirten Gelder des Königs von Hannover eine große Rolle bei allen diesen Vorfällen einnehmen und daß […] Graf Bismarck seine Hand im Spiele haben dürfte.«[28] Eine heiße Spur führte in der Tat nach Hannover, doch dazu später mehr.

Womit Bismarck allerdings nicht gerechnet hatte: Nach heftigen französischen Protesten zog der Prinz von Hohenzollern-Sigmaringen am 12. Juli 1870 seine Kandidatur zurück. Am nächsten Tag sprach der französische Botschafter Vincent Graf Benedetti den preußischen König Wilhelm I. in dessen Urlaubsort Bad Ems auf der Kurpromenade an und forderte von Preußen eine Garantie, für alle Zeiten auf den spanischen Thron zu verzichten. Der König lehnte höflich, aber bestimmt ab und weigerte sich, den Botschafter ein weiteres Mal zu empfangen, da er die leidige Sache für erledigt hielt. Am Abend jenes Mittwochs flatterte ein interner Bericht über diese im Grunde unspektakuläre Angelegenheit auf Bismarcks Berliner Schreibtisch. Der Ministerpräsident erkannte augenblicklich seine Chance: Er kürzte den Report, spitzte ihn so zu, dass der Eindruck entstand, als habe Wilhelm den Grafen Benedetti brüskiert, und ließ diese Note in der Presse veröffentlichen. Die Rechnung ging auf: Frankreich fühlte sich durch die sogenannte »Emser Depesche« gedemütigt und erklärte Preußen am 19. Juli 1870 den Krieg. Napoleon war in Bismarcks Falle getappt und erschien nun plötzlich als der Aggressor.

Es wäre falsch, in der Emser Depesche den alleinigen Kriegsgrund zu sehen. Auch ohne die Veröffentlichung des Papiers hätte die französische Regierung die Zurückweisung ihrer Garantieforderung als Zumutung empfinden müssen. Richtig ist aber auch, dass jene unscheinbare Zeitungsmeldung wie ein Katalysator wirkte. Sie geriet zum Kriegsauslöser, da ihre Veröffentlichung es Frankreich unmöglich machte, den Konflikt friedlich beizulegen. Indem Bismarck die Öffentlichkeit suchte, zwang er Paris den Waffengang geradezu auf.

Den Text der Depesche kabelte der preußische Ministerpräsident auch an seine Gesandtschaft in München, fügte am Ende aber noch folgenden Absatz hinzu: »S. Majestät der König von Bayern wird ein Gefühl dafür haben, daß Benedetti den König auf der Promenade wider dessen Willen provozirend angeredet hat, um obige Forderung stellen zu können.«[29] Das Telegramm war für Georg von Werthern bestimmt, richtete sich aber in Wahrheit an König Ludwig. Der Franzose habe nicht nur Wilhelm I. gekränkt, flötete Bismarck, er habe genau genommen auch ihn – den bayerischen König – beleidigt. Virtuos wechselte Bismarck die Rollen und appellierte an Ludwigs monarchisches Ehrgefühl: Plötzlich war nicht mehr Benedetti der Brüskierte, sondern die Gesamtheit der deutschen Monarchen. Es gehörte zu Bismarcks Machtpoker, dass auch diese Mitteilung publik wurde, denn die Öffentlichkeit und die Presse waren in diesen Tagen seine engsten Verbündeten. Innerhalb weniger Stunden hatte auch der österreichische Gesandte vom Schreiben des preußischen Ministerpräsidenten erfahren. »Graf Bismarck hat ganz genau gewußt, warum er diese Worte in die telegrafische Depesche [...] aufgenommen hatte«, berichtete Baron von Bruck nach Wien, »und muß ich selbst gestehen, daß dieselben ihre Wirkung nicht verfehlt haben.«[30]

Bayern war nun gezwungen, Stellung zu beziehen. Aber wie konnte, wie sollte das Königreich auf die politischen Spannungen zwischen Berlin und Paris reagieren? Am Abend jenes 14. Juli 1870 traf König Ludwig, von Schloss Linderhof kommend, in Schloss Berg ein. Einen Tag später beorderte er Außenminister Bray und den Kriegsminister Siegmund von Pranckh telegraphisch zu einer Audienz an den Starnberger See. Obwohl die Mehrheit seiner Minister sich zuvor für eine bewaffnete Neutralität Bayerns ausgesprochen hatte, übernahm Ludwig das Votum seines Kriegsministers, der für einen engen Schulterschluss mit Berlin plädierte. Im Grunde blieb Ludwig auch gar nichts anderes übrig, denn der Wortlaut des im August 1866 geschlossenen Schutz- und Trutzbündnisses zwischen Bayern und Preußen war eindeutig. In Artikel 1 verpflichteten sich beide Länder im Kriegsfall, ihre Armeen einander zur Verfügung zu stellen. Artikel 2 regelte, dass der bayerische König dem preußischen König den militärischen Oberbefehl übertragen musste. Am 16. Juli 1870 befahl Ludwig schweren Herzens die Mobilmachung seiner Armee, und nach einigem Hin und Her bewilligten auch die beiden Kammern des Landtags die notwendigen Kriegskredite. Als Frankreich drei Tage später Preußen erwartungsgemäß den Krieg erklärte, war der *Casus foederis* – der Bündnisfall – gegeben: Das Königreich Bayern befand sich im Krieg.

Der Aufmarsch der deutschen Armeen war bereits in vollem Gange, als Kronprinz Friedrich Wilhelm von Preußen am 27. Juli 1870 zur Truppeninspektion nach Süddeutschland reiste. Der 1831 Geborene sollte den Oberbefehl über die 3. Armee übernehmen, die aus je zwei preußischen und bayerischen Korps, je einer württembergischen und einer badischen Division sowie einer Kavalleriedivision bestand. Insgesamt stellte Bayern bis zum Ende des Krieges rund 50 000 Mann Infanterie, 5500 Mann Kavallerie sowie 192 Geschütze. Hatte sich Ludwig in der Vergangenheit als sehr einfallsreich im Erfinden »diplomatischer Unpässlichkeiten« erwiesen, konnte er dem hohen Besuch aus Berlin dieses Mal nicht ausweichen. Er musste den Kronprinzen mit sämtlichen Ehren empfangen – alles andere hätte zu einer ernsten diplomatischen Krise geführt. Der König reiste seinem Besucher sogar bis Moosburg – rund fünfzig Kilometer nördlich von München – entgegen. »Ich finde ihn auffallend verändert«, notierte Friedrich Wilhelm daraufhin in sein Tagebuch. »Seine Schönheit hat sehr abgenommen, er hat die Vorderzähne verloren, sieht bleich aus und hat etwas Nervös-unruhiges in seiner Art zu sprechen, so daß er die Antwort auf seine Frage nicht abwartet, sondern während des Sprechens des Antwortenden bereits neue, andere Dinge betreffende Fragen stellt.«[31]

Von Moosburg fuhren die beiden Männer gemeinsam nach München. Am dortigen Bahnhof angekommen, wurden sie von sämtlichen königlichen Prinzen mit militärischem Tamtam in Empfang genommen. Auch wenn Ludwig bislang kaum Interesse für seine Armee gezeigt hatte, begriff er sie doch als selbstverständliches Instrument seiner königlichen Souveränität. Dass er nun den Oberbefehl an eine andere Person abgeben musste, empfand er als schlimme

Demütigung und Schmach. Und dass Münchens Bevölkerung diesen unliebsamen Konkurrenten auch noch mit großem Jubel begrüßte, schmerzte ihn besonders. Ein feierliches Diner und eine Festaufführung von *Wallensteins Lager*, dem ersten Teil von Friedrich Schillers *Wallenstein*-Trilogie, verliefen bei allem äußerlichen Prunk in beklommener Stimmung. Ludwig konnte seine innere Erregung offensichtlich nur mit Mühe kontrollieren. Mehrfach stichelte er gegen Preußen, wie der Besucher verwundert zur Kenntnis nahm: »Der König meinte, daß Schiller in seinen Schriften viel demokratische Tendenzen ausspräche, und glaubt, daß man deswegen in Berlin nicht gerne sein Denkmal aufstellen lassen will. Er fragte mich, ob es noch im preußischen Heere üblich sei, daß jeder Soldat sein Liebchen mit ins Feld nimmt.«[32] Trotz der gereizten Stimmung verließ Friedrich Wilhelm die bayerische Residenzstadt am folgenden Tag mit einem guten Gefühl: »Er [Ludwig] scheint mir aus vollem Herzen bei der Sache zu sein und mit Hingebung der großen nationalen Erhebung zu folgen.«[33] Doch das sollte sich als Irrtum herausstellen.

Was König Ludwig in Wahrheit bewegte, an Preußens Seite in den Krieg gegen Frankreich zu ziehen, vertraute er dem österreichischen Gesandten Baron von Bruck während einer Privataudienz an. »Seine Majestät protestirten gegen die Auffassung, als geschähe der jetzige Kriegsschritt aus Sympathien für Preußen und betonte wiederholt, wie sehr Er Seine Majestät unsern Allergnädigsten Herrn und Kaiser verehre und wie lieb Er Österreich habe. – Ganz anders sprach er über Preußen und bemerkte mir, Er liebe es nicht besser als der Großherzog von Hessen, dessen Gefühle ich kennen müsse, da ich aus Darmstadt komme.« Und weiter: »Der König ist überzeugt, daß nach dem Kriege Bayern stärker sein würde als jetzt und aus Höchstseiner Conversation zu urtheilen, that Er diesen Schritt hauptsächlich darum, um nicht etwa nach einem preußischen Siege wie Hannover in Norddeutschland aufzugehen.«[34] Es war kühl kalkulierte Realpolitik, die Ludwig an Otto von Bismarcks Seite führte. Nicht mehr – und nicht weniger. Während Ludwigs Minister noch über eine mögliche Neutralität Bayerns fabulierten, war ihm bereits klar, dass Preußen auf die Einhaltung des Schutzvertrages pochen und eine wie auch immer geartete Unabhängigkeit niemals dulden würde. Die Gewissheit, keine Wahl zu haben, und der Wille, gleichzeitig das Beste aus dieser Situation machen zu wollen, ermöglichten Ludwig den intellektuellen Spagat, mit Politikern wie Otto von Bismarck und Georg von Werthern zeitlebens kollegial und freundlich zu verkehren und gleichzeitig harsch über Preußen zu schimpfen.

Anders verhielt es sich indes mit dem preußischen Kronprinzen. Das Münchner Zusammentreffen mit Friedrich Wilhelm besiegelte den lebenslangen Hass, den Ludwig II. für ihn hegen sollte. Ludwig empfand den Verlust des militärischen Oberbefehls als narzisstische Kränkung, für die er insgeheim den Hohenzollern verantwortlich machte. Die Verachtung trieb ihn im Sommer 1871 sogar dazu, die Entführung Friedrich Wilhelms anzuordnen. »Absolut nothwendig ist es«, schrieb er einem Vertrauten, »daß Sie mit wenigen Offizieren von denen Sie sicher wissen, daß sie mir durchaus ergeben u. preußenfeindlich gesinnt sind, sogleich sich berathen, wie gegen den schändlich gesinnten Kron-Prinzen vorgegangen werden kann, am besten kann dieß in England geschehen, wo er jetzt weilt, in Deutschland wäre es zu gefährlich, Alles aber nicht Tod.«[35] Aber auch in südlicheren Gefilden war Friedrich Wilhelm vor den finsteren Plänen des bayerischen Königs nicht sicher. Einmal befahl Ludwig, »in Italien eine Bande zu werben, mit derselben den deutschen Kronprinzen gelegentlich seines Aufenthaltes in Mentone gefangen zu nehmen, ihn in einer Höhle bei Wasser und Brod und in Ketten verwahrt zu halten.«[36] Dabei ersann er allerlei sadistische Qualen, die dem verhassten Preußen zugefügt werden sollten. Selbstverständlich dachte man keine Sekunde daran, diese Kommandos auszuführen, wie wir später noch sehen werden.

Mit großer Spannung verfolgte die Öffentlichkeit derweil die August-Offensive der alliierten Truppen. Deutschland befand sich im Kriegstaumel. Nach der erfolgreichen Schlacht bei Spichern im Elsass am 6. August 1870 gelang der 2. Armee unter Prinz Friedrich Karl von Preußen zehn Tage später der Sieg in der Schlacht bei Vionville. Wiederum zwei Tage darauf erfolgte bei Gravelotte das größte Gefecht des gesamten Kriegs, als dessen Folge sich die französische

Rheinarmee geschlagen auf die Festung Metz zurückziehen musste. »Du kannst Dir denken wie hocherfreut ich über die glänzenden Waffenthaten meiner braven Truppen bin«, schrieb Ludwig seiner Freundin Sybilla von Leonrod. »Wer hätte träumen können, was so rasch zur That wurde. Diese entscheidenden, schnellen Siege der deutschen Heere gegen die so viel gerühmte, unbesiegbare französische Armee. Gebe Gott, daß es so fortgehe, wie es glorreich begonnen hat!«[37] Doch darf man diesen Jubel nicht mit deutsch-nationaler Begeisterung verwechseln. König Ludwig lehnte den Krieg als Mittel der Politik im Grunde ab. Gegenüber dem Rechtswissenschaftler und Schriftsteller Felix Dahn brachte er es auf den Punkt: »Ich hasse, ich verachte den Militarismus.«[38]

Ludwig betrachtete die deutschen Siege vielmehr als persönliche Strafe für den französischen Kaiser. Bei Napoléon III. beklagte er das »Frevelhafte, was in der gewaltsamen Usurpation liegt, in dem Diebstahl einer mit Blut besudelten Krone, eines auf Lug u. Trug errichteten Thrones [...].« Ein Monarch, der wie Napoleon nur durch einen Staatsstreich seine Macht begründen konnte, war in Ludwigs Augen nicht ebenbürtig. Dieses illegitime Regime wurde, wie er glaubte, zu Recht gestürzt. Für Napoléons Gemahlin Eugénie fand er indes warme Worte: »Die arme Kaiserin aber bedaure ich, sie ist eine liebenswürdige, edle Frau, u. trägt nur einen geringen Theil an der Schuld ihres ehrlosen Gatten.«[39] Dass Ludwig wenige Jahre zuvor mit jenem frevelhaften Kaiser noch freundschaftlich verkehrt hatte und dass die edle Kaiserin sich nun als aggressive Kriegstreiberin gegen Preußen profilierte, stand für ihn wohl auf einem anderen Blatt.

Die Siegeseuphorie hielt bei Ludwig ohnehin nicht lange an. »Der König interessirt Sich ganz und gar nicht für die Armee und die errungenen Vortheile«, wusste der österreichische Gesandte Anfang August 1870 zu berichten. »Höchstderselbe bleiben in Berg und sperren Sich mehr denn je ab. Selbst die Adjutanten haben kaum mehr Zutritt. Graf Bray und die Minister sind sehr unglücklich darüber, da die Apathie des Königs von Tag zu Tag zunimmt und leider überall die Stimmen gegen ihn laut werden. Graf Bray klagte mir darüber, weiß aber nicht, was er machen soll um den Hohen Herrn zu bewe-

Am 19. September 1870 war Paris vollständig von preußischen Truppen umzingelt, und die Belagerung der französischen Hauptstadt begann. Das Photo zeigt die Zerstörungen im Vorort St. Cloud, etwa zehn Kilometer westlich des Stadtzentrums von Paris.

gen Sich wieder an Menschen zu gewöhnen. Man glaubt, daß eine Heirath, wenn sie möglich wäre, es ändern könnte, aber jeder Versuch in dieser Hinsicht scheiterte.«[40] Von einer neuerlichen Hochzeit wollte Ludwig ebenso wenig wissen wie vom Verlauf des Krieges. Knapp vier Wochen später hieß es: »Der König ist in Berg und kümmert sich eigentlich um gar nichts. Vor wenig Tagen erst ließ sich Derselbe die Kriegskarten hinaussenden.«[41] Das war am 1. September 1870. Als Ludwig an jenem Donnerstag zumindest einen Blick in das Kartenmaterial werfen wollte, begann in Sedan die entscheidende Schlacht des Krieges. Frankreichs Armee war hoffnungslos unterlegen und erlitt in der Ardennenstadt ein militärisches Debakel. Kaiser Napoleon geriet am folgenden Tag in Gefangenschaft, und die Französische Republik wurde proklamiert. Der Krieg ging indes weiter – Metz kapitulierte im Oktober, das seit September belagerte Paris Ende Januar 1871.

In jenem Spätsommer 1870 beschränkte sich Ludwig darauf, seinen administrativen Pflichten nachzukommen – mehr aber nicht. So brachte das »Verordnungsblatt« des Kriegsministeriums Ende August einen von ihm unterzeichneten Armeebefehl: »Unter der siegreichen Führung Seiner Königlichen Hoheit des Kronprinzen von Preußen und unter dem unmittelbaren Commando der Generale Ritter von Hartmann und Freiherrn von und zu der Tann hat Meine brave Armee an der Seite Unserer deutschen Waffenbrüder glorreiche Kämpfe bestanden und den altbewährten Ruhm bayerischer Tapferkeit erneut.« Ludwig gedachte der gefallenen Soldaten und ließ in seinem Namen an besonders tapfere Soldaten Orden verleihen: »Mit Stolz drücke Ich dem Heere Meine Zufriedenheit und Meinen Königlichen Dank aus.«[42] König Ludwig hatte sich im Deutsch-Französischen Krieg selbst zum Beobachter degradiert. Die Stunde des Handelns sollte für ihn erst noch kommen.

Ein Spaziergang mit Folgen

DIE MÜNCHNER TÜRKENSTRASSE verbindet die Brienner Straße im Stadtteil Maxvorstadt mit der Georgenstraße in Schwabing. Große Teile dieser Meile wurden im Zweiten Weltkrieg zerstört, sodass sich das frühere Straßenbild heute nur noch erahnen lässt. Am südlichen Ende lag das Wittelsbacher Palais – ein roter Backsteinbau, der ursprünglich als Residenz für Kronprinz Maximilian geplant worden war. Nach dessen unerwarteter Thronbesteigung 1848 wurde das Gebäude als Alterssitz König Ludwigs I. genutzt. In der Türkenstraße 2 befand sich die Geschäftsstelle des »Landwirthschaftlichen Vereins in Bayern«, wenige Meter weiter begannen die hoch aufragenden Mauern der sogenannten Türkenkaserne. Dieser weitläufige Militärbau bot Platz für zwei Infanterie-Regimenter mit 3000 Soldaten. Etwas weiter nördlich residierte in dem Haus mit der Nummer 83 die Gesandtschaft des Königreiches Preußen.

An einem Vormittag Mitte August 1870 verließ Georg von Werthern seinen Dienstsitz für einen Spaziergang. Vor dem Wittelsbacher Palais traf er zufällig auf König Ludwigs Hofsekretär Lorenz von Düfflipp. Die beiden Männer kannten sich von verschiedenen Anlässen, blieben stehen und kamen nun ins Gespräch: Man diskutierte die politische Lage und freute sich über die militärischen Erfolge der deutschen Truppen. Werthern machte aus seiner nationalen Begeisterung keinen Hehl. »Baron Werthern soll angeblich geäußert haben«, berichtete der österreichische Gesandte Karl Ludwig von Bruck in jener Zeit nach Wien, »daß das große Deutschland […] auf dem Wege der Bildung ist.«[43] Unumwunden prophezeite Werthern jetzt auch Lorenz von Düfflipp, dass der Krieg mit der Gründung eines deutschen Nationalstaates unter einem Kaiser enden werde. Ludwig II. habe bereits Großes geleistet, als er sich und sein Land an Preußens Seite stellte, so der Gesandte. Nun könne der König seinen Ruhm noch erheblich mehren, wenn er die Proklamation des zukünftigen Kaisers in die Hand nehmen würde. Dieses Engagement würde sich für Ludwig auch finanziell lohnen: »der König könne für seine Unterstützung jeden Preis fordern und werde ihn mit Freuden erhalten.«[44] Lorenz von Düfflipp nahm das Angebot zur Kenntnis und versprach, seinen Herrn darüber zu informieren.

Georg von Werthern wähnte die Offerte bei Düfflipp in den richtigen Händen, da er als Hofsekretär auch für die königlichen Privatfinanzen zuständig war. Wir wissen aber nicht, ob und in welcher Form Düfflipp Ludwig davon Mitteilung machte. Zwar behauptete der Hofsekretär wenige Tage später gegenüber Werthern, der König habe die Idee »sehr verständnisvoll und geneigt« angehört, doch scheinen seine Auskünfte nicht sehr glaubwürdig gewesen zu sein. Wahrscheinlich wollte Düfflipp eine gewisse Verbindlichkeit suggerieren und sich fernerhin aus dieser delikaten Angelegenheit heraushalten. Der Hofbeamte hatte möglicherweise vom österreichischen Gesandten von den neuesten Kapriolen des preußischen Kollegen gehört: »Baron Werthern ist, wenn man aus seinen Äußerungen schließen will, rein dem Wahnsinne nahe.«[45] Verrückt war Werthern zweifellos nicht, aber vermutlich zeigte er jenes preußische Selbstbewusstsein, das man mit dem geflügelten Wort »Hoppla, hier komm ich« umschreiben könnte und das in südlicheren Gefilden seit jeher mit Skepsis quittiert wird.

Bismarcks Mann in München: Der preußische Gesandte Georg von Werthern hatte einen maßgeblichen Anteil an der Reichsgründung. Der Spitzendiplomat gab sich privat eher unkonventionell und bevorzugte die Gegenwart von Künstlern. »Werthern war durchaus ein Original, körperlich und geistig beweglich wie ein Jüngling, trug Kleider von seltsamem Schnitt und Hüte von merkwürdiger Form.«

Georg von Werthern spürte wohl die Zurückhaltung seines Gegenübers, und ihm wurde klar, dass er einen willigeren Vermittler für die Umsetzung seiner Pläne benötigte. Diesen Mittelsmann fand er schließlich in Max von Holnstein. Die beiden Männer pflegten seit Wertherns Münchner Dienstantritt im Jahre 1867 einen regen Gedankenaustausch. Holnstein galt in Diplomatenkreisen als preußenfreundlich, und er hatte als Oberststallmeister eines der fünf höchsten Hofämter inne. Darüber hinaus eilte ihm der Ruf voraus, stets an guten und lukrativen Geschäften interessiert zu sein. Georg von Werthern wusste ganz genau, mit wem er es zu tun hatte und worauf er sich einließ. Bereits im Frühjahr hatte er Holnstein gegenüber Bismarck als »eine Art bayerischer Morny«[46] bezeichnet – eine vielsagende Anspielung auf Charles de Morny, den korrupten Halbbruder Napoléons III. Man durfte also davon ausgehen, dass Holnstein ganz eigene Interessen in dieser Causa verfolgte. Das alles machte ihn für Werthern zu einem attraktiven, wenn auch gefährlichen Gesprächspartner.

Nach einer ersten diskreten Unterredung nahm der Gesandte Feder und Papier zur Hand und fasste seine Überlegungen in einem sehr langen Brief zusammen. Dieses Dokument datiert vom 25. August 1870 und war an Holnstein adressiert, richtete sich in Wirklichkeit aber an König Ludwig II. Werthern griff dabei tief in die rhetorische

Trickkiste. Er begann mit der Behauptung, dass der Prozess der Neugründung eines deutschen Reiches unumkehrbar sei. »Es gibt dazu zwei Wege«, so Werthern: »entweder das Volk nimmt ihn in die Hand, oder die Fürsten geben ihm was es verlangt.« Geschickt appellierte er an Ludwigs Antiparlamentarismus und schürte entsprechende Ressentiments: »Der Anteil, den das Volk an seiner Regierung hat, ist bereits viel zu mächtig geworden, als daß darüber ein Zweifel bestehen könnte.« Für ihn war somit klar, dass die Initiative zur Reichsgründung von den deutschen Monarchen ausgehen müsse und dass dafür nur einer infrage käme: König Ludwig von Bayern. »Abkömmling des ältesten und vornehmsten Hauses in Europa, Erbe von Fürsten, die seit einem Jahrtausend dasselbe Land beherrschen, König über ein herrliches, urkräftiges, ganz kompaktes Volk, unterliegt Seine Majestät keinem Drucke von Außen.« Er schmeichelte Ludwig und pries ihn als »edel und genial wie kein anderer Fürst«, beschwor dessen »deutsches Herz« und prophezeite ihm sogar »Unsterblichkeit«.[47] Ob sich Ludwig in Wertherns kunstvoll drapierten Leimruten verfing? Das behauptete dieser jedenfalls in seinen Jahre später verfassten autobiographischen Aufzeichnungen. Holnstein sei einige Tage später zu ihm gekommen und habe mit »triumphierenden Worten« gesagt: »Nun, den Kaiserbrief haben wir.«[48] Soll heißen: Ludwig sei bereit, König Wilhelm von Preußen zum deutschen Kaiser auszurufen.

Es ist gut möglich, dass der »Rossober« dieses Versprechen abgab, es ist aber sehr unwahrscheinlich, dass Ludwig jene Zusage gegenüber Holnstein wirklich gemacht hatte. In Wahrheit war der König mehr als verunsichert ob dieser Avancen. Mitte September 1870 beauftragte er seinen Außenminister, heimlich Erkundigungen darüber einzuholen, wie die anderen deutschen Fürsten über die Kaiseridee dachten. Graf Bray antwortete kurze Zeit später, dass mit namhaftem Widerstand gegen Preußens Pläne nicht zu rechnen sei, was Ludwig wiederum verärgerte. Ende des Monats wusste der österreichische Gesandte Karl Ludwig von Bruck zu berichten: »Der König von Bayern ist sehr aufgebracht, daß die deutsche Kaiseridee noch Chancen hat und ist ganz gegen dieselbe eingenommen. Man befürchtet hier, daß beim Einzuge in Paris die Truppen den König von Preußen zum deutschen Kaiser ausrufen werden.«[49]

Wenn Holnstein zu jener Zeit behauptete, dass Ludwig zur Proklamation bereit sei, dann tat er dies wider besseres Wissen. Er unternahm diesen Vorstoß wohl vor allem, weil er Preußen – salopp formuliert – bei Laune halten wollte. Die engen militärischen und wirtschaftlichen Verflechtungen zwischen Bayern und Preußen sowie die nationale Begeisterungswelle, die auch große Teile des bayerischen Bürgertums erfasst hatte, machten Ludwigs Einlenken im Grunde unvermeidlich. Darüber war sich Holnstein völlig im Klaren. Dabei arbeitete die Zeit gegen Bayern, wie Baron Bruck zutreffend analysierte: Wenn König Ludwig sich weigern sollte, würde die siegreiche deutsche Armee den Schritt vollziehen. Das bedeutete aber auch, dass Ludwig und Bayern dann kaum mit Preußens Dankbarkeit rechnen konnten. Für Max von Holnstein ging es also darum, aus einer nicht abwendbaren Entwicklung das Beste zu machen. Das Beste für Bayern, für den König – und auch für sich.

Schwarze Kassen

OTTO VON BISMARCK WAR IM SOMMER 1870 über Georg von Wertherns Gespräche mit Lorenz von Düfflipp und Max von Holnstein wahrscheinlich nicht unterrichtet – der Gesandte handelte wohl auf eigene Faust. Damit verstieß er gegen gängige diplomatische Usancen, wonach er sein Vorgehen mit Bismarck hätte abstimmen müssen. Dieser – freundlich formuliert – unkonventionelle Diplomatiestil war typisch für Werthern. Er galt in Münchens politischen Kreisen als kapriziös und launenhaft, wie sein Kollege von Bruck bestätigte: »Baron Werthern hat ganz absonderliche Allüren, die zu bändigen kaum möglich scheint.«[50] Ob Bismarck nun im Bilde war oder Werthern aus eigenem Antrieb handelte, fest steht, dass Ludwig im August 1870 erstmals von der Möglichkeit hörte, dass er für seine Mitwirkung an der deutschen Reichsgründung eine finanzielle Zuwendung erhalten könnte.

Das war in verschiedener Hinsicht ein riskantes Vorhaben. Zunächst: Der Anstoß zur Proklamation Wilhelms zum deutschen Kaiser hätte im Grunde auch durch die Parlamente oder – wie bereits erwähnt – durch die siegreiche Armee erfolgen können. Genau das wollten Werthern und Bismarck aber verhindern, ging es ihnen doch um eine dynastische Legitimation dieses Vorgangs. Mit anderen Worten: Die Reichseinigung sollte von den deutschen Fürsten ausgehen, nicht von irgendwelchen Volksvertretern. Bismarck plante einen »Fürstenbund«, an dessen Spitze ein »Präsidium« – Kaiser genannt – stehen sollte. Für die Rolle des Ausrufers kam in dieser Inszenierung eigentlich nur der Regent des nach Preußen größten deutschen Staates infrage – und das war der König von Bayern. Wenn nun publik werden sollte, dass man dessen Motivation durch ein wie auch immer geartetes »Stipendium« beeinflusst hatte, wäre die gesamte Reichsgründung moralisch desavouiert.

Hinzu kommt, dass das zur Verfügung stehende Geld aus einer besonders trüben Quelle stammte. Die Rede ist von dem sogenannten Welfenfonds, einer Art Geheimkasse, die im Frühjahr 1868 angelegt worden war. Als Folge des Deutschen Krieges von 1866 hatte Preußen das Königreich Hannover, das Kurfürstentum Hessen-Kassel sowie das Herzogtum Nassau annektiert, die Regenten abgesetzt und finanziell großzügig abgefunden. Während sich Herzog Adolph von Nassau auf ein großes Waldgut nach Bayern zurückzog, protestierten Hannovers entthronter König Georg V. sowie Kurfürst Friedrich Wilhelm von Hessen gegen die Annexionen ihrer Länder. Insbesondere der blinde Georg agitierte vehement und verbissen aus dem Exil heraus gegen Preußen, rief in Paris eine Kampfzeitschrift ins Leben und versuchte, eine Privatarmee zu gründen. Mit dieser »Welfenlegion« wollte er an der Seite Frankreichs sein Königreich Hannover zurückerobern.

Bevor es so weit kommen konnte, machte Otto von Bismarck den »welfischen Umtrieben« ein Ende. Im März 1868 ließ er das gesamte Vermögen des einstigen hannoverschen Königshauses mittels einer Notverordnung beschlagnahmen. Es sei seiner Regierung nicht zuzumuten, argumentierte Bismarck geschickt, die antipreußischen

Machenschaften auch noch zu finanzieren. Der Wirtschaftswissenschaftler Robert Nöll von der Nahmer bezifferte das unveräußerliche Vermögen auf 39,7 Millionen Mark. Angelegt in preußischen Staatsschuldverschreibungen und mit 4,5 Prozent verzinst, ergaben sich daraus jährliche Einnahmen von gut 1,7 Millionen Mark.[51] Diese Summe stand Bismarck exklusiv zur Verfügung. Erst 1892 beendete Kaiser Wilhelm II. diese Praxis und sprach die Zinseinkünfte aus dem »Welfenfonds« dem Oberhaupt des Hauses Hannover zu. Doch bis dahin konnte Bismarck mit dem Geld nach Gutdünken verdiente Zeitgenossen belohnen, unwillige Politiker gefügig machen und unliebsame Journalisten bestechen. Das Ganze geschah im Verborgenen, ohne jede parlamentarische Kontrolle und ohne jede Rechenschaftspflicht seitens Bismarcks. Immer wieder wurden die nachgeordneten Dienststellen angewiesen, kein Papier zu produzieren. Dass sich dennoch im Archiv des Auswärtigen Amtes schriftliche Unterlagen erhalten haben, war kaum in Bismarcks Sinne, ist für die Geschichtsschreibung aber ein Glücksfall.

Ganz geheim ließ sich die Existenz des »Welfenfonds« offensichtlich ohnehin nicht halten. Der bayerische Außenminister Graf Bray hatte bereits Anfang Juli 1870 gegenüber dem österreichischen Gesandten Bruck im Zusammenhang mit der spanischen Thronfolge »die confiscirten Gelder des Königs von Hannover« erwähnt.[52] Bray hatte also von Bismarcks verdeckten Aktivitäten zumindest eine leise Ahnung – dass die Erträge des Fonds nun auch einen prominenten Abnehmer in Bayern finden sollten, hätte er sich damals wohl kaum vorstellen können.

Versailles

IM SEPTEMBER 1870 ließ Otto von Bismarck die bayerische Regierung offiziell wissen, dass Berlin die Proklamation des Kaisers durch Ludwig II. wünsche und im Gegenzug Bayern weitreichende Sonderrechte im neuen Reich anbiete. Von privaten Geldzahlungen war an dieser Stelle selbstverständlich keine Rede. Graf Bray riet seinem

König, die Offerte anzunehmen, doch Ludwig schwankte. Einerseits war er sich völlig darüber im Klaren, dass ein Bündnis der deutschen Staaten »selbst im Interesse Bayerns nicht mehr zu umgehen« sei, wie er seinem Onkel Prinz Luitpold schrieb,[53] andererseits wich er konkreten Entscheidungen nahezu ängstlich aus. Mitte Oktober signalisierte Ludwig plötzlich die Bereitschaft, das deutsche Hauptquartier in Versailles besuchen zu wollen und damit einen Wunsch der Preußen zu erfüllen. Doch bereits am folgenden Tag erteilte er diesem Vorhaben wieder eine Abfuhr. Georg von Werthern war enttäuscht. »Der König hat die Hoffnung, dass außerordentliche Verhältnisse ihn seinen Träumen entreißen würden, ganz getäuscht«, notierte er in sein Tagebuch. »Ich gebe ihn auf und bin der Meinung, dass nur noch durch Furcht auf ihn zu wirken ist, oder vielleicht durch Geld, denn er soll durch seine unsinnigen Bauten, des Wintergartens auf dem Dache der Residenz, der schon über 800 000 fl [Gulden] kostet, des Grals in Hohenschwangau und des neuen Versailles in Linderhof, hinter Ettal, in große Verlegenheit geraten sein.«[54]

Ende Oktober 1870 begannen in Versailles die Verhandlungen zwischen dem Norddeutschen Bund und den süddeutschen Staaten über ein zukünftiges staatliches Miteinander. Das Königreich Bayern wurde – Ludwig hatte seine Teilnahme ja abgesagt – von Außenminister Bray, Justizminister Johann von Lutz sowie Kriegsminister Siegmund von Pranckh vertreten. Die Besprechungen gestalteten sich schwierig und gerieten bereits nach kurzer Zeit in eine Sackgasse. Bismarck forderte ein einheitliches Verfassungsbündnis auf der Grundlage des Norddeutschen Bundes, während Bray und seine Kollegen eine lockere Allianz anstrebten. Geschickt spielte Bismarck die süddeutschen Staaten in getrennten Verhandlungen gegeneinander aus. Zunächst traten die Großherzogtümer Baden und Hessen dem Norddeutschen Bund eigenmächtig bei. Als Bismarck dann noch das Königreich Württemberg zu der Erklärung brachte, auch ohne Bayern dem Bund beitreten zu wollen, drohte München diplomatisch isoliert zu werden. Damit war Brays Taktik gescheitert, zumal auch in der Öffentlichkeit wenig Sympathie für das bayerische Hin und Her erkennbar war. »Die Bayerischen Vertreter werden bis zum letzten Augenblick Widerstand leisten«, giftete etwa die *Berliner Börsen-Zeitung*, »aber sie werden kurz vor Thoresschluß hereinhüpfen in den Bund.« Das Blatt sparte nicht mit Spott und Hohn: »›Unser Fritz‹ [Kronprinz Friedrich Wilhelm] hat die braven Bayern zu oft zum Siege geführt, als daß sie sich jetzt von ihm möchten losreißen lassen, um dem Schwanenritter zu folgen oder mit dem Tannhäuser nach Rom zu pilgern.«[55] Aber auch die in München erscheinende *Süddeutsche Presse* machte gegen Bray Front: »Die betrübenden Gerüchte über das hartnäckige Widerstreben unserer Regierung gegen die Theilnahme Bayerns an der Begründung eines neuen deutschen Reiches beginnen allmälig ganz Deutschland zu beunruhigen, und haben in München eine nichts weniger als erfreuliche Stimmung hervorgerufen.«[56]

Zweifellos: Otto von Bismarck hatte das Verhandlungspoker gewonnen, und die bayerischen Unterhändler mussten erkennen, dass die von ihnen favorisierte lockere Entente eine politische Totgeburt war. Der bayerische Außenminister erklärte daraufhin, dass er kein Mandat für weitergehende Verhandlungen habe und dieses erst in München einholen müsse. Man rechnete mit der Abreise der Bayern, doch nichts geschah. Die Lage war verworren.

Parallel zu den politischen Verhandlungen brachte Ludwig jetzt selbst die Geldfrage aufs Tapet. Am 31. Oktober und am 1. November ließ er Bray durch seinen Kabinettssekretär August von Eisenhart gleich mehrfach auffordern, zwei Millionen Francs oder Gulden herauszuhandeln. Ludwig hatte die Ausweglosigkeit seiner Situation also erkannt. Es ging ihm nur noch darum, für sein Einlenken einen möglichst hohen Preis zu erzielen. Nach allem, was wir wissen, hatte Max von Holnstein Ludwig zu diesem Schachzug geraten. Dafür spricht die konkrete Summe, die Holnstein dem König als realistische Größe genannt haben dürfte, und dafür spricht die Tatsache, dass der »Rossober« just in diesen Tagen selbst in Richtung Versailles aufbrach. Seine Mission war so geheim, dass wir selbst heute noch nicht wissen, was er mit wem im Hauptquartier besprochen hat. Auffallend ist jedoch, dass zwei Tage nach seiner Ankunft am 5. November die festgefahrenen Verhandlungen wieder in Gang kamen und die Münchner Delegation plötzlich dem Beitritt Bayerns zum

Norddeutschen Bund zustimmte. König Ludwig II. wurde nicht mehr gefragt.

Es gibt ein weiteres Indiz, das für Holnsteins großen Einfluss auf das Geschehen spricht. Während Holnstein seine Reise nach Versailles antrat, kehrte Prinz Otto aus Frankreich nach München zurück. Karl Ludwig von Bruck erwartete, dass der König seinen Bruder umgehend zu einer Unterredung bitten würde: »Prinz Otto ist zurück – der König aber den gleichen Abend und zwar merkwürdiger Weise vor dessen Ankunft nach dem Gebirge abgereist. Eine Zusammenkunft wird erst in ein paar Tagen in Hohenschwangau, wo der König gegen Ende der Woche eintrifft, stattfinden.«[57] Ludwig hielt sich zwar nur zwei Tage in Linderhof auf, was Bruck natürlich nicht wissen konnte, auffallend war diese Gleichgültigkeit aber in der Tat. Doch was hätte Otto ihm auch berichten können, mag man denken, die eigentlichen Verhandlungen begannen ja zu jener Stunde erst im fernen Versailles.

Die Geschichte nahm eine erneute Wendung, als Bray Mitte November 1870 in einem Brief an Eisenhart kurzerhand mitteilte, mit den Preußen nicht über Geld sprechen zu wollen. Offensichtlich war ihm diese Angelegenheit peinlich. Der Kabinettssekretär informierte postwendend Max von Holnstein, der wiederum Georg von Werthern benachrichtigte. Die beiden Letztgenannten verabredeten, die Angelegenheit in die eigenen Hände zu nehmen und den zögerlichen Bray künftig zu meiden. Von nun an ging alles sehr schnell. Am 18. November reiste Holnstein zu einer Unterredung mit Ludwig nach Hohenschwangau. »Holnstein hat nun dem König vorgeredet«, notierte Werthern in sein Tagebuch, »am Regieren habe er doch keine Freude, wenn er sich mit uns verbinde, werde er die Sorgen in den Kammern und mit dem Militärbudget ganz los, es sei also an der unbeschränkten Souveränität im Grunde gar so viel nicht verloren, er möge also doch die Konzessionen an Deutschland machen, die man verlangt, und zusehen, ob er dabei nicht etwas für seine Privatannehmlichkeiten lukrieren könne.«[58] Der König soll den Vortrag seines Oberststallmeisters zustimmend aufgenommen haben. Seine Majestät sei bereit, so Holnstein daraufhin zu Werthern, für sechs Millionen Gulden König Wilhelm von Preußen zum deutschen Kaiser auszurufen. Der

Gesandte war elektrisiert, umgehend kabelte er an seinen Chef in Versailles: »Ganz Geheim! Der König von Bayern ist durch Bauten und Theater in große Geldverlegenheit gerathen. Sechs Millionen würden ihm sehr angenehm sein, vorausgesetzt, daß die Minister es nicht erfahren. Für diese Summe würde er sich auch zur Kaiser-Proclamation und Reise nach Versailles entschließen.«[59]

Dieses Telegramm führt in die Irre – und zwar mehrfach. Von einer wie auch immer gearteten Verschuldung des Königs konnte Ende 1870 noch keine Rede sein. In eine finanzielle Notlage geriet er erst sieben Jahre später. Holnstein verfolgte natürlich ein Ziel, wenn er die Situation dramatischer darstellte, als sie in Wirklichkeit war: Er wollte gegenüber Bismarck und Werthern einen erhöhten Handlungsbedarf simulieren. Ludwig wolle nicht nur Geld, so die Argumentation, er benötige es auch. Die Summe von sechs Millionen Gulden war dabei eine Phantasiezahl und wahrscheinlich von der »Pferde-Exzellenz« eigenmächtig festgelegt worden. Holnstein nahm es wohl auch in einem zweiten Punkt mit der Wahrheit nicht ganz so genau. Angesichts der großen Menschenscheu, die Ludwig bereits damals bemächtigt hatte, erscheint es mehr als fraglich, ob er einen Besuch in Versailles wirklich jemals in Aussicht gestellt hat. Möglicherweise behauptete Holnstein dies nur, um das beabsichtigte Geschäft für Preußen möglichst attraktiv darzustellen. Werthern schenkte seinem Verhandlungspartner eine Zeit lang Glauben; erst gut drei Monate später durchschaute er das Spiel. Er sei sich nun sicher, schrieb der Gesandte Ende Februar 1871 an Bismarck, »daß Allerhöchstdieselben [Ludwig II.] niemals daran gedacht haben, nach Versailles zu kommen.«[60]

Die politischen Verhandlungen zwischen Bayern und dem Norddeutschen Bund liefen derweil auf Hochtouren. Am 23. November 1870 war der Durchbruch erreicht. »Der Chef war mit den drei bayerischen Bevollmächtigten im Salon«, erinnerte sich der Journalist Moritz Busch an jenen denkwürdigen Mittwoch. »Nach einer Viertelstunde etwa öffnete er die Flügeltür, steckte den Kopf mit freundlichster Miene herein und kam dann, als er noch Gesellschaft sah, mit einem Becher zu uns an den Tisch, wo er Platz nahm. ›Nun wäre der bayerische Vertrag fertig und unterzeichnet‹, sagte er bewegt. ›Die deutsche Einheit ist gemacht und der Kaiser auch.‹«[61] Bismarck – »der Chef« – ließ Champagner servieren, man war in Feierlaune. Weitaus prosaischer fasste Robert von Keudell, einer der preußischen Unterhändler, das Ergebnis in einem Brief an seine Frau zusammen: »Deutsche Einheit fertig, Form kommt später, wenn Monarchen hier zusammenkommen.«[62]

Eine Reise König Ludwigs nach Versailles war indes endgültig vom Tisch, nachdem Graf Bray eigenmächtig telegraphiert hatte, dass Ludwig den Kaiserantrag auch schriftlich vorlegen könne. Als Holnstein am 23. November zu seiner zweiten Stippvisite in das deutsche Hauptquartier aufbrach, ging es in erster Linie um die – wie Keudell es nannte – »Form« der Reichsgründung. Bray und seine Kollegen betrachteten das plötzliche Auftauchen des Oberststallmeisters mit Argwohn. Holnstein tat überdies sehr geheimnisvoll und wollte nicht mit der Sprache herausrücken. Hugo Graf Lerchenfeld, Brays Sekretär, hatte den Eindruck, dass Holnstein zu dieser Zeit die Einwilligung des Königs bereits in der Tasche hatte. »Nur weiß ich bis heute nicht«, so Lerchenfeld, »durch wen oder durch welche Umstände der König zu dem Entschluß gebracht worden war, die Kaiserkrone anzubieten.«[63]

Holnstein hielt sich insgesamt nur knapp drei Tage in Versailles auf. Er traf mit König Wilhelm und dessen Sohn Friedrich Wilhelm zusammen, der sich darüber wunderte, wie hemmungslos der »Rossober« über die bayerischen Minister lästerte. Am 27. November fand schließlich die entscheidende Besprechung mit Bismarck statt. Im Verlauf der Unterredung beschlossen die beiden Männer, dass Ludwig II. die Kaiserproklamation schriftlich vornehmen werde. Um die Sache zu beschleunigen, soll Holnstein gesagt haben: »Wissen S' was, Exzellenz, schreiben S' gleich selbst einen Brief auf, so wie er sein soll, sonst gibt es hintennach doch wieder Anstand.«[64] Bismarck griff zu Papier und Feder und formulierte ein Schriftstück, mit dem Holnstein noch am selben Tag nach Bayern zurückkehrte. Die dreitägige Rückreise trat er mit der bayerischen Delegation gemeinsam an. Im Eisenbahncoupé zeigte er den Brief auch Außenminister Bray, der einige wenige Änderungen vornahm, sich aber sonst vollkommen einverstanden erklärte.

Als Holnstein am 30. November in Hohenschwangau eintraf, ging Ludwig ihm regelrecht aus dem Weg. Seine Majestät liege leidend zu Bette, wurde dem Oberststallmeister ausgerichtet. Der König habe fürchterliche Zahnschmerzen und könne ihn bedauerlicherweise nicht empfangen. Was Holnstein noch nicht wissen konnte: Während seiner Abwesenheit hatte die königliche Familie zur Gegenoffensive angesetzt. Ludwigs Großonkel Prinz Karl, sein Onkel Prinz Luitpold sowie sein Bruder Otto bedrängten den König mit der Forderung, er möge die Kaiserproklamation unter allen Umständen verhindern. Sie prophezeiten den völligen Untergang Bayerns, sollte der preußische Wilhelm sein fürchterliches protestantisches Kaisertum errichten. Ludwig war ob dieser Frontalangriffe so verunsichert und irritiert, dass er im wahrsten Sinne des Wortes die Bettdecke über die Ohren zog und sich vor Holnstein versteckte.

Doch so kurz vor dem Ziel wollte der nicht aufgeben. Immer wieder ließ er sich an Ludwigs Schlafzimmertüre melden, bis er nach über fünf Stunden endlich vorgelassen wurde. Der König lag in Decken gewickelt im Bett. Holnstein setzte nun alles auf eine Karte. Er erklärte Ludwig mit der Uhr in der Hand, dass er mit dem von ihm unterzeichneten »Kaiserbrief« umgehend die Rückreise nach Versailles antreten müsse. Die deutschen Truppen stünden vor Paris, und es sei jederzeit damit zu rechnen, dass sie den Kaiser ausrufen würden. Dann sei alles verloren, und er, Ludwig, sei unsterblich blamiert. In diesem Fall, drohte Holnstein, müsse der König ins Exil in die Schweiz gehen. »Der König sei nun aufgestanden und an den Schreibtisch gegangen, habe dann aber wieder erklärt, wegen Mangels an passendem Papier nicht schreiben zu können; Holnstein habe um die Erlaubnis gebeten, schellen zu dürfen, bevor er dies aber ausgeführt, sei das Papier auf einmal dagewesen, und der König habe nun geschrieben, ohne ein Wort zu sagen.«[65]

Mit dem Brief in der Tasche machte sich Holnstein auf den Weg nach München, wo er noch zu kurzen Unterredungen mit Ludwigs Kabinettssekretär August von Eisenhart und Georg von Werthern zusammentraf. Am frühen Morgen des 1. Dezember verließ er die Residenzstadt in Richtung Versailles. Was nun folgte, war ein echtes Husarenstück: Holnstein kaperte eine Lokomotive, auf der er ein Stück der rund 800 Kilometer langen Strecke im Führerstand zurücklegte. Den Namen und die Adresse des hilfsbereiten Lokführers schrieb er kurzerhand auf seine Manschetten, um ihm später eine Belohnung zukommen lassen zu können. Kurz vor Paris drohte er in ein Gefecht zu geraten, konnte aber noch rechtzeitig entkommen. Am Abend des 2. Dezember – einen Tag früher als erwartet – traf er im Hauptquartier ein. Dort wurde er von Bismarck bereits erwartet. Am folgenden Vormittag übergab Holnstein den Brief an Prinz Luitpold, der wiederum wenige Stunden später das Dokument an König Wilhelm I. von Preußen aushändigte. Der Rest war reine Formsache: Er werde den Brief baldmöglichst beantworten, versprach Wilhelm seinem Gegenüber, und er werde den Antrag annehmen, sobald er von allen deutschen Fürsten gebilligt sei.

Der »Chef« war in bester Stimmung und ließ wieder einmal Champagner servieren. Aber auch Max von Holnstein zeigte sich sehr zufrieden. An seine Frau schrieb er: »Mein Salon ist sehr warm parfumirt wie zu Hause, alle meine kleinen Sachen sind um mich, kurz es geht mir gut & man behandelt mich mit seltener Auszeichnung – nobel.«[66] Keine Frage: Bismarck wusste, was er diesem Mann zu verdanken hatte.

Katzenjammer

WÄHREND IN VERSAILLES die Champagnerkorken knallten, setzte in der Heimat der Katzenjammer ein. An jenem Freitag, an dem Max von Holnstein mit dem »Kaiserbrief« im Gepäck im Hauptquartier eintraf, beauftragte Ludwig II. seinen Sekretär August von Eisenhart mit einer diskreten Erkundigung. Er möge einen Brief an Ludwig von der Pfordten schreiben und den ehemaligen Außenminister um seine Meinung über die in Versailles ausgehandelten Verträge bitten. »Zugleich wäre es Seiner Majestät von hohem Interesse zu erfahren«, so

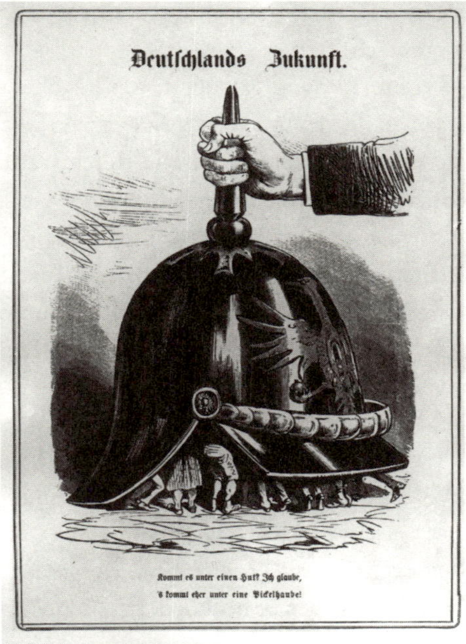

Die österreichische Satirezeitschrift Kikeriki *beschrieb Deutschlands Zukunft 1870 im Zeichen einer preußischen Übermacht, die in der Karikatur durch einen Militärhelm illustriert wird: »Kommt es unter einen Hut? Ich glaube, 's kommt eher unter eine Pickelhaube!«*

Eisenhart, »welchen Weg Eure Excellenz als den räthlichsten in dem Falle ansehen, daß nicht das Ganze, wohl aber die eine oder andere Bestimmung sich zur Ablehnung eignen würde.«[67] Der »Kaiserbrief« war noch nicht ausgehändigt, da suchte Ludwig bereits nach Möglichkeiten, aus dem Vertragswerk auszusteigen. Doch von der Pfordten wollte sich in diese heikle Angelegenheit nicht hineinziehen lassen. Augenscheinlich hielt er das königliche Ansinnen für reichlich naiv, da die Reichsgründung doch beschlossene Sache sei: »Diese Frage ist bereits entschieden und durch das Anbieten des Kaisertitels besiegelt.« Darüber hinaus kenne er die Verträge nicht und wolle sich aus Gründen des politischen Anstands lieber nicht dazu äußern. »Wie mißlich es aber ist, wenn in wichtigen Angelegenheiten Rathschläge von Dritten ertheilt werden, die ganz außerhalb des geschäftlichen Lebens stehen, weiß ich zu genau aus früherer eigener Erfahrung, um nicht hierin mich zur größten Vorsicht verpflichtet zu halten.«[68] Das war ein deutlicher Seitenhieb auf Ludwigs Intimus Richard Wagner, der dem damaligen Außenminister Ludwig von der

Pfordten durch unerbetene Ratschläge und durch allerlei Zwischenrufe das Leben schwergemacht hatte.

Offensichtlich erkannte Ludwig erst jetzt, was geschehen war: Sein Bayern – jener Staat, an dessen Spitze er 1864 getreten war – hatte aufgehört, souverän zu existieren. Das Deutsche Reich war nun ein Bundesstaat, bestehend aus 25 Einzelstaaten – darunter vier Königreiche, sechs Großherzogtümer, fünf Herzogtümer, sieben Fürstentümer und drei Freie Städte – sowie dem sogenannten Reichsland Elsass-Lothringen. Das Miteinander der Gliedstaaten wurde in der Reichsverfassung geregelt. Neben den für alle Länder gleichen Rechten besaßen einige Staaten besondere Mitgliedschafts- und Hoheitsrechte. Als besondere Mitgliedschaftsrechte erhielt Bayern den ständigen Vorsitz im Bundesratsausschuss für auswärtige Angelegenheiten, den stellvertretenden Vorsitz im Bundesrat sowie einen ständigen Sitz im Bundesratsausschuss für das Landheer. Darüber hinaus war Bayern durch besondere Hoheitsrechte – den sogenannten Reservatrechten – von der Reichsaufsicht befreit. Das galt im Niederlassungs- und Heimatwesen, im Eisenbahnwesen, in der Organisation und Verwaltung der Post- und Telegraphendienste, im Bereich der Bier- und Branntweinsteuer sowie auf dem Gebiet der Immobilienversicherungen. Eine spezielle Regelung betraf auch das Militär, denn König Ludwig behielt in Friedenszeiten den Oberbefehl über die bayerische Armee. Bray und seine Kollegen konnten die erstrittenen Sonder- und Reservatrechte in der Heimat als Verhandlungserfolge verkaufen, rückblickend waren sie aber eher von psychologischer als von tatsächlicher Bedeutung. So trat der Bundesratsausschuss für auswärtige Angelegenheiten kaum je in Erscheinung und spielte in der Außenpolitik des Reiches überhaupt keine Rolle. In Wahrheit gingen wesentliche Souveränitätsrechte wie die Entscheidung über Krieg und Frieden auf das neue Reich über.

Am 18. Januar 1871 fand im Spiegelsaal des Versailler Schlosses die Proklamation des preußischen Königs zum Deutschen Kaiser statt. Der Termin war mit Bedacht gewählt: Genau 170 Jahre zuvor war mit der Krönung Friedrichs I. das preußische Königtum begründet worden. Nach einer kurzen religiösen Zeremonie verlas Bismarck in

Als frühes Beispiel einer Photoreportage zeigt die Aufnahme Ehrenabordnungen der deutschen Regimenter im Versailler Schloss, wo am 18. Januar 1871 die Kaiserproklamation stattfand.

Anwesenheit der deutschen Fürsten – Bayern wurde durch die Prinzen Luitpold und Otto vertreten – eine »Proklamation an das deutsche Volk«. In Bayern mussten nun noch die beiden Kammern des Landtags dem Vertragswerk zustimmen. Während in der Ersten Kammer die überwiegende Mehrheit der Reichsräte mit Ja stimmte, schien in der Zweiten Kammer die Annahme lange Zeit ungewiss.

Nach einer mehrtägigen Redeschlacht gaben aber am 21. Januar auch die Abgeordneten mit knapper Mehrheit grünes Licht.

Die Deutschen hatten nun ihr geeintes Reich und ihren Kaiser Wilhelm I. Die nationale Begeisterung war allenthalben groß – nur nicht im Hause Wittelsbach. »Ach Ludwig«, klagte Otto seinem Bruder, »ich kann Dir gar nicht beschreiben, wie unendlich weh u. schmerzlich es mir während jener Ceremonie zu Muthe war. Wie sich jede Faser in meinem Innern sträubte u. empörte gegen all' das, was ich mit ansah. [...] Welchen wehmütigen Eindruck machte es mir, unsere Bayern sich da vor dem Kaiser verneigen zu sehen; ich war eben von Kindheit an so was nicht gewöhnt; mein Herz wollte zerspringen. Alles so kalt, so stolz, so glänzend, so prunkend u. großthuerisch u. herzlos u. leer.«[69]

Derartige Reden verfehlten ihre Wirkung auf Ludwig nicht. Der König machte sich schwere Vorwürfe, seine Souveränität an Preußen verloren zu haben. Gegenüber einer Freundin lamentierte er über das »unselige Kaiserthum, das allen richtig denkenden deutschen Fürsten ein Gräuel sein muss und das leider nicht fernzuhalten war.«[70] Etwas später hieß es: »Mit Ausnahme der nötigen größeren Tafeln, der Audienzen lebe ich so viel als möglich hier zurückgezogen, auch selbst das Theater besuche ich wenig; denn ich habe seit Abschluss jener unseligen Verträge selten frohe Stunden, bin traurig und verstimmt, was bei allem, was ich durch die politischen Vorkommnisse zu dulden und zu leiden habe, nicht anders sein kann.«[71]

Dank der diplomatischen Geheimberichte sind wir recht gut über das Leben des Königs in jenen Tagen und Wochen nach der Reichsgründung informiert. »Von intimer Seite höre ich«, so schreibt etwa der österreichische Gesandte, »daß König Ludwig Schwierigkeiten empfindet deutlich zu sprechen. Auch soll Höchstderselbe immer leidend sein. Es gibt dieß zu der schrecklichen Vermuthung Anlaß, daß der König geisteskrank werden könnte. Ein Arzt der hiesigen Irrenanstalt soll dieß schon vor einiger Zeit vorausgesehen haben und wenn diese Symptome sich wirklich gezeigt haben so wäre der Zustand des Königs ein ziemlich verzweifelter und nur die Frage der Zeit eine noch unbestimmte.«[72]

Auch Georg von Werthern zeigte sich besorgt. Hinter vorgehaltener Hand hatte man ihm versichert, dass sich Ludwigs psychische Verfassung dramatisch verschlechtert habe, dass der König am Rande einer echten Depression stehe und dass dringend etwas geschehen müsse. Mitte Februar 1871 richtete er an seinen Chef Otto von Bismarck einen vielsagenden Bericht: »Bei jedem Hofe Diner, die jetzt allwöchentlich Statt finden, ja vor jeder Audienz trinkt er große Maßen von schwerem Wein um seine Scheu vor Menschen zu überwinden & eröffnet denselben alsdann, ohne alles Ansehen der Person, durch unvorsichtige Reden die tiefsten Blicke in die Falten seines Herzens. So z.B. hat er vorgestern dem Generaladjutanten Grafen Pappenheim gesagt, er könne es nicht länger aushalten & werde abdanken; dem Grafen Schönborn & Freiherrn von Frankenstein, er sei zu den Verträgen gezwungen worden & würde dieselben freiwillig nie unterzeichnet haben.« Und schließlich folgte ein Satz, der Bismarck alarmiert haben dürfte: »Schon vor der letzten Abreise Sr. K. Hoheit des Prinzen Otto zur Armee, etwa vor drei Wochen, hat der König mit demselben seine Abdankung besprochen; die Ausführung ist aber an der Abneigung des Prinzen & der Festigkeit des Adjutanten desselben, v. Branca, gescheitert. Jetzt kommt er wieder darauf zurück & hat dieser Tage dem Prinzen einen Brief geschrieben mit der Adreße: ›an Seine Majestät den König Otto I von Bayern.‹ Auch erkundigt er sich häufig nach den am schnellsten wirkenden Giften.«[73]

Natürlich müssen diese Depeschen wie alle historischen Dokumente mit quellenkritischer Vorsicht behandelt werden. Karl Ludwig von Bruck und Georg von Werthern zitierten wohl auch Hofklatsch und Diplomatentratsch, und es ist gut möglich, dass das eine oder andere Vorkommnis dramatisiert wurde. Werthern selbst sprach ja davon, dass bei Äußerungen des Königs immer »viel Comödie« mit im Spiel sei. Gleichwohl verfügten beide Gesandte über zuverlässige Zuträger, sodass man sich in Berlin und Wien ob der schlechten Nachrichten ernstlich besorgt zeigte. Insbesondere Otto von Bismarck hatte an einer Eskalation der Lage – an einer Abdankung oder einem Selbstmord des Königs – absolut kein Interesse. Ludwig II. war für ihn ein verlässlicher Partner, was sich von den anderen Prinzen des königlichen Hauses – allen voran Otto und Luitpold – nicht behaupten ließ. Es war also ganz in Bismarcks Sinne, wenn nun Schritte eingeleitet wurden, um den König zu unterstützen, denn so konnte es nicht weitergehen.

Mitte Februar 1871 kam es zu einem Gespräch zwischen Ludwig und Max von Holnstein, in dessen Verlauf der König seinen Oberststallmeister aufforderte, noch einmal nach Versailles zu reisen. Dachte Ludwig etwa daran, die Verträge nachverhandeln zu lassen? Noch am gleichen Tag schrieb Werthern an Bismarck: »Holnstein hat dies abgelehnt & diese Gelegenheit benutzt um Seine Majestät darauf aufmerksam zu machen, wie sehr derselbe sich & ihn dadurch compromittire, daß er bei jeder Gelegenheit erzähle, er sei zu dem Kaiserbrief & zur Unterzeichnung des Vertrages gezwungen worden.« Holnstein kannte aber einen Ausweg aus der misslichen Situation: »Doch bittet er [Holnstein] um die Erlaubniß, Euere Excellenz noch einmal an die bewußte Sache (die ich wohl nicht näher zu bezeichnen brauche) zu erinnern, da er in derselben ein Mittel erblickt, den Gedanken des Königs eine andere Richtung zu geben & ihn von einem verzweifelten Schritte ab zu halten.« Wenn nicht bald etwas geschehe, so Werthern, sei die Prognose ungünstig. Das Ganze habe eine hohe Dringlichkeit: »Es ist möglich, daß der Paroxysmus beim König wieder vorüber geht. Fährt er aber fort sein verwirrtes Gehirn durch den Genuß von Spirituosen zu überreizen, so kann auch eine Catastrophe ganz plötzlich herein brechen.«[74]

Georg von Werthern zensierte sich selbst. Offensichtlich schien ihm der Inhalt seines Briefes so brisant, dass er nur von der »bewussten Sache« schrieb – von einer geheimnisvollen Angelegenheit, die er nicht beim Namen zu nennen wagte. In seinem Tagebuch machte er weitere vage Andeutungen. Holnstein halte es für nötig, »dass dem König eine ›réjouissance‹ bereitet werde, um ihn auf andere Gedanken zu bringen und einen Exzess zu verhindern«. Der französische Begriff »Réjouissance« bedeutet wörtlich übersetzt Freude. In der Musik des 17. und 18. Jahrhunderts beschreibt er als Satzbezeichnung etwa ein heiteres Charakterstück. Werthern benutzte die Formulierung aber in einem ganz anderen Sinne: »Réjouissance heißt in der Pariser Charcutier-Sprache der Markknochen, den die besten Kunden extra bekommen; er wird herausgezogen durch einen Stoß mit der zweizinkigen langen Gabel: au hazard de la fourchette!«[75] Am Ende lassen sich beide Wortdefinitionen zusammenfassen: König Ludwig sollte als guter Geschäftspartner Preußens eine ihn erfreuende und aufheiternde »Zuwaage« erhalten. Die Rede war von – Geld.

Otto von Bismarck hatte die seit Monaten schwelende Frage nach einer persönlichen finanziellen Zuwendung für den Bayernkönig bislang ausweichend behandelt. Konkrete Zusagen hatte er während der Versailler Verhandlungen bewusst vermieden, doch nach Wertherns Hilferuf nahm er sich nun der Sache an. Am 25. März reiste Max von Holnstein nach Berlin. Offiziell hielt er sich in der neuen Reichshauptstadt auf, um Pferde anzukaufen, der österreichische Gesandte Baron von Bruck hatte auch gehört, der »Rossober« suche an der Spree für seinen König nach einer passenden Frau.[76] Die Rede war von einer Tochter des Prinzen Friedrich Karl von Preußen. Doch das waren alles falsche Fährten – in Wahrheit unternahm Holnstein eine streng geheime Mission. Er wurde noch am Abend seiner Ankunft von Bismarck empfangen. »Er war so sehr erfreut mich wiederzusehen«, schrieb Holnstein seiner Gattin, »erkundigte sich sehr nach dir – & ließ seiner Frau sagen, daß ich mit zum Thee käme – nur Familie – Tochter nicht hübsch – sehr still – Fürstin eine sehr angenehme schlichte Frau.« Im Laufe des Abends teilte Bismarck ihm wahrscheinlich mit, dass sich sein enger Mitarbeiter Robert von Keudell der »bewussten Sache« – der »Réjouissance« – annehmen werde. Holnstein: »Keudell wird morgen aufgesucht, teim is monai – sagt der Engländer, wie er es schreibt weiß der Max aber nicht.«[77]

Ein Höchstmaß an diplomatischer Seriosität war vonnöten, um die absolute Geheimhaltung dieses Unternehmens zu gewährleisten. Insofern verwundert es kaum, dass wir keine schriftlichen Dokumente über das Treffen von Keudell und Holnstein kennen. Als sicher gilt, dass der Legationsrat seinem bayerischen Besucher mitteilte, dass eine Einmalzahlung in Millionenhöhe ausgeschlossen war. Sechs Millionen, wie noch Mitte November gefordert, ließen sich nicht ohne Weiteres dem »Welfenfonds« entnehmen oder anderweitig auftreiben. Man vereinbarte nun eine Art Rentenzahlung in Höhe von jährlich 300 000 Mark, was heute in etwa 1,92 Millionen Euro entsprechen würde.[78] Die erste Auszahlung erfolgte bis spätestens Mitte Juli 1871, die letzte wurde in Ludwigs Todesjahr 1886 vorgenommen. Der König von Bayern erhielt also über sechzehn Jahre hinweg insgesamt 4,8 Millionen Mark. Nimmt man noch die 1884 erfolgte Sonderzahlung in Höhe von einer Million Mark hinzu – wir kommen später darauf zurück –, ergeben sich summa summarum 5,8 Millionen Mark. Die Abwicklung erfolgte in all der Zeit über Max von Holnstein, der das Geld jeweils im Frühjahr formlos beim Auswärtigen Amt anforderte. Aus dem Februar 1877 ist eine solche äußerst seltene Faktura überliefert: »Meinen privaten Dank bitte ich ebenfalls in Empfang zu nehmen & zugleich zu gestatten, daß ich wieder 4 Wochen vor Zahlungstermin der 1. Rathe pro 77 als Plaggeist auftrethe.«[79] So einfach war das.

Holnstein ließ sich seine Dienste fürstlich bezahlen. Auf Bismarcks Veranlassung erhielt er als Prämie für seine Mitwirkung an der Reichsgründung einmalig die Summe von 164 000 Mark, um seine Schulden zu tilgen, sowie eine jährliche »Gratifikation« von 17 000 Mark. Diesen Betrag bekam er letztmalig im Oktober 1888 – zwei Jahre nach Ludwigs Tod.[80] Insgesamt zahlte das Auswärtige Amt über 340 000 Mark an die »Pferde-Exzellenz«. Zu dieser von Bismarck genehmigten »Entschädigung« kam noch eine Summe, von der der Reichskanzler zunächst keine Ahnung hatte. Holnstein behielt nämlich von den 300 000 Mark, die für Ludwig bestimmt waren, eine zehnprozentige »Provision« – 30 000 Mark – für sich ein. Darüber hinaus soll Holnstein in späteren Jahren mittels gefälschter Unterschriften aus der königlichen Kabinettskasse erhebliche Summen veruntreut haben.[81] Lässt man diesen Vorwurf beiseite und kalkuliert nur die dokumentierten Positionen, so ergibt sich über die Jahre eine Gesamtsumme von mindestens 950 000 Mark. Nach heutiger Kaufkraft entspricht dieser Betrag in etwa 6,38 Millionen Euro.[82] Kein Wunder, dass Holnstein alle Hebel in Bewegung setzte und keine Mühen scheute, um König Ludwig zur Kaiserproklamation zu bewegen. Die Reichsgründung war in seinen Augen eben auch ein sehr lukratives Geschäft.

Ludwig II. soll sich über die Raffgier seines Oberststallmeisters außerordentlich geärgert haben. »Das bekannte Trinkgeld für Holnstein ist absolutes u. persönliches Geheimniß des Königs«, warnte Ludwigs Hofsekretär Philipp Pfister Anfang Juni 1884 die Reichskanzlei. »Holnstein's Einfluß, wenn auch momentan in Ungnade, ist am Hofe höchst bedeutend. Er ist im Besitze großer Geheimnisse.«[83] Was hätte Ludwig tun sollen? Max von Holnstein in die Schranken zu weisen wäre ein gefährliches Unterfangen gewesen. Denn nicht zuletzt war ja auch Ludwig ein Nutznießer der »bismarck'schen Gelder« – er war Holnsteins Komplize.

Und Berlin? Die Preußen machten sich über Holnsteins Motive keine falschen Illusionen. Philipp zu Eulenburg im unveröffentlichten Teil seiner Erinnerungen: »Er hätte auch den König Frankreich in die Arme getrieben, wenn dieses Land in München geschickter vertreten gewesen wäre – und wenn es entsprechend gezahlt hätte, respektive unsere Angebote überboten haben würde. Doch zahlte in diesem Falle auch Deutschland gut. Ich spreche nicht gern das Wort ›Welfenfonds‹ aus. Woher aber sollten wir armen Preußen, da doch alles billig sein muss, das Geld nehmen, wenn es darauf ankommt, einen König zu gewinnen, um einen Kaiser zu machen?«[84]

Cui bono?

LUDWIG II. UND DER »KAISERBRIEF« ist ein Thema, das bis heute die Gemüter bewegt. War der König korrupt? Ließ sich Ludwig seine Zustimmung zur Reichsgründung etwa abkaufen? Das glaubte jedenfalls Philipp zu Eulenburg. Als er im März 1892 von der Angelegenheit erfuhr, hielt er das Ganze für eine tickende Zeitbombe. Für ihn war die Affäre eine unappetitliche »Schmutz-Angelegenheit«, »die das Bayerische Volksbewusstsein bis in seine Tiefen erschüttern und ausserdem die Vorgänge bei Gründung des deutschen Reiches in aufregendste und gefährlichste Erörterungen ziehen kann […].«[85] Aber hat Otto von Bismarck den König tatsächlich bestochen? Haben wir es wirklich mit einer großangelegten »Schmutzerei Ludwig II. – Bismarck« zu tun, wie Eulenburg an Kaiser Wilhelm II. schrieb?

Der Historiker Rupert Hacker glaubt nicht, dass nach heutigen juristischen Maßstäben eine Bestechung vorlag. Zwar hatten Georg von Werthern und Max von Holnstein seit dem Sommer 1870 dem König gegenüber immer wieder private Geldzahlungen ins Spiel gebracht, von Seiten Bismarcks wurde aber auf jede Zusage eines Vorteils bewusst verzichtet. Erst nach der Übergabe des »Kaiserbriefes« und nach der Ratifizierung der Versailler Verträge im bayerischen Landtag wurde die Frage einer »Réjouissance« für Ludwig konkret diskutiert. Richtig sei jedoch auch, so Hacker, dass der Regent für seine Herrschaftsausübung später einen privaten Vorteil annahm. Insofern hätten wir es mit einer strafbaren Vorteilsannahme zu tun.[86] Diese Unterscheidung führt juristisch aber in die Irre, da unsere heutigen strafrechtlichen Kriterien ungeeignet sind, das Handeln eines Königs, der ja »heilig und unverletzlich« war, zu bewerten.[87] Persönliche Zuwendungen in politischen Angelegenheiten waren bis in das frühe 20. Jahrhundert durchaus üblich. So schenkte Kaiser Wilhelm I. Reichskanzler Otto von Bismarck in Anerkennung seiner Verdienste um die Reichsgründung im Juni 1871 den Sachsenwald. Viel interessanter als die bloße juristische Dimension ist die Frage, wer welchen Nutzen aus den Zahlungen an Ludwig II. zog und welche Folgen das hatte. Kurzum: Cui bono?

Zunächst: Es ist ein gewisser intellektueller Spagat vonnöten, um Ludwigs Handeln zu verstehen. Obschon er geradezu unbändig über Preußen und das Kaiserreich schimpfen konnte, erkannte er offensichtlich keinen Widerspruch darin, von ebenjener Seite sehr viel Geld anzunehmen. Dieses paradoxe Verhalten hing unmittelbar mit seinem völlig übersteigerten monarchischen Selbstverständnis zusammen. Ludwig II. glaubte allen Ernstes, dass er ein gewissermaßen natürliches Anrecht auf das Geld hätte. Er machte allem Anschein nach einen feinen Unterschied zwischen Lohn und Belohnung, wenn er die Zahlungen als »Entschädigung« oder »Abfindung« für den Verlust von Souveränitätsrechten als Folge der Reichsgründung und nicht als »Lohn« für sein Handeln betrachtete. Auf uns mag diese Differenzierung weltfremd wirken, für Ludwig steckte in dieser Konstruktion aber auch ein Selbstschutz. Sie versetzte ihn in die Lage, die Zahlungen gewissermaßen erhobenen Hauptes annehmen zu können und sich nicht als Gehaltsempfänger der Preußen fühlen zu müssen. Ein fader Beigeschmack bleibt aber allemal, nicht zuletzt da das Geld ja aus einer trüben Quelle sprudelte.

Lange Zeit war nicht klar, ob Ludwig um die wahre Herkunft seiner »Réjouissance« wusste. Der König sei so weltfremd gewesen, behaupten seine Fürsprecher bis heute, dass er sich um derartig profane Dinge nicht gekümmert habe. Das Gegenteil ist aber richtig, wie ein jüngst aufgetauchter Brief Max von Holnsteins an Richard Hornig vom 16. Juni 1878 belegt. Zum Hintergrund: Zwei Wochen zuvor – am 2. Juni 1878 – war auf Kaiser Wilhelm I. ein Attentat verübt worden, das dieser nur dank seiner Pickelhaube überlebt hatte. Es stand aber so schlecht um den 81-jährigen Monarchen, dass er zwei Tage später seinen Sohn zum Stellvertreter ernennen musste. König Ludwig und sein Oberststallmeister machten sich nun große Sorgen – und zwar nicht nur um das Wohl des alten Herrn. Es sei ihm »factisch alle Eßlust vergangen«, klagte Holnstein in dem bislang unbekannten Schreiben an Hornig, war doch zu befürchten, dass der als liberal geltende Kronprinz Friedrich Wilhelm den »Welfenfonds« auflösen und die Gelder an Georg V. zurückgeben könnte. Holnstein reiste mit Ludwigs Billigung sogar eigens nach Berlin, um sich mit Otto von Bismarck in dieser Angelegenheit zu besprechen. Der Fürst versicherte ihm, »daß er im Interesse Sr. Majestät [Ludwig II.] kämpfen würde wie ein Löwe, wissend welchen Werth Sr. Majestät darauf legen, da ich ihm von den bereits begonnenen Schloßbauten erzählte, welche diese Fonds sehr benöthigen.«[88] Hornig möge Ludwig ganz genau Meldung machen und den Brief dann verbrennen.

Die Geschichte nahm indes einen glücklichen Ausgang: Wilhelm erholte sich von dem Attentat und übernahm Anfang Dezember wieder die Regierungsgeschäfte, sein Sohn trat in die zweite Reihe zurück, und der »Welfenfonds« wurde nicht aufgelöst. Holn-

Kaiser Wilhelm I. erholt sich im Sommer 1878 in Bad Ems von einem Attentat, das mit einer Schrotflinte auf ihn verübt worden war. Rechts neben dem Monarchen geht sein Leibarzt Ernst Schweninger. So ähnlich darf man sich wohl die Szenerie acht Jahre zuvor vorstellen, als Wilhelm und der französische Diplomat Vincent Graf Benedetti auf der Kurpromenade zusammentrafen.

steins Brief stellt dennoch ein überaus wichtiges Dokument dar: Es ist nun sicher, dass Ludwig ganz genau wusste, woher Bismarck das Geld für ihn nahm. Somit zeigte er einen eklatanten Mangel an dynastischer Solidarität mit dem widerrechtlich entthronten Georg V. von Hannover. Wie auch immer man es drehen und wenden mag – das alles wirft im Nachhinein kein gutes Licht auf den Bayernkönig.

Und Otto von Bismarck? Für den Kanzler des neuen Reiches waren die Zahlungen gut angelegt und stellten eine Investition in die Zukunft dar. Ludwig war zwar ein immer exzentrischer werdender, aber für ihn stets kalkulierbarer Partner. Wenn er sich die anderen Prinzen des Hauses Wittelsbach anschaue, spottete in diesem Sinne Philipp zu Eulenburg, sei »der tolle König immer noch besser als der schwarze Luitpold«.[89] Mit anderen Worten: Bismarck stützte Ludwig, um ihn von einer Abdankung abzuhalten und so einen anderen Regenten auf dem bayerischen Thron zu verhindern.

Zur Wahrheit gehört aber auch, dass Bismarck für diese politische Planungssicherheit einen hohen Preis entrichten musste, womit nicht nur die Beträge aus dem »Welfenfonds« gemeint sind. Die Vorgänge rund um die Reichsgründung setzten vielmehr einen verhängnisvollen Mechanismus in Gang, der alle Beteiligten noch teuer zu stehen kommen sollte. Der Verlust seiner königlichen Souveränität stellte die größte Zäsur im Leben Ludwigs II. dar. In der Folge nahm seine ohnehin schon vorhandene Menschenscheu immer mehr zu, und er zog sich stärker denn je aus der Öffentlichkeit zurück. Zuflucht fand er – wie wir noch sehen werden – in kostspieligen Schlossbauten. Ludwig kompensierte den Machtverlust mit der aufwändigen Konstruktion einer phantastischen Parallelwelt, in der er nach wie vor der Alleinherrscher war. Das war sehr teuer – und wurde erst durch die »bismarck'schen Gelder« möglich. Die dem König gesetzlich zustehenden Einnahmen hätten dazu niemals ausgereicht. Die Gesamtkosten der drei großen Schlossbauten Linderhof, Herrenchiemsee und Neuschwanstein beliefen sich auf etwa 31 Millionen Mark, wovon laut Rupert Hacker rund 5 Millionen Mark aus den Erträgen des »Welfenfonds« stammten.[90] Otto von Bismarck hat die bayerischen »Märchenschlösser« also zu etwa einem Sechstel mitfinanziert.

Ludwig geriet in der Folgezeit in eine fatale Abhängigkeit von den preußischen Zuschüssen, da sie ihm das trügerische Gefühl gaben, sich in seinen Vorhaben finanziell nicht beschränken zu müssen. Als er beispielsweise im Januar 1878 den Bau eines neuen und außergewöhnlich luxuriösen Prachtschlittens in Auftrag geben wollte, wischte er alle Bedenken bezüglich der hohen Anschaffungskosten mit Hinweis auf den »Welfenfonds« beiseite. Seinem skeptischen Hofsekretär Ludwig von Bürkel ließ er mitteilen: »Wie unangenehm der Majestät eine Verneinung dieser Fragen wäre, brauche ich Euer Hochwohlgeboren kaum erst mitzutheilen. Hofrath von Düfflipp glaubte in letzterer Zeit noch die für diesen Zweck erforderlichen Mittel zur Verfügung stellen zu können, wenn alljährlich die Gelder aus B. [...] in die Königliche Cabinet-Kasse fließen.«[91]

Damit nahm das Unheil seinen Lauf: Sollte ihn das Berliner Stipendium ursprünglich über den Verlust seiner Hoheitsgewalt hinwegtrösten, ebnete es dem König letztlich den Weg in die Schuldenfalle. Otto von Bismarck schaute dabei ebenso tatenlos zu wie die bayerischen Minister des »Systems Lutz«, die königliches Wohlwollen mit hasenfüßigem Schweigen erkauften. Zweifellos: Die »Réjouissance« war für Ludwig Segen und Fluch zugleich.

KAPITEL V

Wege in die Einsamkeit

Bayern im Reich

»AUCH DIE WENIGEN, BISHER VERLEBTEN WOCHEN des neuen Jahres waren für mich trauerumflort. Könnte doch endlich, endlich der von Millionen längst ersehnte Frieden geschlossen werden!«[1] Diese Zeilen richtete König Ludwig am 28. Januar 1871 an seine mütterliche Freundin Therese von Gasser. An jenem Samstag beschlossen die Kriegsparteien einen Waffenstillstand. Es sollte aber noch über drei Monate dauern, bis am 10. Mai 1871 mit dem sogenannten Friede von Frankfurt der Deutsch-Französische Krieg auch formell seinen Abschluss fand. Damit endete ein blutiges Kapitel der europäischen Geschichte. Die französische Armee hatte mit über 138 000 Gefallenen enorme Verluste zu beklagen. Auf deutscher Seit sind knapp 45 000 Tote verzeichnet. Aus Bayern fielen rund 3000 Soldaten, über 700 Männer wurden vermisst und etwa 11 000 verwundet.

Trotz dieses hohen Blutzolls wurde die Rückkehr der deutschen Truppen frenetisch gefeiert. Mancher Zeitgenosse war geradewegs verzückt und reimte Huldigungsgebete zu Ehren des neuen Herrschers: »Des Deutschen Volkes Seufzen, Fleh'n und Beten, hat Gott erfüllt in Wilhelm dem Ersehnten!«[2] Als die Armee mit Kaiser Wilhelm I. an der Spitze am 16. Juni 1871 durch das Brandenburger Tor marschierte, stand Berlin Kopf. Zehntausende Menschen säumten den Weg und jubelten den Feldgrauen zu. Über der Straße Unter den Linden prangten fünf sogenannte Velarien – auf Segeltuch gefertigte Monumentalbilder –, die zentrale Ereignisse des Krieges zeigten. Der Historienmaler Ernst Johannes Schaller feierte mit seinem Gemälde die *Waffenbrüderschaft zwischen Nord- und Süddeutschland*. Doch gab es auch nachdenkliche Momente. So erinnerte Theodor Fontane in seinem Gedicht *Einzug 16. Juni 1871* an die vielen Toten des Krieges:

»Bunt gewürfelt Preußen, Hessen,
Bayern und Baden nicht zu vergessen,
Sachsen, Schwaben, Jäger, Schützen,
Pickelhauben und Helme und Mützen,
Das Eiserne Kreuz ihre einzige Zier;
Alles zerschossen; ihr ganzes Prahlen
Nur ein Wettstreit in den Zahlen,
In den Zahlen derer, die *nicht* hier.«[3]

Im fernen München blickte König Ludwig der Ankunft seiner Soldaten mit Angst entgegen: »Viel fürchte ich von dem Einflusse der nun bald zurückkehrenden Truppen, die jene verdammten preußenfreundlichen, deutschschwindlerischen Ideen, im ohnehin schon angesteckten Volk noch mehr verbreiten werden.«[4] Das ließ für die Zukunft nichts Gutes erwarten. Auch die Münchner Stadtväter hatten für den 16. Juli ein Fest der Superlative geplant. Ludwig war vom Bürgermeister, von seinen Ministern wie von Seiten des Militärs eindringlich gebeten worden, den preußischen Kronprinzen Friedrich Wilhelm zu den Siegesfeierlichkeiten einzuladen. Alles andere würde man in Berlin als unfreundlichen Akt werten, so die einhellige Meinung, zumal er im Krieg ja den Oberbefehl über die 3. Armee geführt hatte. Nur widerwillig kam Ludwig dieser Aufforderung nach und schrieb dem verhassten Hohenzollern einen Brief. Aber auch Friedrich Wilhelm war zunächst wenig erfreut, nach München reisen zu müssen, da er dadurch einen Besuch bei seiner Schwiegermutter Königin Victoria in England verkürzen musste.

Als der Kronprinz in Bayern eintraf, waren die Vorbehalte auf beiden Seiten groß. Während Ludwig seinen Besucher mit Argwohn gewissermaßen aus den Augenwinkeln beobachtete, zeigte sich Friedrich Wilhelm amüsiert wie pikiert ob des wunderlichen Verhaltens seiner Gastgeber. Prinz Otto erschien gleich mehrfach zu spät, so

Die Rückkehr der deutschen Truppen aus Frankreich wurde allenthalben gefeiert. In Berlin marschierten am 16. Juni 1871 über 20 000 Soldaten durch das festlich geschmückte Brandenburger Tor.

auch beim feierlichen Empfang auf dem Bahnhof. Am folgenden Morgen wollten die Monarchen ihren Soldaten entgegenreiten. Friedrich Wilhelm begab sich zum vereinbarten Zeitpunkt in den Hof der Residenz, wo man ihn aber zurückhielt. Er möge noch kurz warten, bekam er zu hören, bis Seine Majestät König Ludwig im Sattel säßen, »weil niemand dem Allerhöchsten Aufsitzen beiwohnen dürfe«.[5] Ungeheuerlich!

Dann begann die Zeremonie, bei der Ludwig II. von seinem Volk überaus herzlich begrüßt wurde. Aber auch Friedrich Wilhelm wurde mit Begeisterung empfangen, wie der preußische Diplomat Egon von den Brincken beobachten konnte: »Es folgte nun der erhebendste und schönste Moment der ganzen Einzugsfeierlichkeit, der Einritt Seiner Kaiserlichen und Königlichen Hoheit des Kronprinzen durch das Siegesthor. Wie Seine Majestät der König wurde Seine Kaiserliche und Königliche Hoheit hier von dem Bürgermeister Dr. Erhardt mit einer patriotischen Ansprache empfangen, an deren Schluß die Ueberreichung eines Lorbeerkranzes durch Ehrenjungfrauen stattfand. Seine Kaiserliche und Königliche Hoheit erwiderte diese an Höchstihn gerichtete Ansprache in warmen und Jedermann zum Herzen gehenden Worten, welche inmitten der lautlos lauschenden Menge weithin vernehmlich, einen tiefen Eindruck machten und einen nicht zu schildernden Enthusiasmus hervorriefen.«[6]

Ludwig war empört. Dass überhaupt ein anderer Monarch in seiner Residenzstadt und dann auch noch in seiner Gegenwart bejubelt wurde, empfand er geradezu als Beleidigung. Nur mit Mühe bewahrte er die Fassung. »Bei dem später stattfindenden Militärdiner brachte der König ganz knapp das Wohl ›meiner braven Armee‹ und ihres siegreichen Oberfeldherrn aus«, erinnerte sich Friedrich Wilhelm. »Nach Tisch sprach der König mit keinem einzigen Offizier, die Königinmutter und ich desto mehr.«[7]

Ludwig hielt es in München nicht mehr aus. Am folgenden Morgen um vier Uhr verließ er hastig die Residenz und reiste in Richtung Berg ab. Seine Teilnahme an einem Festbankett, das die Münchner Bürgerschaft am Abend jenes 17. Juli für den hohen Besucher ausrichtete, sagte er ab. Damit brüskierte er nicht nur Friedrich Wilhelm, der sich aber nichts anmerken ließ, er stieß auch sein eigenes Volk vor den Kopf. »Thatsache ist es jedenfalls«, resümierte Egon von den Brincken, »daß die Abwesenheit Seiner Majestät des Königs auf dem städtischen Feste eine allgemeine Enttäuschung hervorgerufen, die Armee verletzt hat, und von der Stadt München schmerzlich empfunden worden ist; ein Eindruck, welcher voraussichtlich einiger Zeit bedürfen wird, um sich vollständig wieder zu verwischen. Selbst Graf Bray, den ich vorgestern besuchte, sprach mir mit Bedauern davon, daß Seine Majestät es nicht über Sich vermocht hätten, auf dem Banquet zu erscheinen.«[8]

Bereits in dieser Zeit – Anfang der 1870er Jahre – begann Ludwig, einen regelrechten Hass auf das neue Kaiserreich zu entwickeln. Die beiläufige Erwähnung Wilhelms I. konnte bei ihm einen schlimmen Wutausbruch hervorrufen: »Jener Kaiser ist ja nicht der Oberkaiser über die deutschen Monarchen und ihre Länder, nicht der Alleinherrscher!«[9] Auch das ohnehin schon schwierige Verhältnis zu seiner Mutter, die ja eine preußische Prinzessin war, wurde durch die

Reichsgründung noch stärker belastet. Ludwig an eine Freundin: »Mit meiner Mutter, welche ganz preußisch-deutsch gesinnt ist, zu sprechen ist, wie Sie sich denken können, verletzend für mich; wir harmonieren weniger denn je.«[10] Und im Januar 1873 ließ er ihr über seinen Adjutanten sogar ausrichten, »daß Ihre Majestät in Gegenwart des Königs nie mehr über Politik sprechen, gar nicht aber Sich lobend über ›Preußen‹ äußern möge«.[11] Kein Wunder, dass man in Ludwigs Entourage mit den ungeliebten Preußen nicht in Verbindung gebracht werden wollte.

Als Georg von Werthern vorschlug, August von Eisenhart – Ludwigs Kabinettssekretär – für seine Verdienste um die Reichsgründung mit einem hohen preußischen Orden auszuzeichnen, lehnte dieser geradezu peinlich berührt ab. »Euer Hochwohlgeboren ist jedoch sicher nicht unbekannt«, schrieb er an Werthern, »daß Seine Majestät der König die Stellung Höchstseines Secretärs als einen besonderen Vertrauensposten und wegen des zugewiesenen Wirkungskreises als eine priviligirte betrachten.« Er sei es seinem König schuldig, »daß ich mich an Eure Hochwohlgeboren mit dem Ansuchen wende, gefälligst veranlaßen zu wollen, daß die Verleihung des mir gnädigst zugedachten Kronenordens II Cl. unterbleiben möge.«[12] Das war im Grunde ein Affront. Werthern war außer sich. Eisenhart habe eine »unmännliche Angst«[13] vor König Ludwig, giftete der Gesandte, mit anderen Worten: Er sei ein Feigling.

Die Mitglieder des preußischen Königshauses galten Ludwig beinahe als unerwünschte Personen. Als im Juni 1873 Wilhelms Gattin Augusta aus Wien kommend in München Station machen wollte, weigerte sich Ludwig, die Kaiserin zu empfangen. Er befände sich auf einer Gebirgstour, die er leider nicht unterbrechen könne, so die dürftige Erklärung. Das war eine Beleidigung – und wurde an der Spree dementsprechend pikiert vermerkt. Einige Wochen später kam der Kaiser auf seiner Rückreise nach Berlin selbst durch Bayern. Um einer erneuten Brüskierung vorzubeugen, hatte er sich jeden offiziellen Empfang verbeten. Daraufhin ignorierte der Münchner Hof die Anwesenheit des Regenten völlig, was Berlin wiederum als Kränkung wahrnahm. »Es scheint«, stichelte der österreichische Diplomat Ritter von Jäger, »daß man diese Art der Ausführung des Kaiserlichen Wunsches allzu wortgetreu gefunden hat.«[14]

Ein Jahr später – Mitte Juli 1874 – ließ sich ein Zusammentreffen der beiden Monarchen indes nicht verhindern. »Du kannst Dir denken«, schrieb Ludwig vielsagend einer Freundin, »was es mich für einen Entschluß gekostet hat, neulich den König von Preußen wiederzusehen, ihn an welchen ich so viele Rechte preisgeben mußte.«[15] Doch das sollte das letzte Treffen der beiden Herrscher gewesen sein – der deutsche Kaiser und der bayerische König begegneten einander nie wieder.

König Ludwigs Verachtung des preußischen Königshauses wurde für ihn zu einer fixen Idee. So hätte er die alljährlichen Feierlichkeiten am Geburtstag des Kaisers (22. März) und am sogenannten Sedanstag (2. September) in Bayern am liebsten verbieten lassen, was aber unmöglich gewesen wäre. Im Frühjahr 1877 wollte er sogar seinem damaligen Kabinettssekretär Friedrich von Ziegler und den Ministern das Prosit auf den Kaiser untersagen. Georg von Werthern: »Herr von Ziegler begab sich darauf zum Könige und erlangte nach einem dreistündigen Kampf, bei dem Seine Majestät, vor Wuth über die Ehre, die man in seinem Lande dem Preußenkönig erweise, ›geschwächt‹ haben soll, die Genehmigung für die Minister, sich an dem Festeßen zu betheiligen, vorausgesetzt, daß dabei nichts bedenkliches d.h. seine Würde verletzendes, gesprochen werde. Allen zum Hofe gehörigen Personen wurde die Theilnahme auf das Strengste verboten.«[16]

Ludwig selbst gratulierte dem Kaiser stets pünktlich zu seinem Geburtstag, er konnte allerdings in schlimme Rage geraten, wenn der alte Herr sich nicht umgehend für die Glückwünsche aus München bedankte. Dann schimpfte er gegenüber seinen Sekretären und Adjutanten über jene »unverschämte Frechheit« und bezeichnete das greise Staatsoberhaupt als dreisten »Bengel«.[17] König Ludwigs neuer Außenminister Adolph von Pfretzschner – der Politiker hatte sein Amt im Oktober 1872 angetreten – musste mehr als einmal viel Geschick aufbringen, um diplomatische Wogen zu glätten.

Verkörperten in Ludwigs Wahrnehmung das Reich im Allgemeinen und der Kaiser und der Kronprinz im Speziellen alles Schlechte, so stand seine Wertschätzung für Otto von Bismarck in einem grellen Kontrast dazu. Zwar sind sich der Bayer und der Preuße nach jenem eingangs erwähnten Treffen im August 1863 nie wieder persönlich begegnet, doch blieben sie bis zu König Ludwigs Tod »in günstigen Beziehungen und in verhältnismäßig regem brieflichen Verkehre [...]«.[18] Alljährlich kabelte Ludwig am 1. April – Bismarcks Geburtstag – die »innigsten und aufrichtigsten Wünsche« für das Wohl des »lieben Fürsten«,[19] die jener postwendend erwiderte: »Ew. Majestät bitte ich mit meinem allerunterthänigsten Dank für die huldreichen Wünsche zum heutigen Tage den Ausdruck meiner ehrfurchtsvollen und treuen Anhänglichkeit gnädig entgegennehmen zu wollen.«[20] Die Korrespondenz erstreckte sich aber nicht nur auf den Austausch von Höflichkeitsadressen. Unter den nicht wenigen Briefen und Telegrammen – der Schriftwechsel ist bis heute nur zum Teil veröffentlicht – finden wir auch manche Papiere mit politischem Tiefgang. Immer wieder erbat Ludwig den Rat des Reichskanzlers, den dieser ausführlich erteilte, wie wir später noch sehen werden. Keine Frage: König Ludwig II. und Otto von Bismarck schätzten und achteten sich. Doch wie ist diese »treue Anhänglichkeit« erklärbar? Waren es nur die geheimen Zahlungen aus dem »Welfenfonds«, die diese beiden so ungleichen Männer verbanden?

Es fällt zunächst auf, dass Ludwig in Bismarck nicht in erster Linie den Schöpfer des verhassten Kaiserreiches sah, der er ja zweifellos war, sondern vielmehr den Garant seiner monarchischen Restsouveränität. Diese Wahrnehmung scheint auf den ersten Blick paradox. Hatte er nicht gerade diesem Otto von Bismarck das »Unheil« der Reichsgründung zu verdanken? War nicht er der eigentliche Schuldige an dem Desaster? Bei genauerem Hinsehen wird deutlich, dass Ludwig seinem Brieffreund ein Stück weit auf den Leim gegangen war. So sehr Bismarck das Reich als eine Konföderation von unabhängigen Fürstentümern – als einen »Fürstenbund« – darstellte, so wenig konnte und sollte sich ein wirklicher Föderalismus entwickeln. Preußen besaß mit 65 Prozent der Fläche und 62 Prozent der Bevölkerung eine überwältigende Vormachtstellung im Reich. Zwar verfügte es im Bundesrat – der Vertretung der Einzelstaaten – nur über gut ein Drittel der Stimmen, es konnte also theoretisch überstimmt werden, in der Realität hatte Bismarck aber immer genug Druckmittel zur Hand, um die kleineren Staaten gefügig zu machen. Denn darum ging es ihm im Grunde – um die Wahrung der preußischen Hegemonie. Die Sonder- und Reservatrechte, die Bismarck den Bayern in Versailles zugestanden hatte, festigten diesen »unvollendeten Föderalismus« noch.[21] Indem er Ludwig aus der Reihe der Reichsfürsten hervorhob, ihm schmeichelte und ihn bevorzugte, weckte er den Argwohn und die Konkurrenzangst der anderen Staaten und verhinderte so eine Allianz gegen die Reichsregierung. Folge dieser Politik war also nicht eine Stärkung des Föderalismus, sondern vielmehr eine Zersplitterung der Meinungsbildung und letztlich ein dezidierter Antiparlamentarismus. Bismarck beherrschte diese Konstruktion meisterhaft, wie er überhaupt die Reichsverfassung auf seine Person zugeschnitten hatte: Er führte den Vorsitz im Bundesrat und war in Personalunion Reichskanzler, preußischer Ministerpräsident und preußischer Außenminister.

Wie sehr Ludwig sich in Bismarcks Scheinföderalismus verfangen hatte, erzählt eine Anekdote. Als der König am 13. Juli 1874 von einem missglückten Attentat auf Bismarck erfuhr – der Kanzler hatte nur kleinere Verletzungen davongetragen –, jubelte er und raunte dem anwesenden Kaiser Wilhelm zu: »Für uns ist dies ganz besonders wichtig, denn wäre der [Bismarck] nicht gewesen, hättest Du uns schon 1866 annektiert und seither schon öfters.«[22] Als Ludwig am 1. April 1878 die obligatorischen Glückwünsche zum Geburtstag nach Berlin kabelte, beendete er das Telegramm an seinen Beschützer nahezu mit einem Gebet: »Möge der Himmel zum Heile der deutschen Lande Ihre Kraft bis in ferne Zukunft erhalten.«[23]

Und Bismarck? Er hegte fernab aller politischen Nützlichkeit eine gewisse Sympathie für König Ludwig. Dabei konnten beide Männer vordergründig unterschiedlicher nicht sein: auf der einen Seite der preußische Junker, der machtbewusst wie kaltblütig Europa neugeordnet hatte, auf der anderen Seite der menschenscheue Sonderling, »der schön wie ein Goldfasan zwischen allen den Haushühnern einhergeschritten war«.[24] Vielleicht war es so etwas wie ein exotischer Reiz, den der dreißig Jahre jüngere König auf den Reichskanzler ausübte? Und vielleicht erkannte Ludwig in Bismarck eine Vaterfigur, wie der Historiker Dieter Albrecht vermutete?[25] Gut möglich. In seinen *Gedanken und Erinnerungen* widmete Bismarck seinem langjährigen Korrespondenzpartner jedenfalls ein eigenes Kapitel – eine Ehre, die den preußischen Wilhelms nicht zuteil wurde.

Bismarck war aber auch ein alter Fuchs, der wusste, wie er mit empfindsamen Landesfürsten umgehen musste. So drängte er seinen Gesandten Georg von Werthern im Laufe der Jahre immer wieder zur Mäßigung. König Ludwig II. habe ein reizbares Souveränitätsgefühl, das der Schonung bedürfe, schärfte er Werthern nicht nur einmal ein. Und überhaupt sei ihm – Bismarck – an einem guten Miteinander von Preußen und Bayern gelegen, er wolle München keinesfalls verstimmen. Bismarck zeigte im Umgang mit den Bayern und ihrem König eine Sensibilität und Rücksichtnahme, die man ihm vordergründig wohl kaum zugetraut hätte. »Meine Aufgabe bestand darin, mit König Ludwig gut auszukommen«, erklärte Bismarck viele Jahre später ebenso bescheiden wie lakonisch dem Schriftsteller Anton Memminger. Dass ihm dabei nahezu jedes Mittel recht war, stand auf einem anderen Blatt. Mitunter zeigte der Kanzler eine beinahe diebische Freude an seiner eigenen Sprachgewalt. Als er Ludwig im August 1880 zum Geburtstag gratulierte, gedachte er auch der Gründung des Hauses Wittelsbach vor 700 Jahren. Mit vollendeter Wortakrobatik erinnerte Bismarck den König an seinen Vorgänger Kaiser Ludwig IV., der im 14. Jahrhundert auch die Mark Brandenburg regiert hatte. Seine – Bismarcks – Ahnen seien damals also die Vasallen der Wittelsbacher gewesen, sodass er – der Kanzler – sich heute gleichsam als König Ludwigs Lehnsmann fühle. Darauf muss man erst einmal kommen! Bismarcks vielsagender Kommentar gegenüber dem Politiker Ludwig Bamberger: »Solche Narrheiten wirkten auf den König von Bayern.«[26]

»MEIN LIEBER KRAHL! Eiligst diese wenigen Zeilen. Am Sonntag hoffe ich Sie wieder zu sehen um jene Tudor-Fritz-Angelegenheit eingehend mit Ihnen zu besprechen. Fortschaffung nach irgend einem festen Platze, Insel, jedenfalls am Leben erhalten! nie! Thronbesteigung. Rache! Rache! Nun von einer anderen Angelegenheit, die mir nicht minder am Herzen liegt. Der hiesige Prinz Ludwig, der so sehr rührig aber höchst unsympathisch ist, nüchtern, unideal, schwunglos, der sehr taktlos und unehrerbietig u. burschikos mir gegenüber ist (erst heute wieder!!) auffallend frech u. gleich u. gleich mit mir. Dieses Luder muß gleichfalls unschädlich gemacht werden, denken Sie über die Art u. Weise recht nach. Lassen Sie ihn diskreditieren, unausgesetzt gegen ihn hetzen! In München od. Leutstetten ist ein Ergreifen nicht gut durchführbar, vielleicht wenn er auf Gebirgsjagden sich begiebt. […] Die Losung ist: Rache jenem Fritz, sowie jenem Ludwig. Ausführung so bald als nur irgend möglich.«[27]

Dieser merkwürdige Brief wurde von Ludwig II. verfasst und ist Teil eines Vorgangs, der in der historischen Forschung erst seit kurzem bekannt ist und der nicht wenige Verehrer des Bayernkönigs entsetzen dürfte. Ludwig plante, so etwas wie eine Geheimpolizei aufzubauen. Diese Miliz, die er »Coalition« nannte, sollte frei von jeder parlamentarischen und bürokratischen Kontrolle nur ihm selbst unterstellt sein und mittels eines Spitzelsystems königsfeindliche Bewegungen im Volk aufdecken und ihnen den Garaus machen. Hätte dieser Plan Erfolg gehabt, so wäre er auf einen Gesinnungsterror hinausgelaufen, der auch vor prominenten Zeitgenossen nicht Halt gemacht hätte. »Rache jenem Fritz, sowie jenem Ludwig«, forderte Ludwig in dem eingangs zitierten Brief und meinte damit die Entführung und Internierung des preußischen Kronprinzen Friedrich Wilhelm (»Fritz«) sowie seines eigenen Cousins Prinz Ludwig. Wohin der König die ungeliebten Verwandten deportieren lassen wollte, geht aus dem Schreiben nicht hervor. Fest steht: Fritz und Ludwig wurden nicht verschleppt und sollten sich noch lange ihrer Freiheit und bester Gesundheit erfreuen. Obschon Ludwig seine geheimen

Polizeipläne eine Zeit lang mit Verve vorantrieb, blieb die »Coalition« letztlich ein Papiertiger. Das lag hauptsächlich an der stümperhaften Umsetzung des Projektes, die eher an eine Kriminalkomödie als an einen echten Krimi erinnert.

Erste Hinweise, dass der König über die Gründung einer Geheimpolizei nachdachte, führen in den Sommer 1869. Gut fünf Jahre nach seiner Thronbesteigung fasste Ludwig in einer Art Memorandum sein politisches Credo zusammen: »In einer Monarchie, wie sie sein muß, soll Alles wie die Strahlen der Sonne vom Monarchen ausgehen, und auf Ihn sich zurückbeziehen.« Der Regent habe seine Krone von Gott erhalten und sei letztlich nur ihm verpflichtet, womit Ludwig einen Grundsatz des Absolutismus zitierte. Für ihn stand fest: »Die Erweiterung der Begriffe des Rechtsstaates, die Vermehrung der Volksrechte, d. Ausbildung der Verfassung sind der Tod des Königthumes.« Dem König war natürlich bewusst, dass die politischen Verhältnisse in Bayern andere waren als etwa im Frankreich des 17. Jahrhunderts. Insofern bedürfe es einer Korrektur durch eine neu zu gründende Geheimorganisation: »So muß jene unsichtbare Macht den Boden ebnen, den Widerstand beseitigen, so daß das einzig wahre Königthum seine Gewalt entfalten kann. Das Princip der Volksautorität, das sich immer mehr ausbildet, und mit seinem Gifte Alles begeifert, muß ausgerottet werden, damit nach und nach wieder absolute Monarchie an dessen Stelle gesetzt werden kann.«[28]

Ludwig beauftragte seinen Vertrauten Richard Hornig mit dem Aufbau dieser »unsichtbaren Macht«, der sich wiederum in Militärkreisen um Verbündete bemühte. Zu den Männern der ersten Stunde gehörte der Oberleutnant Wilhelm Reisenegger. Der 27-jährige Rosenheimer war eine klassische Fehlbesetzung. Studiert man seine im Kriegsarchiv aufbewahrte Personalakte, so gewinnt man rasch den Eindruck, dass er zur Spezies der Wichtigtuer und Aufschneider gehörte. Im September 1869 weigerte er sich, aus dem Urlaub in sein Regiment zurückzukehren, und verwies einsilbig auf König Ludwig: »Weitere Andeutungen können von dem Unterzeichneten ohne erhaltene Allerhöchste Erlaubniß nicht gegeben werden.«[29] Das war ein starkes Stück. Dass Ludwig ihn mehrfach zu Audienzen in Sachen »Coalition« empfing, steht außer Frage. Ob er ihn aber tatsächlich mit Sondervollmachten ausstattete, lässt sich nicht mehr klären. Später berichtete Reisenegger von kriminellen Umtrieben in Ludwigs Entourage: Richard Hornig habe Geld veruntreut, das eigentlich für den Aufbau der »Coalition« bestimmt gewesen sei und anderes mehr. Schwer zu sagen, ob das der Wahrheit entsprach. Wie auch immer – Reisenegger fühlte sich allem Anschein nach desillusioniert und im Stich gelassen, denn wenige Wochen später nahm er seinen Abschied von der Armee und wanderte nach Amerika aus.

Das Kapitel hätte hier einen Abschluss finden können, doch es kam anders. Der gescheiterte Offizier war im Besitz brisanter Papiere und sann nun, von der anderen Seite des Atlantiks, auf Rache. Er hatte so einiges beobachten können, das nicht für die Außenwelt bestimmt war. Mit diesem Wissen wandte er sich zunächst an Ludwigs Onkel Prinz Luitpold: Er sei im Besitz eines Dokumentes, orakelte Reisenegger, das den König schwer belaste. Für 10 000 Dollar könne er ihm – dem Oheim – das Schriftstück überlassen. Bei dem kompromittierenden Beleg handelte es sich um das eingangs zitierte Memorandum. Luitpold zog es aber vor, auf diese Erpressung nicht zu reagieren. Als Nächstes erhielt der bayerische Konsul in Chicago Post: Es gebe eine gefährliche Kamarilla, schrieb Reisenegger, die es sich zur Aufgabe gemacht habe, den Feudalismus wieder einzuführen.[30] Für das Original der königlichen Denkschrift forderte er erneut 10 000 Dollar in Gold, doch auch das zuständige Außenministerium in München lehnte den Ankauf ab. König Ludwig war ja manches zuzutrauen – aber ein Putsch gegen die Verfassung? Offensichtlich konnten sich weder Luitpold noch die Diplomaten vorstellen, dass an dieser abenteuerlichen Geschichte etwas dran war. Die Sache verlief vorerst im Sande.[31]

Bereits im November 1869 hatte sich bei Richard Hornig ein Mann namens Frühwein aus Eichstätt gemeldet. Er habe einige Männer rekrutiert, »die keiner der extremen Richtungen angehörend dem Prinzip der konstitutionell-monarchischen Anschauung huldigen, und bereits auf öffentliche Einladung zur gemeinsamen Besprechung in Bezug auf die Aufstellung eines Programmes und Vorschlag von Wahlkandidaten für nächste Woche ergehen lassen«.[32] Das war allerdings ganz und gar nicht in Ludwigs Interesse. Der König wollte mit der »Coalition« keine politische Partei gründen – erst recht keine, die der verhassten konstitutionellen Monarchie anhing –, Ludwig plante vielmehr eine Organisation, die eben jene verfassungsmäßige Ordnung überwinden sollte. In seinen Worten klang das so: »Wie eine eiserne strenge, fürchterliche Inquisition muß die Coalition unsichtbar, aber doppelt machtvoll das ganze Land beherrschen u. jede schlechte Regung im Keime ersticken, die freiheitlich demokratische, nationale Richtung sowie die ultramontane, römische bekämpfen.«

Dabei ging es ihm nicht um ein »bloßes Umstimmen des Volkes« – gewissermaßen um Propaganda für die Monarchie –, Ludwig forderte vielmehr, dass »der von gefährlichen Giftstoffen gefüllte Körper« von seinen faulenden Gliedern abgetrennt werde.[33] Die Rede war letztlich von einem Staatsstreich: Der König von Bayern wollte gegen das neue Reich putschen. Ludwig II.: »Bezüglich einer Contre Revolution muß Alles ohne zu säumen besprochen u. in Thätigkeit gesetzt werden; ich baue hierin fest auf Sie!« Und weiter: »Wir müssen von dem unseligen Reiche uns losreißen, soll nicht Alles verloren gehen! [...] Jetzt muß der Umsturz versucht werden od. nie; je mehr man zögert um so schwerer geht es, bis der Moment unwiederbringlich dahin ist; hören Sie die klagende u. ermahnende Stimme Ihres durch die politischen Verhältnisse so unglücklichen Königs!«[34]

Der Empfänger jener Zeilen war der bereits erwähnte Johann Krahl, der ab Mitte 1871 als Cheforganisator der »Coalition« fungierte. Der 38-jährige Bamberger trat gewissermaßen Richard Hornig zur Seite, der sich in Ludwigs Augen zu zögerlich gerierte. Von Krahl erhoffte Ludwig sich ein energisches Vorantreiben seines Lieblingsprojektes. Doch wie schon Reisenegger besaß auch Johann Krahl einen zweifelhaften Leumund. Der ledige Unterquartiermeister hatte 1866 am Krieg gegen Preußen teilgenommen und war dort negativ aufgefallen. Seine Vorgesetzten warfen ihm einen »Mangel an Fleiß & Opferwilligkeit« vor, auch wurde er mehrfach wegen »Schuldenmachens« gerügt.[35] Krahl klagte wiederum erfolgreich über verschiedene körperliche und seelische Leiden, sodass er bereits zwei Jahre später befristet pensioniert wurde. Als die Militärärzte ihn Anfang 1872 erneut untersuchten, war sein Zustand unverändert. Die Doktoren konstatierten »vorgealtertes Aussehen, fahle Haut- und Gesichtsfarbe«, darüber hinaus leide er an »chronisch-rheumatischen Affektionen« und habe eine »apathische Gemüthsstimmung«.[36] Auch bemerkten die Gutachter eine sogenannte Abdominalglatze – den Verlust der Bauchbehaarung –, was ein Begleitsymptom einer alkoholinduzierten Leberzirrhose sein kann. Mit einer Besserung sei nicht mehr zu rechnen, so die medizinische Prognose. Als Johann Krahl Mitte März 1872 als »Realinvalide« aus dem Militärdienst entlassen wurde, war er noch keine vierzig Jahre alt.

Von lästigen Arbeitspflichten und der Notwendigkeit des Broterwerbs befreit, konnte sich Johann Krahl nun voll und ganz um den Aufbau der »Coalition« kümmern. Im Januar 1875 soll die Organisation in ganz Bayern bereits 9260 Mitglieder, verteilt auf zwei Sektionen – einer militärischen und einer zivilen –, gehabt haben. »Die Koalitionen sollen wie bisher, im Geheimen wirken«, schrieb Krahl an König Ludwig. Man müsse »öffentlich und bei jeder Gelegenheit den Anhängern des Preußenthums schroff entgegen treten, deren schlechten Zweck schildern und besonders das Landvolk immer mehr und mehr für König und Land begeistern«.[37]

Ludwig ließ sich regelmäßig über die weiteren Fortschritte informieren. Krahl berichtete dann von königstreuen Pressekampagnen, die die Koalitionäre initiiert haben wollten, von der Überwachung und Einschüchterung des politischen Gegners, von anonymen Drohbriefen, die insbesondere Sozialdemokraten erhielten und anderem mehr. Auch die katholische Kirche sollte unterwandert werden. »Krahl hat einen Bruder der ist Geistlicher, wenn es nur ginge diesen als Spion zu benützen«, schlug Richard Hornig vor. »Krahl muß in den nächsten Tagen einen Besuch bei ihm abstatten, und seine Gesinnungen bestimmt kennen lernen.«[38]

So sehr sich Ludwig auch über Krahls wortreiche Versicherungen, dass die Bayern ihren Landesherrn liebten, gefreut haben mag, in einer Hinsicht war er mit der Arbeit der »Coalition« unzufrieden. Während Ludwig immer drängender einen politischen Systemwechsel – sprich: den Staatsstreich – forderte, riet Krahl zur Besonnenheit: »Wegen Aenderung der Regierungsform, beziehungsweise wegen Anstrebung des Absolutismus, kann ebenfalls nur wie bisher, sondirt, dem Volke nach und nach beigebracht werden, daß diese Art Regierungsform, richtig gehandhabt, die beste, für die Unterthanen unstreitig die bequemste wäre.«[39]

Papier ist bekanntlich geduldig, und so stellt sich die grundsätzliche Frage, wie genau Krahl und seine Kollegen es in ihren Berichten an den König mit der Wahrheit nahmen. War die »Coalition« wirklich so gut organisiert, wie die beeindruckende Zahl von knapp 10 000 Mitgliedern suggeriert? Und zeitigten die Aktionen tatsächlich den erwähnten Erfolg? Zweifel sind angebracht. Zunächst fällt auf, dass der preußische Gesandte erst 1883 und eher beiläufig von der angeblichen Existenz einer Geheimorganisation erfuhr. Max von Holnstein soll damals eine Affäre mit einer gewissen Hildegard Rixinger gehabt haben. Diese Dame war offensichtlich nicht nur seine Geliebte, sondern auch seine Komplizin, denn mit Hilfe der Rixinger soll der »Rossober« in den Besitz delikater Briefe des Königs gelangt sein, die beide nun für viel Geld ausgerechnet an das Kabinettssekretariat verkaufen wollten. Diese Dokumente seien politischen Inhaltes, schrieb Georg von Werthern in einem vertraulichen Brief an Bismarcks Sohn Herbert, und darin sei die Rede von einer »Coalition«.[40] Mehr wusste der Gesandte nicht zu berichten. Zu diesem Zeitpunkt – im Frühjahr 1883 – verfolgte Ludwig seine Polizeipläne aber schon seit fast vierzehn Jahren. Wenn in all dieser Zeit wirklich eine »strenge, fürchterliche Inquisition« das Land heimgesucht hätte – Georg von Werthern und Karl Ludwig von Bruck hätten davon etwas mitbekommen und hätten diese Vorgänge sicherlich ihren Regierungen zur Kenntnis gebracht.

Es gibt ein weiteres Argument, das gegen den Erfolg des Unternehmens spricht. Als Johann Krahl 1875 oder 1876 plötzlich verstarb, wurde der Oberleutnant Wilhelm Krane zum Nachfolger bestellt. Krane war ein Schwärmer und Träumer, der seinem König Liebesbriefe sandte: »Majestät sind mein Ideal, zu dem ich in höchster Liebe aufblicke und für das mir kein Gefahr zu groß scheint, sondern im Gegentheil: für daß das größte Opfer zu bringen den schönsten Gedanken meines Lebens ausmacht. O könnte ich es doch, o dürfte ich doch für Majestät Alles geben und zuletzt freudig in den Tod gehen.«[41] Der 1846 Geborene war zwar mehrfach ob seines Mutes und seiner Vorbildhaftigkeit ausgezeichnet worden, seine primären Qualitäten lagen aber wohl nicht im administrativen Bereich. Die »Coalition« brach nach Krahls Tod schnell auseinander, was auf kaum gefestigte Strukturen schließen lässt.

Wenige Jahre später – 1879/80 – gab Ludwig den Befehl, eine neue »Coalition« zu gründen, die nur aus Zivilisten bestehen sollte. Die Führung übertrug er seinem damaligen Kabinettssekretär Ludwig August von Müller, dem dieses Terrain aber schnell zu heiß wurde. Müller begnügte sich mit hinhaltenden Scheinaktivitäten; als Ludwig das doppelte Spiel durchschaute, entließ er ihn nach nicht einmal einem Dienstjahr im Mai 1880. Im Februar 1883 wurden schließlich ein Leutnant Hartlieb und ein Hauptmann Menz mit dem Aufbau der Miliz betraut.[42] Danach verlieren sich die Spuren – offensichtlich konnte Ludwig nicht mehr die Kraft aufbringen, sein Lieblingsprojekt weiterzuverfolgen.

Alles in allem gewinnt man den Eindruck, dass die »Coalition« weit davon entfernt war, jemals eine »strenge, fürchterliche Inquisition« zu sein. Ludwig II. betraute mit der Gründung und Führung dieser zweifelhaften Organisation Personen mit ebenso fragwürdiger Reputation. Anstatt das Land in Angst und Schrecken zu versetzen, was er ja mehrfach gefordert hatte, beargwöhnten sich die Führer gegenseitig, verstrickten sich im Klein-Klein, veruntreuten Geld und gaukelten dem König Erfolge vor.

Ludwig von Bürkel, der Hofsekretär, war derweil eifrig bemüht, die Beweisstücke zu beseitigen. Nach Johann Krahls Tod musste dessen Schwester Marie eine Verpflichtung unterschreiben und »auf Ehre und Gewissen« erklären, dass sie »alle Briefe Seiner Majestät des Königs, welche in ihrem Besitze waren und von deren Existenz sie überhaupt wußte, ausgeliefert und keine Abschrift von denselben genommen habe«.[43] Nichts sollte an diese bizarre Episode erinnern. Als pflichtbewusster Beamter brachte es Bürkel aber nicht übers

Herz, die kompromittierenden Papiere zu vernichten. Er übergab sie stattdessen dem Geheimen Hausarchiv, wo sie heute – weit über hundert Jahre später – wieder auftauchten.

Königreich unter Palmen

FRANZ VON LÖHER war ein hoch angesehener Zeitgenosse. Der Sohn eines Paderborner Metzgermeisters studierte Jura und wurde preußischer Staatsdiener, er wirkte als einflussreicher Journalist und machte sich in der Revolution von 1848/49 als liberaler Politiker einen Namen. Löher bereiste sprichwörtlich die halbe Welt und veröffentlichte über seine Entdeckungstouren vielgelesene Reportagen. 1855 wurde er als König Maximilians literarischer Sekretär nach München verpflichtet. Es folgte die Wahl in die Bayerische Akademie der Wissenschaften und die Berufung auf eine eigens für ihn eingerichtete Professur an der Münchner Universität. 1864 wurde der Universalgelehrte schließlich zum Leiter des bayerischen Allgemeinen Reichsarchivs ernannt. Als er vier Jahre später seinen 50. Geburtstag feierte, hatte er in seinem bewegten Leben im Grunde alles erreicht. Die undankbarste Aufgabe stand Franz von Löher aber noch bevor: die Beförderung zum »Privatkolumbus« Seiner Majestät König Ludwigs II.

Anfang der 1870er Jahre entwickelte Ludwig eine Idee, deren Realisierung er gewissermaßen als Notfallszenario parallel zum Aufbau der »Coalition« betrieb. Wenn sich die absolute Monarchie im heimischen Bayern doch nicht durchsetzen lassen sollte, so seine Überlegung, dann vielleicht außerhalb der Landesgrenzen? Mit anderen Worten: Ludwig II. wollte Bayern notfalls gegen ein anderes Land eintauschen und dort seine absolute Regentschaft errichten.

Der König beauftragte nun Franz von Löher, den er seit Kindertagen kannte und schätzte, geeignete Gebiete ausfindig zu machen. Zu diesem Zweck unternahm der Professor 1873 und 1875 ausgedehnte Reisen auf die Kanarischen Inseln, nach Griechenland und nach Zypern. Nach Ludwigs Tod gerieten Löhers Expeditionen in die Kritik. Im Landtag machte man ihm schwerste Vorwürfe: dass er als »Privatkolumbus« den »irren König« ausgenutzt und Geld verschwendet habe und dergleichen mehr. Liest man aber heute Löhers umfangreiche Bulletins, die er für seinen Auftraggeber angefertigt hat und die ebenfalls im Geheimen Hausarchiv überliefert sind – den Abgeordneten waren Ludwigs wahre Absichten damals nicht bekannt –, so muss man ihn in Schutz nehmen. Franz von Löher ließ keinen Zweifel daran, was er von Ludwigs Auswanderungsplänen hielt – nämlich nichts. Ganz plastisch beschrieb er die zu erwartenden »Leiden und Entbehrungen«: »Wer ein paar Nächte lang bloß um ein paar Moskitos willen der vollen Nachtruhe entbehrt, muß ein Stoiker sein um heiter zu bleiben.«[44]

Löher schlug seinem König vielmehr vor, zunächst einige Monate in südlichen Gefilden zu verbringen – etwa in Italien, von wo er auch die Regierungsgeschäfte wahrnehmen könne – und so das Leben fernab Bayerns auszuprobieren. Sollte der Entschluss zur Emigration indes feststehen, so nannte er die griechischen Inseln Samothraki, Thasos und Lesbos als geeignete Orte. Mit Abstrichen sei auch an Gomera und Teneriffa zu denken. Darüber hinaus könne man auch noch ganz andere Landstriche mittels Expeditionen in Augenschein nehmen: die Azoren, die Krim, Ceylon, die Philippinen, Granada, Gibraltar, Südamerika oder Nordafrika. Kurzfristig kam auch ein Ankauf der Insel Rügen ins Gespräch – ein Gedanke, der wegen der zu erwartenden Probleme mit Preußen aber schnell wieder fallengelassen wurde.

Ludwig übergab Löhers Reiseberichte zur weiteren Verwendung ausgerechnet an Johann Krahl, was die enge inhaltliche und personelle Verquickung beider Projekte – des Aufbaus der »Coalition« und des geplanten Landerwerbs – unterstreicht. Der Chefkoalitionär rief mit viel Tamtam eine »Kommission« zusammen, wobei wir aber nicht wissen, wer diesem Gremium angehörte. Vielleicht war dieser ominöse Ausschuss auch nur Krahls Erfindung, um Ludwig einen gewissen Aktionismus vorzugaukeln. Wie auch immer – hatte Löher in seinem Report nur mit Einschränkungen für die Kanarischen Inseln votiert, kam Krahl zu einem anderen Ergebnis. Reichlich großspurig schrieb er an Ludwig: »Die Kommission hat sich nun endlich, nach vielem

Von den Untertanen auf Händen getragen werden – so wie bei diesem (unbekannten) Forschungsreisenden des Jahres 1885 stellte sich Ludwig wohl sein Leben als König unter Palmen vor. Doch die Episode blieb ein kolonialer Fiebertraum.

Schreiben und Reden unter sich, sowie nach vielen Besprechungen und schriftlichen Unterhandlungen mit bekannten Profeßoren und Fachmännern, dahin entschieden, einen Theil der canarischen Inseln für das Zukunftsreich am Passendsten zu erklären. Alle übrigen Länder seien theils des Klimas, theils der Bevölkerung wegen, nicht zu empfehlen. Nachdem nun v. Löher die canarischen Inseln bereiste und Euerer Königlichen Majestät eine genaue Beschreibung hierüber vorlegte, wäre erwünscht, daß Majestät Allerhöchstselbst einen Inseltheil Canariens, ob nun Teneriffa, Gomera oder Palma bestimmen würden, sowie zu befehlen geruhen möchten, auf welche Art die Erwerbung bethätigt und auf welche Weise die treffenden Regierungen, Spanien und England, Erstere wegen Ueberlaßung, Letztere wegen des nöthigen Schutzes in Kenntniß zu setzen seien.«[45] So einfach war das.

Krahl und Konsorten machten sprichwörtlich Nägel mit Köpfen und entwarfen im Sommer 1874 sogar eine Verfassung für das geplante Königreich der Kanarischen Inseln. »Der König dieses Reiches ist unbeschränkter Alleinherrscher«, heißt es gleich zu Beginn des Dokuments. »Seine Person ist heilig und unverletzlich.« Und weiter: »Von dem Willen des Königs ist die Gesetzgebung, Besteuerung und

Verwaltung des ganzen Staates abhängig.«[46] Die zahlreichen Paragraphen – aus Rücksicht auf die Spanisch sprechenden Einwohner »Cifra« genannt – behandeln in immer neuen Variationen ein einziges Thema: die uneingeschränkte Macht des Königs. Von einer modernen Gewaltenteilung wollten die Verfassungsväter ebenso wenig etwas wissen wie von staatsbürgerlichen Rechten. Der König regiert nach Gutdünken, so die simple Philosophie, er ist Gesetzgeber, Richter und vollziehende Gewalt in einer Person, seinem Willen sind alle Untertanen bedingungslos unterworfen.

Man mag sich heute für die kanarische Bevölkerung freuen, dass ihnen König Ludwigs totale Herrschaft erspart geblieben ist. Jener Text ist aber mehr als ein kurioses Detail, denn in dem Entwurf finden sich Ludwigs staatspolitische Vorstellungen in Reinkultur ausformuliert. Das war nicht die Verfassung eines modernen Flächenstaates in der zweiten Hälfte des 19. Jahrhunderts, das war die Konstitution des Ancien Régime.

Bevor Ludwig seine Quasi-Diktatur errichten konnte, musste er zunächst in den Besitz der Inseln gelangen. Der Zufall wollte es, dass wenige Monate nachdem Ludwig das Verfassungskonzept von Johann Krahl erhalten hatte, die spanische Politik an einer Wegscheide stand. Am 30. Dezember 1874 endete nach nur knapp zwei Jahren die Erste Spanische Republik und der erst siebzehnjährige Alfons XII. bestieg den Thron auf der Iberischen Halbinsel. »Der von allen Spaniern heiß ersehnte Augenblick ist endlich eingetreten«, versicherte ausgerechnet der gebürtige Bamberger Johann Krahl dem neuen Monarchen in einem Brief. Krahl hielt sich im Februar 1875 wohl nicht von ungefähr in Barcelona auf und philosophierte nun »im Namen vieler Tausender des ganzen Landes« über die historische Bestimmung des jungen Regenten. Vorsichtshalber erinnerte er Alfons an die »ehrwürdigen Traditionen« Spaniens und mahnte ihn, sich keinesfalls bürgerlich zu geben und sich auch sonst nicht zu sehr zu seinem Volk herabzulassen. Das widerspräche »dem Geiste des Spaniers«, musste sich der Madrilene von einem Bayern sagen lassen. In der »Aufhebung so mancher Hof-Etiquette-Vorschriften« erkannte Krahl schließlich die Hauptursache für das verhasste republikanische Intermezzo.[47]

Es ist unschwer zu erraten, wer hier im Geiste die Feder führte: König Ludwig II. Ob Krahl den Brief aber auch in Ludwigs Auftrag schrieb, lässt sich nicht mehr klären. Die Vermutung liegt jedenfalls nahe: Vielleicht wollte der Wittelsbacher dem zwölf Jahre Jüngeren aus dem Hause Borbón einige wohlmeinende Ratschläge mit auf den Weg geben? Möglicherweise sollte der Brief aber auch einen ersten Kontakt zwischen den beiden Monarchen anbahnen und dem späteren Verkauf der Kanarischen Inseln dienen. Es ist jedoch kaum vorstellbar, dass Alfons das einfältige Schreiben in deutscher Sprache – wenn er es überhaupt zur Kenntnis erhielt – sonderlich ernst genommen hat. Nach Johann Krahls Tod geriet das Ländererwerbsprojekt für einige Zeit in Vergessenheit – erst im Herbst 1879 kam Ludwig darauf zurück. Er übersandte nun seinem Hofsekretär Ludwig von Bürkel Franz von Löhers Reiseberichte und bat um eine Stellungnahme. Der Ankauf spanischen Besitzes stand offensichtlich nicht mehr zur Debatte, sodass Bürkels Augenmerk zunächst auf weit entfernte Gefilde fiel: »Ägypten und Afghanistan sind vor den andern Projekten auch dadurch ausgezeichnet, daß diese Länder eine auf Millionen sich belaufende Einwohnerzahl besitzen.« Eine große Bevölkerung sei »zur Begründung der Souveränität, zur Entfaltung des fürstlichen Glanzes und der Herrschermacht« nämlich unerlässlich, so der Sekretär. Bayern am Hindukusch? Diese Vorstellung schien selbst König Ludwig recht abstrus. Und überhaupt war jede Form von Repräsentation gar nicht in seinem Sinne, da er sich ja auch seinem neuen Volk nicht zeigen wollte.

Bürkel brachte daraufhin die brasilianische Insel Santa Catarina ins Gespräch. Es sei zwar nicht zu erwarten, dass Kaiser Peter II. das gesamte Eiland an Ludwig verkaufen würde, aber auch schon mit einem teilweisen Erwerb wäre ihnen ja geholfen. »Hätten Eure Majestät sich ein mal in Santa Catarina niedergelassen, so wäre es nicht schwer, von dort aus auf die Deutschen Südamerikas einzuwirken, und zweifellos würden Eurer Majestät bei einem längeren Aufenthalt in jenen Gebieten jene Sympathien entgegengetragen, die für Erwerbung der Herrschaft in dem sich bildenden germanischen Staat in Südamerika von großem Belang sind.«[48]

Die Auswanderungspläne beschäftigen Ludwig bis in seine letzten Lebensjahre hinein. Immer wieder kam er darauf zurück, so auch im August 1882. Kabinettssekretär Friedrich von Ziegler tat Ludwigs Überlegungen jedoch als Phantastereien ab; mit unverhohlenem Spott gab er einen königlichen Befehl an Hofsekretär Ludwig von Bürkel weiter: »Nun möchte die Majestät aber, u. zwar diesmal ›neben‹ Bayern (nicht durch Austausch), ein kleines Fürstenthum mit Souveränitat kaufen, etwa wie Monaco oder Liechtenstein. Ich soll Jemand suchen, der das Kaufobjekt ausfindig macht. Richte nun gefälligst 10 bis 20 Millionen Geld her, denn auf Credit werden wir das Fürstenthum nicht bekommen.«[49] Zu diesem Zeitpunkt im Sommer 1882 war Ludwig bereits in Millionenhöhe verschuldet.

ES KAM, WIE WIR RÜCKBLICKEND WISSEN, dann doch anders. Ludwig II. blieb in Bayern, und es wurden weder das Königreich von Südamerika noch das der Kanarischen Inseln ausgerufen. Der König reiste auch niemals nach Griechenland, Ägypten oder geschweige denn an den Hindukusch. Waren der Aufbau der »Coalition« und der geplante Ankauf fremder Länder rückblickend also nur viel Lärm um nichts? Dass König Ludwigs geheime Vorhaben mehr an eine Operette als an ein Drama erinnern, sagt alles über die dilettantische Inszenierung, aber nichts über die psychologischen Motive des Königs. Ludwigs Staatssicherheitspläne spielen in seiner Biographie eine wichtige Rolle, weil sie einen Prozess dokumentieren, der mit der Reichsgründung eine verhängnisvolle Eigendynamik entwickelte. Die Rede ist von Ludwigs Weltentfremdung. Natürlich war der König auch zuvor nicht frei von einer gewissen Menschenscheu gewesen, gleichwohl stellten die Ereignisse von 1870/71, wie wir gesehen haben, die zentrale Zäsur in seinem Leben dar. Nach den Versailler Verhandlungen war die Welt für ihn eine völlig andere.

König Ludwig empfand das Einbüßen seiner Souveränitätsrechte als demütigenden Kontrollverlust. Überall vermutete er fortan Gegner und Feinde – in der Landbevölkerung, im liberalen Bürgertum, in den politischen Parteien egal welcher Couleur, in der Amtskirche, ja, sogar der Armee warf er vor, mit den verhassten Preußen zu paktieren. So bizarr uns heute manches Detail erscheint, in Ludwigs Augen hatte das alles eine innere Logik, er verfolgte so etwas wie einen Masterplan. Die »Coalition« und die Emigration waren dabei zwei Seiten der gleichen Medaille.

Ging es ihm zunächst darum, mit Hilfe seiner Privatmiliz die totale Kontrolle und Macht über sein Land vom Reich zurückzuerobern, plante er in einem zweiten Schritt den Sturz der bisherigen Ordnung und die Errichtung seines absoluten Königtums. Da das auf gesetzlichem Wege verständlicherweise nicht möglich war, blieb ihm nur der Gang in die Schattenwelt der Illegalität – der Staatsstreich. Sollte dies alles nicht glücken, so der Plan, konnte er immer noch emigrieren und irgendwo anders sein Ancien Régime ausrufen. Keine Frage: König Ludwig II. hatte Anfang der 1870er Jahre den Weg in die Einsamkeit eingeschlagen – sein Bruder Otto war dort bereits angekommen.

Der kranke Bruder

DIE LEBENSGESCHICHTE DES PRINZEN Otto Wilhelm Luitpold Adalbert Waldemar von Wittelsbach ist über weite Strecken eine Leidensgeschichte. Ludwigs Bruder Otto wurde 68 Jahre alt, mehr als vier Jahrzehnte davon verbrachte er – von der Außenwelt isoliert – in psychiatrischer Behandlung. Seine Krankenakte ist in verschiedener Hinsicht ein bedrückendes Dokument, beschreibt sie doch die schrittweise Auflösung eines Menschen. Was mit den gelegentlichen Verhaltensauffälligkeiten eines Kindes begann, entwickelte sich im Laufe der Zeit zu einer schlimmen psychischen Erkrankung. Am Ende stand die totale »Verblödung«, wie man damals sagte, es kam zu einem weitgehenden Verlust von Intelligenz und Persönlichkeit. Wie bei einer schweren Demenz gingen die sozialen Umgangsformen verloren, am Ende seines Lebens vegetierte Otto, von Pflegern bewacht und Ärzten betreut, nur noch dahin.

Die Anfänge seines Leidens datieren aus frühen Kindertagen. Ein Arzt erinnerte sich später, dass Otto bereits als fünfjähriger Bub

Stimmen gehört haben will, die ihm Vorschriften gemacht und Aufträge erteilt haben sollen. Mit sieben Jahren fühlte er den Zwang, sich unzählige Male am Tag waschen zu müssen, und als Dreizehnjähriger sammelte er seine Exkremente in einem Gefäß, das er dann aus dem Fenster entleerte. Auch sonst benahm sich das Kind merkwürdig, etwa wenn er sich auf einem Bein in eine Ecke stellte oder auf allen Vieren kroch und dabei wie ein Hund bellte.[50]

Am Silvestertag 1867 – Otto war erst neunzehn Jahre alt – ereignete sich ein ernster Zwischenfall. Im Verlauf einer geselligen Teestunde fühlte sich Otto offenbar durch eine Äußerung seiner Mutter beleidigt, woraufhin er eine dritte Person zum Duell forderte. Ottos Auftritt schien mehr als konfus gewesen zu sein, die Hintergründe sind unbekannt. Am nächsten Morgen schrieb er seinem Bruder einen Brief und stellte das Ganze gewissermaßen als dummes Missverständnis dar. Hatte man Ottos Ausfälle in der Familie lange Zeit ignoriert, war nun klar, dass es so nicht weitergehen konnte. Um zur Besinnung zu kommen, schickte man den jungen Prinzen kurzerhand auf eine »Grand tour«. Dabei handelte es sich um eine ausgedehnte Bildungsreise, die für die Söhne des europäischen Adels ohnehin zum Pflichtprogramm des Erwachsenwerdens gehörte. Wie viele seiner Alters- und Standesgenossen besuchte Otto Italien, Frankreich und Spanien, er machte auf dem Balkan Station und erreichte schließlich im Sommer 1869 das Heilige Land. Dort zog er sich eine mysteriöse fieberhafte Erkrankung zu, die ihn in Bethlehem und Jerusalem für Tage an das Bett fesselte.

Ein gutes halbes Jahr später – Otto war mittlerweile nach Bayern zurückgekehrt – erlitt er einen weiteren Fieberanfall. Die Ärzte standen dem neuerlichen Schub mehr oder weniger ratlos gegenüber. Wirksam behandelt wurde das Fieber nicht, zumal man ja auch bei dessen Ursachen im Dunkeln tappte. Ottos Doktoren verordneten ihm Mitte März 1870 Ruhe und Entspannung. Der Patient verließ München und begab sich in Begleitung seiner Mutter nach Hohenschwangau. Dort, in der gesunden Gebirgsluft, werde er sein Leiden schon loswerden, so die Hoffnung. Als sich das Befinden knapp vier Wochen später aber immer noch nicht gebessert hatte, nahm die

Ludwigs jüngerer Bruder Otto (hier um 1875) zeigte seit seiner Jugend psychische Auffälligkeiten, die im Laufe der Zeit immer schlimmer wurden. Nichtsdestotrotz trat er nach Ludwigs Tod offiziell dessen Nachfolge an. Die letzten Jahre seines Lebens verbrachte König Otto in geistiger Umnachtung.

Besorgnis zu. Es entstanden Gerüchte, die der stets gut informierte Georg von Werthern sofort seinem Chef in Berlin mitteilte. Er habe aus »ärztlichen Kreisen« gehört, so der preußische Gesandte, dass Ottos Erkrankung »eine Störung des Nervensystems, wie bei der Prinzeß Alexandra, zur Folge haben könnte«.[51]

Die 1826 geborene Alexandra von Bayern war die jüngste Schwester von König Max II. und somit Ludwigs und Ottos Tante. Wir wissen nicht genau, woran die Prinzessin litt. Nach ihrem Tod im Mai

1875 wurde eine Obduktion durchgeführt, bei der zwar Zeichen einer Tuberkuloseerkrankung sowie mehrerer Herzinfarkte, aber keine Hinweise auf eine organische Erkrankung des Gehirns gefunden werden konnten.[52] Was Werthern recht freundlich als »Störung des Nervensystems« bezeichnete, würde man heute als schwere Angsterkrankung klassifizieren. Als junges Mädchen hatte sich Alexandra eingebildet, ein gläsernes Klavier verschluckt zu haben. Im Laufe der Zeit entwickelte sie quälende Berührungs- und Beschmutzungsängste. Sie konnte es nicht ertragen, von anderen Menschen auch nur unbeabsichtigt berührt zu werden, wusch sich unzählige Male am Tag und kleidete sich ebenso oft neu ein. Diese nahezu beiläufige Erwähnung der Prinzessin und ihres Schicksals dürfte Bismarck beunruhigt haben. Das persönliche Leid eines Menschen stand für ihn dabei jedoch allenfalls in zweiter Reihe, Bismarck dachte vielmehr in dynastischen Dimensionen: Sollte Prinz Otto ein ähnliches Unglück ereilen, so sein Kalkül, dann fiele er auf Dauer als politischer Faktor in der Münchner Residenz aus. Bismarck liebte das Spiel mit Alternativen – durch Ottos Erkrankung drohte ihm eine abhandenzukommen.

Gut zwei Monate nach Ottos neuerlichem Fieberschub schienen sich die schlimmsten Befürchtungen zu bewahrheiten. Es bestehe nur noch »geringe Aussicht einer gänzlichen Wiederherstellung«, hatte Werthern mittlerweile aus Hofkreisen erfahren. »Von einer andern Seite höre ich, daß die Ärzte nur noch nach Wochen rechnen, doch ist hierbei zu bemerken, daß sich das Münchener Publikum stets in Übertreibungen gefällt.« Der Gesandte war gleichwohl alarmiert. »Ich kann es mir nicht versagen«, schloss er seinen Bericht, »noch einmal auf die politischen Folgen hin zu weisen, die der Tod des Prinzen nach sich ziehen würde. Er wäre das Signal zu byzantinischen Palastintriguen.«[53]

So weit kam es indes nicht, der Hof bemühte sich vielmehr, einen Anschein von Normalität zu wahren. Obschon Otto bereits ein schwer kranker Mann war, nahm er sogar als Angehöriger des Generalstabs am Deutsch-Französischen Krieg teil. Eine Hilfe konnte er in seinem Zustand mitnichten sein, selbst den repräsentativen Aufgaben war er kaum mehr gewachsen. »Bleich, elend und wie im Fieber beständig fröstelnd und schauernd saß er vor mir, während ich ihm meine Meinung über die deutsche Frage auseinandersetzte«, erinnerte sich der preußische Kronprinz Friedrich Wilhelm. »Ob er aber die entscheidenden Punkte begriffen hat, ob er überhaupt die Dinge übersieht, konnte ich aus ihm nicht herausbekommen, ja nicht einmal, ob er mir wirklich zuhörte; jedenfalls muß er recht leidend sein.«[54]

Hatte Ludwig Anfang November 1870 noch ernsthaft daran gedacht, zugunsten seines Bruders abzudanken, wurde nun auch ihm klar, wie absurd diese Idee war. »Ein rechter Jammer ist es mit Ottos leidendem Zustande, der sich zusehends verschlimmert«, klagte er wenige Wochen später seiner ehemaligen Erzieherin. »In manchen Dingen ist er aufgeregter u. scrupulöser wie Tante Alexandra, was gewiß viel sagen will, er legt sich oft 48 Stunden en suite gar nicht zu Bette, zog seine Stiefel seit 8 Wochen nicht aus, gebärdet sich wie ein Wahnsinniger, macht schreckliche Faxen, bellt wie ein Hund u. hat Momente in denen er die größten Grobheiten einem ins Gesicht schleudert; dann ist er oft wieder ganz natürlich u. vernünftig wie sonst.«[55] So konnte es keinesfalls weitergehen, Otto musste ärztlich betreut und überwacht werden. Ludwig ergriff endlich die Initiative und wies seinen Leibarzt Franz Xaver von Gietl an, den Prinzen eingehend zu untersuchen und einen Heilplan zu erstellen.

Nun war Otto kein Patient wie jeder andere: Als Bruder des Monarchen galt er als eine Königliche Hoheit, der man respektvoll und ehrfürchtig zu begegnen hatte. Und da er nicht zuletzt der nächste Thronanwärter war, kam Gietls Wirken auch eine praktische politische Dimension zu. Der 68-jährige Professor schien sich seiner schwierigen Aufgabe bewusst gewesen zu sein, wollte er doch sein Handeln durch prominente Fachkollegen absichern. Gietl berief ein »Consilium«, das neben ihm aus zwei Hofstabsärzten sowie dem Leiter der Oberbayerischen Kreisirrenanstalt Karl August von Solbrig bestand. Zwischen Mai und November 1871 trafen sich die Herren insgesamt vier Mal, dann erfolgte die Diagnosestellung. Bei Otto liege eine »krankhafte Reizbarkeit des Gehirns und überhaupt des ganzen Nervensystemes« vor, die sich in Halluzinationen, Muskelkrämpfen und religiösen Wahnvorstellungen äußere. An einem Tag sei der Patient sehr unruhig und neige zur Raserei, an anderen Tagen sitze er apathisch in der Ecke. Das alles werde, so die Doktoren, durch einen ungeordneten Lebenswandel sowie durch eine mangelhafte Ernährung wesentlich gefördert.[56]

Der Hinweis auf Ottos Privatleben kam nicht von ungefähr. In den Augen der Ärzte lag in dem prinzlichen Verhalten eine Ursache der gesamten Malaise. Durch die Gänge der Münchner Residenz waberten damals Gerüchte, die auch Professor Gietl zu Ohren gekommen waren: dass der Prinz nächtliche Spaziergänge unternehme, in dubiosen Etablissements verkehre und Prostituierte aufsuche. Georg von Werthern will sogar erfahren haben, dass Otto sich an »nacketen Bällen« beteiligte – heute würde man wohl von »Sexpartys« sprechen. Werthern: »Ein solcher Ball hat während des letzten Carnevals wirklich statt gefunden und auch unter Theilnahme Seiner Königlichen Hoheit. Der Entrepreneur war der jüdische Commis Rosipal, das Lokal die Riegersche Weinstube am Dultplatz. – Da es eine demi-monde hier nicht gibt, so behalf man sich mit dem Abhub des horizontalen Handwerks. Alle Gäste erschienen in rothen Tüll-Tunikas & Stiefeletten.« Was er über Ottos sexuelle Ausschweifungen höre, beendete der Gesandte sein Schreiben, »ist der Art, daß ich mich einstweilen noch scheue es in einem Berichte wieder aus zu sprechen.«[57]

Es ist schwer zu sagen, ob solche Geschichten der Wahrheit entsprachen oder nur Hoftratsch waren. Professor Gietl musste jedenfalls zugeben, dass er nicht mit Gewissheit sagen könne, was Otto des nächtens treibe: »Aber das ist gewiß, daß Seine Königliche Hoheit sich verderblichen Genüssen hingibt, wie seine Wäsche nach diesen Nachtfahrten nachweist, wovon ich mich selbst einmal überzeugt habe, indem ich mir, um mich über die Aussagen der Diener zu vergewissern, sie zeigen ließ«.[58]

Angesichts dieser Schnüffelei verwundert es kaum, dass Franz Xaver von Gietls Therapie eine ausgeprägte sittlich-religiöse Ausrichtung aufwies. Praktisch sah das so aus, dass der Arzt seinem Patienten Moralpredigten hielt. Stundenlang redete er auf Otto ein: dass er seine Lebensweise ändern und auf die Ärzte hören müsse, dass er sonst einem bösen Leiden verfallen werde und so weiter. Auch wenn es heute abwegig erscheint, so hielt man ein solches Vorgehen bei einem streng katholisch erzogenen jungen Mann damals für zielführend. Die ärztlichen Appelle an Moral und Vernunft konnten jedoch bei Otto nicht funktionieren, denn der Prinz war nicht moralisch hinfällig, er litt vielmehr an einer ernsten Krankheit, der man mit gutem Zureden nicht Herr werden konnte. Der Psychiater Heinz Häfner vermutete, dass Otto sich bei einer seiner Ausflüge ins Rotlichtmilieu mit Syphilis infiziert hatte.[59] Das vierte und letzte Stadium dieser Erkrankung – die sogenannte Neurolues – geht mit schweren neurologischen Ausfällen einher, wie sie auch bei Otto vorlagen.

Es ist gut möglich, dass Otto tatsächlich mit Prostituierten verkehrte und an »nacketen Bällen« teilnahm, mit Syphilis hat er sich dabei aber sicherlich nicht infiziert. Als der »Hohe Kranke« am 11. Oktober 1916 mit 68 Jahren an den Folgen einer Darmverschlingung in Schloss Fürstenried verstarb, wurde der Leichnam obduziert.[60] Das Sektionsprotokoll galt jahrzehntelang als verschollen, für dieses Buch konnte es erstmals ausgewertet werden. Der berühmte Neurologe Walther Spielmeyer sezierte das Gehirn und stellte fest, »dass die Veränderungen sich nicht einfügen lassen in die exakt diagnostizierbaren Krankheiten, die auf eine Infektion oder auf eine Erkrankung der Gefässe zurückgehen. Insbesondere fehlen alle entzündlichen Veränderungen, die etwa mit einer im Leben erworbenen oder mit einer ererbten Infektionskrankheit in Zusammenhang stehen könnten.« Damit schied die Syphilis als eine »im Leben erworbene Infektionskrankheit« aus. In seinem Bericht kommt der Professor zu folgendem Schluss: »Die Erkrankung ist vielmehr als ein selbstständiger Destruktionsprozess des Rindengewebes aufzufassen, für den äussere schädigende Momente ursächlich nicht in Betracht kommen. In ihrer Art und Anordnung entsprechen die Hirnrindenveränderungen denen, die wir bei sehr lange bestehenden, weit vorgeschrittenen jugendlichen Verblödungsprozessen finden.«[61]

Spielmeyer diagnostizierte eine Krankheit, die damals als Dementia praecox bezeichnet wurde und die man heute Schizophrenie nennt. Bei Otto lag wohl am ehesten eine paranoid-halluzinatorische Schizophrenie vor, die sich in Wahnideen und Halluzinationen äußerte. Otto fühlte sich verfolgt und hörte Stimmen, die sich über ihn unterhielten, ihn beschimpften oder ihm Aufträge erteilten. Bis heute gelten schizophrene Störungen als nicht grundsätzlich heilbar, gleichwohl kann man sie aber mit modernen Medikamenten gut in den Griff bekommen.

Ganz anders vor über hundert Jahren: Arzneimittel standen nicht zur Verfügung, und das Verabreichen von Moralpredigten in hohen Dosen konnte einem Patienten wie Otto nicht helfen. Nach wenigen Monaten musste Professor Gietl sein Scheitern eingestehen. Die Ärzte plädierten nun für eine Unterbringung des Prinzen außerhalb der Stadt, besser gesagt: weit weg von den anreizenden Verführungen. »Aber weder Er [Otto] noch Se. M. der König wollen sich zu den erforderlichen Maßregeln bequemen«, wusste Werthern derweil zu berichten. »Seine Majestät hat geäußert: ›Er wiße, daß Ihn Niemand leiden könne als der Prinz Otto. Er könne sich diesen nicht auch noch entfremden indem er ihn zur Übersiedlung nach einer Heilanstalt zwinge.‹«[62]

Es sei einmal dahingestellt, ob Ludwig dies wirklich so gesagt hat, zumal von einer Einweisung in ein Sanatorium nie die Rede war. Richtig war aber zweifellos, dass die Ärzte gegen den Willen des Prinzen nichts unternehmen konnten. Otto verfügte über einen eigenen Hofstaat bestehend aus Dienern und einer Adjutantur, der ihm streng untergeben war. Solange Ludwig als König und Familienoberhaupt keine anderen Vorkehrungen traf, mussten die Ärzte an Ottos Souveränität scheitern.

Anfang 1872 lenkte Ludwig schließlich ein. In einem Brief teilte er seinem Bruder mit, dass er bis zur vollständigen Genesung »in Begleitung des üblichen Gefolges« zunächst in das Schloss Nymphenburg übersiedeln solle. In späteren Jahren zog sich Otto auch immer wieder in die königlichen Schlösser in Fürstenried und Schleißheim zurück. Dabei handelte es sich nicht um einen freundlichen Wunsch, es war ein königlicher Befehl, den Otto zu befolgen hatte. Ende Februar fand der Umzug statt. Gietl hatte dafür weitreichende Vorkehrungen getroffen: Neben den Mitgliedern des ›Consiliums« begaben sich mehrere Krankenwärter und Sanitätssoldaten in Ottos Wohnung in der Residenz. Auch die Adjutanten sowie die Königinmutter hielten sich bereit. Offensichtlich vermutete man, dass der Kranke sich nicht freiwillig seinem Schicksal ergeben würde. Und in der Tat wollte der Prinz niemanden sehen. Als die Professoren Gietl und Solbrig gegen Ottos ausdrücklichen Wunsch dessen Schlafzimmer betraten, stand er splitternackt auf dem Bett. Diese Situation war, was kaum verwundert, für alle Anwesenden überaus peinlich und schmerzhaft. Erst nach langem Hin und Her beruhigte sich der Prinz, kleidete sich an und ließ sich gewissermaßen abführen.

Es gehört zu Ottos Krankheitsbild, dass er in der Anfangszeit durchaus noch in der Lage war, komplexe Situationen zu erfassen. In einem solchen Moment wurde ihm wohl bewusst, dass sein Umzug in das Schloss Nymphenburg letztlich einer Bevormundung gleichkam. »Nicht da gewesen u. unerhört seit 400 Jahren in unserer Familie ist die Behandlung eines Prinzen auf diese Weise!«, protestierte Otto in einem Brief an seinen Bruder. »Ich danke Gott, daß er mich so klar erhalten hat.« Er sei sich keiner Schuld bewusst und wisse gar nicht, was das alles solle. Schließlich griff er Ludwig frontal an: »Doch höre niemals werde ich den Urheber dieser Behandlung das vergessen! Das war zu schmerzlich, das war zu viel! Viel kann ich vergeben u. gern, aber niemals etwas Derartiges, was mich so tiefinnerlich verletzt! Man ist gegen mein Verbot in das Innern meiner Zimmer gedrungen, man hat meinen Hausfrieden gestört, der heilig u. unverletzlich sein soll, aller Sitte u. Anstand Hohn gesprochen, man hat Gewalt bei mir Schuldlosem angewendet, man hätte sich fast am Königlichen Blut vergriffen, das ist zu viel u. das vergesse ich nie! Man hat mir zu unaussprechlich weh gethan, mich zu schreiend gekränkt!« Und weiter: »Du hast nicht das Recht, mir im Inlande zu befehlen, mich an diesen oder jenen Ort zu begeben. Du hast nicht das Recht, mich, da ich kein Unrecht begangen, also zu behandeln! Nur der Gewalt bin ich gewichen u. ich bin ein Gefangener; unerhört hat man an mir gehandelt! Nochmals protestire ich nochmals gegen alles Das! Ich bin schuldlos u. es ist so viel, als sei es nicht geschehen! Ich bin jetzt Dein Gefangener, so lange, bis es Dir beliebt, mir die Freiheit wiederzuschenken!«[63]

Mit diesem Angriff hatte Otto den Bogen überspannt. Ludwigs monarchisches Selbstwertgefühl war so stark ausgeprägt, dass er selbst den Klagebrief seines offensichtlich schwer kranken Bruders als taktlos und geradezu frech empfinden musste. Der König reagierte pikiert – und Otto entschuldigte sich kurze Zeit später kleinlaut.

In den ersten Jahren seiner Erkrankung durfte Otto Schloss Nymphenburg noch verlassen und konnte ein vergleichsweise geselliges Leben führen. Ab und zu besuchte er Volksfeste, er unternahm Ausflüge und ging an Feiertagen in die Kirche. In dem Maße, in dem die Verhaltensauffälligkeiten aber zunahmen, plädierten die Ärzte für eine stärkere Isolation innerhalb der Schlossanlage. Der König ließ sich zwar wöchentlich ausführliche Berichte über Ottos Befinden zusenden, persönliche Treffen zwischen den Brüdern wurden im Laufe der Zeit indes immer seltener. Man gewinnt den Eindruck, dass die beiden sich buchstäblich immer weniger zu sagen hatten. Otto lebte zunehmend in einer Seelenwelt, zu der nur er Zugang hatte. Selbst Feiertagswünsche überbrachte der König nicht mehr selbst, meistens erhielt Ottos Adjutant Wilhelm von Branca den Auftrag, einige Präsente zu besorgen. Ludwig schrieb derweil einige freundliche Zeilen, die nur ungenügend die sprichwörtliche Sprachlosigkeit zwischen den Männern kaschierten. Ende September 1875 hieß es etwa: »Aus Grund des Herzens spreche ich dir zu deinem heutigen Namensfeste meine innigsten Glücks- und Segenswünsche aus. – Möge deine Gesundheit sich recht bald wieder völlig kräftigen und dir ein recht langes, glückliches Leben beschieden sein! Branca ließ ich den Auftrag nothieren, meine Geschenke dir zu zustellen, wenn dieselben dir Vergnügen machen, sollte mich dieß freuen, deine Wünsche waren wie immer sehr bescheiden.«[64] Prinz Otto war Ludwig gewissermaßen abhandengekommen. Seine eigentlichen brüderlichen Gefühle galten derweil einem anderen Mann. »Sehr schade ist es, daß Wir nicht Brüder sind«, klagte Ludwig gegenüber Kronprinz Rudolf von Österreich, »denn dann hätten Wir Uns zu sprechen viel öfter Gelegenheit.«[65]

Verhängnisse

ALS ENDE MAI 1872 OTTOS ARZT Karl August von Solbrig unerwartet verstarb, kam es zu einer folgenschweren Entwicklung. Auf die nun vakante Stelle als Direktor der Kreisirrenanstalt und Professor für Psychiatrie bewarb sich ein Mann, der in König Ludwigs Leben noch eine unrühmliche Rolle spielen sollte: Bernhard Gudden. Der 1824 geborene Niederrheiner wirkte nach Stationen in Baden und Unterfranken seit Sommer 1869 als Universitätsprofessor und Krankenhausdirektor in Zürich. In der Schweiz verfügte Gudden über hervorragende Arbeitsbedingungen. Die von ihm geleitete Anstalt Burghölzli war gerade neu erbaut worden und entsprach den modernsten medizinischen Standards. Dass Gudden dennoch knapp drei Jahre später Zürich schon wieder verlassen wollte, hatte gute Gründe: Er war genau genommen menschlich gescheitert. Das Zusammenwirken des preußischen Arztes und der eidgenössischen Stadtbehörden schien nicht zu funktionieren, die Mentalitäten waren wohl zu verschieden.[66]

Bernhard von Gudden, wie er sich ab 1874 geadelt nennen durfte, wird gelegentlich als bedeutendster Psychiater seiner Zeit bezeichnet, was aber eine nachträgliche Stilisierung darstellt. Das Bild dieses Mannes hat viele Facetten. Als Wissenschaftler galt er zweifellos als gewissenhafter und fleißiger Forscher, der zahlreiche anatomische Studien an den Gehirnen von Katzen, Hunden und Hamstern durchführte. Der Professor schien mit sich und der Welt zufrieden, wenn er sich in aller Ruhe in seinem Labor über das Mikroskop beugen konnte. Da er aber seine Versuchsergebnisse nur selten veröffentlichte, blieb die Wirksamkeit seiner Arbeiten beschränkt.

Große und bleibende Bedeutung erlangte Gudden aber darin, die Psychiatrie humaner zu machen. Sogenannte Irrenanstalten waren im 19. Jahrhundert nicht selten Orte wahrer Höllenqualen. Die oft schwer kranken Patienten wurden im Grunde nur verwahrt und weggeschlossen, die eigentlichen Leiden wurden nicht behandelt, die meisten Ärzte zeigten sich ratlos. Die Krankenschwestern und die Wärter waren schlecht ausgebildet und in der Regel mit ihren Patienten heillos überfordert. Es kam immer wieder zu schrecklichen

Der Nervenarzt Bernhard von Gudden sollte in König Ludwigs Leben eine verhängnisvolle Rolle spielen.

Gewaltexzessen, wenn Anstaltsinsassen vom Personal nahezu totgeprügelt wurden. Die meisten Behandlungsmethoden, die damals zur Verfügung standen, erscheinen uns heute schier unmenschlich. Minutenlange Güsse mit eiskaltem Wasser – sogenannte Stahlbäder – gehörten noch zu den ärztlichen Anordnungen der harmloseren Art. Besonders schlimm waren die Einreibungen der Kopfhaut mit einer ätzenden Paste aus Brechweinstein. Wenige Tage nach einer solchen Prozedur schwollen die Weichteile des Kopfes monströs an, die Kopfhaut löste sich ab, und man konnte die pulsierende Dura, die äußere Hirnhaut, sehen. Offensichtlich glaubte man, dass das Öffnen des Schädels der Heilung vom »Irrsinn« dienlich sei. Das war natürlich medizinischer Nonsens. Als Folge dieser Folter verlor mancher Patient endgültig den Verstand. Wer sich gegen die Therapie auflehnte, wurde mit der Zwangsjacke ruhiggestellt oder im Bett fixiert. Manche Kranke pferchte man in Räumen zusammen und überließ sie sich selbst. In diesen Zimmern, die die Pfleger irgendwann kaum mehr zu betreten wagten, herrschten unmenschliche Zustände. Als Folge der unhygienischen Lebensbedingungen grassierten in den Anstalten schlimme Hautkrankheiten.

Mit alledem machte der Krankenhausdirektor Gudden Schluss. Er hatte – glaubt man Zeitzeugen – eine bezwingende Ausstrahlung: ein großer, kräftig gebauter Mann mit einem dunklen Vollbart, der streng wie nachsichtig, jovial und gleichermaßen unnachgiebig sein konnte. Gudden verbot Fesselungen aller Art und untersagte jedwede Gewaltanwendung. Die Patienten sollten ihrer Erkrankung entsprechend ein Höchstmaß an Freiheit genießen. Man versuchte sie sinnvoll zu beschäftigen, unternahm mit ihnen Ausflüge und bot musikalische Veranstaltungen an. Darüber hinaus professionalisierte Gudden die klinischen Arbeitsabläufe. Die Ärzte und Pfleger, die er stets sorgsam auswählte, mussten nun Tagesberichte schreiben und ihr Handeln ausführlich dokumentieren. In der von ihm geleiteten Klinik Werneck bei Würzburg lebte er mit seiner Familie sogar auf dem Anstaltsgelände und war somit als Vorbild allgegenwärtig. Unter Guddens Leitung wurden die Kranken als menschliche Individuen wahrgenommen.

War dieser Ansatz für die damalige Zeit wirklich bahnbrechend, so hinkte Bernhard von Gudden als praktizierender Arzt und Diagnostiker indes der Entwicklung hinterher. »Dagegen hatte Gudden gar keine Neigung, über die Klarlegung des einzelnen Falles hinaus allgemeine klinische Betrachtungen anzustellen«, erinnerte sich sein ehemaliger Mitarbeiter Emil Kraepelin. »Mit dem Gefühle der Sicherheit stellte er eigentlich nur eine einzige Diagnose, diejenige der Paralyse, bei der er sich auf körperliche Zeichen stützen konnte. Jedem Versuche, andere Krankheitsbilder abzugrenzen oder den feinen Unterschieden des seelischen Verhaltens nachzugehen, stand er durchaus ablehnend und zweifelnd gegenüber; den dahin zielenden Fragen wich er mit der immer wiederholten Antwort: ›Ich weiß es nicht‹ aus.«[67] Mit anderen Worten: Gudden glaubte, was er sah – und was er nicht sehen konnte, interessierte ihn nicht. Bei aller Verehrung, die Kraepelin zeitlebens für Gudden aufbrachte, stellte er seinem Lehrer damit ein schlechtes Zeugnis aus. Bernhard von Gudden war ein einflussreicher Reformer in der Geschichte der Psychiatrie, seine Bedeutung als Diagnostiker war indes wohl eher gering.

Das sahen anscheinend auch seine Kollegen von der Münchner Universität so, die sich im Berufungsverfahren mehrheitlich gegen Gudden aussprachen.[68] Warum erhielt er dennoch den Ruf und die Leitung der Kreisirrenanstalt? Der Kandidat verfügte offensichtlich über einflussreiche Freunde, allen voran Innenminister Sigmund von Pfeufer und Kultusminister Johann von Lutz. Da die Kreisirrenanstalt dem Innenministerium unterstand, konnte Pfeufer diese Personalfrage auf dem kurzen Dienstweg regeln. Es sei nämlich des Ministers Wunsch, hatte Georg von Werthern erfahren, »einen bedeutenden & integeren Mann in der Nähe zu haben, der ein competentes Urtheil über den Zustand Sr. K.H. des Prinzen Otto fällt & nebenbei den König selbst beobachtet«. Bei Otto habe, so der Gesandte, »bereits die paralytische Periode« begonnen, was so viel heißen soll wie: Er ist verloren.

Doch was hätte Gudden in diesem Fall noch machen können? Überhaupt wäre der Professor aus Zürich kaum vonnöten gewesen, um Otto kompetent zu beurteilen. Es ist vielmehr das unscheinbare Wort »nebenbei«, das Wertherns Bericht so brisant macht. Es ging, wenn man ihm glauben darf, bei Guddens Berufung in Wahrheit um König Ludwig: »An Sr. M. dem Könige will man, gegen frühere Gewohnheit, eine zunehmende äußere Vernachläßigung in Reinlichkeit & Kleidung bemerken, die auch als charakteristisches Symptom betrachtet wird & seine Neigung zur Einsamkeit & zu absonderlichen Unterhaltungen wächst in Besorgniß erregender Weise.« Schließlich folgte der entscheidende Satz: »Wie mir Herr von Lutz noch gestern sagte, ist die Frage der Regentschaft nicht controvers.« Und weiter: »Wie ich, so glaubt auch Herr von Lutz, daß wenn eine wirkliche Verstandesstörung bei Sr. M. dem König constatirt & eine Regentschaft des Prinzen Ludwig nothwendig werden sollte, diese Crisis ohne alle Convulsionen vor sich gehen dürfte.«[69] Damit hatte Georg von Werthern bereits im November 1872 bis ins Detail jenes Vorgehen beschrieben, mit dem vierzehn Jahre später Ludwig um sein Amt gebracht werden sollte. Nur war es nicht Prinz Ludwig, sondern dessen Vater Luitpold, der die Regentschaft antreten sollte.

Nachdem Ottos Arzt Wilhelm Brattler Ende Oktober 1876 aus gesundheitlichen Gründen um seine Entlassung gebeten hatte, übernahm Bernhard von Gudden auch offiziell die Betreuung des Prinzen. Der Dienst bei Otto galt in Medizinerkreisen als prestigeträchtig – aber langweilig. Offensichtlich hatte der Professor Schwierigkeiten, einen geeigneten Kandidaten zu finden, der sich für eine längere Zeit darauf einlassen wollte. Gudden wählte nun aus den Reihen seiner Assistenzärzte Doktoren aus, die für einen bestimmten Zeitraum – meistens für vier Wochen – abgeordnet wurden. Mit dem Ende solch eines Dienstes musste der jeweilige »Prinzenarzt« einen ausführlichen Bericht an König Ludwig schreiben und wurde dann von einem Kollegen abgelöst. Als Chef der »Prinzenärzte« pflegte Gudden zahlreiche Kontakte in die Hof- und Ministerialbürokratie, wodurch sein Einfluss erheblich zunahm. In den Amtsstuben schätzte man die joviale und zupackende Art des Professors. Und nicht zuletzt schien sich das von ihm installierte Rotationsprinzip zu bewähren.

Mit Ottos Gesundheit ging es derweil langsam aber stetig bergab. Vermehrt traten nun auch religiöse Wahnvorstellungen auf, so auch am Fronleichnamstag 1875. Die Münchner Frauenkirche war gut gefüllt und das Hochamt hatte bereits begonnen, als der Skandal seinen Lauf nahm. »Ein junger Mann, sehr schlicht gekleidet, drängte sich durch die Menge zu den Stufen des Hochaltars, fiel dort auf die Kniee nieder und flehte laut und vernehmlich, Gott möge ihm seine Schuld verzeihen«, hieß es in einem Polizeibericht. »Herr Domceremoniar Wolfgang Mühlbauer, welcher sich in dessen Nähe befand und dem dieses Benehmen im höchsten Grade auffällig war, und Störungen befürchtete, näherte sich ihm, um ihn zu entfernen. Als er dessen Gesicht ansichtig wurde, erkannte er, daß es Sn. Kgl. Hoheit Prinz Otto sei. Auf das Höchste überrascht sucht er nun, mit möglichst wenig Aufsehen, welches aber nur theilweise gelang, ihn zu entfernen. Unter fortwährendem Gott um Gnade anflehen und zu dem Volk gekehrt und dasselbe kniefällig um Verzeihung bittend, gelang es endlich Herrn Mühlbauer ihn in die Sakristei zu verbringen. Hier konnte er vor dem Wiedereindringen in die Kirche nur dadurch abgehalten werden, daß ihm Herr Mühlbauer bei seiner priesterlichen Ehre und Würde wiederholt versichern mußte, daß er das Volk in seinem Namen um Verzeihung bitte. Weßwegen er das Volk um Verzeihung und Gott um seine Gnade anflehte äußerte er sich nicht.«[70]

Der Hof bemühte sich, die Angelegenheit kleinzureden, Schadensbegrenzung hieß die Parole. Auf Drängen seines Adjutanten ging

Otto noch am Nachmittag jenes Fronleichnamstages in der Münchner Innenstadt spazieren, als ob nichts gewesen sei. Diese Scharade konnte die Gerüchte über den Geisteszustand des Prinzen indes nicht zum Verstummen bringen – ganz im Gegenteil. Innerhalb kurzer Zeit wurde der Vorfall in der Frauenkirche zum Stadtgespräch. Nur mit Mühe und Not konnten noch peinlichere Skandale vermieden werden. Einmal bekritzelte Otto Zettel, die er aus dem Fenster warf: »Ich bin der Schönste. Ich werde immer sehr schön sein. Ich werde immer sehr schön bleiben. Ich bin sehr schön. Ich bin sehr schön. Ich bin sehr schön. Ich bin sehr schön. Ich bin sehr schön. Ich bin sehr schön.«[71] Die Ärzte sammelten die Blätter eilig ein und schickten sie an Ludwig. Einmal wollte Otto im halbbekleideten Zustand das Schloss verlassen, was gerade noch verhindert werden konnte. Mehrfach attackierte er das Pflegepersonal mit Messern. Ein anderes Mal stürzte er sich während eines Besuches mit roher Gewalt auf seine Mutter, wie Ludwig betroffen einer Freundin berichtete: »Der Wärter warf sich noch rechtzeitig dazwischen und wurde von ihm so zerkratzt, dass das Blut herabfloss.«[72] Da Otto ein starker Raucher war und diesem Laster auch im Bett frönte, kam es gelegentlich zu kleineren Zimmerbränden. Mitunter raste und tobte er stundenlang und kam auch nachts nicht zur Ruhe. Die mittlere Schlafdauer im Jahr 1878 betrug gerade einmal fünf Stunden täglich.[73]

Die Eskapaden des kranken Prinzen gefährdeten nun ernsthaft das Ansehen der Krone. Zwar war Ottos Handlungsspielraum durch den unfreiwilligen Auszug aus der Residenz bereits eingeschränkt, offiziell besaß er aber noch alle Rechte eines bayerischen Prinzen. Damit machte Ludwig am 16. März 1878 Schluss. Bereits die Anrede »Durchlauchtigster Fürst, freundlich lieber Bruder!« und die Verwendung des »Sie« machen deutlich, dass dieser Brief einen ernsten Vorgang behandelte. Der König teilte seinem Bruder darin mit, dass seine sämtlichen Belange in Zukunft von zwei Kuratoren verwaltet würden. Das entsprechende Dekret, das er an diesem Tag unterzeichnet habe, liege dem Schreiben bei.[74] Ludwig begründete diesen Schritt mit Ottos fortdauernder Erkrankung und verwies dabei auf das Königliche Familienstatut aus dem Jahre 1819. Der Monarch habe das

Recht, heißt es dort, »alle zur Erhaltung der Ruhe, Ehre, Ordnung und Wohlfahrt des Königlichen Hauses dienlichen Maßregeln zu ergreifen«.[75]

Auch wenn das Wort nicht fiel – im Grunde stellte jener Vorgang eine Entmündigung dar. Daran änderte auch der freundliche Tonfall am Ende des Briefes nichts: »So sehr es der innigste und heiße Wunsch Meines Herzens ist, daß bald die Zeit kommen möge, welche die Aufhebung dieser Maßregel erlaubt, denn so nothwendig ist jetzt deren Durchführung in Euerer Königlichen Hoheit eigensten Interesse. Empfangen Euere Königliche Hoheit in diesen Zeilen die Versicherung brüderlichen Wohlwollens, womit Ich denselben stets beigethan verbleibe.«[76]

Mit der Entmündigung gab Ludwig jede Hoffnung auf, dass Otto ihm einmal als König nachfolgen könnte. Er richtete sein Augenmerk nun auf andere, aussichtsreichere Kandidaten. »Ich hänge an Niemandem so fest und treu wie an Dir«, schrieb er an Kronprinz Rudolf von Österreich, »ja so ist es mein großer Wunsch, daß Du nach meinem Tode dereinst Bayern erhältst.«[77] Doch es kam – wie wir wissen – anders.

Körperlich erfreute sich Otto bester Gesundheit. Ein baldiges Ableben, wie Werthern es noch im Frühjahr 1870 erwartet hatte, war nicht zu befürchten. Man musste sich also auf eine lange Krankengeschichte einstellen. Doch wo konnte dieser prominente Patient dauerhaft angemessen versorgt werden? Insbesondere Schloss Nymphenburg hatte sich als Rückzugsort nicht bewährt, da Otto dort vor neugierigen Blicken von Spaziergängern und Besuchern kaum sicher war. Da für Ludwig eine Unterbringung des Bruders in einer öffentlichen Anstalt nicht infrage kam, plante man gewissermaßen die Gründung eines Privatsanatoriums. Gesucht wurde eine repräsentative Anlage, die einen gewissen gediegenen Luxus bot und in deren Mauern die diskrete Verwahrung des hohen Kranken gewährleistet schien.

Die Wahl fiel auf das etwa zehn Kilometer südwestlich der Münchner Innenstadt gelegene Schloss Fürstenried. Der Rokokobau war 1717 als Jagd- und Lustschloss erbaut worden und hatte in den

Jahrzehnten danach als Witwensitz, Trappistinnenkloster, Lazarett und Schule gedient. Nachdem Otto bereits ab dem Frühjahr 1877 gelegentlich in Fürstenried gewohnt hatte, wurde er dort im September 1883 auf Dauer untergebracht. Die in die Jahre gekommene Anlage musste zunächst jedoch umfangreich saniert und auf den neuen Verwendungszweck ausgerichtet werden. Das gesamte Areal erhielt eine hohe Umfassungsmauer, die Türen in Ottos Gemächern wurden mit Gucklöchern versehen, und an den Wänden brachte man gepolsterte Behänge an, um den Patienten vor Selbstverletzungen zu schützen.

Im Hochparterre standen dem Prinzen mehrere Räume – darunter ein Salon und ein Speisezimmer, ein Schlafzimmer und zwei Bäder – zur Verfügung. Als der junge Koch Theodor Hierneis das einst so fidele Lustschloss betrat, fand er sich in einer morbiden Parallelwelt wieder: »Erst mußten zwei Eingangstüren passiert werden, deren zweite erst geöffnet werden durfte, wenn die erste wieder geschlossen war. Kein Laut dann im ganzen Haus, kein Sprechen, kein Musikton war zu hören, die Schritte wurden von dicken Teppichen geschluckt, und die schattenernsten Gesichter der Wärter und Pfleger, die dazu verurteilt waren, die Eintönigkeit dieses Heims mit dem Kranken zu teilen, ließen keinen Zweifel aufkommen, wie man sich hier zu verhalten habe.«[78]

Otto lebte in Fürstenried sprichwörtlich in einem goldenen Käfig. Nun wäre es ungerecht, seine Kasernierung außerhalb der Stadt als Desinteresse oder gar Herzlosigkeit des Königs zu deuten. Was hätte Ludwig zum Wohle seines Bruders unternehmen können? Ottos Schizophrenie war nicht heilbar, ja, sie war damals im Grunde nicht einmal behandelbar. So konnte es letztlich nur darum gehen, den Kranken sicher zu verwahren. In dieser Hinsicht mangelte es Otto zweifellos an nichts. Wurden in der von Gudden geleiteten Münchner Kreisirrenanstalt 542 Patienten von nur einem Ober- und vier Assistenzärzten sowie 78 Pflegekräften betreut, erhielt Otto eine aufwändige Sonderbehandlung. Diese ging, wie auch der Ankauf des Schlosses Fürstenried, zulasten seines Etats.

Dass Ludwig in der Anfangszeit gelegentlich herzzerreißende Klagebriefe seines Bruders erhielt, stand derweil auf einem anderen

Blatt. »Sobald als möglich möchte ich Fürstenried verlassen u. eine Reise antreten«, hieß es etwa im August 1878. »Ich bitte dich recht herzlich, mache, daß ich sobald als möglich von hier fortkommen kann. Es ist hier kaum mehr zum aushalten! – Man hört u. sieht Nichts u. vereinzelt!«[79] Ottos Bitte verhallte ungehört – er sollte bis zu seinem Tod im Oktober 1916 in Fürstenried bleiben.

Lust und Laster

»WÖRTLICH, WIE ES MIR MAJESTÄT AUFGETRAGEN, habe ich das Leiden (angeblich meines Bruders) dem Professor Oertl vorgetragen. Beinahe 2 Stunden verweilte ich beim Arzt. Er sagte mir, dass es keine künstlichen, keine medizinischen ausser den Flußbädern, überhaupt gar keine Bäder gebe, welche gegen dieses Leiden mit Erfolg angewandt werden könnten.«[80] Mit diesem Brief beginnt eines der merkwürdigsten Kapitel im Leben Ludwigs II. Die geheimnisvolle, kaum aussprechbare Krankheit war seine Vorliebe für die Onanie. Selbstbefriedigung oder – wie man damals sagte – »Selbstbefleckung« galt nicht nur als moralische Sünde, sie war Ausdruck einer krankhaften Veranlagung. So verwundert es kaum, dass ein streng katholisch erzogener Mann wie Ludwig diese »widernatürliche Neigung« als gefährliches Fehlverhalten begriff.

Spätestens seit der indiskreten Veröffentlichung seiner Tagebuchfragmente im Jahre 1925 wissen wir, dass der König unter seiner Lust gelitten hat. Man könnte es also bei einer kurzen Erwähnung be- und den Blick durch das Schlüsselloch in das königliche Schlafzimmer unterlassen. Doch das wäre ein Fehlschluss, denn sein »Kampf« gegen jenes »Leiden« hatte Ausmaße und zeitigte Folgen, die bislang völlig unbekannt waren. Ludwigs Last mit der Lust war mehr als der Ausdruck einer zeittypischen Prüderie. Seine – wie er glaubte – »schuldhafte Sexualität« hatte nicht nur eine religiös-moralische Dimension, vor dem Hintergrund des Schicksals seines Bruders musste sie ihm als bedrohliches medizinisches Problem, wenn nicht gar als Menetekel erscheinen.

Im 19. Jahrhundert hielt man die Masturbation für eine schreckliche Erkrankung, die ihrerseits zahlreiche weitere schlimme Krankheiten verursachen konnte. Der Arzt Hermann Rohleder widmete in seiner damals viel gelesenen Studie alleine 66 Seiten den vermeintlichen medizinischen Folgen der Onanie. Er beschrieb die Konsequenzen für die Sinnesorgane, den Verdauungstrakt und das Herz-Kreislaufsystem, für die Nerven und Genitalien sowie für die Psyche des »Onanisten«.[81] Rohleder verwies auch auf prominente Fachkollegen, die die Selbstbefriedigung sogar als Ursache schwerer Geisteskrankheiten wie progressive Paralyse (eine Erscheinungsform der Neurosyphilis) und Paranoia bezeichneten. So weit wollte er selbst aber nicht gehen. »Irresein ist durch Onanie noch nie direkt erzeugt worden«, schränkte der Doktor ein. Es sei aber richtig, »dass die sexuellen Excesse höchstens als Anstoss zur Entwickelung des längst im Körper schlummernden Keimes zur Geisteskrankheit verantwortlich gemacht werden könnten.« Und weiter: »Die Onanie ist in solchen Fällen vielmehr nur Symptom der bestehenden Psychose, in anderen Fällen nur Gelegenheitsmoment für geistige Erkrankungen, deren Grundlage in erblicher Belastung, neuropathischer Konstitution, vorangegangenen Nervenkrankheiten u.a. zu suchen ist.«[82]

Nun mag man einschränken, dass der König mit jenen ärztlichen Fachdiskussionen nicht vertraut war. Es reichte aber bereits ein Blick in die 12. Auflage von Brockhaus' *Conversations-Lexikon* aus dem Jahre 1878, um die angebliche Gefährlichkeit seiner »Onaniesucht« zu erkennen. »Selbstbefleckung«, heißt es dort, übe einen verderblichen Einfluss auf den Körper aus, »so daß die bedenklichsten Störungen der Gesundheit herbeigeführt werden können. Die übeln, Geist und Körper zerrüttenden Folgen der Selbstbefleckung dürfen nicht leicht angeschlagen werden, indem dieselbe den Keim zu einer großen Abschwächung des Körpers und Geistes und selbst zur Rückenmarkslähmung legen kann.«[83]

Das alles hat sich natürlich als medizinisch haltlos erwiesen. Heute weiß man, dass die Selbstbefriedigung weder körperliche noch seelische Nebenwirkungen hat, geschweige denn als Krankheit gelten kann. Zu König Ludwigs Lebzeiten repräsentierte der erwähnte

Brockhaus-Artikel aber den aktuellen medizinischen Wissensstand, und die von Hermann Rohleder formulierten Szenarien galten als gesicherte Erkenntnisse. Vor diesem Hintergrund musste Ludwig seinen Onanierdrang als Bedrohung seiner geistigen Gesundheit empfinden. Denn: Erschienen nicht Bruder Ottos Wahnvorstellungen und Tante Alexandras Phobien als Ausdruck einer »erblichen Belastung«? Waberten nicht damals Gerüchte durch die Münchner Residenz, dass Otto sich in jungen Jahren mit Prostituierten eingelassen habe und nun einen hohen Preis für seine zügellose Leidenschaft zahlen müsse? War folglich nicht zu befürchten, dass Ludwigs Onanieren dem »längst im Körper schlummernden Keim« einer Geisteskrankheit zum Ausbruch verhelfen könnte? Ludwig musste demnach Sexualität im Allgemeinen als verdorben und unrein und in seinem Fall sogar als krankhaft und gefährlich empfinden. So absurd es uns auch heute erscheinen mag: In seinen Augen benötigte er ärztliche Hilfe.

EIN GEHEIMNIS WAR LUDWIGS »LEIDEN« offensichtlich nicht. Natürlich sprach man nicht in der Öffentlichkeit darüber, hinter vorgehaltener Hand wurde aber manche Geschichte weitererzählt. Ludwigs Kabinettssekretär Friedrich von Ziegler wusste zu berichten, »Seine Majestät litten an ganz abnorm häufigen und starken Pollutionen«. Derartig intime Erkenntnisse stammten von den Kammerdienern, die sich gut informiert glaubten, »weil die Bettwäsche Seiner Majestät täglich die Spuren geschlechtlicher Ausscheidungen gezeigt habe.«[84]

Dem König war sein »Leiden« offensichtlich so unangenehm, dass er sich nicht seinen Hofstabsärzten anvertrauen wollte und lieber auf die Hilfe von Johann Krahl zurückgriff. Ludwigs Mann fürs Geheime zog im Auftrag seines Herrn diskrete Erkundigungen ein und kontaktierte im Frühjahr 1874 den Münchner Arzt Max Joseph Oertel. Krahl schilderte ihm, wie eingangs zitiert, die Onanie als Laster seines – Krahls – Bruders. Der Professor sprach daraufhin Empfehlungen aus, die der »Coalitionär« postwendend an Ludwig weitergab: »Zur jetzigen Jahreszeit seien nur kalte Waschungen der Geschlechtsteile vor dem Schlafengehen zweckdienlich. Habe es ein

Patient zur solchen Beherrschung gebracht, dass er ein volles Jahr dem Uebel Widerstand zu leisten vermochte, so seien die Gefahren, welche durch einen einzigen Rückfall hervorgerufen worden, bald wieder zu beseitigen. Einzig sei aber vor Allem nöthig, dass der Patient mit eisernem Willen daran festhält, dass solche Rückfälle wenig, wo möglich gar nicht mehr vorkommen.«[85]

Der Geist war willig, doch das Fleisch war schwach, mag man denken. Denn augenscheinlich kam es immer wieder zu Rückfällen, die der König in seinem Tagebuch wortreich beklagte. Schnell sank sein Vertrauen in Max Joseph Oertels Heilkunst, und man verzichtete auf den Rat des Professors ebenso plötzlich, wie man ihn gesucht hatte. Nach Krahls Tod wies Ludwig nun seinen Vertrauten Richard Hornig an, einen neuen und besseren Arzt zu finden. Auch Hornig ging bei der Suche streng konspirativ vor, und selbstverständlich war es nie der König von Bayern, der um Hilfe bat. Wie schon Johann Krahl schob auch Hornig sich selbst, einen Bruder oder andere Verwandte vor. Die Doktoren durchschauten das Versteckspiel nicht – warum auch? Die Vorstellung, dass der König von Bayern niedere Hofbedienstete in derartig intime Belange involvierte, wäre ihnen wohl ebenso absurd wie abenteuerlich erschienen.

Als Nächstes betrat ein gewisser Dr. Rose aus Wien die Bühne. Der Mediziner war offensichtlich ein großzügiger und verständnisvoller Arzt, denn er versicherte seinem »Patienten« Hornig, gelegentliche Rückfälle seien nicht weiter schlimm: »Ich kann nur aus meinen früheren Briefen wiederholen, daß das einmal gewonnene Resultat ein unverlierbares ist; ferner, daß Sie sich aus kleinen Rückfällen nichts machen sollen. Sie (die Rückfälle) sind ohne Bedeutung für den schließlichen Ausgang.«[86]

Dr. Rose hielt kalte Waschungen alleine für unwirksam, er favorisierte vielmehr eine medikamentöse Therapie. Zum Einsatz kamen damals meist Beruhigungs- und Schlafmittel verschiedener Couleur. In Hermann Rohleders Lehrbuch werden folgende Arzneien genannt: »Brom, Cocain, Morphin, Arsen, Lupulin, Blatta orientalis etc., sowie die ganze Reihe moderner Antipyretica, vom Antipyrin bis herab zum Thallin, Antinervin etc.«[87] Neben natürlichen Stoffen wie

Lupulin, das aus den Fruchtkegeln der weiblichen Hopfenpflanze gewonnen wird, und Blatta orientalis, besser bekannt als gemeine Küchenschabe, die als Pulver oder als Tee aufgegossen eingenommen wurde, enthält diese Auflistung starke Drogen wie Kokain und Morphin sowie Gifte wie Arsen.

Es ist nicht ganz klar, welche Medikamente Rose verordnet hatte. Sicher ist, dass Ludwig diese nicht vertrug, denn Hornig klagte im Auftrag seines Herrn nach einiger Zeit über Magenprobleme. Der Doktor lenkte ein: »Sie haben eine Tinktur, das ist eine nach Alkohol riechende Mixtur in einer kleinen Flasche von Merk in Frankfurt bezogen, diese dürfte Ihnen kaum Magendrücken verursachen; auch die Pillen, welche Sie hatten und von 8 Uhr Abends an zu nehmen waren, – auch diese dürften Ihnen kein Magendrücken verursachen. Bleibt nur eine dritte Mixtur, von der Sie täglich Nachmittags 3 Eßlöffel voll zu nehmen hatten und diese können Sie getrost, wenigstens für einige Zeit, weglassen. Ich könnte Ihnen noch schließlich den Rath ertheilen, daß Sie die von Merk bezogenen Tropfen (5–8) täglich mit Zucker nehmen, und dieses dürfte das Magendrücken beseitigen.« Sollte auch das nicht helfen, lautete die Empfehlung aus Wien, möge Hornig auch diese Tropfen einfach weglassen, wobei »nur die Pillen – von 8 Uhr Abends an, bleiben«.[88]

Es spricht einiges dafür, dass Rose unter anderem ein Brompräparat wie etwa Kaliumbromid verordnet hatte. Dieses sei das Mittel der Wahl, so Hermann Rohleder, »das angenehmste und sicher wirkendste Antiaphrodisiakum überhaupt«.[89] Hinzu kommt als weiteres Indiz, dass das von Rose erwähnte »Magendrücken« eine typische Nebenwirkung einer Brombehandlung darstellt. Der Wirkstoff zeigte aber noch weitere unerwünschte Wirkungen wie Kopfschmerzen, Müdigkeit, Lethargie und Schlaflosigkeit bis hin zu Bewegungsstörungen, Depressionen, Halluzinationen und Verwirrtheit. Kaliumbromid war damals eine Art Modearznei, die im großen Stil Anwendung fand. »Aus dem Gebrauche ist ein Missbrauch geworden«, warnte ein berühmter Pharmakologe. »Seit Jahren wird in Tages- und medicinischen Zeitungen, sowie in Flugblättern für Bromverbindungen Reclame gemacht.« Man müsse vielmehr darauf hinweisen, »dass

Narcotica kein Zuckerwerk darstellen, deren angenehme Wirkung beendet ist, wenn einige Minuten oder Stunden nach dem Einnehmen verflossen sind«.[90] Sehr häufig kam es zu Überdosierungen, für deren schlimme Folgen sogar ein eigener Begriff kreiert wurde: Bromismus.[91]

Auch in späteren Jahren ließ Ludwig sich immer wieder über geheime Kanäle Arzneimittel und Drogen besorgen. Eine Zeit lang nahm er offensichtlich Opium, das er auf Dauer allerdings schlecht vertrug. »Wie Herr Stallmeister wüssten«, schrieb Ludwigs Kammerdiener Lorenz Mayr im Herbst 1883 an Richard Hornig, »hätten alle Betäubungsmittel die üble Nachwirkung des Kopfwehs so z.B. Opium. Euer Hochwohlgeboren möchten sich nun für sich bei einem der die Sache versteht erkundigen ob Vielleicht nicht Nußgeist oder Lachgas besser sind und kein Kopfweh verursachen überhaupt ob diese Mittel keine Nachwirkung haben.«[92]

Hornig machte sich also erneut auf die Suche und wurde wieder einmal in Wien fündig: »Ich habe soeben einen sehr ausführlichen Brief an den in Wien berühmten Doctor Weinberg vollendet, mit dem der ganz verlässige Reitknecht ›Doser‹ morgen mit dem ersten Courierzuge abreist«, berichtete er im Mai 1885 an Ludwig. Und weiter: »Wenn ich von Falkenstein zurückkehre wird ›Doser‹ auch von Wien zurückkommen, und gehen dann der Brief Weinberg's und das verlangte Medicament unverzüglich nach Linderhof weiter. Es wird Alles ganz unter der Hand und ohne das geringste Aufsehen besorgt.«[93] Die konspirativen Umstände der Beschaffung lassen vermuten, dass es sich bei jener Wiener Arznei nicht um ein harmloses Wässerchen handelte.

Wie gesagt: Wir wissen nicht mit letzter Gewissheit, ob König Ludwig II. ein Bromist war. Sicher ist aber, dass er ohne ärztliche Aufsicht Drogen und Medikamente einnahm, die Nebenwirkungen zeigten, dass eine Fehlbehandlung also wahrscheinlich ist. Es wäre – führt man diesen Gedanken fort – gut möglich, dass Ludwigs ohnehin ausgeprägte Menschenscheu und sein Bedürfnis nach Einsamkeit sowie so manche »seltsame« Verhaltensweise des Regenten durch den Missbrauch von Brompräparaten noch verstärkt worden sind.

Bei den Versuchen, den Drang zur Selbstbefriedigung zu therapieren, waren die Grenzen zur Scharlatanerie fließend. »Nun gibt es noch eine Application von Medikamenten in der Harnröhre selbst, ziemlich tief im Innern derselben«, fährt Dr. Rose in seinem Schreiben an Hornig fort. Diese Methode – »so wie die Anwendung der Electricität« – bedürfe aber unbedingt der Aufsicht des Arztes, was freilich nicht infrage kam, schließlich galt es die Identität des berühmten Patienten zu verschleiern. Dr. Rose empfahl stattdessen die Anwendung einer Apparatur mit dem Namen »Psychrophor«, die der Patient alleine vornehmen könne. Dabei handelte es sich um eine Doppelröhre aus Glas, die in die Harnröhre eingeführt wird. Nun lässt man kaltes Wasser durch die eine Röhre ein- und durch die andere Röhre ausfließen. Diese Prozedur lief im Grunde auf eine Unterkühlung des Penis hinaus. Rose: »Dadurch wird eine namhafte Kräftigung des Geschlechtsorgans und jener Theile, die hier besonders in Betracht kommen, erfolgen.«[94]

Wilhelm Winternitz, der Erfinder des »Psychrophors«, war selbstverständlich voll des Lobes ob seiner Schöpfung. »Meine Erfahrung mit dem Psychrophor bei diesem Leiden [Onanie] beläuft sich heute bereits auf mehr als 100 Fälle«, behauptete der Doktor. »Ich zähle darunter zahlreiche complete Heilungen. Bei strengster Analyse der einzelnen Fälle bleibt nur eine verschwindende Minderzahl, bei denen von einem völligen Misserfolge des Verfahrens gesprochen werden kann.«[95] Man muss sehr verzweifelt gewesen sein, wenn man sich auf einen derartigen Hokuspokus einließ. König Ludwig II. gehörte jedenfalls zu den Therapieversagern.

KAPITEL VI

Gegenwelten

»SEINE MAJESTÄT VEREHRTEN LUDWIG XIV., Wilhelm Tell, die Jungfrau von Orleans und ganz speziell Richard Wagner (›Erhabener göttlicher Freund‹), liebten Venus-Grotten, Bronze-Pfauen. Majolika-Schwäne und Pseudo-Rokoko-Karossen, schätzten unter den Farben vor allem Blau und Gold, aber auch milde Bonbon-Kolorite.« So begann das Nachrichtenmagazin *Der Spiegel* Anfang September 1968 einen Bericht über eine Ausstellung in der Münchner Residenz. Dort hatte der Kunsthistoriker und Denkmalpfleger Michael Petzet eine Schau zum Thema »König Ludwig II. und die Kunst« auf die Beine gestellt. »Mit Kunst jedoch hat die Hinterlassenschaft des wirren Wittelsbachers wenig zu tun«, kanzelten die Journalisten aus dem Norden diese kurzerhand ab. Das Ganze sei nichts anderes als eine »Monstrositäten-Kollektion«, angefüllt mit den geschmacklosen Artefakten einer gestörten Persönlichkeit. In einem Gemälde, das den König zeigt, wollen die Hamburger außerdem eine »groteske weißblaue LSD-Vision« erkannt haben.[1] Diese Einsicht war wohl dem Hippie-Zeitgeist geschuldet. Aber auch die Fachwelt reagierte mit Kopfschütteln, mancher Wissenschaftler zeigte sich sogar empört und hielt die Ausstellung für reine Provokation.

In den Auseinandersetzungen um das Projekt bündeln sich die tradierten Vorurteile über Ludwig und dessen künstlerisches Erbe wie in einem Brennglas: dass es sich bei den Hinterlassenschaften des »Märchenkönigs« bestenfalls um Kitsch handele, der als Anschauungsobjekt für Touristen geeignet sei, mehr aber nicht. Ludwig II. wurde dabei nicht selten in grellen Farben als eine unbedeutende und im Grunde höchst lächerliche Figur karikiert. Doch in der Folge der

Münchner Ausstellung wurden vermehrt Stimmen laut, die sich mit diesen Verdikten nicht mehr zufriedengeben wollten. Ludwig wurde plötzlich en vogue, man nahm ihn ernst und entdeckte ihn und seine Zeit neu. In der Illustrierten *Stern* erschien sogar eine Photoreportage, die das Verhältnis der »Pop-Jugend« zum bayerischen König thematisierte. Michael Petzet war zweifellos ein Coup gelungen und gab mit seiner Schau in der Münchner Residenz den Startschuss für eine Neubewertung der künstlerischen Ideale König Ludwigs II.[2]

Wenige Jahre später – 1975 – veröffentlichte der berühmte Jurist und Literaturwissenschaftler Hans Mayer ein Buch, das heute als sein Hauptwerk gilt und sein Thema klar im Titel trägt: *Außenseiter*. Darin widmete sich Mayer drei häufig diskriminierten Bevölkerungsgruppen: Frauen, Homosexuellen und Juden. Mayer wusste, worüber er schrieb – als Jude und Homosexueller zählte er sich selbst zu den Außenseitern. In Ludwig II. erblickte er eine der »Leitfiguren der Grenzüberschreitung« und beschrieb dessen »dreifache Einsamkeit«: »die formale Existenz eines Königs; eines Künstlers, der nicht schaffen kann, es sei denn in seinen Architekturträumen; eines Homosexuellen, der König ist und Katholik, also kein Doppelleben zu führen vermag.«[3] Der Wittelsbacher gehöre zu den Verkannten, so Mayer, weil er einen alternativen Lebensentwurf realisiert habe: »Ludwig hat als ein Künstler gelebt; was sich die Décadents des ausgehenden Jahrhunderts erschrieben oder ermalten, hat er zu bauen und zu leben versucht. Gleich jenen negiert er die Gegenwart, bleibt er hoffnungslos vor einer als stets hässlicher vorgestellten Zukunft, liefert er sich in Wunsch und Traum dem Vergangenen aus, also dem Toten. Doch ist er ein Künstler ohne Kunstfertigkeit.«[4]

Diese Charakterisierung hat manches für sich, gleichwohl wird sie dem König in einem zentralen Punkt nicht gerecht. Es ist unbestritten, dass Ludwig keine Gemälde gemalt, keine Dramen geschrieben und keine Opern komponiert hat – es ist ohnehin fraglich, was er von Musik wirklich verstanden hat –, und doch war er ein Künstler *mit* Kunstfertigkeit. Worin bestand also seine Meisterschaft? Ludwig erkannte im Absolutismus eine bessere Gegenwelt, die er dann im Theater und in seinen Schlossbauten zum Leben erwecken wollte.

Die Spiegelgalerie in Schloss Herrenchiemsee ist mit einer Ausdehnung von 97 Metern länger als das Vorbild in Versailles.

Beide Bereiche – die Bühne und die Baukunst – waren für Ludwig nicht voneinander zu trennen. Die Einmaligkeit und Endlichkeit eines Schauspiels versuchte er in den Stimmungs- und Erlebnisräumen seiner Schlösser zu überwinden. In Linderhof, Herrenchiemsee und Neuschwanstein betrat Ludwig aus Stein gebaute und ewig währende Theateraufführungen. Dabei sind seine Schlösser keine Kopien von irgendetwas, wie immer wieder behauptet wird, sondern originäre Neuschöpfungen. Ludwig paraphrasierte und interpretierte, er zeichnete Porträts einer Epoche und entwickelte so eine eigene künstlerische Handschrift. Heute würde man ihn wohl als Aktionskünstler bezeichnen. Auf dem Programm stand aber immer nur ein Stück: die Geschichte, die er als Zusammenschau von Drama, Architektur und bildender Kunst zu einem Gesamtkunstwerk erhob. Dabei erhielt das künstlerische Schaffen Ludwigs II. durch die Reichsgründung eine enorme Eigendynamik. In dem Maße, in dem der König die politische Gegenwart als Kränkung empfand, schuf er sich seine Gegenwelt, die er zum Kunstwerk stilisierte. Dank seiner Kreativität und visionären Kraft entstanden so Werke, die der damaligen Zeit weit voraus waren. Aber anders als etwa Richard Wagner, der mit seiner »Festspiel-Idee« möglichst breite Volksschichten ansprechen wollte, kannte Ludwig II. nur einen Empfänger: sich selbst.

Entfremdung

»MIR SIND DIE EWIGEN STREITIGKEITEN und Klagen von Seiten Wagners, Bülows, Porges, Froebels und Anhang in Grund und Boden zuwider geworden. Ich habe so viel Nachsicht und Geduld mit diesen Leuten gehabt, ihnen wirklich viele Wohlthaten erwiesen, so daß sie allen Grund haben, endlich zufrieden und dankbar zu sein; mein Geduldfaden beginnt endlich zu reißen.«[5] Dies schrieb ein verärgerter Ludwig im Dezember 1867 an seinen Hofsekretär Lorenz von Düfflipp. Wie sich schon an diesem Schreiben ablesen lässt, hatte sich die Beziehung zwischen Ludwig und Wagner zu diesem Zeitpunkt bereits merklich abgekühlt.

Gut zwei Jahre zuvor hatte Richard Wagner Bayern verlassen müssen und lebte nun in Tribschen am Vierwaldstätter See. Die Ehe der Bülows war endgültig gescheitert: Hans hatte im Juni 1866 in München um seine Entlassung gebeten und sich daraufhin in Basel niedergelassen, Cosima lebte mit ihren Töchtern bei ihrem Liebhaber. Am 17. Februar 1867 brachte Frau von Bülow in der Schweiz Richard Wagners zweites Kind zur Welt: Eva Maria. Die Lage war mit der Geburt der Kleinen insbesondere für Hans von Bülow unerträglich geworden. Wie so oft flüchtete er sich in den Zynismus – an einen Freund schrieb er: »Nette Situation – seit 6 Monaten allein als Garçon hier leben, ohne Familie, ohne Haus und Herd – alle Habe noch in München, wo ich Wohnung bis Ende April zahle u.s.w. Es lebe der König Ludwig II. von Bayern, der all diese Misere verschuldet!«[6]

Und als wenn diese Lebensumstände nicht schon schwierig genug gewesen wären, betrieb ausgerechnet Wagner im Frühjahr 1867 die Rückberufung Bülows nach München. Kaum zu glauben: Anstatt den Nebenbuhler in die Schranken zu weisen, ließ Bülow sich diese Rochade gefallen. Die Motive waren grundverschiedene: Handelte Wagner aus eigennützigen Gründen – er wollte in erster Linie die Uraufführung seiner neuen Oper *Die Meistersinger von Nürnberg* durch den genialen Dirigenten Hans von Bülow durchsetzen –, so empfand der gekränkte Bülow seine Rückkehr an den bayerischen Hof als gesellschaftliche Rehabilitierung.

Und Ludwig? Der König spielte in diesem Drama um Liebe, Eifersucht und Betrug eine Art Schlüsselrolle, denn Wagner und Cosima standen weiterhin unter dem Schutz des Monarchen. Zwar kursierten auf allen Straßen und Plätzen Münchens schlüpfrige Witze über deren außereheliche Aktivitäten, der König schenkte ihnen aber vorerst keinen Glauben. Erst als sein Hofsekretär Lorenz von Düfflipp Ende 1867 andeutete, dass das Zusammenleben von Herrn Wagner und Frau von Bülow nicht ganz »koscher« sei, wurde Ludwigs Vertrauen in die Harmlosigkeit der Tribschener Verhältnisse erschüttert: »Sollte das traurige Gerücht also doch wahr sein, welchem Glauben zu schenken ich mich nie entschließen konnte, sollte also wirklich Ehebruch mit im Spiele sein? – Dann wehe!«[7]

In München stand das erste Halbjahr 1868 ganz im Zeichen der bevorstehenden Uraufführung der *Meistersinger*, deren musikalische Leitung tatsächlich der neue Hofkapellmeister Hans von Bülow übernahm. Trotz aller emotionalen Zumutungen – Komponist und Dirigent mussten ja künstlerisch zusammenarbeiten – wurde die Premiere am 21. Juni 1868 ein sensationeller Erfolg. Ludwig wohnte der Darbietung in der großen Hofloge zunächst alleine bei, doch bereits während des Vorspiels ließ er Wagner, der neben Cosima Platz genommen hatte, zu sich rufen. Dessen plötzliches Auftauchen im königlichen Separee wurde selbstverständlich durch unzählige Operngläser beobachtet. Nach jedem Akt trat Wagner auf Ludwigs Aufforderung hin an die Brüstung, nahm die Ovationen entgegen und grüßte das Publikum, während der König sich im hinteren Teil der Loge nahezu versteckte. Das kam bei manchem Beobachter nicht gut an. »Diese Art, den Künstler zu ehren, hat bei dem grössten Theil des Publikums und der Gesellschaft Staunen und Entrüstung hervorgerufen«, notierte der österreichische Gesandte. »Selbst die Hofchargen sprechen dies aus.«[8] Für nicht wenige waren die Vorgänge in der Königsloge ein peinliches Getue.

Zurück in Tribschen, verfiel Wagner in eine missmutige Stimmung. Am 22. Juli traf auch Cosima wieder in der Schweiz ein, und offensichtlich kamen die beiden dort schnell zu einem Entschluss. Ihnen wurde klar, dass es so keinesfalls weitergehen konnte, dass Cosima und Hans von Bülows Trennung unumgänglich war.

Ganz anders sah das der König. Drei Tage nach Cosimas Ankunft in Tribschen – er wird davon erfahren haben – schrieb er Wagner einen Brief, den dieser als starkes Stück empfunden haben dürfte: »Sorgen Sie dafür, ich beschwöre Sie, daß Fr. v. Bülow München im Winter nicht verlasse, dieß wäre den Uebelgesinnten ja Wasser auf der Mühle. Was kümmert es die majestätische Sonne, die reine, heilige, Licht u. Segen spendende, wenn die Hunde sie ankläffen? Bestimmen Sie die Freundin um Gottes Willen zu bleiben und mir wie bisher zu schreiben, was mich stets so innig freute.«[9] Hatte Ludwig einige Monate zuvor gegenüber seinem Sekretär noch mit Konsequenzen gedroht, sollte an den Gerüchten etwas dran sein – »Dann wehe!« –, forderte er Wagner nun höflich auf, der »Freundin« nur für einige Monate aus dem Weg zu gehen. Bis zum nächsten Frühjahr, so der Tenor des königlichen Schreibens, hätten sich die Wogen geglättet, dann könne man ja sprichwörtlich zur Tagesordnung zurückkehren. Derartige scheinheilige Rücksichtnahmen auf die öffentliche Meinung waren Wagners Sache ganz und gar nicht.

Ludwigs Brief war für Wagner ein weiterer Anstoß, endlich klare Verhältnisse zu schaffen. Mitte Oktober nahm er allen Mut zusammen und schrieb dem König einen Brief, in dem viel von der Macht des Schicksals und von unausweichlichen Entschlüssen die Rede war. Ludwig verstand sofort. Geahnt hatte er es ja schon seit längerer Zeit, dass Richard Wagner und Cosima von Bülow ein heimliches Paar waren, nichtsdestotrotz empfand er Wagners Beichte nun als Schock. Ludwig fühlte sich betrogen und hinters Licht geführt. Als Wagner zwei Wochen später nach München reiste und den König um eine persönliche Aussprache bat, zeigte Ludwig ihm die kalte Schulter. Mitte November suchte Wagner erneut um eine Audienz nach – und Ludwig lehnte abermals ab. Er wollte sein ehemaliges Idol nicht sehen. Ende Dezember wandte sich dann Cosima mit einem geschickt formulierten Bekenntnis an ihren königlichen Brieffreund. Dass sie zu dieser Zeit erneut schwanger war – am 6. Juni 1869 kam in Tribschen Richard Wagners Sohn Siegfried zur Welt –, schrieb sie Ludwig freilich nicht. Aber nicht zum ersten Mal gelang es ihr, zwischen dem König und seinem Lieblingskomponisten zu vermitteln. Ludwig lenkte schließlich ein, telegraphierte Neujahrsgrüße und kündigte einen Brief an, womit er sich aber noch bis Anfang Februar Zeit ließ.

Auch wenn der endgültige Bruch zwischen Ludwig II. und Richard Wagner verhindert werden konnte, so hatte die Beziehung der beiden Männer doch einen Knacks erhalten. Wagner spürte das intuitiv – und er sollte sich nicht täuschen. Dass nun ein anderer Wind wehte, merkte Wagner erstmals im Sommer 1869. König Ludwig hatte die Uraufführung der Oper *Das Rheingold* für Ende August befohlen. Das war sein gutes Recht, denn aufgrund des Vertrages, den Ludwig und Wagner im Oktober 1864 geschlossen hatten, war der König Eigentümer der *Ring*-Tetralogie samt ihrer Aufführungsrechte.

Wagner hatte Bedenken gegen den Termin der Uraufführung, befürchtete er doch nicht zu Unrecht, dass die Verhältnisse in der Münchner Oper insbesondere eine gelungene szenische Darstellung nicht gewährleisten würden. Zwar verpflichtete Ludwig auf Wagners Bitte hin den 26-jährigen Dirigenten Hans Richter mit der musikalischen Leitung, dessen ungeachtet empfand der Komponist eine böse Vorahnung. Cosima notierte in ihrem Tagebuch: »Mit großer Betrübnis bedachte gestern abend R. der bevorstehenden Aufführung des Rheingoldes – wiederum eine Unmasse Geld ausgegeben und ein klägliches, ja lächerliches Resultat! Doch will R. sich nicht darum bekümmern – wie seltsam das Schicksal, das gerade diesen unfähigen König so begeistert für R.'s Werke macht, wie seltsam schrecklich!«[10] Man darf davon ausgehen, dass Frau von Bülow mit ihren Worten über den »unfähigen König« und das so »schreckliche Schicksal« ihren Lebensgefährten zitierte.

Wagner musste sich indes wohl oder übel um die ungewollte Premiere »bekümmern«, als Richter ihm mitteilte, dass die Aufführung unter den örtlichen Gegebenheiten nicht nur unbefriedigend, sondern eine künstlerische Blamage werden würde. Wagner wiederum bat nun seinen Adlatus, das Unternehmen zu boykottieren und die musikalische Leitung niederzulegen. Richter gehorchte, und es kam, wie es kommen musste: Ludwig, der sich auf die Oper gefreut hatte, reagierte gekränkt und witterte Widerstand gegen seine Anordnungen. Plötzlich behandelte er Wagner nicht mehr wie einen geliebten Freund, sondern wie einen seiner Lakaien, der eine Aufgabe zu verrichten habe und seinem Befehl gehorchen müsse.

Mit absolutistischem Gestus verlangte Ludwig die Aufführung um jeden Preis – an seinen Sekretär Lorenz von Düfflipp schrieb er: »Wenn ›Richter‹ oder überhaupt die Leute beim Theater fortfahren, geradezu bestimmt ausgesprochenen Befehlen sich zu widersetzen, muß das Unkraut erbarmungslos ausgerottet werden.«[11] Ludwig war außer sich, die martialische Sprache verrät seine Erregung. Selbst am folgenden Tag hatte er sich noch nicht beruhigt: »Wahrhaft verbrecherisch und schamlos ist das Gebahren von ›Wagner‹ und dem Theatergesindel; es ist dieß eine offenbare Revolte gegen Meine Befehle, und dieses kann Ich nicht dulden. ›Richter‹ darf keinesfalls mehr dirigiren und ist augenblicklich zu entlassen, es bleibt dabei. Die Theaterleute haben Meinen Befehlen zu gehorchen, und nicht den Launen ›Wagners‹. [...] Denn wenn diese abscheulichen Intriguen ›Wagners‹ durchgingen, so würde das ganze Pack immer dreister und unverschämter, und zuletzt gar nicht mehr zu zügeln sein; daher muß das Übel mit der Wurzel ausgerissen werden.«[12] Und wiederum einen Tag später drohte er in einem Telegramm an Düfflipp sogar mit dem Ende der Freundschaft zu Richard Wagner – und mit dem Ende der finanziellen Unterstützung: »Den nichtswürdigen und ganz unverzeihlichen Intriguen von ›Wagner‹ und Consorten muß schleunigst ein Ende gemacht werden. Ich ertheile hiemit den bestimmten Befehl, daß die Vorstellung am Sonntag stattfinde. ›Richter‹ ist sogleich zu entlassen. Wagt W[agner] sich neuerdings zu widersetzen, so ist ihm der Gehalt für immer zu entziehen, und nie mehr ein Werk von ihm auf der Münchener Bühne aufzuführen.«[13]

In letzter Minute reiste Wagner am 1. September nach München, um persönlich mit dem König zu sprechen. Ohne Erfolg – Ludwig hatte sich am Vortag demonstrativ auf eine Berghütte zurückgezogen. Von dort schrieb er an seinen einstigen Kabinettssekretär Franz Seraph von Pfistermeister: »Um die schlechte Betreibung der mir unleidlich gewordenen ›Rheingold‹-Affaire auf ihren Gipfel zu treiben, ist ganz gegen meinen Willen, wie ich heute erfuhr, R. Wagner in München eingetroffen; es geschieht ihm gerade recht, falls ihm eine mißliebige Demonstration bereitet werden sollte, jetzt wo der Bülow-Skandal au comble ist. – J'en ai assez!«[14] Wagner musste unverrichteter Dinge wieder abreisen.

Die Uraufführung des *Rheingolds* am 22. September 1869 geriet, wie befürchtet, zu einer künstlerischen Enttäuschung. Ludwig II. hatte die Machtprobe zwar gewonnen, doch es war ein trauriger Sieg, denn die ehemals so hehre »Königsfreundschaft« zwischen ihm und Wagner war damit auf einem Tiefpunkt angelangt. »J'en ai assez!« – der Monarch hatte von dem Komponisten genug. Doch dieser Zustand dauerte genau vier Wochen, dann griff Ludwig zur Feder und ließ Wagner einige Zeilen zukommen, mit denen er den Bruch zu kitten versuchte. »Ich werde nie an Ihnen irr«, versicherte er Wagner, »in keiner Weise, Sie verstehen mich.«[15] Wagner nahm sich für seine Antwort acht Tage Zeit und beschied dem König dann brüsk: »Seit dem Empfange Ihres so überaus huldvollen letzten Schreibens ringe ich Tag für Tag mit mir nach der Fassung, um Ihrem gütigsten Wunsche gemäss Ihnen eine Antwort aufzuzeichnen: nach den mannigfachsten Herzenspeinen muss ich nun finden, dass ich diess nicht kann. Ich kann Ihnen nicht schreiben!«[16]

Erst jetzt schien Ludwig zu begreifen, was geschehen war. Mitte November beteuerte er in einem Brief seine Sehnsucht nach Wagner, sprach von seiner eigenen Schuld in der *Rheingold*-Angelegenheit und drohte gar mit Selbstmord, sollte der Freund sich von ihm abwenden. Wagners Reaktion ist ein diplomatisches Meisterwerk. Mit virtuos formulierten Sätzen forderte er einen Eid des Königs, mehr noch, er setzte ihm gewissermaßen die Pistole auf die Brust: »Und nun die Eine Frage, mit deren Beantwortung Uns alle Zukunft vorgezeichnet wird: Wollen Sie mein Werk wie ich es will, – oder: wollen Sie es nicht so?«[17]

Doch das war von Wagners Seite bloße Sprachakrobatik. Die Vorgänge des Sommers 1869 hatten ihn in Wahrheit desillusioniert. Dass Ludwig gegen alle Ratschläge und Bitten auf die Aufführung der Oper bestanden und ihm – dem Komponisten – das Werk förmlich entrissen hatte, empfand Wagner als einen zutiefst unkünstlerischen und nahezu barbarischen Akt.

Völlig aufgeben wollte er Ludwig II. jedoch noch nicht, und zwar aus ganz eigennützigen Gründen, wie er Cosima erläuterte: »Wir kommen aber darüber ein, daß R. von den Nibelungen eigentlich lebt, ihnen verdankt er seine Existenz, deshalb müsse man noch Gott danken, daß ein Wesen wie der König einen so sonderbaren Sparren im Kopf hat und die Dinger durchaus sehen und haben will, freilich ohne jene großartigen Gedanken damit zu verknüpfen. R. sagt: ›Umbringen kann er das Werk nicht, ich kann es allein umbringen, wenn ich mit ihm breche und es nicht vollende.‹«[18] In diesen wenigen Zeilen erscheint die Meinung, die man in Tribschen von Ludwig II. hatte, wie in einem Brennglas: Für Cosima und Richard war der König ein reicher, aber ungebildeter Spinner, mit dem man sich gut stehen musste, um weiter von ihm finanziert zu werden. Insofern muss man Wagners Handeln ab diesem Zeitpunkt sehr kritisch betrachten. Vieles davon war wohl Heuchelei, um Ludwig bei Laune zu halten, innerlich hatte Wagner sich von seinem Gönner wohl schon getrennt. Als Cosima und Richard wieder einmal einen leidenschaftlich-verzückten Brief des Königs erhielten, notierte sie peinlich berührt in ihr Tagebuch: »Ich kann den Jammer nicht ausdrücken, der mich bei der Lektüre dieser extatischen Phrasen erfaßt!«[19]

Was Richard Wagner wirklich im Herbst 1869 über Ludwig dachte, steht denn auch nicht in den »Königsbriefen«, sondern in Cosimas Tagebuch. Besonders deutlich wird das an einer Szene vom 5. November. Wagner spielte gerade mit seinem kleinen Sohn Siegfried, als er unvermittelt zu seiner Lebensgefährtin sagte: »›Wir werden Siegfried weggeben müssen, zur Zeit, wo er zum Mann wird, muß er unter Menschen kommen, da muß er die Adversität [Widerwärtigkeit] kennenlernen, sich herumbalgen, die Ungezogenheiten begehen, sonst wird er zum Phantasten, vielleicht zum Crétin, wie wir so etwas an dem König von Bayern sehen.‹«[20]

Niedergang

MITTEN IM DEUTSCH-FRANZÖSISCHEN KRIEG heirateten Cosima und Richard Wagner am 25. August 1870 – König Ludwigs Geburtstag – in der evangelischen Kirche von Luzern. Ludwig gratulierte mit einem kurzen Telegramm, hielt sich aber sonst auffallend zurück. Als Ludwigs Hofsekretär Lorenz von Düfflipp sich zwei Tage vor der Trauung nach etwaigen Aufträgen wie dem Besorgen eines Geschenkes erkundigte, schwieg der König.

Zwar hatten sich Wagners private Lebensumstände nun halbwegs geordnet, gleichwohl wuchs in dieser Zeit seine Unzufriedenheit mit den Tribschener Verhältnissen. Ihm wurde bewusst, dass er seine »Festspiel-Idee« – die Zusammenfassung von Musik, Drama und Theater zu einem musikdramatischen Gesamtkunstwerk – ohne eigenes Theater und ohne Hausmacht nicht realisieren konnte. Das wollte er ändern, und dazu brauchte er allen Enttäuschungen zum Trotz den bayerischen König. Ausführlich erläuterte er nun Ludwig seinen Plan, eigene Bühnenfestspiele ins Leben rufen zu wollen, deren »Leitung natürlich mir gänzlich allein nur in die Hände gelegt werden darf«, wie er selbstbewusst forderte. Wagner dachte sogar schon an einen ganz bestimmten Ort, wo er sein Vorhaben realisieren wollte: »er liegt in Bayern und hat somit meinen erhabenen Freund zum Herren.«[21] Die Rede war von Bayreuth.

Die oberfränkische Kleinstadt verfügte aus Wagners Sicht über mehrere Vorteile. Zunächst: Bayreuth war nicht München. Die *Rheingold*-Affäre hatte ihm klar vor Augen geführt, dass sich seine künstlerischen Vorstellungen nur weit abseits der Residenz realisieren lassen würden. Mit der Entscheidung für die Provinz wollte er sein Werk den vielfältigen Einflüssen des Münchner Hofes, seiner Beamten und wohl auch des, in seinen Augen, »unfähigen« Königs entziehen. Ludwig sollte das Unternehmen unterstützen und notfalls finanzieren, einmischen sollte er sich hingegen nicht. Darüber hinaus besaß Bayreuth mit dem Markgräflichen Opernhaus ein reich ausgestattetes Barocktheater. Auch die geographische Lage an der bayerischen Peripherie, aber im Herzen des neuen Reiches sprach für die Stadt mit damals 17000 Einwohnern. Als die Wagners Mitte April 1871 in Bayreuth eintrafen und die Oper besichtigten, betraten sie ein architektonisches Kleinod. Richard musste zwar erkennen, dass Bühne und Orchestergraben für eine *Ring*-Aufführung zu klein waren, dennoch fassten die Eheleute den Entschluss, sich hier niederzulassen und für ihre Zwecke ein eigenes Festspielhaus zu errichten. Im April 1872 sagten Richard, Cosima und die fünf Kinder der Schweiz Adieu und übersiedelten nach Bayreuth.

Nun begannen die Planungen. Wagner schätzte die Kosten für den Theaterbau, dessen technische Einrichtung sowie für die Künstler und das Personal auf etwa 300000 Taler. Im Geist der Gründerjahre rief man einen »Patronatsverein« – eine Art künstlerische Aktiengesellschaft – ins Leben, die 1000 Anteilsscheine zu je 300 Taler unter die Leute bringen sollte. Als Rendite lockten Freiplätze für die

Arkadien unter Glas: Im Jahr 1869 ließ Ludwig auf dem Dach der Münchner Residenz einen knapp siebzig Meter langen Wintergarten anlegen. Unter dem zehn Meter hohen Glasgewölbe gestaltete Oberhofgärtner Carl von Effner einen exotischen Landschaftsgarten mit üppiger Vegetation und einem großen Teich samt Wasserfall. Ein »Maurischer Kiosk« sowie ein »Indisches Königszelt« vervollständigten die Illusion aus »Tausendundeiner Nacht«. Da die Bassins aber undicht waren, tropfte immer wieder Wasser in den darunter liegenden Dienertrakt, sodass der Wintergarten bereits 1897 wieder abgetragen wurde.

Aufführungen. Die Stadtväter stellten den Bauplatz am heutigen Festspielhügel kostenlos zur Verfügung, und dank einer großzügigen Spende des Königs konnte Wagner ein zusätzliches Grundstück am Bayreuther Hofgarten erwerben. Hier entstand in den nächsten zwei Jahren das Domizil der Familie – die Villa Wahnfried.

Als am 2. August 1872 auf dem »Grünen Hügel« das Richtfest des Festspielhauses stattfand, trog der schöne Schein jedoch, denn das Unternehmen stand in Wahrheit vor dem Aus. Von den Patronatsanteilen hatten bislang nur ein Drittel verkauft werden können, es drohte die Insolvenz. In seiner Verzweiflung wandte sich Wagner an Ludwigs Sekretär Lorenz von Düfflipp, doch der Beamte zeigte ihm die kalte Schulter und verwies auf die 25.000 Taler, die der König Wagner für die Familienvilla geschenkt hatte. Dabei betonte er, »daß Seine Majestät vor allen Dingen die eigenen Pläne gefördert und Alles vermieden wissen möchten, was dieselben möglicher Weise behindern oder verzögern könnte [...].«[22]

Die »eigenen Pläne« bestanden in kostspieligen Bauvorhaben, für die Ludwig förmlich jeden Pfennig brauchte. Als ob Wagner diese Absage nicht glauben wollte, reiste er am 20. November selbst nach München. Vergebliche Liebesmüh – der König befand sich gar nicht in der Residenz, sondern in Hohenschwangau. Stattdessen traf der Besucher mit Lorenz von Düfflipp zusammen, der ihm zwar mit ausgesuchter Herzlichkeit begegnete, Wagner in geschäftlichen Dingen aber keinerlei Hoffnungen machte. Seine Majestät werde immer seltsamer und menschenscheuer, ließ Düfflipp durchblicken: »jeden Tag habe er einen Einfall, der ihm kaum ausgeredet sei, als er wieder darauf zurückkommt. Er ginge gar nicht mehr an die Luft, speise zu Mittag um 7 Uhr, ließe in einer kleinen Stube 60 Kerzen anzünden, bleibe darin, um um 11 Uhr wieder zu speisen, um 2 Uhr nachts zu Bett zu gehen, nicht schlafen könnend zu medizinieren!«[23] Unverrichteter Dinge musste Wagner nach Bayreuth zurückkehren.

Erst Ende Januar 1874 lenkte der König ein – an Wagner schrieb er: »Nein, nein und wieder nein! so soll es nicht enden! Es muß da geholfen werden! Es darf Unser Plan nicht scheitern.«[24] Mit diesem Meinungsumschwung schien das Bayreuther Unternehmen gerettet. Doch die Zeiten hatten sich geändert, schnell stellte sich heraus, dass Ludwig nichts mehr zu verschenken hatte. Statt einer großzügigen Spende des Königs, auf die Wagner gehofft hatte, schlossen die Festspiele und das Hofsekretariat im Februar einen Vertrag über einen Kredit in Höhe von 100 000 Talern, und Wagner verkündete den Beginn der *Ring*-Festspiele für das Jahr 1876. Ludwigs Eingreifen ermöglichte zwar die einmalige Durchführung der Festspiele, das Unternehmen sollte aber finanziell weiterhin am Abgrund lavieren.

Trotz aller Widrigkeiten begannen Anfang Juni 1876 die Festspielproben. Zu den Generalproben Anfang August erschien auch Ludwig II. Die Nachricht von der bevorstehenden Ankunft des Landesvaters versetzte Bayreuth in freudige Aufregung. Die Bürger gaben sich größte Mühe und richteten ihr Städtchen besonders adrett her. Nahezu sämtliche Häuser wurden festlich geschmückt, und allenthalben wurden Fahnen aufgezogen. Doch ein großer Empfang war nicht in Ludwigs Sinne. Vor seiner Ankunft ließ er Wagner mitteilen, dass er sämtliche Begrüßungsfeierlichkeiten ablehne. Nur er – Wagner – dürfe ihn erwarten. Die Situation hätte gespenstischer nicht sein können: Die meisten Menschen schliefen, als sich Ludwigs Sonderzug am 6. August um kurz nach Mitternacht Bayreuth näherte. Nicht am Bahnhof, sondern an einem Bahnwärterhäuschen außerhalb der Stadt wartete Richard Wagner in weißer Weste und Frack, eine königliche Equipage stand bereit. Dann hielt der Zug, Ludwig stieg aus, grüßte wortlos und setzte sich mit Wagner in die Kutsche. Das war das erste Wiedersehen nach acht Jahren. Die Fahrt ging zum Alten Schloss der Bayreuther Eremitage, das für die nächsten vier Tage Ludwigs Domizil sein würde. Wagner blieb an jenem Sonntag noch bis 3 Uhr morgens bei seinem Freund. Wir wissen nicht, worüber die beiden sprachen – laut Cosimas Tagebuch soll Wagner entzückt von Ludwigs Freundlichkeit in die Villa Wahnfried zurückgekehrt sein.[25]

Auch wenn Ludwig sich in Bayreuth am liebsten inkognito bewegt hätte – die Anwesenheit des Monarchen ließ sich nicht verheimlichen. Als er nach der *Rheingold*-Probe das Festspielhaus verließ, wurde er von einer großen Menschenmenge begrüßt. Zahlreiche Hoch-Rufe schallten durch die milden Abendstunden, und zu seinen Ehren wurde die Stadt festlich illuminiert. Drei Tage später verließ Ludwig nach der Beendigung der *Götterdämmerung* Bayreuth ebenso konspirativ wie er die Stadt betreten hatte. Cosimas Tagebuch: »Bei der Abreise will er [Wagner] eine Art Verstimmung merken, der König verbietet alle Ovationen, und doch scheint er verwundert, wenn sie nicht stattfinden.«[26]

Dann begannen die Premierenvorstellungen. Das »Who's who« der deutschen und internationalen Aristokratie fand den Weg nach Oberfranken, darunter Wilhelm I. nebst Gattin Augusta. Dem Kaiser wurde von Tausenden Menschen auf dem Bahnhofsgelände ein großer Empfang bereitet. Anders als Ludwig gab er dem Volk, wonach es verlangte: Symbolik und Pomp. Dabei präsentierte sich Wilhelm als Grandseigneur der alten Schule, wenn er gegenüber Wagner höflich von einem »Nationalfest« sprach. Das kam gut an. Ob ihm die beiden Aufführungen, an denen er teilnahm, auch gefielen? Nach seiner Meinung befragt, soll der alte Herr hinter vorgehaltener Hand geäußert haben: »ich finde es abscheulich.«[27] Neben Wilhelm waren noch weitere gekrönte Häupter anwesend, so Kaiser Peter II. von Brasilien, der König von Württemberg, der Großherzog von Sachsen-Weimar, der Großherzog von Mecklenburg-Schwerin sowie Vertreter des österreichisch-ungarischen Adels. Es erschienen die Komponisten Franz Liszt, Camille Saint-Saëns, Anton Bruckner und Peter Tschaikowski, die Maler Franz von Lenbach, Adolph von Menzel, Anton von Werner und Hans Makart, Schauspieler und Dichter, Wissenschaftler und Journalisten. Wer fehlte, war der König von Bayern.

Erst zum dritten Zyklus kehrte Ludwig II. Ende August wiederum inkognito nach Bayreuth zurück. Während seines Aufenthaltes soll es zu einer Verstimmung gekommen sein, wie sich sein Sekretär Friedrich von Ziegler erinnerte: Wagner habe sich einmal unaufgefordert zu Ludwig in die Equipage gesetzt. Der König habe sich zwar nichts anmerken lassen, doch sei ihm dieser Verstoß gegen die Etikette ein großes Ärgernis gewesen.[28] Gut möglich. Am 30. August kurz vor Mitternacht sagte Ludwig Bayreuth Adieu – er sollte die Stadt und das maßgeblich durch ihn geförderte Festspielhaus nie wiedersehen.

RICHARD WAGNER war mit dem künstlerischen Resultat der ersten Saison alles andere als zufrieden, da vieles nicht seinen Intentionen entsprochen hatte, während anderes schlichtweg schiefgegangen war. Hinzu kam ein finanzielles Defizit von 148 000 Mark. Damit schien eine Wiederholung der Festspiele im nächsten Jahr nahezu unmöglich. Wagner war völlig verzweifelt und kam sogar kurzzeitig auf die Idee, das gesamte Festspielunternehmen zu verkaufen. Zwar gelang es ihm, Lorenz von Düfflipp zu einer Reise nach Bayreuth zu bewegen, doch der Beamte hatte bis auf seine freundliche Gesinnung für Wagner sowie ausgewählte Höflichkeiten für Cosima nichts zu bieten. Er wisse gar nicht, sagte er unumwunden, wie Seine Majestät zu den Festspielen stehe und ob er deren Fortsetzung überhaupt noch wünsche.

»Ich hoffe nicht mehr auf den ›deutschen Geist‹«, schrieb Wagner mit deutlicher Resignation Ende 1877 an König Ludwig, »ich habe meine Erfahrung und – schweige. Ich hoffe weder auf Pommern noch die Mark Brandenburg, noch auf sonst eine Provinz dieses merkwürdigen deutschen Reiches: ich hoffe selbst nicht mehr auf die Markgrafschaft Bayreuth. Aber – ich schliesse meinen Frieden mit der Welt, dessen erste Clausel heisst: sie lasse mich in Ruhe!«[29] Wollte er den Regenten mit diesem Klagegesang zum Eingreifen provozieren? Ludwig antwortete knapp zwei Wochen später mit gefälligen aber nichtssagenden Worten: »Ja, geben Sie die Hoffnung nicht auf, ich beschwöre Sie darum bei dem unzerreißbaren heiligen Band, das Uns verknüpft.«[30] Von Geld war keine Rede. Doch so leicht gaben die Wagners nicht auf. Der »Meister« sei völlig deprimiert und wisse nichts von ihrem Ansinnen, schrieb Cosima Wagner wenige Tage später an Ludwig. In der Not ihres Herzens kenne sie keinen anderen Rat, als an die Gnade und das Mitgefühl ihres königlichen Herrn zu appellieren. Der Plan funktionierte, und Ludwig gewährte ein weiteres verzinsliches Darlehen in Höhe von 100 000 Mark. Der neue Kredit sowie jener aus dem Jahre 1874 wurden von der Festspielkasse bis 1906 getilgt.

Das alles erzählt viel von den unsicheren Perspektiven des Bayreuther Theaterexperiments, es sagt aber noch mehr über das Miteinander des bayerischen Königs und seines Lieblingskomponisten. Ludwig und Wagner schienen sich sprichwörtlich abhandengekommen zu sein, und die »Königsfreundschaft« war zu einem bloßen Ritus erstarrt. Pflichtschuldig tauschte man nach wie vor schwärmerische Episteln aus, die allerdings kaum die wechselseitigen Gefühle reflektierten. Beide Männer spielten einander etwas vor: Ludwig gab den bedingungs- und selbstlosen Förderer der ersten Jahre, der er schon lange nicht mehr sein wollte (und konnte), und Wagner mimte den liebenden väterlichen Freund, der sich aber in Wahrheit seiner Briefe schämte. Die Heuchelei war allenthalben mit Händen zu greifen. Hatte die Korrespondenz dieser so ungleichen Männer von

Anfang an etwas Gekünsteltes und Fassadenhaftes gehabt, so war Anfang der 1880er Jahre sprichwörtlich der Putz abgebröckelt. Was zum Vorschein kam war – Pappmaché.

Es überrascht deswegen kaum, dass die Botschaften zwischen Ludwig und Wagner zunehmend seltener wurden. Oft vergingen Monate, bis einer der Partner sich zu einer Mitteilung aufraffen konnte, manche Briefe blieben sogar unbeantwortet. Der König ging Wagner nun auch persönlich aus dem Weg. Als S.M. – Seine Majestät – im Oktober 1880 erfuhr, dass der Komponist samt Familie von Italien kommend in München Station machen wollte, sagte ihm die Aussicht auf ein Treffen ganz und gar nicht zu. Kabinettssekretär Friedrich von Ziegler schrieb an seinen Kollegen Ludwig von Bürkel: »Du sollst Alles aufbieten um zu machen, daß Richard Wagner nicht zu der Zeit in München weilt, zu welcher S. Majestät dort ist, also von Ende Oktober bis Mitte November. Richard Wagner soll aber von diesem Wunsche der Majestät durchaus nichts erfahren, nicht einmal durch eine Andeutung.«[31] Auch jetzt noch sollte der Schein einer hehren Freundschaft gewahrt bleiben. Als die Wagners dann doch für vierzehn Tage in München einkehrten, reagierte Ludwig verärgert: »Die Anwesenheit des Richard Wagner's gefällt S.M. ganz und gar nicht, es fühlt sich S.M. so aus dem Schönen ganz und gar heraus gerissen.«[32] Damit war im Grunde alles gesagt.

Während dieses Aufenthaltes in München dirigierte Richard Wagner am 12. November im Anschluss an eine Nachmittagsprobe für König Ludwig im Hoftheater das Vorspiel zu seiner neuen Oper *Parsifal*. An jenem Donnerstag erlebte die Entfremdung ihren Höhepunkt. Ludwig ließ Wagner und das Orchester zunächst lange Zeit warten, worüber der »Meister« sich kolossal ärgerte. Auf der Bühne entstand bereits eine gewisse Unruhe, dann erschien der König in seiner Loge, und Wagner gab den Einsatz. Nachdem der letzte Ton verklungen war, wünschte Ludwig eine Wiederholung. In Wagners Augen kam diese Aufforderung einer Profanisierung des Stücks gleich, doch er dirigierte ein zweites Mal. Als der König daraufhin zum Vergleich ausgerechnet das *Lohengrin*-Vorspiel hören wollte, platzte Wagner der Kragen. Er übergab den Taktstock erbost an den anwesenden Hofkapellmeister Hermann Levi und verließ demonstrativ den Orchestergraben. Das war die letzte Begegnung – Richard Wagner und Ludwig II. sahen sich nie wieder.

Wagner kündigte die Premiere des *Parsifal* für das Jahr 1882 an, doch Ludwig hatte es offensichtlich nicht besonders eilig, das gesamte Werk kennenzulernen. Insgeheim verlangte er einen Aufschub, wie Friedrich von Ziegler seinen Kollegen Bürkel wissen ließ: »Ich habe schon ein paar Male den Auftrag erhalten, in Dich zu dringen, daß eine Verschiebung der Aufführung des Parcifal auf das Jahr 1883 herbeigeführt werde, ohne daß Wagner von einer Allerh. Einwirkung etwas erfährt.«[33] Die Gründe für dieses beabsichtigte Manöver liegen im Dunkeln. Das Ganze war ohnehin merkwürdig genug, denn Ludwig selbst hatte Wagner für den Uraufführungszyklus das Orchester und den Chor der Münchner Hofbühne zur Verfügung gestellt. In diesem Zusammenhang war es zu weiteren wechselseitigen Enttäuschungen gekommen, da Wagner zunächst die Mitwirkung Hermann Levis ablehnte. Es war dessen jüdische Abstammung, an der Wagner Anstoß nahm. Der Sohn eines Gießener Rabbiners als *Parsifal*-Dirigent? Diese Vorstellung schien ihm lange Zeit unerträglich. Doch Wagner musste den 41-jährigen Hofkapellmeister akzeptieren, wollte er auf die Münchner Musiker zurückgreifen. Ludwig zeigte für Wagners Rassedünkel ohnehin kein Verständnis, noch im Oktober 1881 schrieb er seinem Lieblingskomponisten folgende Belehrung ins Stammbuch: »Daß Sie, geliebter Freund, keinen Unterschied zwischen Christen und Juden bei der Aufführung Ihres großen, heiligen Werkes machen, ist sehr gut; nichts ist widerlicher, unerquicklicher, als solche Streitigkeiten; die Menschen sind ja im Grunde doch alle Brüder, trotz der confessionellen Unterschiede.«[34] Das nennt man wohl eine Standpauke.

Der *Parsifal* wurde schließlich am 26. Juli 1882 mit Hermann Levi am Pult uraufgeführt. König Ludwig hatte seine Teilnahme bereits Anfang des Monats aus gesundheitlichen Gründen abgesagt, was Wagner als persönliche Kränkung begriff. Zu Ludwigs 37. Geburtstag am 25. August reimte er schmerzlich-vorwurfsvoll:

»Verschmähtest Du des Grales Labe,
Sie war mein Alles dir zur Gabe,
Sei nun der Arme nicht verachtet,
Der dir nur gönnen, nicht geben mehr kann.«[35]

Doch Ludwig wollte den Gral nicht verschmähen, um Wagners Formulierung aufzugreifen, er wollte der Oper nur nicht in einer öffentlichen Aufführung beiwohnen. Er wünschte vielmehr im Münchner Hoftheater eine sogenannte Separatvorstellung – eine Darbietung, bei der neben den Mitwirkenden nur er selbst anwesend sein durfte. Der Komponist reagierte alarmiert. Zunächst müsse die gesamte Szenerie überarbeitet werden, schrieb er am 10. Januar 1883 an Ludwig. Auch manche Dekoration sei nach den Aufführungen vom Sommer des Vorjahres verschlissen und müsse erst neu konstruiert werden. Es sei sein – Wagners – größter Wunsch, dass sein Freund den *Parsifal* in einer künstlerisch vollkommenen Präsentation genießen könne. Wagner warnte vor einem Schnellschuss und bat letztlich um mehr Zeit. Er schlug ihm vor, im Sommer 1883 nach dem Abschluss der Festspiele nach Bayreuth zu kommen. Dann sei noch alles an Ort und Stelle und man könne die Oper in drei oder vier Separatvorstellungen aufführen. Mit diesem Schreiben endete nach gut neunzehn Jahren die Korrespondenz von Richard Wagner und Ludwig II., ein Antwortbrief des Königs ist nicht mehr überliefert.

Dass Wagner den Wunsch Ludwigs nach einer Separatvorstellung des *Parsifal* ablehnte, brachte den König in Rage: Seine Wünsche seien Befehle, die nicht diskutiert, sondern kommentarlos ausgeführt würden. Seinen Sekretär Ludwig von Bürkel ließ er wissen: »Wenn Richard Wagner wegen der Separatvorstellung S.M. Schwierigkeiten macht so entziehen Allerhöchstdieselben R. Wagner das Orchester und lassen selbes nicht nach Bayreuth.«[36] Bevor Ludwig die Aufführung aber erzwingen konnte, ereilte die Familie Wagner im Februar 1883 in Venedig, wo sie den Winter verbrachten, ein Schicksalsschlag. Sofort schickte der König Ludwig von Bürkel in die Lagunenstadt, um ihm von dort zu berichten. Bürkels Brief war bislang völlig unbekannt und soll deswegen im Folgenden umfänglich zitiert werden.

»AM DIENSTAG DEN 13. FEBRUAR Nachmittags um ½ 3 Uhr war die Familie versammelt, um zu Tische zu gehen, als der Meister sagen liess, er fühle sich unwohl und die Familie möchte ohne ihn speisen. Der Meister hat seine Herzkrampfanfälle immer vorher geahnt und wollte, bis dieselben vorüber waren, ganz allein sein. Als jedoch dieses Mal der Herzkrampf mit ganz besonderer Heftigkeit auftrat, klingelte er dem Dienstmädchen, welches sodann in das Familienzimmer kam und an Frau Wagner die Worte richtete: ›Kommen Sie sogleich zum gnädigen Herrn.‹ Die Betonung des Wortes: ›Sogleich‹ versetzte Alle in den tiefsten Schrecken. Frau Cosima eilte in das Zimmer des Meisters und sah, wie derselbe in einem heftigen Krampfe nach Athem rang. Sie suchte, ihm in jeder Weise beizustehen und schickte nach dem Arzte. Als sich der Krampf gelegt hatte, schien der Meister in einen sanften Schlaf zu verfallen; er sass auf einem Fauteuil, die Frau auf einer Bank daneben, da plötzlich muss im Inneren eine Arterie gesprungen sein, denn er neigte sich auf die ihn stützende Gattin, die seinen letzten Blick und seinen letzten Athemzug einsog und hauchte so sein Leben aus. Der herbeikommende Arzt konnte nur den Tod constatiren. Frau Cosima war zu den Füssen des Dahingeschiedenen Meisters hinuntergesunken und hielt dessen Füsse stundenlang umschlungen.

Gegen Abend wurde der Meister auf ein Bett gelegt und die arme Frau verlangte mit ihm allein gelassen zu werden. Sie warf sich auf den theueren Leichnam und brachte 25 Stunden in krampfhafter Umschlingung, ohne sich nur zu regen, ohne einen Laut und eine Thräne bei demselben zu. Als sie endlich in der Nacht des anderen Tages einer Ohnmacht nahe war, musste man ihr den Leichnam förmlich entreissen, um ihn einbalsamiren zu können. Bei dieser Prozedur wird die Leiche mit Arsenik bestrichen und das Verweilen in der Nähe derselben ist tödlich. Es wurde deshalb der Frau auf deren inständigstes Bitten nur gestattet, eine Minute bei ihm zu weilen. Als dieselbe verstrichen war, geleitete Herr Groß und Dr. Keppler die gänzlich gebrochene Frau aus dem Zimmer und führten oder trugen sie auf einen mehrere Zimmer entfernten Divan. Hierauf gingen sie durch einen aussen herumführenden Gang und verschlossen die

Thüre. Als nach 3–4 Stunden Dr. Keppler wieder nach Frau Cosima sehen wollte, fand er den Divan leer und eilte von einer Ahnung ergriffen in das Todtenzimmer, wo er dicht neben der Leiche die bewusstlose Frau fand, welche den kurzen Moment seiner Entfernung benützend in das Todtenzimmer zurückgegangen und von ihm selbst hineingesperrt worden war.

Am nächsten Morgen wurde der Sarg verlöthet in Gegenwart der Frau, welche während der 5 Stunden dauernden Arbeit nicht von der Seite wich und zuvor ihrem Gatten als Andenken ihr langes volles Haar abgeschnitten und in den Sarg gelegt hatte. Der Gerichtsarzt der Stadt Venedig, welcher den Sarg zu versiegeln und den amtlichen Todtenschein zu fertigen hatte, sprach beim Verlassen des Hauses zum Banquier Groß: ›Ich kenne diese Leute nicht, aber das weiß ich, dass so noch kein Mann je von einem Weibe geliebt wurde.‹

Als der Sarg geschlossen war, warf sich Frau Cosima, welche die Mütze ihres Gatten auf dem Haupte trug, auf den Sarg und wollte auf diesem die Reise nach Bayreuth antreten. Sie hatte vollkommen mit dem Leben abgeschlossen, sie beklagte sich, dass ihre Natur so entsetzlich widerstandsfähig sei, Isolde wollte ihrem Tristan folgen, sie machte sich Vorwürfe, dass der Schmerz sie nicht tödte, während sie gewiss wisse, dass der Meister ihren Tod nicht so lange überlebt hätte. In dieser Stimmung und diesen Gedanken traf sie die Königliche Nachricht des Allerhöchsten Beileides, wurde ihr von ihrer Tochter der Allergnädigste Brief vorgelesen und gerührt über diese Allerhöchste Gnade erwachte wieder der Wille zum Leben. Sie hauchte ihrer Tochter die überströmenden Gefühle des Dankes für Euer Majestät Gnade zu und bat in den rührendsten Ausdrücken, die Gefühle ihres überquellenden Herzens in allertiefster Ehrfurcht Euer Majestät zu Füssen zu legen. Den vereinten Bitten der Familie und ihrer Freunde gelang es dann auch, sie zur Annahme einer Tasse Milch zu bewegen, nachdem sie seit 4 Tagen keine Nahrung mehr zu sich genommen hatte.«[37]

DIE NACHRICHT VON RICHARD WAGNERS TOD war für Ludwig ein Schock. »Entsetzlich, fürchterlich!«, soll er geschrien und dabei so fest auf den Boden gestampft haben, dass eine Parkettplatte zerbrach.[38] Dieser heftige Gefühlsausbruch klingt glaubwürdig, und dennoch währte die Trauer des Königs nicht lange. Zur Wahrheit gehört nämlich auch, dass Wagners plötzlicher Tod einer endgültigen Trennung des Monarchen und seines Komponisten wohl nur zuvorgekommen war. Bei aller Liebe für dessen Kunst – mit Wagner hatte Ludwig insgeheim abgeschlossen. Dieser Befund wird durch eine Begebenheit aus den ersten Wochen nach jenem Februarereignis illustriert.

Hans von Wolzogen, der Chefredakteur von Wagners Hauszeitschrift *Bayreuther Blätter*, rief Anfang März 1883 »die Deutschen Theaterleitungen« auf, Benefizveranstaltungen zugunsten der Bayreuther Festspielkasse zu veranstalten. Das Echo darauf war – gelinde gesagt – bescheiden. Zwar geizten die Herren Intendanten nicht mit warmen Worten, nennenswerte Überweisungen gingen allerdings nicht ein, auch nicht vom bayerischen König. Als man Ludwig auch noch zutrug, den Wagner-Nachkommen ginge es finanziell sehr schlecht, geriet er in Rage. Er wusste besser als jeder andere, wie viel Geld die Wagners über die Jahrzehnte erhalten hatten. Dass sie nun darben sollten, konnte er beim besten Willen nicht glauben. Und so setzte die nachfolgend zitierte königliche Anweisung den Schlusspunkt unter eine langjährige und quälende Entzweiung: Es sei allzu deutlich, ließ Ludwig seinen Hofsekretär wissen, »daß die Wagner-Familie schlecht gehaust habe und statt zu sparen damit sie später etwas haben, hätten sie alles vergeudet. S.M. hätten nicht die geringste Lust und seien mit der Geschichte nicht einverstanden da Geld heraus zu geben. Der berühmte Liszt sei der Vater der Frau Wagner und dieser soll für seine Tochter und deren Kinder sorgen. Die Summe wollen S.M. für sich behalten. Herr Hofsekretär soll ein Almosen vorschlagen. S.M. bleiben hierauf stehen und sollen sich Herr Hofsekretär ja keine Mühe geben diesen Entschluß ändern zu wollen.«[39] Basta.

Illusionen

»ICH KANN KEINE ILLUSION IM THEATER HABEN, solange die Leute mich unausgesetzt anstarren und mit ihren Operngläsern jede meiner Mienen verfolgen«, erklärte Ludwig einmal dem Schauspieler Ernst von Possart. »Ich will selbst schauen, aber kein Schauobjekt für die Menge sein!«[40] Ludwigs Wunsch, sich im Theater und der Oper den neugierigen Blicken seiner Mitmenschen zu entziehen, erscheint durchaus verständlich, wenn man sich die Atmosphäre in einem höfischen Theater im 19. Jahrhundert vergegenwärtigt. Ein Theater- oder Opernbesuch diente damals auch immer der gesellschaftlichen Repräsentation. Die Architekten hatten diese Motivation bei der Konstruktion ihrer Gebäude durchaus berücksichtigt. So konnten die Besucher neben dem Geschehen auf der Bühne auch die Vorgänge in den vielen gegenüberliegenden Logen beobachten – das Licht im Zuschauerraum blieb die gesamte Zeit an. Wer wo und in welcher Begleitung Platz nahm, wurde für manchen Anwesenden wichtiger als die Handlung eines Stückes. Darüber hinaus hatte man je nach Bauform in der zweiten oder dritten Reihe einer Loge bereits keine freie Sicht mehr auf die Bühne, sodass der Gast vis-à-vis nahezu zwangsläufig zum Gegenstand der Betrachtung wurde. Betrat der Regent schließlich die Fürstenloge, bewegten sich unzählige Operngläser in seine Richtung. Kein Wunder, dass sich König Ludwig von allen Seiten beobachtet fühlte und die öffentlichen Aufführungen nicht genießen konnte. Das war aber nicht der Ausdruck einer angeblich »krankhaften Veranlagung« als vielmehr das Unbehagen eines Mannes, der sich nicht gerne angaffen ließ. Vor diesem Hintergrund lassen sich auch die sogenannten Separatvorstellungen verstehen, die Ludwig ab 1872 für sich geben ließ.

Zwischen dem 6. Mai 1872 und dem 12. Mai 1885 besuchte Ludwig II. insgesamt 209 Aufführungen, die er aus eigenen Mitteln finanzierte und die ausschließlich für ihn stattfanden. Diese exklusiven Abende wurden in der Regel im April, Mai und November veranstaltet und stellten für ihn nicht selten die einzige Freude dar, die er in seiner verhassten Residenzstadt München empfand. Handelte es sich bei den Separatvorstellungen zunächst nur um Theaterstücke, folgten ab 1878 auch Operninszenierungen. Alles in allem zählt die Statistik 154 Schauspiel-, 44 Opern- und elf Ballettvorstellungen, wovon 47 im Residenz- und 162 im Hof- und Nationaltheater über die Bühne gingen. Öffentliche Darbietungen besuchte er in dieser Zeit nicht mehr.

Der Ablauf der Separatvorstellungen erinnert an ein geheimes Kommandounternehmen. Allen Beteiligten war es strengstens untersagt, über ihre Mitwirkung irgendwelche Angaben zu machen. Die meisten hielten sich an diese Schweigeverpflichtung, weshalb wir nur wenige Zeitzeugenberichte kennen. Luise von Kobell, die Gattin von Ludwigs Sekretär August von Eisenhart, gehörte zu den wenigen, die das Schweigen brachen. Sie hatte das Theaterstück *Salvoisy* des französischen Dramatikers Eugène Scribe ins Deutsche übersetzt und durfte Anfang November 1873 an der exklusiven Aufführung ihrer Bearbeitung teilnehmen. Die wenigen Personen, denen einmal diese Ehre zuteil wurde, mussten in einer Loge unterhalb des königlichen Separees Platz nehmen, damit Ludwig sie nicht sehen konnte. Dort mussten sie sich absolut ruhig verhalten, jedes Geräusch – selbst ein leises Hüsteln – war ihnen strengstens untersagt. Von einem Theaterabend in angenehmer Atmosphäre konnte für diese Besucher also keine Rede sein – ganz im Gegenteil.

»Das Haus war tageshell erleuchtet, und eine geradezu unheimliche Oede und Stille herrschte darin«, erinnerte sich Frau von Kobell. Es war 22 Uhr, alle Mitwirkenden harrten auf ihren Plätzen des Einsatzes. Der König machte sich in der Regel erst in letzter Minute auf den Weg in das Theater, mitunter kam er aber auch zu spät, sodass sich das Warten in die Länge zog. Plötzlich hörte man das Schlagen einer Türe, ein Stuhl wurde verrückt, der König hatte seine Loge betreten. Ein Glockenschlag ertönte, der Vorhang schnellte hoch und die Darbietung begann. Obschon die Aufführung vorzüglich verlaufen sein soll, so die Kobell, wollte keine rechte Stimmung aufkommen. »Doch schien es mir, als fehle ohne Publikum das pulsierende Leben und der elektrische Strom von Leid und Freud, der sich von einem zum andern hinüberleitet.«[41]

Für die Schauspielerinnen und Schauspieler stellten die Separatvorstellungen oftmals besonders große Herausforderungen dar. Man spielte ohne Publikum, was auf den ersten Blick an eine Generalprobe erinnerte. Und doch war die Atmosphäre eine ganz andere. Denn anders als bei einer Generalprobe, die ja den Charakter eines Testlaufs hat, handelte es sich bei einer Separatvorstellung um eine vollwertige und obendrein außerordentlich wichtige Aufführung. Auf der Bühne stehend schauten die Künstler in die leeren Ränge und wussten genau, dass dort irgendwo im Saal Seine Majestät der König saß und sie ganz genau beobachtete.

Mit diesem Gefühl kamen manche Mimen nicht zurecht, so auch Charlotte Wolter. Die berühmte Tragödin des Wiener Burgtheaters war im Mai 1885 als Marquise de Pompadour in Albert Emil Brachvogels Trauerspiel *Narziß* besetzt. »Was mich einigermaßen aus der Fassung brachte, war der Umstand, daß der unsichtbare König am Schlusse des Actes kein Zeichen des Beifalls gab«, erinnerte sich die Wolter. »Als gegen vier Uhr Morgens, der letzte Act zu Ende und der Vorhang gefallen war, befahl man uns bewegungslos auf der Bühne zu bleiben, damit der König nicht gestört werde. Er pflegt nämlich noch einige Zeit lang in der Loge zu bleiben und über das Geschehene nachzusinnen, wie Jemand, dem es Mühe kostet, wieder in die Wirklichkeit zurückzukehren.«[42]

Nach der Aufführung folgte die Kritik. Ludwig war ein aufmerksamer Zuschauer. Oft las er in den Textbüchern oder kontrollierte die Gestaltung der Bühnenbilder anhand von Plänen und Zeichnungen. Hatte ihn eine Leistung nicht überzeugt – dazu reichte bereits die falsche Aussprache französischer Wörter –, ließ er die Schauspielerin oder den Schauspieler scharf tadeln. War er aber mit dem Gesehenen und Gehörten zufrieden, bedachte er die Künstler mit wertvollen Geschenken. Unmittelbar nach der Vorstellung sandte er dazu einen Adjutanten hinter die Bühne. Ernst von Possart erhielt einmal einen goldenen Becher, in dem ein Diamantring mit einem großen Rubin lag, einer Kollegin ließ Ludwig einen kostbaren Porzellanlüster überreichen und dergleichen mehr – Geld spielte für den König ja keine Rolle.

All diese Präsente machte er aber nicht selbstlos – Ludwig erwartete Dank, was im Grunde nicht weiter verwundert. Bemerkenswert war indes die Art und Weise, in der die Huldigung zu erfolgen hatte. Als Charlotte Wolter nach einer Darbietung ein prächtiges Blumenbouquet erhielt, bat sie den Überbringer, dem König ihren untertänigsten Dank zu übermitteln. Das reiche nicht, bekam sie daraufhin zu hören: Dank habe schriftlich und umgehend zu erfolgen. »Übrigens werde er die Ehre haben«, belehrte der Abgesandte die Schauspielerin, »mir den Brief in der durch das Hof-Ceremoniell vorgeschriebenen Form zu dictiren.«[43] Was Frau Wolter nun zu Papier bringen musste, erstarrte in einem gekünstelten Formalismus. Sinnlose Superlative wie »Allergnädigst«, »Allerunterthänigst«, »Allerdurchlauchtigst« und »Allerhuldvollst« gehörten dabei zu den gängigen Wortkreationen, die in keiner Eloge fehlen durften. Ludwig erwies sich einmal mehr als waschechter Spätabsolutist: Ihm ging es nicht um die individuelle und ehrliche Dankesbezeugung einer Künstlerin, für ihn stand das narzisstische Selbsterleben im Mittelpunkt. Die vorformulierte Hommage war wie ein Spiegelbild, in dem er sich als absoluter König zu erkennen glaubte. Dass die Korrespondenz zwischen ihm und den Künstlern dadurch etwas Unaufrichtiges und Schablonenhaftes erhielt, war die Kehrseite der Medaille. Die Grenze zur Autosuggestion und zum Selbstbetrug war naturgemäß fließend.

Die bloße Existenz der Separatvorstellungen mag uns heute als eine der vielen Bizarrerien im Leben König Ludwigs II. erscheinen. Man kann auch mit einigem Recht die Frage nach der Verhältnismäßigkeit der enorm kostspieligen Aufführungen stellen, die alles in allem knapp 1 Million Mark gekostet haben sollen.[44] Viel spannender als die Diskussion dieser eher grundsätzlichen Aspekte ist aber ein Blick auf die von Ludwig ausgesuchten Theaterstücke.

Sein Lieblingsthema war die französische Geschichte im Zeitalter der Bourbonen. Der König ließ Werke von Molière, Paul Foucher, Alexandre de Lavergne, Louis Bouilhet, Victor Hugo und anderen eigens ins Deutsche übersetzen. Darüber hinaus gab er neue Stücke in Auftrag, die ebenfalls am Hof Ludwigs XIV., XV. und XVI. spielen mussten. Diese Arbeiten erledigten seine literarischen Hoflieferanten, allen voran die Schriftsteller August Fresenius, Hermann von Schmid, Ludwig Schneegans und Karl August von Heigel. Am Schreibprozess nahm Ludwig regen Anteil – er kontrollierte die verwendeten Geschichtsbücher, überprüfte Namen, Fakten und Jahreszahlen und musterte auch ausgiebig die Entwürfe der Bühnenbilder. Alles sollte möglichst authentisch sein. Was ihm nicht gefiel, musste überarbeitet werden. Gelegentlich griff er auch in die inhaltliche Gestaltung der Texte ein, etwa indem er eine besonders würdevolle und pathetische Darstellung des Königtums forderte. Alljährlich am 9. Mai – dem Todestag Ludwigs XV. – ließ sein bayerischer Verehrer Albert Emil Brachvogels *Narziß*, ein Trauerspiel in fünf Aufzügen, aufführen.

»Ludwig II. wollte interessante Vorgänge, die beim Studium der Geschichte sein Gemüt in Wallung versetzt hatten, getreu auf der Bühne verkörpert sehen«, erinnerte sich der Schauspieler Ernst von Possart. »Die dramatische Konzeption aber war ihm Nebensache.«[45] Und man muss ergänzen: Auch die literarische Qualität der Stücke erschien ihm von untergeordneter Bedeutung. Um nur zwei Beispiele zu nennen: Am 26. März 1873 nahm Ludwigs Sekretär Lorenz von Düfflipp auf Einladung des Königs an einer Privataufführung des Lustspiels *Der Fächer der Pompadour* teil. Als Ludwig ihn anschließend fragte, wie es ihm gefallen habe, wollte sich Düfflipp zunächst um eine ehrliche Antwort drücken, gab dann aber doch zu, dass er die Komödie entsetzlich gefunden habe. Darauf Ludwig: »Ich finde das Stück ja auch schlecht, aber es weht doch die Luft von Versailles darin.«[46] Selbst manchem Autor war wohl bewusst, dass er nur literarische Meterware produzierte. Karl August von Heigel erinnerte sich jedenfalls nur äußerst ungern an sein Stück *Das Testament König Karls II.* Er müsse bekennen, so der Dichter, »daß dieses ›Testament Karls II.‹ das langweiligste Drama, das geschrieben worden, schlimmer, daß es überhaupt kein Drama sei.«[47] Das stattliche Honorar in Höhe von 3000 Mark tröstete Heigel über seine Unzufriedenheit wohl schnell hinweg.

Die Separatvorstellungen, so wird deutlich, dienten nicht in erster Linie dem Amüsement des Königs, es ging ihm auch nicht um eine kritische Auseinandersetzung mit einem bestimmten Sujet. Ludwig benutzte das Theater, um mit einer anderen, längst vergangenen Zeit eins zu werden. Es war das Ancien Régime, das er so – wenn auch nur für wenige Stunden – zum Leben erwecken konnte. Dann begegnete er am französischen Hof seinen Idolen – etwa seinen Namensvettern mit den Kennzahlen XIV. bis XVI., der Marquise de Pompadour oder der unglücklichen Marie Antoinette –, er weilte in Gedanken in Versailles und Fontainebleau und besuchte dort *fêtes galantes*. Damit wurde die Grenze zwischen Mensch und Rolle durchlässig – Ludwig II. war Hauptdarsteller, Zuschauer und Regisseur in einer Person. Das alles hatte etwas Irrationales, Phantastisches und Transzendentales. Nicht ohne Grund benutzte Ludwig das Wort »Illusion«, wenn er von der Schauspielkunst sprach. Wenn Ludwig heute leben würde, wäre der Film wohl das Medium seiner Träume.

Illusionär war auch sein Verhältnis zu Josef Kainz. Der 1858 geborene Schauspieler galt nach seiner Ausbildung in Wien und ersten Engagements in Leipzig und Meiningen als aufgehender Stern am Mimenhimmel.[48] Karl von Perfall, der Generalintendant der Münchner Bühnen, und sein Schauspieldirektor Ernst von Possart hatten viel Gutes von dem jungen Mann gehört, als sie ihn im August 1880 für ein Probegastspiel an die Isar holten. Einige Monate später – am 30. April 1881 – trat Josef Kainz dann in Ludwigs Gesichtskreis. Der König befand sich damals erst seit einer Woche in München und hatte in dieser Zeit bereits vier Separatvorstellungen besucht. Nach Christoph Willibald Glucks Oper *Iphigenie auf Tauris*, einem Schauspiel seines Hofdichters Hermann von Schmid, einem historischen Ballett mit dem Titel *Venus und Adonis* sowie Richard Wagners *Tristan* stand an jenem Samstagabend Victor Hugos Drama *Marion Delorme* auf dem Privatspielplan. Kainz übernahm darin die Rolle des bürgerlichen Tausendsassas Didier, der mit dem Marquis de Saverny – seinem Rivalen im Kampf um Marions Herz – aller Konkurrenz und Standesunterschiede zum Trotz eine enge Männerfreundschaft eingeht.

Das war ein Sujet ganz nach Ludwigs Geschmack. »Marion Delorme, erschütternder, tief ergreifender Eindruck!«,[49] notierte er in sein Tagebuch. Ludwig war von dem Abend und insbesondere von der Darstellung des Didier so begeistert, dass er das Stück am 4. und

10. Mai wiederholen und dafür sogar eine geplante Aufführung der *Meistersinger* absagen ließ. Am Tag nach der dritten Vorstellung griff Ludwig zu Papier und Feder und schrieb dem 23-jährigen Schauspieler einen ersten Brief, darüber hinaus erhielt Kainz mehrere wertvolle Geschenke. Ende Mai lud Ludwig ihn schließlich nach Schloss Linderhof ein.

Bevor Kainz seine Reise antrat, schärften ihm die Hofbeamten ein, dass er strengste Diskretion zu wahren habe. Doch der Zufall wollte es, dass Kainz unterwegs einen Bekannten traf, sodass er vorsichtshalber nach München zurückkehren und die Fahrt erneut antreten musste. So vergingen die Stunden. Als der Schauspieler am 31. Mai 1881 um 2 Uhr morgens die Venusgrotte betrat, hatte er eine sehr lange und überaus anstrengende Reise hinter sich. Er war verständlicherweise müde und erschöpft und sprach mit ruhiger und leiser Stimme. Ludwig war enttäuscht. Er erwartete den charismatischen Schauspieler, den er in Victor Hugos Drama bewundert hatte, und begegnete nun einem jungen Mann, dem die Strapazen einer beschwerlichen Reise ins Gesicht geschrieben standen. Offensichtlich gelang es Kainz aber doch, den König für sich einzunehmen, denn er blieb insgesamt zehn Tage in Linderhof.

Die beiden Männer unternahmen Spaziergänge durch die schöne Gartenanlage des Schlosses und Ludwig zeigte seinem Gast die architektonischen Besonderheiten: den »Maurischen Kiosk« und das »Marokkanische Haus« sowie die von Wagners *Walküre* inspirierte »Hundinghütte« – ein romantisches Blockhaus, das einige Kilometer westlich vom Schloss tief im Ammerwald stand. In einer heute etwa 300 Jahre alten Linde hatte Ludwig eine Art Laube anlegen lassen, wo er den sichtlich beeindruckten Kainz nun zum Essen empfing. Sie unternahmen Ausflüge in die nähere Umgebung, und immer wieder musste der Schauspieler aus Werken Lord Byrons, Christian Dietrich Grabbes oder Friedrich Schillers rezitieren. Der schmächtige Kainz wird äußerlich kaum Ludwigs Typ gewesen sein – der König bevorzugte ja stattliche Männer mit starkem Bartwuchs –, in die Stimme des Schauspielers hatte er sich aber zweifellos verliebt. Mehrfach erwähnte Ludwig in seinem Tagebuch den

»Zauber der wundervollen Stimme«, und alles in allem verlebten sie »theure, herrliche Stunden.«[50]

Und Kainz? Fühlte er sich zu König Ludwig hingezogen? Zweifel sind angebracht. Der junge Mann war burschikos und mitunter ungehobelt, erinnerte sich sein Freund Felix Philippi, »für einen königlichen Hofschauspieler war er von geradezu himmelschreiender Würdelosigkeit.«[51] Kainz galt als ein Feuerkopf und Widerspruchsgeist, der sich kein X für ein U vormachen ließ. Er sprach, wie ihm der Schnabel gewachsen war, und sollte nun nach der Pfeife eines anderen tanzen: »Er konnte nicht reden, was er wollte, nicht essen, wenn er hungrig war, nicht schlafen, wenn er müde wurde. Das verdarb ihm gründlich die gute Laune, und wer Kainz kannte, weiß, was das zu bedeuten hatte.«[52] Das konnte auf Dauer nicht gutgehen. Als der Gast in Linderhof beobachtete, wie der König einem Diener wegen eines kleinen Versehens ins Gesicht schlug, platzte es aus ihm heraus: »Das war nicht königlich!«[53] Ludwig reagierte pikiert.

Die Beziehung sollte ihre Flitterwochen nicht überdauern. Ludwig wollte mit Kainz eigentlich nach Spanien reisen, was Ludwig von Bürkel seinem Chef aber mit Hinweis auf die heißen Sommermonate und die mit dem Unternehmen verbundene lange Abwesenheit von Bayern ausreden konnte. Stattdessen plante man nun einen gemeinsamen Ausflug in die nahe Schweiz. Nachdem Ludwig bereits im Herbst 1865 die Eidgenossenschaft besucht hatte, wollte er sich einen langersehnten Wunsch erfüllen und auf den Spuren Wilhelm Tells wandeln. Er plante nämlich eine Aufführung von Schillers gleichnamigem Drama, in dem für Kainz die Rolle des Arnold von Melchthal vorgesehen war. Es sollte also eine Art Bildungsreise werden, in deren Verlauf der König und sein Schauspieler die vom Autor erwähnten Schauplätze aufsuchen und die Geschichte nachempfinden wollten. Am 27. Juni verließen Ludwig II. und Josef Kainz Bayern in Begleitung von sechs Hofbeamten, drei Kammerdienern und zwei Mundköchen. Die Reiseunterlagen waren bezeichnenderweise auf »Marquis der Saverny« und »Josef Didier« ausgestellt.

Die Ernüchterung trat bereits nach wenigen Tagen ein. Ludwig hatte über Kainz' Kopf hinweg entschieden, dass er den von Schiller

im zweiten Akt des *Wilhelm Tell* beschriebenen Weg Melchthals über den Surennenpass gehen sollte. Offensichtlich glaubte Ludwig, dass diese Expedition dem Verständnis der Rolle dienlich sei. Er stellte Melchthal alias Kainz einen örtlichen Förster als Bergführer sowie mehrere Begleiter samt ausreichendem Proviant zur Seite. Damit mutete er seinem neuen Lieblingsschauspieler aber zu viel zu, denn der Marsch über jenen steilen Gebirgszug war für einen ungeübten Bergsteiger kaum zu bewältigen. Es kam, wie es kommen musste: Kainz geriet ans Ende seiner Kräfte, brach das Unternehmen erschöpft ab und reiste per Wagen weiter. Ludwig wartete derweil vergeblich und von Kainz enttäuscht an der vereinbarten Stelle im Tal.

Was der Schauspieler wohl nicht verstand: Ludwig sah in ihm nicht die Person Josef Kainz, sondern wahlweise Arnold von Melchthal

Keine Lovestory: König Ludwig und der Schauspieler Josef Kainz. Die Photos, die am 13. Juli 1881 in Luzern entstanden, gaben Anlass für Spekulationen, da sie später retuschiert wurden.

oder eben Didier (selbst in seinen Briefen redete Ludwig ihn mit dem Namen der Figur aus Victor Hugos Schauspiel an). Der Darsteller einer edlen Rolle müsse eben auch ein edler Mensch sein, hielt er Kainz einmal entgegen. Doch davon wollte der Künstler nichts wissen – er würde gerne einmal den Franz Moor aus Schillers *Die Räuber* geben, was Ludwig ihm daraufhin nahezu verbieten wollte: »Niemals! Niemals dürfen Sie einen so verabscheuungswürdigen Charakter darstellen!«[54] Kurzum: Das Miteinander funktionierte so lange gut, wie Kainz Ludwigs schwärmerischem Ideal entsprach und seine Rolle spielte. Als er aber mit Blasen an den Füßen die Wanderung abbrechen musste, fiel er im Wortsinne aus seiner Rolle.

Aber auch für Josef Kainz war der siebzehntägige Aufenthalt in der Schweiz mit einer großen menschlichen Enttäuschung verbunden. Hatte er anfänglich geglaubt, in Ludwig einem Künstlerfürsten zu begegnen, traf er nun mit einem Herrscher zusammen, der ihn aller freundschaftlichen Attitüden zum Trotz doch wie einen Domestiken behandelte. Bereits Richard Wagner hatte diese Erfahrung machen müssen, als Ludwig die Uraufführung des *Rheingold* erzwang. Nun erlebte Josef Kainz Ähnliches, wenn er zu jeder Tages- und Nachtzeit Verse deklamieren, Texte rezitieren oder Ludwig aus der Zeitung vorlesen sollte. Kainz fühlte sich als Künstler nicht ernst genommen und in die Rolle des Hofnarren gedrängt. Als Ludwig eines Morgens um zwei Uhr verlangte, Kainz möge eine bestimmte Szene aus dem *Tell* vortragen, verweigerte der Schauspieler den Gehorsam. Damit kam es zum endgültigen Bruch.

Am letzten Tag der Reise besuchten Ludwig II. und Josef Kainz in Luzern das Atelier eines Photographen. Bei dieser Gelegenheit entstanden mehrere Aufnahmen, die in verschiedener Hinsicht bemerkenswert sind. Die Ablichtungen zeigen einen aufgedunsenen König, der wesentlich älter aussah als die 35 Lebensjahre, die er zählte. Ludwig trug Mitte Juli einen dicken Wintermantel, der offensichtlich den aus der Form geratenen massiven Körper gnädig kaschieren sollte. Kainz sieht dazu im Vergleich schmächtig und geradezu dünn aus. Beide Männer blicken teilnahmslos und die wechselseitige Desillusionierung kaum verbergend in unterschiedliche Richtungen. Auf einem Bild sitzt Kainz und Ludwig steht, was den Konventionen widersprach, in einer anderen Aufnahme legt der stehende Schauspieler seine Hand auf die Schulter des sitzenden Königs, was ebenfalls ein Verstoß gegen die höfischen Sitten darstellte.

Dass dieses Photo später retuschiert und Kainz' Arm entfernt wurde, nährte Spekulationen über das vermeintlich intime Miteinander der beiden Männer. Was immer den König und seinen Hofschauspieler verbunden haben mag – es war keine Liebesbeziehung, und es hatte kein Happy End. Nach Bayern zurückgekehrt, beklagte Ludwig in einem Brief an Kainz »die peinlichen Eindrücke jener Tage, welche gegen Ende Unseres Aufenthaltes in Brunnen und Umgebung durch Sie meist verdorben wurden […].«[55] Kainz wiederum soll seinem Freund Felix Philippi »zahllose Male« bestätigt haben, dass er sich in

Ludwigs Gegenwart »auch nicht einen Augenblick« wohlgefühlt habe.[56]

Es war ein Dilemma: In seinem narzisstischen Verlangen nach Selbstempfinden zerstörte Ludwig die zwischenmenschlichen Beziehungen, auf die er – wie jeder Mensch – angewiesen war. Die Annäherung an Josef Kainz stellte seinen letzten Versuch dar, zu einem anderen Mann eine emotionale Freundschaft auf Augenhöhe herzustellen – und er misslang gründlich.

Luftschlösser

»ICH HABE DIE ABSICHT, die alte Burgruine Hohenschwangau bei der Pöllatschlucht neu aufbauen zu lassen im echten Styl der alten deutschen Ritterburgen, und muß Ihnen gestehen, daß ich mich sehr darauf freue, dort einst (in 3 Jahren) zu hausen.«[57] Diese Zeilen an Richard Wagner datieren aus dem Frühjahr 1868 und stellen die erste Erwähnung eines Vorhabens dar, dessen Realisierung Ludwig unsterblich machen sollte. Die Rede ist vom Bau des Schlosses Neuschwanstein. Die »Neue Burg Hohenschwangau«, wie das Gebäude zu Ludwigs Zeiten noch hieß, wurde weltweit zum Inbegriff der romantischen Burg. Andy Warhol tauchte Neuschwanstein in seinem Todesjahr 1987 für eine Serie von Graphiken in grelles Licht, die Macher der Disneyland-Themenparks ließen sich durch die königliche Schöpfung zu ihren Dornröschen-Schlössern inspirieren und für nicht wenige Zeitgenossen ist das Kastell so etwas wie ein Weltwunder.

Neuschwanstein ist zweifellos Ludwigs bekanntester Bau – aber nicht sein einziger. In der Nähe der oberbayerischen Gemeinde Ettal entstand ab 1870 das Schloss Linderhof samt verschiedener Nebengebäude, und auf der Herreninsel im Chiemsee ließ er ab 1878 sein »bayerisches Versailles« erstehen. Nicht vergessen werden darf die zwischen 1867 und 1869 erfolgte Neugestaltung der royalen Appartements in der Residenz sowie der Einbau eines Wintergartens, der 1871 vollendet wurde.[58] Und nicht zuletzt verdienen auch die unausgeführten

Bauvorhaben Beachtung, darunter die Pläne für ein Festspielhaus in München sowie für die Burg Falkenstein.

Ludwig II. verfolgte eine Art architektonisches Programm, das sich bei näherem Hinsehen in drei Themenkomplexe gliederte: die mittelalterliche Welt, die höfische Welt im Frankreich des Ancien Régime sowie den Orient.[59] Das Schloss Neuschwanstein und die geplante Burg Falkenstein bei Pfronten im Allgäu gehören in den ersten Bereich, während die königliche Wohnung in der Münchner Residenz sowie die Schlösser Linderhof und Herrenchiemsee die zweite Gruppe repräsentieren. Die fernöstliche Welt hat Ludwig mit einigen kleineren Bauten bedacht: der Wintergarten der Residenz – dort gab es sogar eine indische Fischerhütte –, das Königshaus am Berg Schachen im Wettersteingebirge sowie der Maurische Kiosk und das Marokkanische Haus im Schlosspark von Linderhof.

Alle Objekte – so unterschiedlich sie auch sind – haben eines gemeinsam: Sie waren zu Ludwigs Zeiten politisch und gesellschaftlich völlig funktionslos. Sie dienten weder der dynastischen Legitimation und Repräsentation – das höfische Leben wie die Öffentlichkeit blieben ausgeschlossen –, noch spielten sie in der praktischen Regierungsarbeit eine Rolle. Ihre einzige Aufgabe war auf die Person ihres Erbauers bezogen.

Ludwigs Architektur entstand zunächst auf der Bühne. So ließ er etwa die Wirkungen des sogenannten Paradeschlafzimmers und der Spiegelgalerie von Herrenchiemsee Jahre zuvor in den Bühnenbildern des Theaterstücks *Das Alter eines großen Königs* gewissermaßen ausprobieren. Mit seinen Schlössern schuf er jedoch etwas, das die Separatvorstellungen nicht leisten konnten: die Aufhebung von Raum und Zeit. War er im Theater nur der Beobachter einer anderen Welt, konnte er seine Bauten wie »begehbare Bilder« durchschreiten, sich völlig in diese andere Welt versetzen und so ein Teil von ihr werden.[60]

Hatte Ludwig für den Bau des Münchner Festspielhauses zunächst noch einen Stararchitekten wie den berühmten Gottfried Semper angeworben, ließ er alle späteren Projekte nur noch nach eigenen künstlerischen Vorstellungen umsetzen. Da Ludwig selbst keine Baupläne entwerfen konnte, beschrieb er zunächst seine Ideen mündlich und schriftlich. Es waren dann bezeichnenderweise Bühnenbildner und Theatermaler wie der Münchner Christian Jank, die die königlichen Wünsche und Vorstellungen in Ansichtszeichnungen übertrugen. Den Architekten fiel die Aufgabe zu, diese möglichst genau umzusetzen – eigene künstlerische Ansätze, die ja den Architektenberuf ausmachen, waren unerwünscht. Ludwig ließ sich die Pläne regelmäßig vorlegen und kontrollierte diese bis ins Detail. Dabei zeigte er eine Gewissenhaftigkeit und ein technisches Verständnis, das die beteiligten Experten und Handwerker nicht selten bass erstaunte. Auch die Ausstattung der Gebäude wurde nach Ludwigs persönlichen Maßgaben gestaltet. Antiquitäten, historische Gemälde, wertvolle Museumsstücke oder Möbel aus Familienbesitz suchte man vergeblich. Die von Ludwig in Auftrag gegebenen Einrichtungsgegenstände sollten eine Illusion vermitteln und so Teil eines poetischen Raumes werden; das Alter sowie der künstlerische und finanzielle Wert der Innenausstattung waren hingegen von untergeordneter Bedeutung. Das hatte allerdings zur Folge, fasst der Kunsthistoriker Hans Ottomeyer zusammen, »dass sich in seinen Schlössern, wenn man nicht gerade diese selbst als Kunstwerke betrachtet, kein einziges wirkliches Kunstwerk befindet, vor allem aber auch kein Meisterwerk«.[61] Alles in allem hat sich der König für den Herstellungsprozess seiner Gegenwelten – kurzum: für das »wie« – nicht sonderlich interessiert. »Ich will nicht wissen, wie es gemacht wird«, soll Ludwig einmal gesagt haben, »ich will nur die Wirkung sehen.«[62]

Neuschwanstein

LUDWIG II. KANNTE DIE GEGEND um den Ort Schwangau bei Füssen seit Kindertagen. In der näheren Umgebung hatte sein Vater Max Wanderwege und Aussichtspunkte anlegen lassen, die auch die beiden dem Familienschloss Hohenschwangau gegenüberliegenden Ruinen Hinter- und Vorderhohenschwangau einschlossen. Als kleiner Junge erkundete er diesen verwunschenen Ort, und in seiner Phantasie war er dann ein mittelalterlicher Burgherr. Die Idee zum

Wiederaufbau der Ruine Vorderhohenschwangau, wie das Projekt zunächst in den Bauakten firmierte, entstand aber erst Jahre später.

Im Frühjahr 1867 unternahm Ludwig, mittlerweile selbst König, eine Reise nach Eisenach, wo Großherzog Carl Alexander von Sachsen-Weimar-Eisenach die Wartburg hatte wiederaufbauen lassen. Das Ergebnis dieser angeblichen Rekonstruktion war in weiten Teilen ein Neubau in historisierender Form. Ludwig war gleichwohl begeistert, und als fiktiver Handlungsort von Richard Wagners Oper *Tannhäuser* galt ihm die Wartburg mit ihrem Sängersaal ohnehin als Mythos. Er habe dort manches Detail entdeckt, schrieb Ludwig nach dem Besuch an Carl Alexander, das er bei seinem eigenen Bauvorhaben in Schwangau aufgreifen werde.[63] Zwei Monate später reiste Ludwig nach Frankreich, wo er nördlich von Paris das Château de Pierrefonds besichtigte, dessen Ruine der Architekt Eugène Viollet-le-Duc für Kaiser Napoléon III. zu einer gotischen Festung ausgebaut hatte. Beiden großen Aufbauprojekten – dem in Thüringen und dem in Frankreich – ist gemein, dass sie keine Rekonstruktionen im wörtlichen Sinne darstellen. Der romantische Historismus, in dessen Geist diese Projekte entstanden, kopierte nicht, sondern bediente sich der Stile der Vergangenheit und interpretierte diese mit den ästhetischen Mitteln des 19. Jahrhunderts.

Das gilt auch für die »Neue Burg Hohenschwangau«, deren Grundsteinlegung am 5. September 1869 erfolgte. Was zunächst als Wiederaufbau einer kleinen spätgotischen Raubritterburg gedacht war, wuchs schnell weit darüber hinaus. Christian Jank zeichnete wie gehabt Ludwigs motivische Vorgaben, der Hofbaudirektor Eduard Riedel setzte diese in Architekturpläne um. Als Riedel 1874 in Ungnade fiel, übernahm Georg Dollmann die Bauleitung, der wiederum 1884 von Julius Hofmann abgelöst wurde. So entstand im Laufe der Zeit auf einem gut tausend Meter hohen, nach allen Seiten steil abfallenden Bergrücken eine imposante Anlage von etwa 150 Metern Länge.

Besucher betreten das Ensemble durch einen Torbau und gelangen so zunächst in einen unteren Hof, aus dessen nördlicher Umfassung ein 45 Meter hoher Viereckturm emporwächst. Über eine

Schwieriges Terrain: Der Bau des Schlosses Neuschwanstein war eine logistische Meisterleistung und brachte modernste Technik zum Einsatz.

Freitreppe erreicht man den oberen Hof mit dem Hauptportal des sogenannten Palas. Der Palas ist das eigentliche Wohngebäude einer mittelalterlichen Burg und beherbergte in der Regel neben den Privatgemächern des Regenten einen repräsentativen Saal, in dem einst die Regierungsgeschäfte stattfanden. Der Palas von Neuschwanstein – Ludwig ließ sich bei der äußeren Gestaltung von der Wartburg inspirieren – besteht aus zwei angewinkelten Bauteilen. Im ersten Stockwerk liegen die Zimmer für die Diener, die mit einem Tisch, einem Schrank sowie zwei Betten bescheiden möbliert sind. Die zweite Etage, die nur im Rohbau fertiggestellt wurde, wird heute von der Museumsverwaltung genutzt. Erst im dritten und vierten Obergeschoss befinden sich die Wohnräume des Königs, darunter ein Speise-, Arbeits-, Ankleide- und Wohnzimmer, das Schlafgemach mit einem Prunkbett im neogotischen Stil sowie eine Hauskapelle. Diese Appartements hat der Architekt Julius Hofmann mit außerordentlich aufwändig gearbeiteten Möbeln, Textilien sowie Wand- und Deckengemälden ausgestattet. Ludwigs Aufträge haben dem Münchner Kunstgewerbe einen enormen Aufschwung bereitet. Mit Kitsch, wie man noch in den 1960er Jahren glaubte, hat das aber nichts zu tun. Ganz im Gegenteil – manche Gegenstände wie die dreifüßigen Kandelaber im Thronsaal sind ihrer Zeit ästhetisch deutlich voraus und erinnern etwa an einen frühen Jugendstil.

Zwischen dem Wohn- und Arbeitszimmer hat Ludwig eine kleine Grotte samt Wintergarten einbauen lassen. Dort plätscherte sogar ein Miniaturwasserfall, und mittels eines raffinierten Beleuchtungsapparates konnte man in der künstlichen Tropfsteinhöhle einen Regenbogen simulieren. Ludwig liebte diese Details, die die Illusion – er dachte hier an den Hörselberg der *Tannhäuser*-Saga – erst vollständig machten. Durch eine versenkbare Glastür gelangte man in den verglasten Wintergarten, der einen großartigen Blick in das Alpenvorland bietet.

Alles in allem erscheinen die Privaträume trotz der luxuriösen Ausschmückung eher von bescheidener Größe. Ganz anders der Thronsaal, der sich im westlichen Teil des Palas über die gesamte dritte und vierte Etage erstreckt. Ludwig schuf hier einen Raum der Superlative: Mit 240 Quadratmetern Grundfläche und 13 Metern Raumhöhe ist er der zweitgrößte Saal des Schlosses. Man fühlt sich unweigerlich an eine Kirche erinnert, was durchaus Ludwigs Selbstverständnis entsprach, sah er sich doch als König von Gottes Gnaden und als Mittler zwischen Gott und den Menschen. Architektonische Anleihen aus dem Byzantinismus, der Münchner Allerheiligenhofkirche und der Klosterkirche St. Bonifaz prägen das Bild. Doch wo in einem katholischen Gotteshaus die Gläubigen vor dem Altar niederknien, sollte in Ludwigs Inszenierung der Thron stehen, was nach seinem Tod allerdings nicht mehr ausgeführt wurde.

Noch größer als der Thronsaal ist der Sängersaal, der sich mit 270 Quadratmetern über die gesamte vierte Etage des östlichen Palas erstreckt. Vorbilder waren hier der gleichnamige Saal der Wartburg, wo der Überlieferung zufolge der berühmte Sängerstreit stattgefunden haben soll, sowie deren Festsaal. Ludwig ließ seinen Prunkraum mit Motiven aus den *Lohengrin*- und *Parzival*-Sagen ausschmücken.

Für diese beiden Objekte – den Thronsaal und den Sängersaal – gilt in besonderem Maße, was eingangs bereits konstatiert wurde: Es

Ein Kandelaber aus dem Thronsaal von Neuschwanstein. Heute erkennt man an, dass Ludwig auch in Geschmacksfragen ein unzeitgemäßer König war und zukünftigen Strömungen wie dem Jugendstil vorgriff.

gab für sie kein Nutzungskonzept. Im Thronsaal sollten keine Regierungsgeschäfte getätigt und im Sängersaal keine Empfänge oder Konzerte veranstaltet werden. Die größten und wichtigsten Räume des gesamten Schlosses dienten im Grunde als begehbare Theaterkulissen. Konnte sich Ludwig im Sängersaal in die mittelalterliche Ritterwelt versetzen, begegnete er auf den Wandgemälden seines Thronsaals dem heiligen Georg, der Landgräfin Elisabeth von Thüringen, der Königin Clothilde von Frankreich, Kaiser Heinrich II., Ludwig IX. von Frankreich und anderen historischen Figuren.

ES ERSCHEINT HEUTE geradezu als ein kleines Wunder, in welch kurzer Zeit das alles geschaffen wurde. Zwischen der Grundsteinlegung im September 1869 und der Fertigstellung des Torbaus lagen gerade einmal vier Jahre. Das Richtfest für den Palas wurde im Januar 1880 gefeiert, vier Jahre später war er bezugsfertig. Bereits die Organisation der Baustelle glich einer Meisterleistung: In Spitzenzeiten fanden dort täglich 200 bis 300 Handwerker Lohn und Brot, wodurch das königliche Unternehmen für etwa zwanzig Jahre zum größten Arbeitgeber der Region wurde. Im April 1870 wurde mit dem »Verein der Handwerker am königlichen Schlossbau zu Hohenschwangau« eine Art Kranken- und Sozialversicherung gegründet, die bei Krankheit den Lohn und nach einem Unfall eine Rente zahlte. Das geschah dreizehn Jahre bevor der Reichstag Otto von Bismarcks »Gesetz betreffend die Krankenversicherung der Arbeiter« verabschiedete.

Neuschwanstein erinnert zwar äußerlich an das Mittelalter, die Innenräume erhielten indes modernste Technik. Der Palas wurde mittels einer Heißluft-Zentralheizung erwärmt, darüber hinaus standen dort sogar fließendes Wasser sowie Wasserklosetts zur Verfügung. Doch damit nicht genug, verfügte dieses »Hightech-Schloss« sogar über einen eigenen Telefonanschluss sowie über eine elektrische Rufanlage für die Diener und Adjutanten. Der Thronsaal musste aus statischen Gründen in einer Eisenkonstruktion erbaut werden, deren Säulen und Träger kurzerhand mit »historischen« Materialien wie Stuckmarmor ummantelt wurden.[64] Auch hier war die Illusion nahezu perfekt. Modern waren auch die großen Zargenfenster, die in der Regel besonders dicht schlossen. Nur einmal war der König nicht zufrieden: »Der Allergnädigste ist gegenwärtig nicht der besten Laune. Er wohnt in der neuen Burg und klagt ständig über den in seinen Zimmern herrschenden Zug. Serenissimus scheinen an einem kleinen Zipperl zu leiden«, lästerte Richard Hornig im August 1884. »Alle Ritzen sind mit armdicken Polstern verhängt. Die Temperatur geht immer an 20°+ hin. Die Nachtfahrten im offenen Wagen sind wohl an Allem Schuld.«[65]

König Ludwig hat das Schloss so, wie wir es heute kennen, allerdings nie gesehen. Als er im Juni 1886 verstarb, war der Viereckturm noch eingerüstet und der Bau der Kemenate noch gar nicht begonnen. Während diese Gebäudeteile erst 1892 in vereinfachter Gestalt fertiggestellt wurden, konnten andere Ideen nicht mehr umgesetzt werden. So sollte im oberen Hof ein etwa 90 Meter hoher Bergfried entstehen, der jedoch, ebenso wie der Burggarten, nur auf dem Papier existiert.

Linderhof

ETWA ZWANZIG KILOMETER ÖSTLICH von Neuschwanstein liegt die ehemalige Lieblingsresidenz Ludwigs: Linderhof. Es ist das kleinste der drei Königsschlösser und das einzige, dessen Vollendung er noch erlebt hat. Die Gegend rund um die Gemeinde Ettal war Ludwig seit seiner Jugend bestens vertraut. Im heutigen Ortsteil Linderhof besaß Maximilian II. eine gleichnamige Jagdhütte, wohin Kronprinz Ludwig seinen Vater gelegentlich begleitet hat. Dieses einfache Holzhaus aus dem Jahre 1790 wurde zum Ausgangspunkt einer wechselvollen Baugeschichte, die schließlich ein architektonisches Juwel hervorbrachte.

Die Entstehung der Anlage ist eng mit der bereits erwähnten Bildungsreise nach Frankreich vom Sommer 1867 verbunden. Zwar hat Ludwig in jenen Wochen nicht Versailles besucht, wie immer wieder zu lesen ist – das geschah erst im August 1874 –, doch befeuerte der achttägige Aufenthalt in Paris und Pierrefonds Ludwigs Begeisterung für das Ancien Régime. Die bayerische Gesandtschaft in Paris erhielt in der Folge immer wieder den Auftrag, Bücher und Bildvorlagen über das Leben am Hofe von Versailles zu besorgen und in die Heimat zu verschicken. Im Laufe der Zeit trug Ludwig eine Bibliothek von mehreren tausend Titeln zusammen und erwarb ein erstaunliches Fachwissen über diese Epoche. Als er schließlich 1868 die Grundstücke rund um die väterliche Jagdhütte aufkaufen ließ, verfolgte er bereits konkrete Pläne. An Sybilla von Leonrod schrieb er: »Ohnweit des Linderhofes bei Ettal, lasse ich ein kleines Palais bauen und einen Kunstgarten anlegen, im Renaissance-Styl, das Ganze soll die Pracht athmen u. den imponierenden Stempel des Königssitzes zu Versailles tragen.«[66]

Unter dem Decknamen »Meicost Ettal« – ein Anagram von »L'état c'est moi« – entwarf der Architekt Georg Dollmann zwischen 1868 und 1873 dreizehn verschiedene Pläne für ein neues Schloss à la Versailles.[67] Das Projekt nahm zuletzt aber Ausmaße an, die im Graswangtal aus Platzgründen nicht mehr realisierbar waren. Daraufhin erwarb und bestimmte Ludwig die Herreninsel im Chiemsee als Ort für sein Neu-Versailles. Mit dem Linderhof seines Vaters hatte er derweil andere Pläne, wie der Kunsthistoriker Tobias Hoffmann nachweisen konnte. Dort sollte nun eine »Retraite« nach französischem Vorbild entstehen – eine »Maison de Plaisance«, die zur Besinnung einlud. Sein Vorbild war das Lustschloss »Petit Trianon« im Park von Versailles, das Louis XV. ursprünglich für die Madame de Pompadour hatte erbauen lassen. Jahre später wurde es von Marie Antoinette genutzt, die sich dort von den Mühen des Alltags erholen konnte. Die Bauten in Linderhof (»Retraite«) und von Neu-Versailles auf der Herreninsel (»Residenz«) hingen also ideengeschichtlich eng zusammen. »Ludwig war sich bewußt«, so Tobias Hoffmann, »daß er die Welt eines Bourbonenkönigs nur nachvollziehen konnte, wenn er die beiden Voraussetzungen ihrer Herrschaftsform, Residenz und Maison de Plaisance, wiedererstehen lassen würde.«[68]

In fünf Bauphasen schuf Ludwig in Linderhof seinen ganz persönlichen Rückzugsort. Dafür wurde die alte Jagdhütte abgerissen und an ihren heutigen, etwa 200 Meter entfernten Platz versetzt. Parallel dazu entwarf Hofgärtner Carl von Effner einen 54 Hektar großen Schlosspark, der mit seinen verschiedenen Terrassen, Wasserspielen, Skulpturen, Blumenrabatten, Pavillons und Laubengängen zu den bedeutendsten Gartenanlagen des 19. Jahrhunderts zählt. Beide Teile – das Gebäude und der Garten – waren 1878 vollendet. Sechs Jahre später gab der König den Befehl, das Schlafzimmer noch einmal umzubauen. Dieser sechste Bauabschnitt konnte erst im Jahr nach Ludwigs Tod fertiggestellt werden.

Wer das Schloss heute betritt, fühlt sich in das 18. Jahrhundert versetzt. Ludwigs Privaträume befinden sich im Obergeschoss und sind im Stil »Louis XV.« überaus üppig eingerichtet. Ein Schlafzimmer, ein Spiegelsaal, jeweils ein ovales Audienz- und Speisezimmer, vier hufeisenförmige Kabinette sowie zwei rechteckige Gobelinzimmer gruppieren sich symmetrisch um ein Vestibül samt Treppenhaus.

In der Mitte des weiß, rot und golden gestalteten Speisezimmers befindet sich das berühmte »Tischleindeckdich« – eine Konstruktion, mit der man den Tisch zum Eindecken in das Erdgeschoss versenkte und dann wieder heraufkurbelte. Der König konnte so speisen, ohne

Mittels modernster Technik schuf Ludwig in der Grotte von Linderhof eine phantastische Parallelwelt. Alleine zwanzig Arbeiter waren vonnöten, um die irisierenden Lichteffekte herzustellen. »Ich will nicht wissen, wie es gemacht wird, ich will nur die Wirkung sehen.«

von servierenden Dienern gestört zu werden. Das vielleicht berühmteste Bauwerk des Linderhof-Ensembles befindet sich aber oberhalb des Schlosses in einem Bergabhang: die legendäre Venusgrotte. Inspiriert von Richard Wagners *Tannhäuser* und der Blauen Grotte von Capri entstand in einem zehn Meter hohen Raum eine künstliche Tropfsteinhöhle bestehend aus einer Haupt- und zwei Nebengrotten, einem Teich samt Wasserfall sowie verschiedenen Anhöhen und Nischen. Diese künstliche Felsenwelt aus Holz, Eisen, Zement und Leinwand war so perfekt gefertigt, dass Ludwig in der Lage war, sich auf einem vergoldeten Muschelkahn über den See rudern zu lassen.

Eine Wellenmaschine sorgte für eine natürliche Bewegung des Wassers, und mittels mehrerer geschickt versteckter Öfen konnten die Grotte geheizt und auch das Wasser des Sees auf eine angenehme Badetemperatur von 26 bis 28 Grad Celsius eingestellt werden. Um die von Ludwig gewünschten exquisiten Lichteffekte zu erzeugen, wurde dort Bayerns erstes Elektrizitätswerk, bestehend aus einer Dampfmaschine samt 24 Dynamos, errichtet. So konnten 24 Bogenlampen mit Strom versorgte werden.[69] So kurios uns manche Spielerei erscheinen mag – die Schlossbauten stellten in wirtschaftlicher und technischer Hinsicht zweifellos einen Innovationsschub dar.

Herrenchiemsee

AM 21. MAI 1878 – im Jahr der Vollendung der »Maison de Plaisance« im Graswangtal – erfolgte die Grundsteinlegung zum Neu-Versailles auf der Herreninsel im Chiemsee. Bei diesem Vorhaben sollte der Aufwand, der bereits in Neuschwanstein und Linderhof betrieben wurde, noch in den Schatten gestellt werden – es wurde König Ludwigs größtes, aufwändigstes und teuerstes Projekt.

Ludwig hat die 238 Hektar große Herreninsel im September 1873 für 350 000 Gulden erworben. Nun wollte er umgehend Versailles besuchen und das Original in Augenschein nehmen. Die Tinte auf dem Kaufvertrag war sprichwörtlich noch nicht trocken, als er seinen Außenminister Adolph von Pfretzschner beauftragte, die notwendigen Vorbereitungen zu treffen. Doch der Beamte riet dringend ab: Einerseits könne die von Ludwig geforderte Geheimhaltung unmöglich garantiert werden, andererseits – und das schien ihm weit wichtiger – würden die Franzosen die Stippvisite des Bayernkönigs propagandistisch ausschlachten. Das wiederum würde zu schlimmsten diplomatischen Verwicklungen mit Berlin führen. In der Tat konnte man sich die Schlagzeilen leicht ausmalen: Bei der Reichsgründung hatte Ludwig II. demonstrativ einen Bogen um Versailles gemacht, jetzt – knapp drei Jahre später – beabsichtigte er dort dem französischen Absolutismus seine Reverenz zu erweisen. Pfretzschner zog alle Register seiner Argumentationskunst, um dem König die Reise auszureden. Nicht zuletzt grassiere in Paris und Versailles die Cholera, wandte er sogar ein: »Sollte es der Zufall wollen, daß die Räume, in welchen Euer Majestät wohnen oder verweilen, infizirt wären, welches schwere Unglück könnte die Folge sein!«[70] Es half alles nichts – König Ludwig ließ sich von seinem Plan nicht abbringen. Erst als der Minister mit seinem Rücktritt drohte, lenkte er ein und sagte die Tour ab – vorerst.

Gut ein Jahr später – im August 1874 – setzte Ludwig das Thema erneut auf die Tagesordnung, und auch jetzt erfuhr er von allen Seiten Ablehnung. Das Münchner Außenministerium wie die deutsche Botschaft in Paris sprachen sich einmal mehr ausdrücklich gegen die königliche Wallfahrt nach Versailles aus. Das Unternehmen drohte erneut zu scheitern. Als der Fall völlig verfahren schien, wandte sich Ludwig Anfang Juli mit einem Telegramm an Reichskanzler Otto von Bismarck: »Fest verlasse ich mich darauf, Mein lieber Fürst, daß Sie Alles aufbieten werden, was nur irgend in Ihren Kräften steht, um zur Erfüllung Meines Ihnen bekannten Lieblingswunsches beizutragen. Recht dringend lege ich Ihnen die bewußte Angelegenheit ans Herz. Gelingt es Ihnen, in diesem Jahre die Schwierigkeiten zu beseitigen, so verpflichten Sie mich zu unauslöschlichem Danke. Möge Gott es Ihnen vergelten.«[71] Bismarcks einsilbige Randnotiz mit Bleistift geschrieben lautete: »ja«.

König Ludwig durfte also nach Paris reisen, wo er am 21. August 1874 in Begleitung des Grafen Holnstein in der Residenz des deutschen Botschafters abstieg. Der Hausherr hieß seit kurzem Chlodwig zu Hohenlohe-Schillingsfürst und war ein alter Bekannter. Dank seiner Tagebuchaufzeichnungen sind wir gut über die Details des königlichen Aufenthalts in Frankreich informiert. Bereits am nächsten Tag zog es Ludwig und Holnstein nach Versailles. Die Schlossführer, die man dem Besucher aus Bayern zur Seite gestellt hatte, hielten sich mit Erläuterungen höflich zurück, als sie merkten, dass Ludwig über alles bestens informiert war. Der König und der »Rossober« besichtigten auch die Pariser *monuments historique* – die Kathedrale Notre-Dame, die Sainte-Chapelle, das Panthéon und das Palais du Luxembourg. Abends ging man ins Theater und sah Stücke von Molière und Emmanuel Théaulon. Am 25. August 1874 – König Ludwigs 29. Geburtstag – ließ er sich erneut die rund zwanzig Kilometer nach Versailles kutschieren, und zu seinen Ehren wurden eigens die großen Wasserfontänen im Schlosspark eingeschaltet. Alles in allem verlief die Reise ohne Zwischenfälle. Nur einige *garçons*, die sich über den unbekannten großen Mann lustig gemacht und dessen theatralischen Gang nachgeäfft hatten, mussten von der Polizei kurzfristig aus dem Verkehr gezogen werden.[72]

DIE HERRENINSEL – die größte der drei Chiemseeinseln – kann man damals wie heute nur mit dem Schiff erreichen. Dort angekommen, erblickt man zunächst das einstige Augustiner-Chorherrenstift, das im Zuge der Säkularisation aber aufgelöst wurde und in Privatbesitz wechselte. Hier hat König Ludwig bei seinen ersten Besuchen auf dem Eiland gewohnt. Vom »Alten Schloss Herrenchiemsee«, wie das ehemalige Kloster fortan hieß, führen mehrere Fußwege in das Landesinnere. Nach einigen hundert Metern lichtet sich plötzlich der Wald und das Neue Schloss kommt langsam zum Vorschein. Der Überraschungseffekt ist auch heute – 135 Jahre nach der Grundsteinlegung – unvermindert stark, und als Besucher reibt man sich ungläubig die Augen: Versailles im Alpenvorland?

Das dreigeschossige Gebäude hat einen u-förmigen Grundriss. Die etwa 100 Meter breite Gartenfront und die zwei kürzeren Seitenteile übernehmen dabei die Größe des Wohntraktes – »Corps de Logis« genannt – des Versailler Schlosses. Was aus der Ferne wie eine Kopie des französischen Prachtbaus aussieht, entpuppt sich bei näherem Hinsehen aber als Interpretation. Ludwig hat Versailles nicht kopiert – er hat es für sich gedeutet und weitergeführt. Dieser Befund bestätigt sich bereits bei einem Blick auf die Fassaden, die viel aufwändiger und reichhaltiger mit Figuren und Reliefs gestaltet sind als jene in Versailles. Ludwig verfolgte ein richtiggehendes Figurenprogramm, das Tugenden wie Stärke, Klugheit, Mäßigung, Gerechtigkeit, Wachsamkeit und Tapferkeit thematisiert und Allegorien aus der Wissenschaft, Poesie, Musik und Malerei aufgreift.[73]

Diese originelle Mischung aus Zitat und Auslegung wird im Innern des Gebäudes fortgesetzt. Das große Treppenhaus im Südflügel zitiert mit dem »Escalier des Ambassadeurs« einen Baukörper, der in Versailles bereits um 1750 wieder abgetragen worden war. Ludwig ließ diese Gesandtentreppe äußerlich wiedererstehen und gleichzeitig umdeuten. Denn anders als in Versailles, wo die Besucher einst eine Büste Ludwigs XIV. passieren und gewissermaßen grüßen mussten, ist es in Herrenchiemsee Apollo – der Gott der Künste, des Lichts und der sittlichen Reinheit –, der willkommen heißt. »Wer hier begrüßt werden soll, sind nicht Gesandte, nicht Fremde, nicht Besucher«, schränkt Alexander Rauch ein. »In Herrenchiemsee wollte sich der König selbst empfangen wissen von Apollo.« Und weiter: »Der König selbst wollte ein Fremder, ein Gast in dem von ihm selbst erbauten Schloß sein.« In Ludwigs eigenen Worten klang das so: »Es soll gewissermaßen ein Tempel des Ruhmes werden, worin ich das Andenken an König Ludwig XIV. feiern will.«[74]

Das erste Obergeschoss des Schlosses ist in zwei Bereiche getrennt: in museale Schauräume – »Grands Appartements« genannt – und in die »Petits Appartements«, König Ludwigs Privatgemächer. Der Bauherr hat für die »Grands Appartements« eine Raumfolge gewählt, die sich eng an dem Versailler Vorbild orientiert. Dort betritt man zunächst den Gardesaal der königlichen Leibwache, darauf folgt das erste Vorzimmer – die »Première Antichambre du Roy« –, wo der Herrscher öffentliche Mahlzeiten einnahm. Der sich anschließende »Ochsenaugensaal« – »Salon de l'Œil de Bœuf« – erhält seinen Namen von den ovalen Fenstern im Gesims und diente als Warteraum sowie als Taufort der französischen Prinzen. Es war insbesondere diese religiöse Funktion, die Ludwig hervorhob, wenn er den Saal auf gut 280 Quadratmeter enorm vergrößerte. In keinem anderen Bereich des Schlosses weicht seine Interpretation so weit vom Original ab, was einen biographischen Grund hat: Hier fühlte sich König Ludwig II. über seinen Taufpaten Ludwig I. und dessen Taufpaten Ludwig XVI. als direkter Nachfolger der französischen Könige.

Die nun folgende »Chambre de Parade« war – wie in Versailles – der Mittelpunkt der Schlossanlage: In diesem Raum hielt Ludwig XIV. nach dem Aufwachen die erste und vor dem Einschlafen die letzte Audienz ab. Die bayerische Version ist mit rund 170 Quadratmetern Fläche zwar deutlich kleiner als der »Ochsenaugensaal«, aber immer noch größer und wesentlich prunkvoller gestaltet als das französische Original. Für Ludwig II. hatte das Paradeschlafzimmer die Bedeutung eines Thronsaals mit dem Prunkbett, das natürlich nie jemand benutzt hat, als Altar. Das mit Tausenden Stichen genähte Gemälde auf der Rückwand des Bettes zeigt den Sonnenkönig vor der Madonna kniend. Dieser Raum ist mit Kunstwerken von unschätzbarem Wert ausgestattet. Die Textilien wurden bereits drei Jahre vor der Grundsteinlegung des Gebäudes in Auftrag gegeben, und alleine an den in filigranster Nadelmalerei gefertigten Vorhängen des Bettes arbeiteten die Künstler sieben Jahre. Die Kosten für die Erschaffung des »Chambre de Parade« beliefen sich auf 384000 Gulden. Zwei Zahlen verdeutlichen, wie groß dieser Betrag tatsächlich war: Ein königlicher Professor hätte bei einem Salär von etwa 1200 Gulden ziemlich genau 320 Jahre arbeiten müssen, um diese Summe zu verdienen. Der nun folgende Beratungssaal schließt diesen Teil der »Grands Appartements« ab.

Die gesamte Gartenfront des Schlosses wird von der großen Spiegelgalerie samt der zugehörigen Eckräume Friedenssaal und Kriegssaal eingenommen. Die »Galerie des Glaces« ist etwa zwanzig Meter länger als die in Versailles und hat bei einer Raumhöhe von 13 Metern eine Grundfläche von etwa 777 Quadratmetern. Rechnet man die »Salle de la Guerre« und die »Salle de la Paix« hinzu, entsteht eine Raumflucht von knapp 97 Metern, was wiederum einer Fläche von knapp einem Quadratkilometer entspricht. Die Schlossdiener benötigten mehrere Stunden, um die über 2000 Kerzen auf den 33 Lüstern und 52 Kandelabern zu entzünden.

König Ludwigs Privaträume sind im Stil »Louis' XV.« gehalten und fallen in der Regel deutlich kleiner als die Prunksäle aus. Für seine persönlichen Bedürfnisse standen ihm jeweils ein Schlaf-, Arbeits- und Speisezimmer (das Letztere wiederum mit »Tischleindeckdich«)

Das bayerische Versailles: Schloss Herrenchiemsee. Auf der linken Seite erkennt man den 1907 abgetragenen nördlichen Seitenflügel.

sowie mehrere Salons – darunter ein blauer Salon und ein ovales Porzellankabinett – zur Verfügung. Auch die Gestaltung der »Petits Appartements« ist eine persönliche Leistung des Königs, wie aus zahlreichen Anweisungen und Berichten hervorgeht. Ludwig von Bürkel im Juli 1882 an Ludwig II.: »Der Alkoven des Allerhöchsten Schlafzimmers ist auf Allerhöchsten Befehl um 3 Fuß tiefer als in Versailles.«[75] Dabei war es alles andere als leicht, den König zufriedenzustellen. Für die Probleme, die bei einem so immensen Bauvorhaben geradezu unweigerlich entstehen, zeigte er kein Verständnis. Richard Hornig an Ludwig von Bürkel: »Am 22ten Nachts gehen Seine Majestät auf die Insel, es sind die kleinen Appartements so ziemlich fertig geworden. Doch fehlt noch sehr viel, daß ein Ausdruck des Allerhöchsten Mißfallens nicht ausbleiben wird.«[76] Wurde ein Raum nicht schnell genug fertiggestellt, begriff Ludwig das als Unwillen der Handwerker und Architekten, die dann nicht selten in Ungnade fielen.

Das Schloss auf Herrenchiemsee ist ein Torso geblieben. Das Gebäude sollte ursprünglich durch weitläufige Seitenflügel zu einer fünfgliedrigen Anlage wie in Versailles ausgebaut werden. Bei Ludwigs Tod im Sommer 1886 waren der nördliche Flügel im Rohbau errichtet und die Fundamente des südlichen gemauert – beide Teile wurden 1907 wieder abgerissen. Erst so erhielt das Schloss seine heutige Form. Aber auch im Innern gibt es zahllose leere Räume. Die »Grand Appartement de la Reine« im Südtrakt kamen ebenso wenig über den Rohbau hinaus wie eine Reihe von Salons im gegenüberliegenden Nordtrakt. Mit Ausnahme des Vestibüls sowie des Bade- und Ankleidezimmers ist das gesamte Parterre leer und funktionslos geblieben. Auch für das abschließende Attikageschoss hatten die Architekten im Grunde keine Verwendung. Die Finanzprobleme sowie der plötzliche Tod des Bauherrn verhinderten sogar den Einbau einer Küche. Wenn man heute aus der kleinen Galerie der »Petits Appartements« in das nur im Rohbau erhaltene nördliche Treppenhaus tritt, könnte der Kontrast nicht größer sein: auf der einen Seite der Türe überbordender Luxus, auf der anderen Seite nackte rote Klinkersteine. An dieser Schnittstelle wirkt der Bau in der Tat wie eine Theaterkulisse.

Nachdem Ludwig der Insel im Frühjahr 1875 eine Visite abgestattet hatte, besuchte er die Baustelle erst Ende September 1881 selbst. Von da an kam er einmal im Jahr für wenige Tage und immer zur gleichen Zeit: vom 29. oder 30. September bis zum 7., 8., 9. oder 10. Oktober. Erst beim letzten Aufenthalt im Herbst 1885 konnte er seine Privaträume beziehen; bis dahin wohnte er im Alten Schloss.

Ludwigs Besuche auf der Herreninsel erinnern an Wallfahrten: Wie der fromme Katholik einmal jährlich einen Ort wie etwa Altötting aufsucht, um vor dem dortigen Gnadenbild zu beten, pilgerte der bayerische König zu seiner ganz persönlichen Heilsstätte. Dann konnte er in den großen Salons und Sälen meditieren, die Welt durch die zahllosen Spiegel der »Galerie des Glaces« betrachten oder vor dem Prunkbett Ludwigs XIV. in Andacht niederknien. Er, der das Schloss in Auftrag gegeben und maßgeblich gestaltet hatte, war dort seinem Verständnis nach nur zu Gast. Deshalb fehlen in Herrenchiemsee sämtliche Hoheitsinsignien der eigenen bayerischen Dynastie, denn es war ja genau genommen gar nicht König Ludwigs Schloss. Der Konstruktion einer Gegenwelt kam Ludwig nie so nahe wie hier.

KAPITEL VII

Wege in die Katastrophe

»DIE MINISTER HÄTTEN die Dinge nicht soweit kommen lassen dürfen. Sie hätten die planlose Verschwendung zur rechten Zeit abschneiden oder selbst gehen müssen. Sie haben zugesehen und geduldet, bis sie sich nimmer hinaussahen. So wurde der König das Opfer seiner Diener, der hohen wie der niederen.«[1] Diese Analyse stammt weder von einem Mitglied des Hauses Wittelsbach noch von einem Verehrer König Ludwigs II. Ihr Urheber war auch kein Bayer, mehr noch, er hatte für die bayerische Monarchie nicht viel übrig. Über den naiven »Kini«-Kult, der mehr als 120 Jahre nach Ludwigs Tod landauf, landab betrieben wird, hätte er wohl schallend gelacht – Humor hatte er ja. Die heutige Bayernpartei indes, die den Austritt des Freistaats aus der Bundesrepublik fordert, hätte er zu seiner Zeit kurzerhand verbieten und ihre Anführer verfolgen lassen. Und über die hanebüchenen Verschwörungstheorien, die ausgerechnet ihn mit Ludwigs Ende im Starnberger See in Verbindung bringen, hätte er sicher nur mitleidig den Kopf geschüttelt. Die Rede ist von einem Mann, der den bayerischen König besser kannte als viele seiner Anhänger – die Rede ist von Otto von Bismarck.

Das Zitat stammt aus einem mehrstündigen Interview, das Bismarck im Frühjahr 1890 dem Schriftsteller Anton Memminger gab. Hatte der Fürst die »Journaille« bislang auf Abstand gehalten, war er nun auf einmal in Plauderlaune. Dafür gab es gute Gründe: Kurze Zeit zuvor, im März, hatte er auf Drängen Wilhelms II. seinen Rückzug aus der Politik erklären müssen. Der erst 31-jährige Kaiser hatte ihm – dem Reichsgründer – den Stuhl vor die Tür gestellt. Bismarck sann nun auf Rache – und da kam ihm die Presse gerade recht. In den folgenden Jahren sollte er immer wieder in vertraulichen Hintergrundgesprächen, die in Wahrheit natürlich für die Öffentlichkeit bestimmt waren, erläutern, was von der politischen Klasse des Reiches zu halten sei – nämlich nichts. Bismarck musste im Ruhestand keine Rücksichten mehr nehmen, und er tat es auch nicht.

Natürlich bekamen auch die Bayern ihr Fett weg. Anton Memminger spitzte jedenfalls den Bleistift, als »der Alte« loslegte und die Münchner Politiker aburteilte: Ludwig von der Pfordten – ein »bloßer Theoretiker« und »Unglücksrabe«, Johann von Lutz – ein »streberischer Bürokrat«, Otto von Bray-Steinburg – ein »glatter Hofadeliger«. Mit solchen Technokraten und Schmeichlern stünde jeder König auf verlorenem Posten, so Bismarck: »Dem Bayernkönig hatte ein solcher Mann gefehlt, der ihm den Willen festigte und die Stärke eingab, sich selbst und andere zu beherrschen.«[2] Was er damit wohl sagen wollte: Ludwig II. hätte einen Bismarck gebraucht.

Die Frage liegt auf der Hand: Musste die narzisstische Krise, in die König Ludwig II. als Folge der Reichsgründung geraten war und die sich nicht zuletzt in einer Weltflucht äußerte, zwangsläufig in einem Desaster enden? Bismarcks Antwort lautete: nein. Als Jahre zuvor Georg von Werthern sich wieder einmal über Ludwigs Marotten mokierte, ließ der Reichskanzler seinen Gesandten zur Ordnung rufen: »Die Abneigung des Königs, Menschen zu sehen, zeigt keine politische Tendenz, weil dieselbe so ziemlich gegen Jedermann zu Tage tritt, und es ist nicht unsere Aufgabe, in dieselbe störend einzugreifen. Jeder Privatmann hat ein Anrecht darauf, sich gegen den Verkehr mit Menschen abzuschließen, wenn es ihm beliebt, und wird durch Versuche, seine selbstgewählte Einsamkeit zu stören, gereizt. Dasselbe muß auch von dem Könige gelten, dessen Recht ein Sonderling zu sein und als solcher behandelt und geschont zu werden, der Fürst [Bismarck] als ein selbstverständliches ansieht.«[3]

Der Reichskanzler kannte die vielen kleineren und größeren Absonderlichkeiten seiner Berliner Herrschaften ebenso gut wie die diplomatischen Berichte über die Launen anderer gekrönter Häupter. Dass König Ludwig ein Eigenbrötler war, verwunderte ihn deshalb wohl kaum. Ludwigs Lebensgeschichte wäre aber anders

Der Alte von Friedrichsruh: Otto von Bismarck im Juli 1891 mit seinen »Reichshunden« genannten Doggen Tyras II und Rebecca. Als Reichskanzler im Ruhestand hatte Bismarck viel Zeit für Interviews.

verlaufen, so Bismarck, wenn er über ein anderes politisches Personal verfügt hätte. So paradox es auch klingen mag – Bismarck meinte damit in erster Linie jenen Politiker, den nicht wenige Zeitgenossen als Erfüllungsgehilfen des Reichskanzlers betrachteten: Johann von Lutz.

Was ist von dieser Analyse zu halten? Zunächst: Mit einer zeitlichen Distanz von einigen Jahren sieht man vieles klarer, Kontinuitäten und schicksalhafte Wendungen werden sichtbar, die zur Zeit des Geschehens kaum erkennbar waren. Es wäre daher ungerecht und zu einfach, den damals unbeliebten und unter heutigen »Königstreuen« geradezu verhassten Lutz allein für das katastrophale Ende der Herrschaft Ludwigs II. verantwortlich zu machen. Dass das »System Lutz« zu den Faktoren gehörte, die zum Scheitern des Königs beigetragen haben, wurde bereits angesprochen. Zur Wahrheit gehört aber auch, dass Ludwig mehr als einmal die Chance hatte, sich von

Lutz zu trennen und eine andere Regierung zu bilden. Dass ihm dies bis zuletzt nicht gelang, sagt viel über Ludwigs Regierungstätigkeit in seinen letzten Jahren.

Gründerkrise

DIE REICHSGRÜNDUNG ging mit einem enormen Wirtschaftsboom einher. Genau genommen hatte der Aufschwung bereits Mitte des Jahrhunderts begonnen, nach 1871 kam es aber nicht zuletzt als Folge der enormen französischen Reparationszahlungen zu einer beispiellosen Überhitzung der deutschen Konjunktur. Aktiengesellschaften schossen wie Pilze aus dem Boden, und Spekulation war das Wort der Stunde. Doch bereits 1873 war damit Schluss – auf die Gründerjahre folgte die Gründerkrise. Ausgehend von der Wiener Börse, die am 9. Mai ihren »Schwarzen Freitag« erlebte, griff die Wirtschaftskrise schnell auf die anderen europäischen Handelsplätze über. In Preußen befanden sich von den 875 Aktiengesellschaften, die zwischen 1870 und 1874 gegründet worden waren, Ende 1874 bereits 37 im Konkursverfahren und 123 in der Abwicklung.[4] In anderen Ländern sah es kaum besser aus.

Hinter den abstrakten Zahlen verbargen sich schlimme Schicksale: Hunderttausende Menschen wurden arbeitslos, ganze Familien rutschten in bittere Armut, Suizide aus Verzweiflung und Scham häuften sich, wer mutig genug war und das Geld für eine Schiffspassage aufbringen konnte, wanderte nach Amerika aus. In den großen Städten wie Berlin entstanden Elendsquartiere. Der Polizeipräsident der Reichshauptstadt sprach von »ausgesprochenen Notständen«, die die Menschen massenhaft an der Richtigkeit der aktuellen Wirtschafts- und Sozialordnung zweifeln ließen.[5] Mit anderen Worten: Das Deutsche Reich war wenige Jahre nach seiner Gründung in eine schwere Legitimationskrise geraten.

Bei den Wahlen zum 2. Reichstag am 10. Januar 1874 gab es viele Verlierer und zwei klare Gewinner: das Zentrum als Partei des politischen Katholizismus sowie die Sozialisten. Bismarcks jahrelanger

»Kulturkampf« gegen die römische Kirche hatte sich nicht ausgezahlt, denn die so oft verspotteten »Ultramontanen« konnten reichsweit 27,9 Prozent der Wählerstimmen auf sich vereinen (plus 9,3 Prozent) und die Zahl ihrer Abgeordneten um 31 auf 91 erhöhen. Die Sozialdemokratische Arbeiterpartei (SDAP) und der Allgemeine Deutsche Arbeiterverein (ADAV) – beide vereinigten sich im Mai 1875 zur SPD – zogen mit sechs beziehungsweise drei Vertretern in das hohe Haus ein.

In Bayern erzielte das Zentrum einen wahren Erdrutschsieg: Von 48 Wahlkreisen gingen 32 an die Katholiken. Im großen Bezirk Oberbayern konnten die Liberalen nur den Wahlkreis München I (Altstadt, Lehel, Maxvorstadt) gewinnen, alle übrigen wurden vom Zentrum erobert. Andere Bezirke wie Niederbayern, die Oberpfalz und Unterfranken waren sogar vollständig in schwarzer Hand. Aus dem Wahlergebnis konnte man, wenn man denn wollte, zwei Lehren ziehen. Erstens: Der Liberalismus stand in Bayern vor einem Scherbenhaufen, zweitens: Minister Johann von Lutz und seine betont liberale und reichsfreundliche Politik besaßen in der Bevölkerung keine Mehrheit, ja, ihre Fortsetzung widersprach dem erklärten Wählerwillen.

Das erkannte wohl auch König Ludwig II. Die im folgenden Jahr anstehenden Landtagswahlen wollte er zum Anlass nehmen, seiner Politik eine neue Ausrichtung zu geben. Sollte Lutz die Abstimmung verlieren, so der vorerst streng geheime Plan, werde er ein patriotisches Ministerium mit Georg Arbogast von und zu Franckenstein an der Spitze berufen.[6] Damit hätte Ludwig zweifellos einen Coup gelandet. Der 1825 geborene Würzburger war ein Wortführer des politischen Katholizismus und galt als ausgewiesener Preußen-Gegner. In der Kammer der Reichsräte hatte er 1871 sogar gegen den Eintritt Bayerns in das Reich ge- und damit Bismarck verstimmt. Die Liberalen um Lutz fürchteten den streitbaren Freiherrn wie der sprichwörtliche Teufel das Weihwasser. Im Frühjahr 1875 begannen Ludwig und Franckenstein eine vertrauliche politische Korrespondenz, in deren Verlauf der Ministerkandidat sein Programm formulierte. Franckenstein forderte einen engen Schulterschluss mit den Königreichen Sachsen und Württemberg gegen die preußische Übermacht im

Reich. Darüber hinaus sprach er sich, was kaum verwundert, gegen den von Lutz maßgeblich angeheizten Kulturkampf aus. Damit traf er bei Ludwig durchaus einen Nerv: Bei der politischen Auseinandersetzung zwischen Staat und Kirche pochte Ludwig zwar immer auf die Vorherrschaft der staatlichen Hoheitsrechte – aus diesem Grund hatte er Lutz ja lange Zeit unterstützt –, kirchenfeindlichen Ausschreitungen, zu denen es vermehrt gekommen war, erteilte er aber eine ebenso deutliche Absage. Alles in allem wäre Franckensteins Berufung zweifelsohne eine Kampfansage an Berlin gewesen.

Die Betonung liegt auf dem Konjunktiv »wäre«, denn es kam anders. Im Laufe der Wochen wurde Franckenstein bewusst, dass die Reichsregierung die Verpflichtung eines Zentrumspolitikers nicht akzeptieren würde. Darüber hinaus habe er persönlich keine Erfahrung in der Führung einer großen Behörde, ließ Franckenstein Ludwig im Mai 1875 wissen, weshalb er eine etwaige Berufung in ein Ministeramt nun doch nicht annehmen könne. Er brachte statt seiner den Diplomaten Rudolf von Gasser als Kopf einer zukünftigen konservativen Regierung ins Spiel.

Waren das die wirklich entscheidenden Gründe für Franckensteins Absage? Zweifel sind erlaubt. Es spricht manches dafür, dass den Freiherrn die leise Vorahnung beschlichen hatte, dass er sich der Unterstützung Seiner Majestät so sicher nicht sein konnte. Zu Recht – Ludwig tat in der Folgezeit nämlich alles, um eine Wahlniederlage der Regierung Lutz zu verhindern. Bei der von Innenminister Sigmund von Pfeufer vorgenommenen Neuordnung der Wahlkreise im Vorfeld der Landtagswahlen war es zu – vorsichtig formuliert – Unregelmäßigkeiten gekommen, wodurch die Liberalen massive Vorteile erhielten. So benötigten die Konservativen nun 33 400 Stimmen für ein Mandat, bei den Liberalen waren es nur 25 000 Wähler. Als Franckenstein und Gasser gegen diese Manipulationen protestierten, wischte Ludwig ihren Einspruch beiseite. Die Wahlen vom 24. Juli 1875 erbrachten dann auch ein Ergebnis, das nur als verzerrt bezeichnet werden kann: Liberale 77, Konservative 79 Sitze. Bei einer ausgewogenen Wahlkreiseinteilung hätten die Konservativen über 110 Mandate erhalten müssen.[7]

Ludwig zeigte sich ungerührt und behielt die Regierung Lutz im Amt, mehr noch, im Oktober sprach er ihr ostentativ sein Vertrauen aus. »Sehr hoffe ich«, schrieb er derweil an Franckenstein, »daß wenn die patriotische Partei fest zusammen hält, das Ministerium erschüttert und endlich zu Fall gebracht wird.«[8] Georg Arbogast von und zu Franckenstein war ob dieser Doppelzüngigkeit völlig desillusioniert. War dem König eigentlich bewusst, mag er sich gefragt haben, dass er selbst es in der Hand hatte, Lutz und Kollegen mit einem Federstrich zu stürzen? Worauf hoffte, worauf wartete er?

Die Patrioten verzweifelten an ihrem König, und die politischen Beobachter schüttelten den Kopf. Bereits im Vorjahr hatte der österreichische Gesandte Karl Ludwig von Bruck nach Wien berichtet: »Es ist des immer die gleiche Sprache, welche Seine Majestät zu führen pflegen so oft der Angesprochene zu der conservativen Parthei gehört; aber man weiß leider, daß der König oft gerade das Gegentheil sagt sobald Höchstderselbe mit einer Persönlichkeit sprechen, welche zur liberalen Parthei zählt. – Es ist die Folge davon, daß man eben im bairischen Lande nicht recht weiß was in den Wünschen des königlichen Herrn liegt und daß man unmöglich sagen könnte welcher politischen Richtung Seine Majestät eigentlich hold wären.«[9] Ludwig verhalte sich wie ein Fähnlein im Wind, wollte der Diplomat wohl sagen, er sei völlig unberechenbar.

Unter der einfachen Bevölkerung stieß Ludwigs liberale Politik auf weitgehende Ablehnung, was sich nicht zuletzt in den Wahlergebnissen ausdrückte. »Mia san mia« sagte sich der viel zitierte kleine Mann und konnte nicht verstehen, warum der König sein eigenes Land einer fremden Macht – Preußen – auslieferte. Verschwörungstheorien standen hoch im Kurs. Wenige Tage nach den Reichstagswahlen 1874 verbreitete sich plötzlich das Gerücht, König Max II. sei gar nicht verstorben, sondern von preußischen Agenten entführt worden. Seither lebe er auf einer Mittelmeerinsel – alternativ war auch Nordafrika im Gespräch – in Verbannung. Seine eigene Frau habe bei dem Staatsstreich geholfen; der armen Marie traute man als preußischer Prinzessin wohl fast alles zu. Die Legenden wurden auf den Marktplätzen und an den Wirtshaustischen des Landes fleißig weitererzählt, auch mancher Pfarrer betete in der sonntäglichen Messe für den armen, in Gefangenschaft darbenden Max.

Als die *Neue freie Volks-Zeitung* Ende Januar 1874 eine Serie mit »Volkssagen über König Maximilian II.« veröffentlichte, wurde aus dem Nonsens ein Politikum. Im Gewand einer harmlosen Erzählung übte man massive Kritik an der gegenwärtigen bayerischen Politik. Im Mittelpunkt stand – wen wundert es? – die Reichsgründung. »Alles das gelang Preußen nur dadurch«, stichelte das Blatt, »daß es den friedliebenden König Max II. nicht mehr am Throne sah.«[10] Doch die Journalisten versprachen Abhilfe, denn König Max sei bereits auf der Heimreise nach Bayern und werde am 10. März München ein- und die Regentschaft übernehmen. Georg von Werthern zeigte sich beunruhigt. Er erkannte ganz klar, dass sich hinter dem Märchen von König Maxens Heimkehr mehr als nur naiver Aberglaube verbarg. Es sei vielmehr der Versuch, so der Gesandte in seinem als vertraulich klassifizierten Bericht an Bismarck, »die Stellung Seiner Majestät des regierenden Königs zu untergraben«.[11] Ludwig wurde in seinem eigenen Land als Marionettenkönig der Preußen dargestellt.

Alles in allem war 1875 ein wichtiges, aber in politischer Hinsicht kein gutes Jahr im Leben Ludwigs II. Er machte den Patrioten Avancen, schürte Hoffnungen auf ein konservatives Ministerium und stellte so etwas wie einen Neuanfang in Aussicht. Er hätte eine Versöhnung mit der politischen Mehrheit in seinem Land in die Wege leiten können, doch das Gegenteil trat ein. Die Patrioten fühlten sich im Stich gelassen und waren nun endgültig davon überzeugt, dass auf Seine Majestät kein Verlass sei. Was Franckenstein und seine Kollegen nicht wissen konnten: Der König stand auf Bismarcks Gehaltsliste. Wollte er auch weiterhin Zahlungen aus dem »Welfenfonds« erhalten, schien es ratsam, seine reichsfreundliche Politik beizubehalten.

Neben diesem ganz diesseitigen Motiv versteckte sich hinter Ludwigs vermeintlicher Beliebigkeit aber auch so etwas wie eine politische Psychose. Obwohl er den Konservativen im Grunde ja näherstand als den Liberalen, erfüllte ihn ihr Erstarken mit großer Angst. In der lautstarken Oppositionspolitik der Patrioten fühlte er die Kraft des parlamentarischen Systems, das er wiederum als größte Gefahr für sein Königtum wahrnahm.

Es war ein Teufelskreis: Je selbstbewusster die Patrioten im Parlament und in der Öffentlichkeit auftraten, desto enger band sich Ludwig an die Liberalen. Er setzte sprichwörtlich alles auf eine Karte, was sich gut zehn Jahre später als verhängnisvoller Fehler erweisen sollte. Der Historiker Christof Botzenhart brachte es auf den Punkt: »Die liberalen Minister mußten den König loswerden, die Patrioten wollten ihn nicht halten.«[12]

Gnade und Ungnade

DER SATZ KLANG WIE EINE WARNUNG: »Ich wünsche Ihnen die erforderlichen Nerven dazu.«[13] Es war im Mai 1876, als Johann von Lutz seinem 37-jährigen Kollegen Friedrich von Ziegler zufällig in den Gängen der Münchner Residenz begegnete. Der allmächtige Kultusminister hatte soeben von Zieglers Beförderung zu König Ludwigs Kabinettssekretär erfahren und sprach dem Neuen nun Mut zu. Vielleicht war auch eine Portion Sarkasmus dabei, vielleicht blitzte der Spott aus seinen Augen oder vielleicht konnte er sein Mitleid kaum verbergen – all das wäre gut möglich. Denn Johann von Lutz wusste, was Ziegler bevorstand, schließlich hatte er den Posten des Kabinettssekretärs selbst einmal für einige Monate bekleidet.

Friedrich von Ziegler galt als Idealbesetzung. Der 1839 geborene Jurist war bereits seit dem Frühjahr 1872 im Sekretariat der Majestät tätig und kannte die Arbeitsabläufe aus dem Effeff. Zu einem persönlichen Kontakt mit König Ludwig war es bislang zwar kaum gekommen, da die Betreuung des Monarchen in den exklusiven Aufgabenbereich des jeweiligen Sekretärs fiel, gleichwohl freute sich Ziegler auf die neue Herausforderung. Ein Detail dürfte ihn indes nachdenklich gestimmt haben. Bezeichnend für Ludwigs Charakter war die Art und Weise, wie er den bisherigen Sekretär August von Eisenhart aus seinem Amt komplimentiert hatte: Er ließ ihm eine Kiste teuren Weins schicken, und während der arglose Eisenhart mit Freunden auf das Wohl der spendablen Majestät anstieß, empfing Ludwig dessen Nachfolger und diktierte ihm das Entlassungsschreiben in die Feder. Von einem Tag auf den anderen lehnte Ludwig jeden Kontakt zu Eisenhart ab und spielte sogar mit dem Gedanken, ihn nach Bamberg strafversetzen zu lassen. Als Hofsekretär Lorenz von Düfflipp für seinen Kollegen ein gutes Wort einlegen wollte, fuhr ihm der König über den Mund: »Lassen Sie mich, ich begreife nicht, wie ich das dumme Gesicht so lange um mich sehen konnte.«[14] Damit war für ihn die Sache erledigt – von der Gnade zur Ungnade war es nur ein winziger Schritt. Jahre später sollte Friedrich von Ziegler ein ähnliches Schicksal ereilen, doch zunächst begannen für ihn und den König eine Art Flitterwochen.

»Hoch oben thronst Du, Herrscher, über Allen
Und über Wolken ragt dein Thron hervor –
O lass' in deiner Huld es Dir gefallen,
Wenn ich anbetend schau' zu dir empor!
Am Fuß der Höhe dulde, daß ich wohne,
Ein treuer Dienstmann jederzeit bereit;
Dies rechn' ich mir, o Herr, zum höchsten Lohne,
Denn Dir zu dienen ist mir Seligkeit.
In Treue fest sein werd' ich bis zum Tod:
Das ist der Pflicht und meines Danks Gebot.«[15]

Das ist nicht die kindlich-naive Zuschrift eines einfachen Untertanen an seinen König, das ist ein Ausschnitt aus einem Huldigungsgedicht Friedrich von Zieglers für Ludwig II. Im Geheimen Hausarchiv ist noch manch anderes Werk des Gelegenheitspoeten vorhanden: Ziegler reimte Geburtstagsgrüße zu Ehren Seiner Majestät und schrieb seine Verse sogar auf die Rückseite der eigenen Porträtphotographie, die er dann Ludwig zukommen ließ. Im Gegenzug bot ihm Ludwig das vertraute »Du« an, worauf dieser anfangs auch vereinzelt zurückkam. Man stelle sich vor, Otto von Bismarck hätte Wilhelm I. geduzt – undenkbar. In Bayern war es aber möglich, dass ein Kabinettssekretär schrieb: »Angebeteter König! Dein gedenke ich, Dein bin ich; lasse mich Dir in treuer Huldigung zu Füßen liegen mein Leben lang; das erfleht heiß und innig Dein Friedrich.«[16]

Als narzisstische Persönlichkeit erwartete Ludwig von seinem Sekretär jene hochstilisierte Sprache, in der er sich gleichsam wie in einem Spiegel als absoluter Herrscher erkennen konnte. Homoerotik, wie man vielleicht vermuten könnte, war von beiden Seiten sicher nicht im Spiel. Doch statt eine gewisse professionelle Distanz zu wahren, belasteten Ludwig und Ziegler ihr berufliches Miteinander mit Emotionen und Attitüden, die eine Freundschaft simulierten, die in Wahrheit gar nicht existierte. Ziegler schien sich bei seinem »Freund« Ludwig geradezu dafür zu entschuldigen, wenn er ihn mit dienstlichen Belangen belästigen musste. Einmal flötete er: »Mein Amt, welches mir vorzugsweise das politische Referat zuweist, bringt mich vor allen Anderen in die peinliche Lage, Eurer Majestaet manchmal mit unangenehmen Dingen nahen zu müssen, an denen leider das politische Leben so reich ist. Niemand hat eine Ahnung davon, mit welcher Qual, mit welch unnennbarem Weh ich erfüllt bin, wenn es mir geboten ist, bei meinem Vortrage irgend etwas zu erwähnen, was Eure Majestaet unangenehm berühren könnte. Nur der Gedanke, daß Eurer Majestaet Allerhöchstes Wohl und Interesse über Alles, also auch über mein Glück gehen muß, hilft mir dieses Wehe überwinden. Wie gerne möchte ich den Weg, den mein allergnädigster König schreitet, ganz und gar geebnet und mit Blumen der Freude bestreut wissen!«[17]

Kaum zu glauben: Das schrieb ein Spitzenbeamter, der eines der wichtigsten Ämter am Hof des Königs innehatte. Auch in diesem Fall ist ein Vergleich mit Preußen aufschlussreich. Nimmt man etwa die Briefe, die Georg von Werthern an Wilhelm I. richtete, könnte der Kontrast kaum deutlicher ausfallen: auf der einen Seite Zieglers ätherische Lobpreisungen, auf der anderen Seite Wertherns Berichte – sachlich, schnörkellos, kein Wort zu viel.

IM HERBST 1877 VERSETZTE LUDWIG seinen langjährigen Hofsekretär Lorenz von Düfflipp in den Ruhestand. Der Entlassung war ein Zerwürfnis vorausgegangen, wie Baron Werthern in Erfahrung bringen konnte. Angeblich hatte Düfflipp die stetig steigenden Ausgaben aus Ludwigs Privatschatulle, für die er ja zuständig war, nicht mehr verantworten wollen. Der Hofsekretär war noch ein Kämmerer der alten Schule, dem es widerstrebte, mehr auszugeben, als er einnahm. Als Ludwig schließlich den kostspieligen Bau der Linderhof-Grotte befahl, war das laut Werthern der sprichwörtliche Tropfen gewesen, der das Fass zum Überlaufen gebracht hatte.

Friedrich von Ziegler nutzte derweil Düfflipps Abgang, um seinen Freund Ludwig von Bürkel als Hofsekretär zu installieren. Bürkel, Jahrgang 1841, wollte ursprünglich einmal Sänger werden, studierte dann aber doch Rechtswissenschaften und trat anschließend in den Polizeidienst ein. Nun wurde er für die privaten Dinge des Königs zuständig. Um Bürkel nicht ins offene Messer laufen zu lassen, machte Ziegler seinen Freund zunächst mit den wichtigsten Verhaltensregeln vertraut. Alle schriftlichen Meldungen an den König mussten eine bestimmte Form aufweisen. Die obligatorische Anrede lautete: »Allerdurchlauchtigster Großmächtigster König! Allergnädigster König und Herr!« Auch die Schlussformel war vorgeschrieben: »In tiefster Dankbarkeit, Ehrfurcht und Unterwürfigkeit erstirbt Eurer Majestaet allerunterthänigst treu gehorsamster Ludwig von Bürkel.« Als der Neue einmal versehentlich von dieser Phrase abwich, gab Ziegler ihm augenzwinkernd den guten Rat, ja nicht noch einmal das »Ersterben« zu vergessen.

Auch sonst hatte Friedrich von Ziegler für seinen Kollegen manchen wertvollen Hinweis, wie mit »großen Herren« umzugehen sei. »Vor allem muß der Schein eines Einflusses vermieden werden«, gab er Bürkel zu bedenken, »Einfluß können sie nicht leiden. Deshalb muß man die Dinge so einrichten, daß sie auf die Entscheidung, welche man haben will, selbst gekommen zu sein glauben – dann ist's recht.«[18] Die beiden Sekretäre waren gezwungen, ihre Worte immer wieder auf die möglichen Reaktionen des Königs hin abzuwägen. Wie beim Billard mussten sie nicht selten über Bande spielen, um ein gewünschtes Ergebnis zu erzielen.

Das politische Tagesgeschäft verlor jedoch die notwendige Flexibilität und Unmittelbarkeit, wenn bestimmte Themen nicht ergebnisoffen angesprochen werden konnten. Die Grenze zu Speichelleckerei und Kriechertum war naturgemäß fließend, und es etablierte sich eine politische Kultur, die Zwischenträger und Ohrenbläser geradezu magisch anzog. Schaut man auf die Personen in Ludwigs Entourage – auf Männer wie Richard Hornig, Karl Hesselschwerdt oder Max von Holnstein, auf die Sekretäre, die Minister oder die Diener – und liest deren Korrespondenz, so kommt man zu der traurigen Erkenntnis, dass unter den engsten Beratern des Königs keiner dem anderen über den Weg traute. Argwohn allenthalben.

Friedrich von Ziegler und Ludwig von Bürkel haben dieses hochkomplizierte System noch mit Ach und Krach beherrscht, ihre Nachfolger sollten daran dramatisch scheitern. Das war verhängnisvoll, denn in dem Maße, in dem König Ludwig sich von der politischen Bühne zurückzog und seine Minister nicht mehr empfing, wuchs die ohnehin schon große Bedeutung der beiden Sekretariate. Der Schriftsteller Walter von Rummel widmete seinem Schwiegervater Friedrich von Ziegler im Jahre 1930 ein kleines Buch mit dem bezeichnenden Titel »Der König und sein Kabinettschef« und brachte mit dieser Zuschreibung den Sachverhalt auf den Punkt: Ziegler war in seiner Zeit als Kabinettssekretär der heimliche Premierminister des Landes.

Otto von Bismarck sprach in diesem Zusammenhang von ungesetzlichen Zuständen, wenn er dem Kabinettssekretariat vorhielt, eine »verfassungswidrige Scheidewand« zwischen dem König und den Ministern errichtet zu haben.[19] Die Wahrheit war indes komplizierter, als der Fürst sie hier darstellte. Man kann Ziegler nicht vorwerfen, dass er Ludwigs Abschottung vorantrieb, zumal er selbst unter der Weltflucht des Königs nicht wenig zu leiden hatte. »Wie glücklich hätte Ziegler werden können«, hieß es in einem Nachruf auf ihn, »wenn er nie den Weg in königliche Gemächer gefunden hätte!«[20] Dieses Lamento entsprach zweifellos Zieglers eigenem Empfinden, denn bereits wenige Monate nach seinem Amtsantritt war er mit den Nerven völlig am Ende.

Wie darf man sich also die Arbeitsbedingungen an der Schaltstelle zwischen König und Ministerium zum Ende der 1870er Jahre vorstellen? Im Schnitt trafen im Kabinettssekretariat pro Tag sechzig Vorgänge – Akten, Briefe, Meldungen und Anträge – ein, die Ziegler, sein Mitarbeiter sowie die zwei Schreiber zu bearbeiten hatten. Die Fälle, die eine individuelle Entscheidung des Königs verlangten, trug Ziegler mündlich vor und erwartete dann etwaige Befehle; alle formalen Angelegenheiten präparierte er so weit, dass Ludwig die Papiere nur unterschreiben musste.

Zu dieser wahren Aktenflut kamen noch die Aufträge hinzu, die Ludwig regelmäßig für seinen jeweiligen Sekretär parat hatte. Im August 1877 ließ er Ziegler etwa eine Liste mit 24 Anweisungen überreichen. Darunter befanden sich manche Grüße und Glückwünsche, die Ziegler im Namen Seiner Majestät übermitteln sollte, was sicherlich schnell zu bewerkstelligen war. Mehr Zeit verlangte dagegen die Erledigung von Nummer 21: »Über die politischen Zustände der Schweiz verlangen Seine Majestät eine schriftliche Ausarbeitung.« Und auch die Umsetzung des 16. Befehls dürfte nicht einfach gewesen sein: »In den Zeitungen werden die Pronomen ›Sein oder Er‹, wenn sie die Majestät betreffen, immer klein gedruckt, diesen Unfug möchtest Du abstellen.«[21]

Die Arbeit der Sekretäre wurde durch Ludwigs häufige Ortswechsel zusätzlich erschwert. Ursprünglich in der Residenz ansässig, musste das Büro ihm sprichwörtlich mit Sack und Pack nachreisen. In den Königsschlössern gab es in der Regel genug Platz und auch eine funktionierende Infrastruktur, doch auf den kleinen und mitunter abgelegenen Berghütten war die Organisation des politischen Tagesgeschäfts naturgemäß mit manchen Problemen verbunden. Die größte Belastung für die Arbeit des Kabinettssekretariats war allerdings die Umkehr der Tag- und Nachtzeit. In den letzten Jahren seines Lebens schlief Ludwig in der Regel bis etwa 17 Uhr, stand dann auf und nahm ein erstes Frühstück ein. Wenn er sich etwa in Linderhof aufhielt, ging er danach oft in den Park, betrachtete die Wasserspiele oder fütterte die Schwäne. Zurück im Schloss, ließ er sich einige Zeitungen und Illustrierte vorlegen und orderte ein zweites Frühstück. Ziegler hielt sich während dieser Zeit in seinem kleinen Dienstzimmer auf und wartete auf etwaige Befehle. In den Park an

Angespannt: Ludwigs Prunkwagen wartet abfahrbereit vor Schloss Linderhof, Photo von Joseph Albert, um 1885.

die frische Luft durfte er nicht gehen, da Seine Majestät dort niemanden zu sehen wünschte.

Ludwig ließ die Sekretäre mitunter stundenlang auf ihren Vortrag warten. Da sie aber jederzeit damit rechnen mussten, empfangen zu werden, konnten sie in dieser Zeit nichts anderes machen. Wurden sie dann endlich vorgelassen, nicht selten erst um 22 Uhr, hatten sie natürlich bereits einen langen Arbeitstag hinter sich. Völlig übermüdet konnten sie sich kaum auf den Beinen halten, mussten ihre Berichte aber immer im Stehen erstatten, während Ludwig auf und ab lief. Empfand er die Vorträge als nicht engagiert und schwungvoll genug, konnte sich seine Laune schlagartig verdunkeln. »Der Humor war in Linderhof scheußlich«, klagte Ziegler einmal seinem Kollegen Bürkel, »zwei Stunden lang wurde nur von Selbstmord gesprochen und im Ganzen mußte ich, was schon lange nicht mehr der Fall war, 4 Stunden bis ½ 1 Uhr aushalten. München steckt ihm schon wieder in allen Gliedern.«[22]

Nach der Besprechung – Zieglers längster Vortrag dauerte einmal von 18 Uhr bis kurz nach Mitternacht – wurde oft eine nächtliche

Spazierfahrt unternommen. Die Menschen schliefen schon tief, wenn ihr König heimlich durch die Dörfer fuhr. Wer aber noch wach war und in der Stille der Nacht dem Tross des Königs begegnete, rieb sich verwundert die Augen: Wie eine flüchtige Sternschnuppe tauchte Ludwig auf und war im Nu wieder weg. Philipp zu Eulenburg wurde einmal Zeuge dieses unheimlichen Spektakels: »Nach kurzer Zeit rollte ein geschlossener Wagen vorüber. In demselben saßen ein hoher Hofbeamter in Uniform, ein anderer in Frack und weißer Binde – rückwärts zwei Soldaten der Chevauxlegers. Fünf Minuten später kam der König in offenem Zweispänner, einen Vorreiter voraus. Mit dem schwarzen Radmantel, dem breitkrämpigen Hut auf den wallenden schwarzen Locken, dem bleichen Gesicht und den großen braunen Augen sah er aus wie der ›fliegende Holländer‹ – von einem sehr dicken Bariton gesungen. Er grüßte mich huldvoll und mit theatralischer, königlicher Würde.«[23]

Zurück im Schloss, wurde zum Diner gebeten. In den frühen Morgenstunden besuchte Ludwig in Linderhof die Grotte und ließ sich im Kahn über den See rudern oder nahm in der Hundinghütte eine weitere Mahlzeit ein. Wenn der Morgen graute, ging der König zu Bett, während der Sekretär sich nur wenige Stunden ausruhen konnte, bevor für ihn ein normaler Arbeitstag anbrach.

Das alles forderte seinen Tribut – nach nicht einmal drei Jahren im Amt war Friedrich von Zieglers Gesundheit ruiniert. Im September 1879 reichte er sein Entlassungsgesuch ein, das Ludwig allerdings nicht akzeptierte. Erst als Ziegler ein ärztliches Attest vorlegte, bewilligte der König zumindest einen Erholungsurlaub. Offensichtlich glaubte er aber, dass sein einstiger Duzfreund anschließend seinen Dienst wieder aufnehmen würde, doch Zieglers Entscheidung stand fest: Wenn er nur an die »Coalition« und die Ländererwerbsprojekte denke, schrieb er im Oktober an Ludwig von Bürkel, »so ist mir bei all den unangenehmen Erfahrungen, die ein Rücktritt von einem solchen Amte bringen mag, federleicht ums Herz«.[24]

Zieglers Abgang heizte die ohnehin schon brodelnde Münchner Gerüchteküche weiter an. Als Baron von Bruck seine Verbindungsmänner in der Residenz auf die jüngsten Vorfälle ansprach, zogen sie besorgt die Augenbrauen hoch. Hinter vorgehaltener Hand erfuhr der österreichische Diplomat dann Einzelheiten, die er umgehend seinem neuen Außenminister Heinrich Karl von Haymerle in Wien mitteilte: »Es heißt nämlich in streng vertraulichen Kreisen, daß bei S.M. dem Könige Ludwig, Erscheinungen zu Tage treten welche an jene erinnern die seiner Zeit beim Prinzen Otto zum Vorscheine kamen und den Anfang der später zum Ausbruche gelangten Krankheitssymptome bildeten.«[25]

Friedrich von Zieglers Urlaub neigte sich derweil dem Ende zu, und er machte keine Anstalten, den König um eine Wiederaufnahme seines Dienstes zu bitten. Ludwig war außer sich: Niemand habe das Recht, seine Entlassung zu verlangen! Zieglers Schicksal liege nur in seiner Hand, und er werde nach Gutdünken entscheiden. Angeblich soll er in seiner Rage Karl Hesselschwerdt den Auftrag erteilt haben, den widerspenstigen Sekretär in dessen Urlaubsort Bozen durch zwei »Banditen« ermorden zu lassen.[26] Dieser Befehl wurde natürlich nicht ausgeführt, doch er zeigt, wie beleidigt und verärgert der König war. Zu seinem neuen Kabinettssekretär ernannte er Ludwig August von Müller. Der 33-jährige Jurist konnte es ihm allerdings von Anfang an nicht recht machen, insbesondere beim weiteren Aufbau der »Coalition« gab er – wir hörten es bereits – eine unglückliche Figur ab. Nach gut sechs Monaten im Amt wurde er im Mai 1880 überraschend wieder entlassen und in das Innenministerium versetzt. Obschon Ludwig mit Müllers Arbeit ausgesprochen unzufrieden war – er sprach im kleinen Kreis auch davon, dass er dessen Stimme einfach nicht ertragen könne –, ließ er dem Geschassten einen handschriftlichen und für die Öffentlichkeit bestimmten Brief zukommen, indem er ihn mit warmen Worten lobte. Die Diplomaten wunderten sich über das Hin und Her in der königlichen Personalpolitik. Für jeden Beamten sei offenbar Gefahr im Verzug, lästerte Karl Ludwig von Bruck, »wenn er von Seiner Majestät dem Könige in auffallender Weise bevorzugt wird.«[27]

Als ob nichts gewesen sei, beorderte Ludwig nun ausgerechnet den in Ungnade gefallenen Friedrich von Ziegler nach Schloss Berg und verlangte von ihm die erneute Übernahme des Kabinettssekretariats. Ziegler wusste, dass er einen großen Fehler beginge, wenn er dem Wunsch des Königs Folge leisten würde. Er sträubte sich und erbat Bedenkzeit. Sein Verstand und sein Herz sagten Nein, doch am Ende war er nicht stark genug, um das Ansinnen abzulehnen. Nur aus Pflichtbewusstsein sagte er schließlich zu, in sein altes Amt zurückzukehren.

In den wenigen Monaten seiner Abwesenheit hatte sich die Situation bei Hof noch einmal verschlechtert. Ziegler hatte jetzt den Eindruck, dass Ludwig förmlich nach Gründen suchte, unzufrieden zu sein: Ein falsches Wort, ein angeblich anmaßender Blick, eine vermeintlich unwürdige Bewegung – das alles konnte wahre Schimpfkanonaden auslösen. Ein zu schwungvoller Vortrag zog ebenso einen Tadel nach sich wie ein zu ruhiges Referat. Wenn Ziegler sprach und Ludwig das Wort ergriff, musste er sofort mitten im Satz abbrechen. Verstummte er nicht sogleich und führte den Gedanken vielleicht sogar zu Ende, deutete Ludwig dieses Verhalten als mangelnde Unterwürfigkeit. Dann verwarnte er Ziegler streng und forderte devote Entschuldigungsschreiben, die wiederum selten genügten. Einmal verlangte Ludwig von seinem Sekretär eine Verpflichtungserklärung, dass er zu »Kreuze krieche«. Ziegler: »Ich bat wieder schriftlich um Verzeihung und stellte den Revers aus, daß ich es künftig vermeiden werde zu sprechen, wenn S. Majestät die Gnade hätten, das Sprechen zu beginnen.«[28] Es ist bewundernswert, mit welcher Engelsgeduld Friedrich von Ziegler das alles über sich ergehen ließ.

Ab Anfang der 1870er Jahre kamen die Minister immer seltener mit dem König zu Unterredungen zusammen. Im Jahre 1880 empfing Ludwig noch einmal seinen Außenminister Adolph von Pfretzschner, zwei Jahre später bat er dessen Nachfolger Friedrich August von Crailsheim zu einer Audienz. Danach sind außerhalb der Hoftafeln keine Begegnungen mehr überliefert, was bedeutet, dass Ludwig in seinen letzten Lebensjahren sämtliche Regierungsgeschäfte von Dritten vermitteln ließ. Der fehlende direkte Austausch mit den Ministern führte geradezu zwangsläufig zu Reibungen und Missverständnissen. »Wie ich höre, hast Du auch wieder eine Hetze mit Ihm«, schrieb Ziegler im Dezember 1881 an seinen Freund Bürkel. »Ich sage

Dir nur so viel, ich bin gleich dabei Strike zu machen – denn mir geht es in der Lutz'schen Angelegenheit miserabel schlecht. Der Allergnädigste hat keinen Funken Courage und will sich natürlich in seine göttliche Unnahbarkeit zurückziehen und jammert dann Hesselschwerdt vor, daß der ganze Conflict längst beendet wäre, wenn der Ziegler energischer wäre. Was man sonst sieht und hört ist auch zum Davonlaufen wie gemacht.«[29]

Für seine engsten Mitarbeiter wurde Ludwig immer unberechenbarer. Neben den Phasen, in denen der König ihnen sprichwörtlich den letzten Nerv raubte, gab es immer wieder ganze Tage, in denen sie von ihm kein einziges Lebenszeichen vernahmen und einfach nichts geschah. »Es ist zum Sterben langweilig«, klagte Ziegler einmal in so einem Moment. »Unsere Isolirung ist wirklich geradezu unnatürlich.«[30]

SEINE HAUPTSTADT MÜNCHEN besuchte Ludwig in dieser Zeit immer seltener. Hatte er zu Beginn seiner Regentschaft noch jährlich gut fünfeinhalb Monate in der Stadt verbracht, verkürzten sich die Besuche zuletzt auf insgesamt gut zwölf Wochen im Herbst, Spätwinter und Frühjahr. Der bevorstehende Aufenthalt in der Residenz sorgte bei ihm regelmäßig für nachhaltige Verstimmungen, und nicht selten ließ er die Abreise in letzter Minute verschieben. In München angekommen, verschanzte er sich tagelang in seinen Gemächern. Sein Schimpfen kannte dann keine Grenzen mehr: »Seine Majestät ergingen sich in Ausdrücken des tiefsten Hasses gegen die Stadt München«, erinnerte sich Friedrich von Ziegler. »Oft musste ich hören, wie schön es wäre, wenn man das verfluchte Nest an allen Ecken anzünden könnte.«[31]

München war für Ludwig ein Ort, an dem er mehrfach die traumatische Erfahrung eines Kontrollverlustes hatte machen müssen. Da waren zunächst die schmerzhaften Erinnerungen an das Jahr 1865 – an Richard Wagner und die Eheleute von Bülow sowie an die vielen Skandale und Skandälchen, die mit diesen Namen verbunden waren. Dabei ging es Ludwig wohl gar nicht so sehr um Wagners persönliches Scheitern an der Isar. Es war vielmehr die Tatsache, dass man von ihm – dem König! – Wagners Abgang erzwingen konnte, die er seinen Münchnern nicht verzeihen konnte. München war aber auch die Stadt, in der er unentwegt mit den lästigen Regierungsgeschäften konfrontiert wurde. Für ihn waren das »Staatsfadaisen«, wie er sich spöttisch ausdrückte: Albernheiten und dummes Zeug im Namen eines politischen Systems, das er zutiefst verachtete. Und nicht zuletzt war seine Residenzstadt der Platz, wo er seinem Volk nicht aus dem Weg gehen konnte.

Als Ludwig von Bürkel ihn einmal bat, ein bestimmtes Fest der Münchner Bürgerschaft zu besuchen, öffnete Ludwig für kurze Zeit sein Herz: »›Ich kann nicht! ich kann nicht!‹, erwiderte er mir, sich die Stirn reibend, ›es ist entsetzlich, aber ich kann es nicht mehr ertragen, mich von Tausenden Menschen anstarren zu lassen, tausendmal zu lächeln und zu grüßen, Fragen an Menschen zu richten, die mich gar nichts angehen, und Antworten zu hören, die mich nicht interessieren. Nein! nein! ich kann aus der Einsamkeit nicht mehr heraus!‹ Und leise und wehmütig flüsternd fügte er hinzu: ›Manchmal, wenn ich mich müde gelesen habe und alles so stille ist, dann habe ich das unwiderstehliche Bedürfnis, eine menschliche Stimme zu hören. Dann lasse ich mir irgendeinen Lakai oder Vorreiter rufen, der muß mir von seiner Heimat und seiner Familie erzählen.‹ Und mit einer Trauer, die mir tief ins Herz schnitt, schloß er: ›Ich würde ja sonst das Sprechen ganz verlernen!‹«[32]

Ganz besonderes Unwohlsein verursachten Ludwig die zuletzt zwei- oder dreimal jährlich stattfindenden Hoftafeln. Das waren die letzten Rudimente höfischen Lebens, an denen er bis in das Frühjahr 1885 noch teilnahm. Für die eingeladenen Minister, Diplomaten und Honoratioren, ja selbst für die Mitglieder der königlichen Familie war eine Tafel nahezu die einzige Gelegenheit, den Landesherrn zu Gesicht zu bekommen. »Wochen lang vor einer Tafel war von diesem ›Unglück‹ die Rede«, so Ziegler. »Hastige Erkundigungen über den einen oder andern der Gäste, Hin- und Herlaufen im Zimmer, Verwünschungen aller Art, – dies war das stets wiederkehrende Bild.«[33] Die Veranstaltung begann in der Regel gegen 18 Uhr und dauerte nicht selten über vier Stunden. Immer wieder konnten die Lakaien beobachten, wie der Gastgeber sich kurz vor dem Beginn gewissermaßen Mut antrank und einige Gläser Champagner hinunterstürzte. Beim Diner ließ Ludwig seinen Platz an dem festlich gedeckten Tisch mit allerlei Blumenbouquets und Prunkaufsätzen so drapieren, dass er dahinter nahezu verschwand. Im Anschluss an das Bankett wurde Cercle gehalten, soll heißen: Die Damen und Herren stellten sich im Halbkreis auf, der König schritt diese Formation langsam ab und unterhielt sich mit jedem Anwesenden eine Zeit lang. Dieser kurze Weg war für Ludwig wie der Gang zum Schafott. Manchmal ließ er die Musikkapelle so laut aufspielen, dass ein gepflegtes Gespräch kaum möglich war. Wenn er sich aber gut im Griff hatte, konnte durchaus eine geistreiche Konversation entstehen.

Ludwigs Grauen vor der Hoftafel speiste sich nicht nur aus seiner ausgeprägten Menschenscheu, sondern auch aus einem gewissen Schamgefühl, hatte er doch bereits mit Anfang dreißig den größeren Teil seiner Zähne verloren. Man kann sich vorstellen, dass dies beim Sprechen sehr unansehnlich wirkte. Als der Zahnarzt Carl Gerster im Februar 1884 Ludwigs Gebiss untersuchte, sah er künstliche Zähne, die mehr schlecht als recht mit Darmsaiten an die restlichen Backenzähne gebunden waren: »Ich sagte ihm ganz offen, mit solchem Gebiss könne man weder beißen noch gut sprechen, er möge daher, um einem chronischen Magenleiden vorzubeugen, sich eine feste Gaumenplatte anfertigen lassen.«[34] Doch davon wollte Ludwig nichts wissen – Ludwig XIV. habe schließlich auch keine Prothese getragen. Der Doktor wurde daraufhin freundlich verabschiedet. Während er das königliche Gemach verließ, konnte er gerade noch beobachten, wie ein nächtlicher Imbiss aus Biskuits, Rahmschneetörtchen und Pralinés samt einer Flasche süßen Likörs serviert wurde.

Es gab einen weiteren Grund, der München für König Ludwig zu einem albtraumhaften Ort machte: In seiner Residenzstadt glaubte er sich nicht sicher. Ganz besonders bedroht fühlte er sich von der Arbeiterbewegung, obschon diese im agrarisch geprägten Bayern zu seinen Lebzeiten nur ein politisches Randphänomen darstellte. Immer wieder wies er das Innenministerium, die Polizeibehörden, aber auch seine »Coalition« an, das linke Spektrum zu beobachten und – wenn möglich – zu unterwandern. Mancher Zeitgenosse hielt das nicht zu Unrecht für übertrieben. »Mein Allergnädigster Herr ist in großer Aufregung über das Wachsen der Socialdemokratie«, schrieb Max von Holnstein im Februar 1877 an Georg von Werthern. »Wenn Sie mir also eine Freude & dem König eine grosse Beruhigung machen wollen, so ersuchen Sie Fürsten [Bismarck] ob Sie im Laufe der Zeit mir, für den König bestimmt, schreiben können, Sie wären die Taube mit dem Ölzweig. Ich hoffe, verehrter Freund, Sie sind über meine Bitte nicht zu wüthend; aber ich kenne meinen Allergnädigsten zu genau, wenn Ihm vom Fürsten eine Beruhigung kommt, das glaubt Er wie das Evangelium & das beruhigt die sehr aufgeregten Nerven.«[35]

Ludwigs Besorgnis wuchs weiter an, als im Mai und im Juni 1878 zwei Attentate auf Kaiser Wilhelm I. verübt wurden. Er fühlte sich nun auch körperlich bedroht und verließ die Residenz nur noch mit einem beachtlichen Polizeiaufgebot. Der Englische Garten wurde für die Spaziergänge des Königs zuvor geräumt, Straßen wurden abgesperrt und das Volk auf Distanz gehalten. So übertrieben Ludwigs Attentatsängste auch waren – Otto von Bismarck kamen sie gerade recht. Bei seinem Kampf gegen die Sozialdemokraten konnte der Reichskanzler jeden Verbündeten gebrauchen. Virtuos spielte er in seinen Briefen an Ludwig auf der Klaviatur der Gefühle und bestätigt ihn in seinen Phobien. Mit Erfolg. Insofern verwundert es kaum, dass Bayern dem »Gesetz gegen die gemeingefährlichen Bestrebungen der Sozialdemokratie« – dem sogenannten Sozialistengesetz – im Oktober 1878 im Reichstag zustimmte. »Der ganze königliche Zorn trug sich auf das bayrische Volk insgesamt über«, erinnerte sich Richard Hornig, »was der öfters von Seiner Majestät ausgesprochene Wunsch: ›Ich möchte, daß das ganze Volk nur einen Kopf hätte, damit ich es auf einen Streich hinrichten lassen könnte‹, beweisen möchte.«[36]

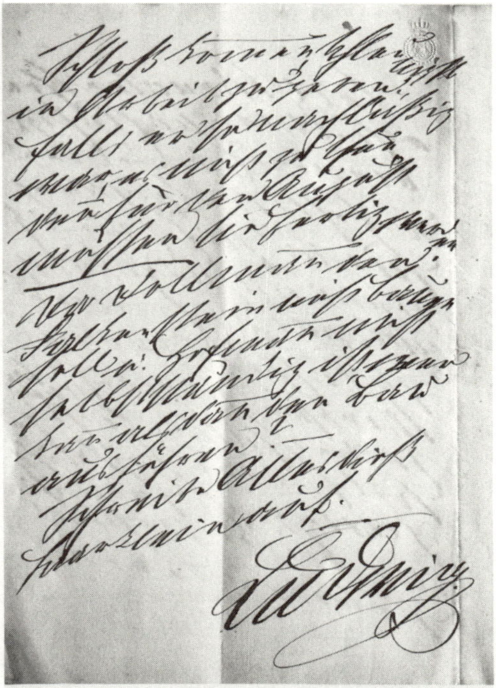

Ein undatierter Brief Ludwigs, dessen Inhalt kaum zu entziffern ist. In seinen letzten Lebensjahren kommunizierte der König fast nur noch schriftlich, auch mit seinen engsten Mitarbeitern. Die Adressaten dieser Kammerbefehle hatten mit Ludwigs nahezu unleserlicher Handschrift schwer zu kämpfen.

DOCH NICHT NUR ZU SEINEM VOLK GING LUDWIG immer stärker auf Distanz. Auch in der Zusammenarbeit mit seinen Sekretariaten und Ministern fand er Mittel und Wege, sich Schritt für Schritt weiter zurückzuziehen. Die Arbeit Friedrich von Zieglers wurde noch einmal drastisch erschwert, als Ludwig 1883 ein »Verbot der direkten Meldung« erließ, was im Grunde auf eine Kontaktsperre hinauslief. Soll heißen: Es war den politischen Entscheidungsträgern verboten, sich direkt an den König zu wenden. Stattdessen mussten sie geradezu kuriose Umwege nehmen; den entsprechenden Befehl diktierte Ludwig bezeichnenderweise seinem Diener Lorenz Mayr, der Empfänger war Richard Hornig: »Herr Minister von Riedel darf nichts melden ebensowenig Herr Hofsekretär. Er soll es an Euer Hochwohlgeboren und Herr Stallmeister dann an Seine Majestät melden. Alle wichtigen Sachen soll Herr Hofsekretär durch Herrn Stallmeister die kleineren Sachen durch den ergebenst Unterzeichneten melden laßen.«[37] Mit anderen Worten: die Ansprechpartner der Minister und Sekretäre in Regierungsangelegenheiten waren ein Lakai und ein Pferdewirt. Nachdem Ludwig über eine dieser beiden Personen dann endlich eine Information erreicht hatte, kritzelte er seine Anweisungen auf kleine Zettel – die sogenannten »Kammerbefehle« –, die der Bedienstete Mayr ausformulierte und als »Kammerbriefe« den betreffenden Personen zukommen ließ. Und als ob Ludwig seine engsten Mitarbeiter bestrafen wollte, ließ er Bürkel sogar einmal ausrichten, »dass ich so lange nicht mehr zum mündlichen Vortrag käme bis der nördliche Flügel in Herrenchiemsee auf die richtige Ausdehnung gebracht sei«.[38]

Im Januar 1883 hatte Friedrich von Ziegler genug von Ludwigs Kapriolen. Dem Zerwürfnis vorausgegangen war – wie so oft – eine vermeintliche Unverschämtheit, für die Ziegler zu Kreuze kriechen sollte. Er übergab dem König mehrere Entschuldigungsschreiben, doch keines war diesem unterwürfig genug. Als Ludwig seinen Sekretär zur Strafe nun auch noch aus dem Schloss werfen lassen wollte, war für Ziegler das Maß voll – entnervt schmiss er das Handtuch. Um sich weitere Diskussionen zu ersparen, verwies der Beamte auf seine malade Gesundheit, der Arzt habe ihm den Verbleib im Kabinettssekretariat sogar ausdrücklich verboten. Ziegler an Bürkel: »Er sagt, daß diese Stellung für mich ein reiner Selbstmord sei. Die Hauptsache aber ist, daß ich auf das tiefste beleidigt wurde u. daß ich da meinen Fuß nicht mehr hinsetze, wo man mich ausgewiesen hat. Ich bin dies mir selbst schuldig.«[39] Nach Ludwigs Tod gab Friedrich von Ziegler zu Protokoll, dass er der letzte gebildete Mensch gewesen sei, mit dem der König einen mehr oder weniger regelmäßigen geistigen Austausch gepflegt habe. Wir werden noch sehen, wie recht er mit dieser Einschätzung hatte.

Doch zunächst musste ein Nachfolger für das wichtige Amt des Kabinettssekretärs gesucht werden. Der preußische Diplomat Philipp zu Eulenburg kannte das Anforderungsprofil. An Herbert von Bismarck, den ältesten Sohn des Reichskanzlers, schrieb er: »Er darf nie müde werden, auch wenn er drei Stunden stehend Vortrag hält; er soll geistreich sein und blitzartige Geistesfunken sprühen; er muß gut und angenehm riechen; er muß amüsant sein ohne je einen Witz zu machen, (das widerspricht der königlichen Würde!); er muß schön sein; er muß klug und sehr unterrichtet sein. Sie sehen daraus, daß der Geschmack des hohen Herrn sehr fein, sehr ausgebildet ist!«[40]

Metamorphosen

»DU KENNST MEINEN ABSOLUTEN MANGEL an Ehrgeiz in Bezug auf die Stellung eines Cabinetschefs«, versicherte Alexander von Schneider im Januar 1883 seiner Frau Florentine. Der 37-Jährige hatte bislang seinem Chef Friedrich von Ziegler im Kabinettssekretariat assistiert, nach dessen Abgang drohte ihm nun Ungemach: Er sollte Zieglers Nachfolger werden. »Ich habe nur einen Wunsch – nämlich den, bald auf gute Art und ohne allzugroße materielle Schädigung aus einer Berufsstellung erlöst zu werden, die jedes Scheines einer inneren Befriedigung entbehrt.«[41] Sein Verlangen blieb unerfüllt – Anfang August 1883 wurde er als Friedrich von Zieglers Nachfolger berufen.

Für Schneider entsprach die Beförderung in verschiedener Hinsicht einer harten Strafe. Der junge Familienvater lebte nun viele Monate im Jahr von seiner Frau in München getrennt, was einem harmonischen Eheleben kaum zuträglich war. Darüber hinaus erfüllte ihn die neue Arbeit auch inhaltlich nicht mit Genugtuung, da er gewissermaßen für ein Phantom arbeitete. Schneiders Briefe an Frau Florentine, die für diese Biographie erstmals ausgewertet werden, berichten immer wieder von einer nervtötenden Gleichförmigkeit der Arbeitsabläufe, von stundenlangem Warten und von der Unsichtbarkeit des Königs. Im November 1883, fast vier Monate nach dessen Amtsantritt, hatte Ludwig seinen neuen Sekretär noch kein einziges Mal empfangen. »Der Verkehr mit der Majestät ist auch hier lediglich ein schriftlicher. Bisher war der König uns gegenüber äußerst zurückgezogen. Es vergehen 2 Tage, ehe ein besonderer Befehl von oben kommt.«[42]

Seiner ersten Audienz Anfang Dezember 1883 sah Schneider dann auch mit Furcht entgegen. Jahrelang hatte er erleben müssen, wie die Sekretäre und selbst die Minister ihrem König aus Bequemlichkeit und wider besseres Wissen nach dem Mund redeten. Als guter Christenmensch – Schneider wurde 1896 Oberkonsistorialpräsident der Evangelisch-Lutherischen Kirche in Bayern – wollte er das unter allen Umständen vermeiden. Er hatte sich vielmehr vorgenommen, »nichts gegen das Gewissen zu sagen und zu thun, und Gott inständigst gebeten, er möge meiner Schwachheit helfen und mich mit der Kraft ausrüsten, die mir nöthig ist, um immerdar ein reines Gewissen und getrosten Muth haben zu können«.[43] Diese Einstellung ehrte Alexander von Schneider, gleichwohl sollte er nur wenig Gelegenheit erhalten, sich an seinen eigenen Ansprüchen messen zu lassen. Bis zu seiner Entlassung im Frühjahr 1886 empfing König Ludwig ihn nur einige wenige Male zum Vortrag.

Der Regent und sein Sekretär kommunizierten hauptsächlich auf dem Papier miteinander. Es war zwar ein enormer Aufwand vonnöten, um aus jeder einzelnen Sachfrage, die man in einem persönlichen Gespräch innerhalb weniger Minuten hätte klären können, einen Antrag zu formulieren, doch alles in allem lief das politische Tagesgeschäft recht reibungslos weiter. Der König leistete das, was die Bürokratie von ihm verlangte – nämlich Unterschriften. Insofern verwundert es kaum, dass Johann von Lutz und seine Kollegen sich mit dem abwesenden König wunderbar arrangieren konnten. »Momentan finden die bayerischen Minister in dieser Situation noch keine Schwierigkeiten und constatiren sogar mit Vergnügen, daß trotz des schriftlichen Verkehrs die königlichen Signate a tempo herabgelangen«,[44] wusste Baron von Bruck zu vermelden. Das bedeutete aber auch: Ludwig II. hatte sich gewissermaßen selbst zu einem Unterschriftenautomaten degradiert.

KARL LUDWIG VON BRUCK und Georg von Werthern waren von König Ludwig ja manches gewöhnt, und insbesondere der Preuße zeigte sich dank seines zynischen Humors nicht leicht zu beeindrucken, doch seit Anfang der 1880er Jahre mischten sich immer häufiger mysteriöse Andeutungen in ihre diplomatischen Geheimberichte. Bedienten sich die Gesandten sonst einer klaren Sprache, begnügten sie sich nun mit Ondits: Von Absonderlichkeiten und Exzessen war die Rede, Seine Majestät habe sich nicht immer im Griff und dergleichen mehr. Deutlicher wurde Friedrich von Ziegler in seiner Korrespondenz. »Es ist ein Sumpf, in dem wir uns befinden«, schimpfte er in einem Schreiben an seinen Freund Bürkel und bot diesem gar Unterstützung bei einem etwaigen Putschversuch an. »Wenn Du losschlagen willst, ich schlage mit – lange wird aber die Katastrophe nicht mehr auf sich warten lassen. Alles hat satt.« Und dann folgte der entscheidende Satz: »Die Behandlung der Leute geht in das Unglaubliche!«[45]

Die Behandlung der Leute ...? Was verbarg sich hinter dieser Andeutung? Ludwig hatte durch ein Buch vom chinesischen Hofzeremoniell unter Kaiser Hongwu im 14. Jahrhundert erfahren. Dieses schrieb vor, dass man sich dem Monarchen nur kriechend nähern durfte und als Zeichen der Ehrerbietung mit der Stirn den Boden berühren musste. In dieser nicht gerade bequemen Körperhaltung galt es, die Befehle des Herrschers entgegenzunehmen. Hongwu starb 1398 – fast 500 Jahre später führte Ludwig das fernöstliche Ritual am bayerischen Hof ein. Friedrich von Ziegler an Ludwig von Bürkel: »Die Lakaien dürfen meistens nicht reden, sondern verkehren mit dem König schriftlich, d.h. sie schreiben, was sie sagen wollen, auf einen Zettel u. legen denselben unter einem Salto mortale Kompliment auf den Tisch. Mayr heißt deshalb King-fu.«[46]

Das klingt amüsanter, als es gewesen sein muss. Für die Dienerschaft war es wohl eher erniedrigend, wenn sie sich durch Kratzen an der Türe bemerkbar machen musste. Tauchte der König unerwartet auf, waren die Bediensteten angehalten, mit den Fingerspitzen die Schuhsohlen zu berühren und so zu verharren, bis die Majestät wieder verschwunden war. Bei Tisch wurde den Lakaien sogar untersagt, die Speisen, die sie servierten, anzusehen. Darüber hinaus war es ihnen verboten, sich zu räuspern, zu husten oder zu niesen, und Altbayerisch mochte Ludwig schon gar nicht hören. Wer gegen diese Vorschriften verstieß oder wer einfach nur zur falschen Zeit am falschen Ort war, bekam die volle Wucht des königlichen Unmuts zu spüren. Die Betroffenen mussten sich dann mit langen Briefen und in lächerlich geschwollenem Tonfall für Petitessen entschuldigen.

Als der Kammerdiener Lorenz Mayr der Majestät im Frühjahr 1882 beim Ankleiden versehentlich in die Augen schaute, bekam Ludwig einen Wutanfall und befahl, dass Mayr zur Strafe ein Jahr lang eine schwarze Maske tragen müsse. Gegenüber Friedrich von Ziegler, der den armen Mayr so sah, erklärte Ludwig: »Er muß eine Maske tragen, damit ich dieses Verbrecherantlitz nicht mehr sehe.« Ein anderer Lakai, über dessen angebliche Dummheit der König sich geärgert hatte, wurde dazu verdonnert, ein Siegellack-Siegel auf der Stirn zu tragen, »zum Zeichen, daß sein Gehirn versiegelt ist«.[47] Um es deutlich zu sagen: Diese Geschichten sind keine Räuberpistolen, sondern wurden von verschiedenen Zeugen – allen voran Lorenz Mayr selbst – unabhängig voneinander bestätigt.

Bewiesen sind auch die Handgreiflichkeiten, zu denen es nun vermehrt kam: Ludwig spuckte seinen Dienern ins Gesicht, er biss und ohrfeigte sie, zog ihnen an den Ohren, packte sie am Kragen und warf sie zu Boden. Er trat auch mit den Füßen nach ihnen, wenn sie ihm beim Ausziehen der Stiefel halfen. Karl Hesselschwerdt gab später zu Protokoll, Ludwig habe um die dreißig Personen auf diese Weise misshandelt, und gelegentlich sei sogar Blut geflossen. »Zwei Lakaien mußten, weil aus mehreren Wunden blutend, in den Hof getragen und mit Wasser begossen werden«, hatte Karl Ludwig von Bruck aus Hofkreisen gehört. »Einem Dritten soll die Hand amputirt werden wegen einer gefährlichen Verwundung am kleinen Finger, Biß oder Schlag.«[48] Wer die königlichen Launen nicht mehr ertragen konnte oder wollte, bat um Versetzung oder quittierte den Dienst. Alle anderen mussten diese Torturen weiter über sich ergehen lassen.

Als ob der reale Umgang mit seinen Bediensteten nicht schon haarsträubend genug gewesen wäre, schien Ludwig immer mehr Gefallen daran zu finden, sich für (angebliche) Vergehen Phantasiestrafen auszudenken. In leichten Fällen verordnete er Nahrungsentzug, oder er verdonnerte die Delinquenten zum stundenlangen Putzen der Pferde. Einen Kammerlakai wollte der König einmal zur Buße in einem Narrenkostüm rückwärts auf einen Esel schnallen und auf den Landstraßen rund um Hohenschwangau herumführen lassen.

Mitunter entwickelte Ludwig aber auch drakonische Rituale, etwa wenn er den preußischen Kronprinzen Friedrich Wilhelm von seiner »Coalition« entführen und in Ketten legen lassen wollte. Dabei sei ihm nur so viel Nahrung zuzugestehen, dass er gerade nicht verhungere. Nicht besser erging es in der königlichen Phantasie den eigenen Ministern, die wegen Kleinigkeiten wahlweise in ein Burgverlies gesperrt, ermordet oder nach Nordamerika deportiert werden sollten. Am Ende seines Lebens gab Ludwig sogar die Anweisung, das »Ministerpack« knebeln und bis zur Ohnmacht auspeitschen zu lassen.

Selbst enge Vertraute wie Richard Hornig waren vor den imaginierten Strafexzessen des Monarchen nicht sicher. Einmal forderte er Max von Holnstein auf, Hornig zu disziplinieren: »Schreiben Sie ihm, lieber Graf in einer so niederschmetternden und zermalmenden Art, die jenem frechen Bengel es unmöglich macht, in gewohnten Trotz und rebellischer Rechthaberei zu antworten. Erdrücken Sie ihn mit dem ganzen Gewichte der Ihnen in diesem Falle übertragenen königlichen Autorität. Brechen Sie lieber Graf dermaßen das eigensinnige Staturelle jenes Menschen, werfen Sie ihn gewalthsam in den Staub, machen Sie ihn so windelweich, daß er noch zu Tod froh ist wenn er überhaupt noch bei Hof geduldet wird. Nie habe ich jenem Flegel das Recht, das er sich anmaßt, eingeräumt, mich anzufahren u. die mir schuldige Ehrfurcht zu verletzen. – Vernichten Sie ihn moralisch!«[49] Unnötig zu betonen: Das alles wurde nie in die Tat umgesetzt. Kein Minister wurde je entführt oder ausgepeitscht, kein Diener wurde auf einen Esel gesetzt, und der preußische Kronprinz wurde schon gar nicht in Ketten gelegt. Kam Ludwig noch einmal auf ein bestimmtes Urteil zurück, gaukelte man ihm die Vollstreckung vor, aber meistens war die Sache ohnehin schnell wieder vergessen. Es ging ihm nicht um den tatsächlichen Vollzug der Strafe, vielmehr schien sich Ludwig an seiner eigenen martialischen Sprache zu berauschen, wenn er Gegner »unschädlich« machen oder gar »ausrotten« wollte.

Nun darf man sich Ludwig II. aber nicht als machttrunkenen und brutalen Sadisten vorstellen. Auch wenn die Belege erdrückend scheinen: Das Bild, das der König in seinen letzten Lebensjahren abgab, bestand nicht nur aus düsteren Farbtönen. Die Lakaien lernten nämlich auch einen Monarchen kennen, der außerordentlich großzügig sein konnte, der sich für die alltäglichen Probleme seiner Bediensteten interessierte, lange Gespräche mit ihnen führte und in familiären Notlagen half. Hatte Ludwig einen Mann erst einmal ins Herz geschlossen, war er in der Lage, seine königliche Contenance geradezu zu vergessen. So erging es auch dem Vorreiter Jakob Brüller, der achtzehnjährig in Ludwigs Dienst trat. Der hübsche Jüngling war lange Zeit sein Favorit: Ludwig nannte ihn »Engel«, päppelte ihn mit Champagner und Gänseleber und ließ ihn als Lohengrin verkleidet über den künstlichen See der Linderhof-Grotte rudern. Damit nicht genug, schickte er Brüller Ende März 1884 nach Florenz, um dort für drei Marmorbüsten Modell zu sitzen. Diese Kunstwerke wurden Jahrzehnte später vernichtet – offensichtlich behagte nicht jedem Wittelsbacher die Vorstellung, dass der »Märchenkönig« für einen einfachen Bediensteten geschwärmt hatte.

Doch auch die Liebe zum schönen Jakob dauerte nicht ewig. »Brüller weg, er ist ein Simpel«, hieß es im Frühjahr 1886. Was nun folgte, kann man fast als die große Kunst des Schimpfens bezeichnen. Der Historiker Rupert Hacker hat sich die Mühe gemacht, einige dieser Kammerbefehle zusammenzustellen:

»Sehr rasch machen, daß der Brüller-Ochs weggeschickt werden kann; unbrauchbar.«

»Brüller ist schauderhaft einfältig und gar nicht zum Schreiben zu brauchen.«

»Nötiger als alles Brüller weg, darüber melden.«

»Sich eilen, daß Brüller wegkommt, diese Sauschrift!«

»Mit der größten Schärfe auf diesen Schandbrüller losziehen, diesen Capital-Ochsen und nachlässigen Saubengel.«

»Zwei schallende Ohrfeigen an den Schandbrüller, Alles wieder falsch gemacht.«

»Ist Brüller gehörig gedemütigt?«

»Sich Mühe geben, daß schleunigst der Ochs Brüller ersetzt wird.«[50]

Der Vorreiter Jakob Brüller gehörte in Ludwigs letzten Lebensjahren zu den Lieblingen des Königs. Das schützte ihn aber nicht davor, regelmäßig die Ungnade seines Herrn zu spüren zu bekommen: »Die Brüller-Kanaille hat noch nicht den Befehl ausgeführt, die große Hummel zu fangen.«

Was ist von diesen Dokumenten zu halten? Ist das die Stimme eines aufgeklärten Monarchen in der zweiten Hälfte des 19. Jahrhunderts? Wohl kaum. Aber meinte Ludwig das alles überhaupt ernst? Warum schlug er in seinen letzten Lebensjahren so oft einen Ton an, der selten anders als menschenverachtend zu bezeichnen ist? »Was jemand willentlich verbergen will«, schrieb der Romanist Victor Klemperer, »sei es nur vor anderen, sei es vor sich selber, auch was er unbewußt in sich trägt: die Sprache bringt es an den Tag. Das ist wohl auch der Sinn der Sentenz: Le style c'est l'homme; die Aussagen eines Menschen mögen verlogen sein – im Stil seiner Sprache liegt sein Wesen hüllenlos offen.«[51]

Klemperers Betrachtung hat grundsätzlich manches für sich, doch sie würde in Ludwigs Fall als alleinige Erklärung für sein bizarres Verhalten nicht genügen. Seine zwischen Selbstverliebtheit und Brutalität changierenden Formulierungen spiegelten weniger seine Seele wider, als dass sie vielmehr eine Funktion erfüllten: »Der Narzissmus ist nicht nur eine der zentralen psychischen Voraussetzungen zur Ausübung von Macht«, fasst der Sozialpsychologe Hans-Jürgen Wirth zusammen, »sondern die Ausübung von Macht ist auch ein wirkungsvolles Stimulans für das narzisstische Selbsterleben.«[52] König Ludwig, der mit der Reichsgründung seine Macht teilweise eingebüßt hatte, flüchtete sich demnach in Allmachtsphantasien, um sein narzisstisches Ich auszuleben. Doch auch dieser Ansatz reicht alleine nicht aus, um die Veränderungen in Ludwigs Persönlichkeit plausibel machen zu können.

Eine weitere heiße Spur, das Verhalten des Königs zu erklären, führt in das Geheime Hausarchiv nach München. Dort wird das Protokoll der Autopsie aufbewahrt, die nach Ludwigs Tod an seinem Gehirn durchgeführt wurde. Als der renommierte Münchner Neurologe und Psychiater Hans Förstl dieses Dokument zum ersten Mal sah, wunderte er sich, dass bei der Bewertung bislang allem Anschein nach ein Ergebnis nicht ausreichend gewürdigt worden war. Der Professor konnte nämlich feststellen, dass seine Fachkollegen vor 120 Jahren penibel gearbeitet und eine Reihe von hirn- und schädelanatomischen Auffälligkeiten festgestellt hatten. Man fand Hinweise auf eine überstandene Meningitis, die biographisch auch belegt ist, es wird aber auch eine ausgeprägte bilaterale Frontalhirnatrophie – ein Gewebeschwund der vorderen Hirnpartien – erwähnt. Für die Obduktionsärzte stellte dieser Befund damals noch kein eigenes Krankheitsbild dar, erst um 1900 stufte der Prager Neurologe Arnold Pick jenes ominöse Schrumpfen als eigenes Leiden ein, weshalb man auch von der »Pick'schen Krankheit« oder vom »Morbus Pick« spricht. Heute hat sich der Begriff »frontotemporale Lobärdegeneration« – kurz: »FTLD« – etabliert.

Die FTLD gehört wie der Morbus Alzheimer in die Gruppe der degenerativen Demenzen, tritt im Leben eines Patienten aber in der Regel früher als die Alzheimererkrankung auf. Hans Förstl ist sich bei König Ludwig II. sicher: »Alter, Verlauf und Verhalten während der letzten Lebensmonate entsprechen dem Bild einer frontotemporalen Degeneration.«[53] Anders als bei Alzheimer beeinträchtigt diese Erkrankung nicht die Gedächtnisleistung, sondern sie verändert vielmehr den Charakter und die Persönlichkeit des Betroffenen. Patienten mit der Pick-Krankheit zeigen Verhaltensauffälligkeiten und emotionale Störungen, die ihre Angehörigen oft schockieren. Es kommt zu einer Enthemmung: Die Erkrankten können reizbar und aggressiv werden und wirken wie Getriebene. Manche vernachlässigen die Körperpflege bis hin zur Verwahrlosung, andere verlieren ihre Manieren und benehmen sich ordinär, spielen am Tisch mit dem Essen, beschmieren sich absichtlich, wiederum andere werden vulgär und sexuell anzüglich. Die Patienten büßen die Vorstellung ein, was »richtig« und »falsch« ist, was sich gehört oder nicht gehört – bis hin zur Kriminalität. Nicht selten entwickeln sie auch eine Ess- oder Alkoholsucht. Am Ende steht das Vollbild einer schweren Demenz mit allen schlimmen Begleiterscheinungen, wie man sie auch von der Alzheimerkrankheit kennt.

Viele dieser Symptome sind in König Ludwigs letzten Lebensjahren eindeutig nachweisbar, was für Hans Förstls Diagnose spricht. Bereits Ende der 1870er Jahre tauchten erste Hinweise auf, dass Ludwig seine Körperhygiene vernachlässigte. Die Rede war »von eingetretener Antipathie gegen des Wechseln der Wäsche, von der Gewohnheit die Stiefel nicht ausziehen zu wollen u.a.m.«[54] Darüber hinaus mokierten sich die Diener nicht nur über die Mengen, die der König in sich hineinschaufelte, sondern auch »über die unordentliche, unappetitliche und ekelerregende Art des Speisens Seiner Majestät, wie Allerhöchstderselbe dabei die Saucen und Gemüse herumspritze, seine Kleider damit beschmiere u.s.w.«[55] Dass Ludwig gegen die Menschen in seiner engsten Umgebung die Hand erhob, sie schlug, bespuckte und demütigte, passt ebenso ins Bild wie das Schwelgen in drastischen Bestrafungsphantasien. Das alles kann man als Ausdruck einer zunehmenden Enthemmung deuten. Mancher mag einwenden, dass Ludwig doch bis zuletzt geschäftsfähig blieb und seinen bürokratischen Pflichten nachkam. Das stimmt, stellt aber auch keinen Widerspruch zur Diagnose Hans Förstls dar. Es gehört ja gerade zum Charakter des Morbus Pick, dass die geistige Leistungsfähigkeit im Prinzip lange erhalten bleibt, sie wird nur nicht zuverlässig abgerufen.

Die Frage liegt auf der Hand: Wie hätte sich Ludwigs Geschichte weiterentwickelt, wenn er nicht im Juni 1886 ums Leben gekommen wäre? Die Krankheit hätte möglicherweise um 1890 ihr Endstadium erreicht, und Ludwig wäre wie sein Bruder ein schwerer Pflegefall geworden. Die Vorstellung eines dahinsiechenden »Märchenkönigs« behagt nicht jedem Zeitgenossen. »König Ludwigs neues Leiden«, titelte die *Süddeutsche Zeitung*, als Hans Förstl 2007 mit seiner Vermutung an die Öffentlichkeit ging. Im Tonfall launigen Zweifels legte das Blatt nach: »Immer wenn man glaubt, dazu könnte nun wirklich nichts mehr gesagt werden, kommt von irgendwo etwas Neues oder jedenfalls in dieser Form noch nicht Geäußertes daher.«[56] Dabei ist sich Förstl der Schwierigkeiten einer nachträglichen Diagnose durchaus bewusst. Für ihn deutet zwar alles auf eine degenerative Erkrankung des Frontallappens hin, den über alle Zweifel erhabenen Beweis hätte aber nur eine mikroskopische Untersuchung des Hirngewebes erbringen können – und die dazu notwendigen medizinischen Techniken steckten 1886 noch in den Kinderschuhen. Wie auch immer: Begnügen wir uns mit der Vermutung, dass Ludwig II. an Morbus Pick erkrankt gewesen sein könnte. Damit ließe sich zumindest so manche bizarre Verhaltensweise erklären, der man sonst nur ratlos gegenüberstünde.

Leichte Kavallerie

»KURZ VOR DER ABREISE DES KÖNIGS von Hohenschwangau nahmen drei Lakaien ihre Entlassung weil der König sie gehauen (in der Stadt sagt man: gebissen) hatte«, berichtete Georg von Werthern Anfang März 1884 nach Berlin. Der Gesandte erwähnte eine »totale Verlotterung der Leute, welche um den König sind«, und beschrieb ein Klima, in dem ständig mit Enthüllungen seitens ehemaliger Mitarbeiter zu rechnen sei. Deshalb habe er – Werthern – dem mit ihm befreundeten Hofbeamten Ludwig von Malsen sogar geraten, »daß es gut thun werde, ihr Stillschweigen zu erkaufen, da sie gesonnen seien, ihre Erlebnisse schließlich zu veröffentlichen«.[57] Die Zustände in Ludwigs Entourage hatten in der Tat einen Tiefpunkt erreicht. In immer kürzeren Abständen quittierten enervierte Diener ihre Arbeit, weil sie es satt hatten, sich anspucken oder schlagen zu lassen. So wurde es zunehmend schwieriger, überhaupt noch passenden Ersatz zu finden. In dieser Situation kam Ludwig im Februar 1885 auf die Idee, Soldaten zum Allerhöchsten Dienst abzuordnen. Sein Auge fiel dabei auf die Angehörigen der leichten Kavallerie, die man damals mit dem französischen Begriff »Chevaulegers« bezeichnete.

Karl Hesselschwerdt erhielt den Auftrag, geeignete Kandidaten vorzuschlagen. Hierfür erstellte er über jeden Aspiranten ein kurzes Exposé: Er nannte das Alter, beschrieb Größe und Aussehen der jungen Männer und machte Angaben zu deren Herkunft. Wer in die engere Wahl kam, musste eine Porträtphotographie von sich einreichen und Schriftproben abgeben. Die Auswahl traf der König selbst, wobei er nicht nur Wert auf ein attraktives Äußeres, sondern auch auf eine schöne Handschrift legte. Die meisten Chevaulegers zählten kaum mehr als zwanzig Jahre, wenn sie in Ludwigs Dienst traten. Waren sie bislang das derbe Kasernenleben gewöhnt, wurden sie nun mit höchst delikaten Aufgaben betraut. Sie mussten den König wecken und ankleiden, ihm die Mahlzeiten servieren und für ihn Schreibarbeiten erledigen. Für diese Tätigkeiten waren die Soldaten natürlich nicht ausgebildet worden. Sie beherrschten den Umgang mit Gewehren und das Marschieren in Uniformen, nicht aber das formvollendete Kredenzen von Tee in filigranen Porzellantassen. So kam es, wie es kommen musste: Die neuen Lakaien verhielten sich ungeschickt und machten Fehler, was Ludwig regelmäßig in Rage brachte.

Offensichtlich wurde der König auch gegenüber den Chevaulegers handgreiflich. Der Kammerdiener Adalbert Welker bestätigte, dass Ludwig einen Soldaten wegen eines kleinen Versehens mit heißem Tee begossen hat. Ein anderer Bursche – von Beruf Metzger – erhielt einen Schlag ins Gesicht, was er sich zwar zähneknirschend gefallen ließ – als Militär war er ja zum strengen Gehorsam verpflichtet –, seinen Kameraden gegenüber aber wie folgt kommentierte: »Einem andern hätte ich die Gedärme herausgelassen.«[58] Hatte sich Ludwig mit einem Soldaten lange genug herumgeärgert, wurde er kurzerhand entlassen. Eingestellt wurde ein neuer, ebenso ungeschickter und unerfahrener junger Mann – und das Spiel konnte von vorne beginnen.

Doch auch die Chevaulegers lernten gelegentlich eine andere Seite ihres Dienstherrn kennen. Dann feierte König Ludwig mit seinen leichten Soldaten und den Stallbediensteten exotische Feste.

Dafür mussten sich die jungen Männer in maurischer Tracht im Königshaus am Berg Schachen einfinden und mit Ihrer Majestät türkische Pfeifen rauchen. In der »Hundinghütte« bei Linderhof räkelten sie sich auf Bärenfellen zu Ludwigs Füßen und schlürften nach germanischer Sitte aus altertümlichen Trinkhörnern Met – Honigwein –, »der den Gästen durchaus nicht munden wollte und ihre Verdauung in höchst störender Weise beschleunigte«. Bei diesen Gelagen ging es offensichtlich sehr freizügig zu. Zu vorgerückter Stunde und nach reichlichem Alkoholgenuss wurden nackte Tatsachen geschaffen. Richard Hornig berichtete davon, »daß der König von besonders wohlgestalteten Soldaten Tänze aufführen ließ, bei welchem gar kein Kostüm sogar dem maurischen vorgezogen wurde«.[59]

Dass es dabei auch zu sexuellen Handlungen gekommen sein soll, behauptete jedenfalls der preußische Diplomat Philipp zu Eulenburg. »Es ist Ihnen bekannt«, schrieb er an Herbert von Bismarck, »daß König Ludwig neuerdings in seiner Zuneigung zu dem jüngeren Stallpersonal sehr energisch geworden ist. Psychologisch ist mir der Übergang aus einer mehr als zwanzigjährigen platonischen Liebe für schöne Jünglinge zu erotischen Kundgebungen durchaus nicht unklar.« Dieser Brief hat geradezu autobiographische Qualitäten. Mit erstaunlicher Offenheit beschreibt Eulenburg hier nämlich ein Dilemma, das auch das seine war. Obschon der Gesandte im Hafen der Ehe ankerte und immerhin acht Kinder zeugte, fühlte er sich von kernigen Männerrunden angezogen. Auf Schloss Liebenberg, dem nördlich von Berlin gelegenen Familiensitz der Eulenburgs, traf sich seine legendäre Tafelrunde wohl nicht nur zur Jagd. Für die seelischen Nöte des zwei Jahre älteren Ludwig muss er insgeheim viel Verständnis gehabt haben. Das mag erklären, warum er sich in seinen Depeschen mehrfach ausführlich mit dem königlichen Intimleben beschäftigte.

»Des Königs Jugend beginnt zu fliehen«, fährt der Diplomat durchaus blumig in seinem Bericht also fort. »Er segelt auch noch einmal mit vollen Segeln auf den Liebeswogen hinaus – so unvernünftig, daß er kaum die naheliegenden Gedanken des Ertrinkens zu fassen vermag!« Eulenburg erwähnte in diesem Zusammenhang »junge Soldaten in den engen grünen Hosen«, womit er die Chevau-

Ein guter Beobachter: Philipp zu Eulenburg und Hertefeld wirkte ab 1881 als Legationssekretär an der Preußischen Gesandtschaft in München. Gut zwanzig Jahre lang war er ein enger Freund Kaiser Wilhelms II., bis der Journalist Maximilian Harden Ende 1906 einen Skandal lostrat, der Deutschland erschütterte und Eulenburgs Ansehen zerstörte.

legers meinte. Dabei verhalte sich Ludwig ausgesprochen leichtsinnig: »Ich fürchte eine unglückliche Konstellation von nicht deckbaren Schulden mit einem öffentlichen Skandale zur Bockbier-Zeit von besoffenen ›Lust-Buben zu Pferde‹.«[60]

Was wusste Philipp zu Eulenburg? Da er bei den nächtlichen Orgien kaum dabei gewesen sein dürfte, konnten seine Informationen nur aus Ludwigs Umfeld stammen. Die Lakaien sowie die zum Leibdienst abgeordneten Soldaten berichteten sicher daheim bei ihren Familien oder am Stammtisch von den Allerhöchsten Launen, denen sie ungeschützt ausgesetzt waren. Mancher wird auch sein Herz erleichtert haben, wenn er peinlich berührt von den Zudringlichkeiten des Königs erzählte. Es mag sein, dass die eine oder andere Geschichte übertrieben oder sogar falsch dargestellt wurde. Soll heißen: Eulenburg referierte möglicherweise auch zweifelhaften Hofklatsch, was ihn bis heute in den Augen vieler »Kini«-Verehrer diskreditiert. Doch damit tut man ihm unrecht. Entscheidend an seiner Schlüssellochperspektive ist nicht die Frage, was Ludwig mit seinen »besoffenen Lust-Buben zu Pferde« tatsächlich gemacht hat oder eben nicht, sondern ob man das Gerede damals glaubte. Gefährlicher als die Wahrheit war die politische Wirksamkeit, wenn Gerüchte sukzessive zu scheinbar gesicherten Erkenntnissen avancierten.

Dieser Vorgang war im Herbst 1885 abgeschlossen. »Um Majestätsbeleidigungen aus dem Wege zu gehen, werden in den Bierkneipen die bösen Geschichten auf den Namen ›Huber‹ erzählt«, schrieb Eulenburg im Oktober des Jahres an Otto von Bismarcks Sohn Herbert. »Die Chevauxlegers spielen dabei eine schlimme Rolle. Wie ich höre, läßt der König die unglücklichen zum Kammerdienerdienste kommandierten Opfer seiner Laune häufiger denn je ablösen. Die derben, aber plumpen Bewegungen der Bauernsöhne reizen ihn bald zur Liebe, bald zum Zorn und alle Äußerungen des gefürchteten ›Huber‹ werden in den Wirtshäusern unter dem Einfluß des Bieres von den gesegneten oder gekränkten Landeskindern in Uniform öffentlich besprochen. In dem Gasthaus ›Zur Alpenrose‹ in Hohenschwangau sollen Touristen die merkwürdigsten Dinge aus dem Munde der Chevauxlegers erfahren haben, die jetzt tatsächlich den einzigen Umgang des Königs bilden.«[61]

König Huber von Bayern? Unwillkürlich muss man lächeln und schüttelt zugleich ungläubig den Kopf. Ging hier nicht die Phantasie mit Philipp zu Eulenburg durch? Nein, der Diplomat erweist sich einmal mehr als korrekter – wenn auch mokanter – Berichterstatter. Denn auch Ludwig von Bürkel sprach in seinen privaten Aufzeichnungen von »Huber«, wenn er Ludwig II. meinte. »Huber schlug den [Adjutanten] Sauer zum 8.mal«, notierte er etwa im Februar 1883. In einem anderen Zusammenhang hieß es: »Huber wollte das Verehelichungsgesuch des Lakai Maier nicht genehmigen; da sagte ihm [jemand], dass Maier so nicht mehr recht wolle, weil die Braut hässlich und bissig sei – daraufhin sofortige Unterschrift.«[62]

So muss also die Bestandsaufnahme der bayerischen Monarchie zu Beginn der 1880er Jahre lauten: ein König, der die formalen Regierungsgeschäfte pünktlich erledigte, sich seinen Bediensteten gegenüber aber immer häufiger gehen ließ, der im realen Leben unhaltbare Zustände provozierte und sich zugleich eine kostspielige Parallelwelt erschuf. Die Minister schauten derweil tatenlos zu. Noch.

Bankrott

DAS WORT BANKROTT beschreibt gemeinhin die Zahlungsunfähigkeit einer Person, eines Unternehmens oder eines Staates. Im alltäglichen Leben wird auch der Begriff Pleite benutzt, während die Juristen Fachtermini wie Konkurs oder Insolvenz bevorzugen. Die Formulierungen mögen variieren – gemeint ist in allen Fällen das Unvermögen, die Ausgaben aus den Einnahmen decken zu können. Dieser Zustand trat im Fall Ludwigs II. spätestens Ende der 1870er Jahre ein – der bayerische König konnte seine Rechnungen nicht mehr bezahlen. Nun hätte es nahegelegen, die Ausgaben zu reduzieren oder – falls möglich – die Einnahmen zu erhöhen. Ludwig entschied sich für einen dritten Weg: Er machte Schulden. Das war zweifellos die schlechteste Lösung.

Um ein gängiges Missverständnis gleich zu Beginn dieses Kapitels auszuräumen: Es war der König, der in die Schuldenfalle rutschte – nicht das Königreich Bayern. Zwar stammte ein Großteil von Ludwigs Einnahmen aus Steuergeldern und somit von seinen Bürgern, formaljuristisch galten seine Schulden aber als Privatschulden. Zur Erinnerung: Dem bayerischen König stand für seine privaten Belange eine Pauschalsumme – die sogenannte Zivilliste – zur Verfügung. Diese betrug Ende der 1870er Jahre etwa 4,2 Millionen Mark pro Jahr, was heute in etwa 28,18 Millionen Euro entspricht.[63] Dieses Geld konnte Ludwig aber nicht nach Belieben ausgeben, da der überwiegende Teil für die Organisation des Hofstaates, für Repräsentationszwecke sowie für die Instandhaltung der diversen Schlösser reserviert war. Von den 4,2 Millionen Mark blieben dem König etwa 800 000 Mark zur freien Disposition.[64] Hinzu kamen Erträge aus Verpachtungen, Kapitalzinsen, die streng geheimen Zahlungen aus dem »Welfenfonds« sowie seit 1877 jährlich etwa 430 000 Mark aus einer von König Max gegründeten Familienstiftung. Alles in allem wurde die königliche Privatschatulle, deren Verwaltung traditionsgemäß zu den Aufgaben des Hofsekretärs gehörte, jährlich mit rund 1,5 Millionen Mark gut angefüllt. Für Ludwigs Bedürfnisse war dieses Budget dennoch zu klein.

Im Sommer 1876 tauchten erste Gerüchte auf: Der bayerische König befinde sich in größten Geldverlegenheiten, berichtete der deutsche Botschafter in Wien Otto zu Stolberg, er habe über eine Million Gulden Schulden, wobei er bei einem windigen österreichischen Geldhändler alleine mit 350 000 Gulden in der Kreide stehe.[65] Otto von Bismarck, der den als »geheim« klassifizierten Bericht auf seinen Tisch erhielt, war alarmiert. Zwar gab Stolbergs Pariser Kollege Fürst Hohenlohe Entwarnung – er kenne die Münchner Verhältnisse zu gut, und er glaube nicht an eine ernsthafte Verschuldung –, beim Reichskanzler entstand dennoch so etwas wie eine Urangst. Ein Mensch in erheblichen Finanzkalamitäten ist käuflich, so Bismarcks Kalkül – was aber, wenn ausgerechnet die Franzosen den König aus seiner Notlage befreien würden? Für das Decken der Schulden würden sie selbstverständlich politische Gegenleistungen erwarten, mehr noch, sie könnten versuchen, sich für den verlorenen Krieg und für die Reichsgründung zu rächen. Ein bayerischer Monarch auf einer Pariser Gehaltsliste – das war Bismarcks Albtraum. Mit Nachdruck wies er seine Beamten an, die Angelegenheit im Auge zu behalten. Und die Lage in Bayern verdüsterte sich zusehends.

Anfang 1882 konnte Hofsekretär Ludwig von Bürkel die laufenden Rechnungen nicht mehr pünktlich bezahlen. Die Baumeister und Handwerker, die auf den Schlossbaustellen arbeiteten, erhielten nur noch unregelmäßig ihren Lohn. Knapp zwei Jahre später – Ende 1883 – war der König endgültig bankrott, seine Schulden betrugen nun 8,25 Millionen Mark, nach heutiger Kaufkraft in etwa 58,04 Millionen Euro.[66] Nur äußerst widerwillig erließ Ludwig einen Baustopp. Von seiner finanziellen Misere wollte er lange Zeit nichts wissen: Mehrfach hatte er seinen Hofsekretär in der Vergangenheit angewiesen, nicht mehr über Geld zu berichten – das interessiere ihn nicht. Fassungslos notierte Bürkel: »Huber erklärt um das Zurückzahlen kümmere er sich nicht, das sei Sache seines Hofsekretärs.«[67]

Ludwig von Bürkel war mit seinem Latein sprichwörtlich am Ende – Anfang Februar 1884 nahm er seinen Abschied. Nachfolger im wichtigen Amt des Hofsekretärs wurde der Münchner Polizeirat Philipp Pfister. Der Neue galt als intelligent und zupackend, er verfügte über gute Kontakte in die preußische Gesandtschaft, war aber auch nicht frei von einer gewissen Eitelkeit; seine Kollegen verpassten ihm deshalb den bezeichnenden Spitznamen »der Pfau«. Auf seinem neuen Posten fand Pfister einen Schuldenberg vor, der durch bloße Sparmaßnahmen nicht mehr abgetragen werden konnte. Überdies schien es mehr als zweifelhaft, ob Seine Majestät sich überhaupt auf Ausgabenkürzungen einlassen würde. Für Pfister lag die Lösung der Probleme in Berlin.

Er war erst drei Tage im Amt, als er an Otto von Bismarck schrieb und ihn um seine Unterstützung bat. Gefahr sei im Verzug, deutete er vorsichtig an, da König Ludwig in seiner Not den finanziellen Versprechungen der Patriotenpartei erliegen und ein konservatives Ministerium berufen könnte. Dieses Szenario war maßlos übertrieben, doch Bismarck schien Pfisters Kassandrarufen zu glauben, sodass er den neuen Sekretär zu sich nach Friedrichsruh bestellte. Der Besuch unterlag der höchsten Geheimhaltungsstufe: Pfister möge als »Dr. Becker« reisen, wies man ihn an, darüber hinaus sollte er für das letzte Teilstück nur öffentliche Verkehrsmittel benutzen, um nicht aufzufallen. Während »Dr. Becker« sich auf seine wichtige Reise in Richtung Norden vorbereitete, ließ der Reichskanzler intern verschiedene Finanzierungsmodelle prüfen. Zunächst brachte er eine Anleihe in Höhe von drei Millionen Mark bei Kaiser Wilhelm ins Spiel, was dieser allerdings ablehnte, da er nicht über ausreichend liquide Mittel verfügte. Bismarck entschied daraufhin, kurzerhand eine Million Mark aus dem »Welfenfonds« an Pfister auszahlen zu lassen, um eine Katastrophe in München zu verhindern. Das Nein des Kaisers zur höheren Summe kam ihm im Grunde aber ganz recht, denn in dem Gespräch mit Pfister gewann er den Eindruck, dass es besser sei, »wenn der Unterhändler zunächst mit leeren Händen zurückkehrte, und König Ludwig Sich davon überzeugte, daß es unter den obwaltenden Umständen mit Schwierigkeiten verbunden wäre, ein Anlehen in der ihn Ihm gewünschten Höhe zu contrahiren«.[68] Ob diese pädagogische Maßnahme bei einem Menschen wie Ludwig II. fruchtete?

Im März 1884 ergriff der König nun selbst das Wort. »Mein lieber Fürst Reichskanzler von Bismarck!«, begann Ludwig sein Schreiben und kam dann gleich zur Sache. Er wolle bei dem Berliner Bankier Gerson Bleichröder ein Darlehen in Höhe von sechs Millionen Mark aufnehmen, um seine Bautätigkeit fortsetzen zu können. Bismarck möge für ihn ein gutes Wort einlegen: »Gerne würde Ich in dieser Vermittelung einen neuen Beweis Ihrer wiederholt bethätigten wohlwollenden Gesinnung für Mich erblicken und Ihnen dafür erkenntlich sein.«[69] Dass Ludwig das erbetene Geld nicht zur Konsolidierung seiner Konten, sondern für neue Schlossbauten verwenden wollte, sorgte an der Spree für Kopfschütteln. Die Verhandlungen zogen sich einige Zeit hin, doch am Ende lehnte Bleichröder den Antrag ab. Der bayerische König war nicht kreditwürdig.

Hofsekretär Pfister hatte sich derweil wochenlang über die Kassenbücher gebeugt, und was er dabei entdecken musste, überstieg seine schlimmsten Befürchtungen. Die Buchhaltung machte einen völlig intransparenten und dilettantischen Eindruck, Belege fehlten, viele Aufträge waren offensichtlich lange Zeit nur mündlich erteilt worden. Die Lage war desolat. Das alles brachte der neue Hofsekretär Anfang März in einem neunseitigen Memorandum zu Papier. Solch eine Schonungslosigkeit war Ludwig von Pfisters Vorgängern nicht gewohnt, sodass die selbstbewusste Meldung auf ihn nahezu wie eine Anklage wirkte. In dem Brandbrief verglich sich Pfister mit Jean-Baptiste Colbert, dem genialen Finanzminister Ludwigs XIV., der auch genötigt gewesen sei, den Bau von Versailles aus Geldmangel zu unterbrechen. Das war in der Tat ein starkes Stück. Doch damit nicht genug, zitierte Pfister auch noch den Ratschlag, den der »Sonnenkönig« seinem Nachfolger auf dem Sterbebett gegeben haben soll: »Mon enfant, vous allez être un grand roi, ne m'imitez pas dans le goût que j'ai eu pour les bâtiments …«[70] Auf Deutsch: »Mein Kind, Sie werden ein großer König sein. Nehmen Sie sich kein Beispiel an meiner Vorliebe für Bauvorhaben.« In Ludwigs Augen war das eine ungeheuere Anmaßung. Was nun passierte, schildert uns Georg von Werthern im Detail: »Um 2 Nachts ließ der König den Hoffriseur Müller […] aus dem Bette holen, zeigte ihm den Bericht mit den erzürnten Worten: ›Moral will mich der Mensch lehren‹, zerriß die betreffende Stelle & als Pfister zu Bette ging erhielt er von der Hand des

Kammerdieners Meyer, nach dem Dictat des Königs, ein Allerhöchstes Handbillet, worin ihm das ›größte Mißfallen‹ über den Schluß des Briefes ausgesprochen wurde. (Das Allerhöchste ›Mißfallen‹ ist der erste Grad des Tadels; der zweite ist die Allerhöchste ›Empörung‹.)«[71]

In Berlin war man über die Vorgänge an der Isar bestens unterrichtet. Philipp Pfister pflegte nicht nur einen engen Kontakt mit Georg von Werthern, er verfügte auch über eigene Geheimkanäle in die Reichskanzlei. »An's Schuldenzahlen wird, soviel ist gewiß, an entscheidender Stelle nicht ernsthaft gedacht«, ließ Pfister seinen Verbindungsmann wissen. Dabei erwies sich der Hofsekretär des bayerischen Königs als strammer Bismarck-Verehrer: »Welch Gegensätze erkannte ich zwischen Berlin und München. Was ich dort zu sehen das Glück hatte, war ein neuer Beweis, daß das deutsche Reich und die deutsche Nation seiner Zukunft ruhig entgegensehen kann. Die Leitung liegt in den rechten Händen, die von tüchtigen, ehrlichen, wahrhaftigen und echt deutschen Kräften gestützt werden.« Der Brief endete für einen bayerischen Beamten mit einem bemerkenswerten Ausruf: »Gott schütze den großen Kanzler!«[72]

Die eigene Münchner Regierung kam bei Philipp Pfister indes nicht gut weg, was hauptsächlich daran lag, dass sich die Minister einer Problemlösung bislang verweigert hatten. Insbesondere Johann von Lutz pochte darauf, dass die königlichen Finanzprobleme Privatsache seien und außer Ludwig niemanden etwas angingen. Das war die offizielle Sprachregelung; wenn der österreichische Gesandte Baron von Bruck richtig informiert war, plante man aber bereits für den dynastischen Ernstfall. »Soviel mir bekannt, ist sowohl unter den Prinzen als auch unter den Ministern die Möglichkeit einer plötzlichen Erkrankung des Königs in's Auge gefasst«, schrieb er im April 1884 – gut zwei Jahre später sollte Ludwig genau auf jene Art und Weise um sein Amt gebracht werden. Doch vorerst gab der Diplomat Entwarnung: »Die gegebene Sachlage ist für die bairischen Minister unendlich bequem da daran Vorlagen ohne irgend welcher Schwierigkeit genehmigt werden; […] lauter Gründe die es den hiesigen Ministern wünschenswerth erscheinen lassen Alles was bei Hofe vorgeht, nach wie vor vollständig zu ignoriren.«[73]

Die Politik der Nichteinmischung änderte sich erst, als Ludwig kurze Zeit später seinen Finanzminister Emil von Riedel mit der Lösung seiner Probleme beauftragte. Nun mussten Lutz und Kollegen sich wohl oder übel mit der leidigen Angelegenheit beschäftigen – aus der Privatsache war eine Staatsangelegenheit geworden, die zudem immer brenzliger wurde. Ende April wandten sich achtzehn Handwerker mit einer Petition an den König: Viele von ihnen hätten seit 1879 keinen Lohn mehr erhalten, sie seien am Ende und könnten ihre Familien nicht mehr ernähren. Der Vorgang war einmalig: Einfache Arbeiter forderten ihren König auf, endlich seinen Verpflichtungen nachzukommen und die offenen Rechnungen zu begleichen. Die damit verbundene Drohung war untertänig formuliert – aber eindeutig. So stand nun die Gefahr einer Klage gegen den König im Raum. Nach den bayerischen Gesetzen existierte die Möglichkeit, den juristischen Weg zu beschreiten. Die um ihren Lohn geprellten Handwerker hätten die Zivilliste beklagen und in letzter Konsequenz sogar die Schlösser und deren Einrichtung pfänden lassen können.

Nach einigem Hin und Her gelang es Riedel Ende Mai 1884, ein Bankdarlehen in Höhe von 7,5 Millionen Mark zu vermitteln, nachdem auch die sogenannten Agnaten – die nachfolgeberechtigten Prinzen – ihre Zustimmung zu dieser Kreditaufnahme gegeben hatten. Der König hatte nun hohe Schulden, die über seinen Tod hinaus, bis in das Jahr 1901, aus den Einkünften der Zivilliste zurückgezahlt werden mussten.[74] Auch wenn der bayerische Staat selbst genau genommen nicht verschuldet war, erfolgte die Tilgung somit letztlich doch aus Steuergeldern.

Mit so viel frischem Geld auf dem Konto ließ sich trefflich planen und bauen. »Da im 1ten Stocke von Falkenstein ich mich mit 2 Zimmern außer dem Thurmzimmer begnüge, erwarte ich aber, daß das Schlaf- und Arbeitszimmer die gleiche Größe wie in der neuen Burg [Neuschwanstein] erhalten werden«,[75] schrieb Ludwig Ende Mai 1884 an Richard Hornig. Zu diesem Zeitpunkt war der Kreditvertrag noch gar nicht unterzeichnet. Schnell wurde klar, dass der König nicht im Traum daran dachte, den Millionensegen für die Schuldentilgung zu verwenden. Gut zwei Wochen zuvor hatte er über einen Mittelsmann heimlich die Burgruine Falkenstein bei Pfronten im Allgäu erworben – dort wollte er sein nächstes Bauprojekt vorantreiben. Philipp Pfister, der vehement auf Sparsamkeit pochte, durfte davon nichts wissen. Doch seine Zeit war ohnehin abgelaufen – Ende Juni 1884 wurde er von Ludwig entlassen.

Am Abgrund

PHILIPP PFISTERS ENTLASSUNG wurde maßgeblich von Richard Hornig und Karl Hesselschwerdt betrieben. Beiden war der eifrige Hofsekretär im Weg, fürchteten sie doch, dass ihr eigener Einfluss am Hof schwinden könnte. Hornig brachte als Nachfolger einen gewissen Hermann Gresser ins Spiel, der ihnen bereits beim Ankauf Falkensteins behilflich gewesen war. Gresser – laut Werthern »eine Persönlichkeit von untergeordneter Befähigung«[76] – blieb ebenso wie sein Vorgänger nur eine kurze Zeit im Amt. Er erhielt von seinem Dienstherrn erst gar nicht die Chance, die Finanzmisere zu beheben – ganz im Gegenteil. Ludwig ließ ungebremst weiterbauen, sodass er bis zum Sommer 1885 über 6 Millionen Mark neue Schulden machte. Rechnet man den Kredit von 7,5 Millionen aus dem Vorjahr hinzu, war der Schuldenberg nun über 13 Millionen Mark hoch – was heute ungefähr einer Summe von 88,26 Millionen Euro entspricht.[77] Der König agierte wie ein Getriebener, nichts konnte ihm schnell genug gehen. Als ein bestimmter Termin, den Ludwig völlig willkürlich gesetzt hatte, nicht eingehalten werden konnte, fiel Gresser in Ungnade. Die nun freigewordene Stelle des Hofsekretärs Seiner Majestät war der unattraktivste Job, den das Königreich Bayern zu vergeben hatte. Bewerber gab es keine, wussten die infrage kommenden Herren doch nur zu genau, dass der Amtsschemel in Wahrheit ein Schleudersitz war.

Am 1. August 1885 übernahm Hofrat Ludwig Klug, bislang Hauptkassenverwalter am Hoftheater, die Amtsgeschäfte. König Ludwigs erster Auftrag für seinen neuen Hofsekretär lautete, einen Kredit über 20 Millionen Mark – über 135 Millionen Euro – zu organisieren. Eine Aufgabe, vor der Klug umgehend kapitulierte, wie Philipp Eulenburg schreibt: »Der peinlich gewissenhafte Mann hat sich aber bereits vor einigen Tagen, erschüttert durch die unmöglichen Anforderungen, die an ihn gestellt wurden, zu Bett gelegt und seinen angegriffenen Zustand durch ein ärztliches Zeugniß beglaubigen lassen.«[78]

Zeitgleich erließ Ludwig immer neue Befehle zur Geldbeschaffung. So beauftragte er seinen Kammerdiener Adalbert Welker, seinen Leibreitknecht Max Sedlmayer sowie seine alten Vertrauten Richard Hornig und Karl Hesselschwerdt, mit dem Kaiser von Österreich, dem König von Schweden, dem Sultan von Konstantinopel und dem Schah von Persien zu verhandeln. Von jedem Monarchen wollte Ludwig 20 Millionen erhalten, doch durften die Herren nichts voneinander erfahren, denn unterm Strich beabsichtigte er 80 Millionen zu erwirken – immerhin gut 540 Millionen Euro.[79] Ein Mann wie Adalbert Welker war darin geübt, Krawatten zu binden – nun sollte er mit Nāser ad-Dīn Schāh in Teheran über Millionenbeträge konferieren. Welker und den anderen Unterhändlern erschienen ihre Missionen so aberwitzig, dass sie diese erst gar nicht in Angriff nahmen. Wie so oft in Ludwigs Leben spielte man ihm die Ausführung eines Befehls nur vor. Karl Hesselschwerdt erwies sich in dieser Hinsicht als besonders begabt. Als man ihn einmal bat, dem König etwas zu melden, verneinte er mit dem Hinweis, dass Seine Majestät ihn zur Geldbeschaffung nach Neapel geschickt habe. Er hatte die Reise selbstverständlich nicht angetreten, doch solange Seine Majestät ihn in Italien glaubt, könne er ihr eben nicht unter die Augen treten.

Richard Hornig war indes weniger erfolgreich: Anfang November 1885 fiel er in Ungnade und wurde auf ein Gestüt bei Neuburg an der Donau strafversetzt. Die Hintergründe sind nicht ganz klar; Ludwig warf ihm offensichtlich vor, dass er sein Versprechen, innerhalb von drei Wochen 20 Millionen Mark zusammenzubekommen, nicht gehalten habe. Es ist unwahrscheinlich, dass Hornig eine derartig abenteuerliche Zusicherung wirklich gegeben hatte. Wie auch immer: Mit seiner Entlassung endete die enge Beziehung, die er und der König gehabt hatten, in einer Tragikomödie. Hornig war eine der wenigen Vertrauenspersonen in Ludwigs Leben. Gut achtzehn Jahre lang hatte er sich für seinen König aufgerieben und war Tag und Nacht für ihn dagewesen. Das alles zählte nun nicht mehr, Ludwig zeigte sich unversöhnlich: »Daß dem Stallmeister [Hornig] verboten ist, nie mehr zu schreiben, muß ihm auf das schärfste beigebracht werden.«[80]

In Berlin verfolgte man die Vorgänge in Bayern mit größter Sorge. Kaiser Wilhelm wollte seinem Verwandten gerne helfen – aus Dankbarkeit für dessen Mitwirkung an der Reichsgründung. Über einen Mittelsmann soll der greise Kaiser angeblich 10 Millionen Mark in Aussicht gestellt haben. »Kaiser Wilhelm läßt betonen«, erläuterte Ludwig Klug das vermeintliche Angebot, »daß das Anerbieten keinem politischen Hintergedanken entsprungen sei und daß das Geld nicht aus Allerhöchst seinen Privatmitteln, sondern aus Fonds genommen werde, über die Ihm ein Dispositionsrecht zustehe. Ganz selbstverständlich sei die subtilste Behandlung dieser Angelegenheit.«[81] Das Geld sei aber nur für die Schuldenregulierung gedacht, so der Hofrat, womit sich die Offerte für Ludwig bereits erledigt hatte. Er wollte bauen – nicht bezahlen.

Wilhelms Sohn Kronprinz Friedrich Wilhelm ging noch einen Schritt weiter: Er wollte Bayern im Grunde aufkaufen. Herbert von Bismarck mochte seinen Ohren kaum trauen, als der zukünftige deutsche Kaiser ihm seine Ideen unterbreitete und sich dabei in Rage redete. An »den lieben Papa« schrieb Herbert: »Er sagte, sein Ziel sei, die kleinen deutschen Souveräne soviel wie möglich herunterzudrücken und in Abhängigkeit von ihm zu bringen: ›Sie mögen knirschen, sie sollen aber immer die Kette fühlen, die wir ihnen umlegen müssen. Es wäre gut, wenn wir dem bayerischen Hausvermögen so viel vorstreckten, daß Preußen der Hauptgläubiger auch des nächsten Königs würde: dann muß er tanzen, wie wir pfeifen, weil wir ihn sonst jeden Tag ruinieren können.‹« Doch auch aus diesem perfiden Plan wurde nichts, denn Otto von Bismarcks lakonische Randnotiz lautete: »Woher nehmen? 2 mal 8 Millionen! und vielleicht mehr.«[82]

Die Lage spitzte sich im Winter 1885 weiter zu. »Nach Graf Wertherns Brief scheint eine Krisis in München unmittelbar bevorstehend«,[83] meldete Herbert von Bismarck am Neujahrstag 1886 an Kaiser Wilhelm. Wenige Tage später fühlte sich sogar Johann von Lutz, der die Finanzkrise des Königs bislang immer als dessen Privatsache bezeichnet hatte, zum Eingreifen gedrängt. Er verfasste auf Ludwigs Befehl hin ein Memorandum, das er aber an Hofrat Klug adressierte. Darin erteilte er sämtlichen Kreditplänen eine scharfe Abfuhr. Es sei völlig ausgeschlossen, von privater Seite weitere Gelder zu erhalten. Lutz schlug stattdessen vor, die Baumaßnahmen zu unterbrechen und das Hauptaugenmerk auf die Rückzahlung der Schulden zu legen. So könne der König bei seinen Gläubigern und bei potentiellen Financiers Vertrauen zurückgewinnen. Doch davon wollte Ludwig nichts wissen, derartige Schritte entsprachen nicht seinem königlichen Selbstverständnis. »Es soll dem Klug geschrieben werden, daß der Minister Lutz in dergleichen Sachen gar nichts mit ihm zu schreiben hatte«, lautete ein Kammerbefehl. »Mit dem Minister darf er über die ganze Angelegenheit kein Wort sprechen. Ich verbiete es ihm entschieden.«[84] Der Kammerdiener Adalbert Welker erhielt schließlich den Befehl, das Memorandum zu verbrennen.

Ludwig ärgerte sich noch einige Zeit über die Ratschläge seines Ministers, wie Kabinettssekretär Alexander von Schneider seiner Frau berichtete: »Der König ist verdrossen darüber, daß ihm wieder einmal, wenn auch in möglichst concilianter Form, so ganz und voll die Wahrheit gesagt wurde; aber eine Änderung seiner Pläne scheint Er nicht eintreten lassen zu wollen.« Die Enttäuschung war allenthalben groß, hatte man doch gehofft, dass der Lutzsche Brandbrief eine positive Wirkung haben würde. »Wie lange dies noch so fort geht, weiß ich nicht. Daß eben, wenn der König den Rathschlägen der Vernunft kein Gehör schenkt, eine Katastrophe eintritt, scheint mir und auch den Ministern unvermeidlich.«[85]

In jenen Tagen Anfang 1886 traf Johann von Lutz mit dem österreichischen Gesandten Karl Ludwig von Bruck zusammen. Bei der abendlichen Unterredung stand selbstverständlich König Ludwigs Schuldenkrise im Mittelpunkt. Der Minister warf die Stirn in Falten und machte ein nachdenkliches Gesicht. Er habe noch Hoffnung, dass Seine Majestät sich eines Besseren besinne, vertraute Lutz dem

Diplomaten an. »Wenn nicht«, fuhr er aber fort, »dann müsse eine Katastrophe eintreten, welche zur Abdankung führe und sei er, Minister von Lutz, der Mann dazu diese herbeizuführen, sobald kein anderes Mittel mehr übrig bliebe, um das Wohl des Landes und die dynastischen Interessen des bayerischen Königshauses zu wahren.«[86] Die Schlinge um Ludwigs Hals zog sich langsam zu.

LUDWIGS FINANZIELLE PROBLEME wurden nun auch von der Presse verstärkt aufgegriffen. Manche preußische Zeitung schlug dabei einen Ton an, der innerhalb Bayerns fast an Majestätsbeleidigung grenzte. So stellte der *Berliner Börsen-Courier* in einem langen Artikel die interessante Frage, wie die Schuldenkrise gelöst werden kann, ohne die »Dispositionsfähigkeit des Monarchen auf irgend eine Weise für die Zukunft zu beschränken«? Die Antwort erscheint aus der Rückschau geradezu prophetisch: »Es ist wahrscheinlich, daß bei einer solchen Erledigung der Angelegenheit den Aerzten eine größere Aufgabe zufallen wird, als den Politikern.«[87] Vielleicht haben Johann von Lutz und seine Kollegen diesen Beitrag gelesen?

Erst durch die Presseberichte erfuhren viele Gläubiger von der schwierigen finanziellen Situation, in der sich der König und somit auch sie sich befanden. Hatten sie bislang noch an Ludwigs baldiges Einlenken geglaubt, fürchteten nicht wenige plötzlich um ihre blanke Existenz. Die eigene Tasche war ihnen verständlicherweise näher als des Königs Rock. Auf einmal dachte man an das vermeintlich Unmögliche: die Kabinettskasse zu verklagen. Dieser Schritt hätte eine enorme symbolische Bedeutung gehabt: Wenn nicht juristisch, so hätte in der öffentlichen Wahrnehmung doch irgendwie auch der Regent auf der Anklagebank gesessen.

Ludwig reagierte entsprechend schockiert, wie er seinem Flügeladjutanten Alfred von Dürckheim-Montmartin gestand: »In einer Monarchie wo doch der König über den Gesetzen steht, sollte es doch ganz undenkbar sein, daß je die Möglichkeit besteht, daß das Königliche Eigenthum das doch gleichfalls heilig und unverletzlich sein sollte, da die anderen Bestimmungen sonst der reinste Hohn sind, jemals angegriffen werden kann und daß folglich Gesetzesbestimmungen gegen den eigenen Landesherrn gerichtet werden können.« Seine Angst, dass die Schlösser beschlagnahmt oder gepfändet werden könnten, war mit Händen zu greifen. »Wenn dieß nicht rechtzeitig verhindert wird, werde ich mich entweder sofort tödten oder jedenfalls das verfluchte Land in welchem so Schauderhaftes geschah, sofort und für immer verlassen.« Dürckheim sollte den Inhalt des Briefes unter allen Umständen für sich behalten, insbesondere die Sekretäre Klug und Schneider – »alte Weiber und keine königstreuen Unterthanen« – durften davon nichts erfahren. Von Selbstkritik keine Spur: »Aber ganz unverzeihlich und unbegreiflich ist die Schand-Wirthschaft der gewissenlosen und verlogenen Sekretäre die es so weit haben kommen lassen!«[88]

BEVOR DIE LEBENSGESCHICHTE LUDWIGS II. als echte Tragödie endete, begann im Frühjahr 1886 der vorletzte Akt in Form einer kurzen, aber veritablen Operette. In den Hauptrollen: ein zahlungsunfähiger König, eine windige Geldbeschafferin sowie ein Hoffriseur mit Regierungsverantwortung. Doch der Reihe nach.

»Ich beauftrage und bevollmächtige Frau Nannette Wagner zur Contrahirung eines Anlehens in der Höhe bis zu 25 Millionen Mark vorbehaltlich Meiner Genehmigung hinsichtlich der Bedingungen.«[89] Dieses sogenannte Handbillet stellte Ludwig Ende Februar 1886 aus. Als Hofsekretär Klug zufällig davon erfuhr, wunderte er sich, da er von jener Frau Wagner noch nie etwas gehört hatte. Eine telegraphische Nachfrage in ihrem Heimatort Stuttgart brachte dann Klarheit: Die Dame sei zwar nicht vorbestraft, teilte der Stadtdirektor mit, »steht aber im Verdacht, raffinirte Hochstaplerin und Wucherin zu sein«.[90] In der Zwischenzeit war Frau Nannette aber schon tätig geworden und hatte die königliche Order mit einem nicht minder schillernden Kollegen in Frankfurt besprochen. Kurzum: Gefahr war im Verzug, schließlich drohte Ludwig durch derartige Kapriolen endgültig zum Gespött der Leute zu werden. Glücklicherweise gelang es der von Klug eingeschalteten Polizei rasch, die Wagner dingfest zu machen und ihr den Zettel wieder abzunehmen. Die Geldbeschafferin zeigte sich ungerührt und gab selbstbewusst zu Protokoll: »Entschädigungs-Ansprüche für unsere bisherigen Bemühungen und Barauslagen behalten wir uns vor.«[91]

Diese kleine Anekdote illustriert einerseits, wie verzweifelt Ludwig die Geldsuche betrieb, und andererseits, wie sehr sein moralischer Enthemmungsprozess bereits fortgeschritten war. Anscheinend konnte er nicht mehr beurteilen, was »richtig« und »falsch«, was »gut« und »böse« war, wem er vertrauen konnte und wem nicht. Vor diesem Hintergrund muss man wohl auch seine Befehle verstehen, in diverse Banken in Paris oder Frankfurt einbrechen und das so dringend benötigte Geld einfach stehlen zu lassen. »Die Leute fuhren auch nach Frankfurt, unterhielten sich dort einige Tage und fuhren dann wieder nach Hause«, erinnerte sich ein Diplomat. »Schon im Bahnhof in München wurden sie von anderen Emissären des Königs erwartet, die den Auftrag hatten, die Rothschildschen Millionen ihnen abzunehmen und dem Könige zu bringen. Sie berichteten dann, alles sei vortrefflich vorbereitet gewesen, nur ein unglücklicher Zufall habe das Unternehmen vereitelt, das nächste Mal werde es sicher gelingen.«[92] Sollte Hans Förstl mit seiner Diagnose richtigliegen, dann wären diese – wenn auch nur gedanklichen – Ausflüge in die Kriminalität ein Symptom des Morbus Pick.

Im Finale der kurzen Operette kam schließlich Ludwigs Hoffriseur Richard Hoppe zu seinem Auftritt. »In jener Zeit hatte der König auch die Absicht, ein neues Ministerium zu bilden und mit der Durchführung Hesselschwert [sic!] und den Friseur Hoppe beauftragt«, erinnerte sich Philipp Eulenburg. »Letzterer, eine echte, ziemlich törichte Friseurseele, fühlte sich selbstverständlich durch seine politische Rolle außerordentlich gehoben. Ich erfuhr von diesen seltsamen Vorgängen auf direktem Wege durch Friseur Hoppe selbst. Als ich in jenen Tagen sein Geschäft besuchte und zufällig allein in seinem ›Salon‹ war, teilte er mir (im Flüsterton) mit, ›daß er dem Justizminister Fäustle seine Entlassung im Auftrag des Königs überbracht habe‹. ›Und was sagte der Minister?‹ fragte ich. ›Nix‹, sagte Hoppe und fuhr fort: ›Ich habe aber seinem Herrn Schwiegersohn angeboten, die Stelle zu übernehmen.‹« Eulenburgs launiger Kommentar: »Ich erwiderte auf Hoppes interessante Mitteilung auch ›nix‹.«[93]

IM GEGENSATZ ZUM PREUSSISCHEN GESANDTEN dürfte den Ministern wohl kaum zum Lachen zumute gewesen sein, als sie von Ludwigs neuesten Launen erfuhren. Offensichtlich war es die »Affäre Nannette Wagner«, die sie zu der Einsicht brachte, einschreiten zu müssen. Am Tag nach der glimpflichen Beilegung der Angelegenheit beschloss das Ministerkollegium, den Gesundheitszustand des Königs überprüfen zu lassen. Zu diesem Zweck luden Johann von Lutz und sein Kollege Außenminister Friedrich von Crailsheim den Psychiater Bernhard von Gudden für den 23. März 1886 zu einer Unterredung ein. Mit dem vollen Gewicht seiner medizinischen Autorität erklärte der Professor an jenem Dienstag, dass Majestät zweifellos geisteskrank seien. Offensichtlich verwies er in diesem Zusammenhang auf Prinz Otto, der seit gut zehn Jahren sein Patient war und dessen Siechtum, so war Gudden überzeugt, auch seinem Bruder Ludwig bevorstünde. Vielleicht deutete er bei dieser Gelegenheit auch an, was er einige Jahre zuvor Georg von Werthern privat anvertraut hatte, nämlich dass er die meisten Wittelsbacher ohnehin für verrückt hielt: »Alle seien krank durch Inzucht«, notierte der Diplomat 1878 die Worte des Arztes, normal sei nur Prinz Luitpold, »welcher bloß dumm ist«.[94]

Mit solch einer eindeutigen Aussage hatten Lutz und Crailsheim nicht gerechnet, mehr noch, sie hegten innerlich Zweifel an Guddens Diagnose. Dass der König ein Sonderling war und sich exzentrisch benahm, stand ja außer Frage – aber musste er deshalb gleich als geistesgestört gelten? Die Minister befanden sich nun in einem Dilemma, denn Bernhard von Gudden galt als bedeutende medizinische Kapazität, dessen Urteil man nicht einfach ignorieren konnte. Die Probleme stellten sich für Johann von Lutz und seine Kollegen nach jenem 23. März 1886 in einem ganz neuen Licht dar. Ging man bislang davon aus, dass Ludwig im schlimmsten Fall immer noch abdanken konnte – sein Großvater Ludwig I. hatte es ja vorgemacht –, war diese Alternative plötzlich obsolet. Denn: Ein Geisteskranker kann schwerlich seinen freien Willen artikulieren, so die inhärente Logik, und eine Abdankungserklärung könnte somit kaum Rechtskraft besitzen. Es blieb also nur, um diesen Gedanken fortzuspinnen, die Entmachtung des Königs und die Einsetzung eines Regenten. Zu diesem dramatischen Schritt schien man Ende März noch nicht bereit gewesen zu sein, doch der sprichwörtliche Geist war nun aus der Flasche und ließ sich nicht mehr einfangen. Denn für die Minister bot ein derartiges Vorgehen einen großen Vorteil: Sie konnten die politische Verantwortung den Ärzten zuschieben und sich selbst schadlos halten.

König Ludwig ahnte von den Dingen, die sich in jenem Frühjahr 1886 in seinem Kabinett abspielten, nichts. Seine Aufmerksamkeit galt einzig und allein der Geldbeschaffung. »Schicke einen wirklich Geschickten, Eifrigen u. Verläßigen nach Monte Carlo u. Monaco, um es dort zu versuchen«,[95] befahl er. Unnötig zu betonen, dass niemand die Reise an die Riviera antrat. Selbst Karl Hesselschwerdt verließ nun das sinkende Schiff: Im März meldete er sich krank und ging seinem Chef fortan aus dem Weg.

Anfang April wandte sich Ludwig an Otto von Bismarck und bat ihn um seinen bewährten Rat. Dessen Antwort war geschickt und versprach dem König einen gewissen Zeitgewinn: Ludwig möge seine Minister anweisen, die nötigen Summen im Landtag zu beantragen. Er habe keinen Zweifel daran, so der Reichskanzler, dass die Volksvertretung ihrem Herrscher helfen und die Gelder bewilligen werde. Das klang in der Tat nach einem gangbaren Weg. Dabei setzte Bismarck auf so etwas wie einen Überraschungseffekt: Die Verhandlungen würden in öffentlichen Sitzungen stattfinden, in denen es niemand wagen würde, sich gegen den eigenen König zu stellen. Umgehend folgte Ludwig der Empfehlung aus Berlin und erteilte den entsprechenden Befehl. Aber anstatt die Angelegenheit *coram publico* zu diskutieren und so einen Loyalitätsdruck zu erzeugen, fand die entscheidende Besprechung am 30. April 1886 nur unter wenigen Abgeordneten und zudem hinter verschlossenen Türen statt. Dort wurde offensichtlich Tacheles gesprochen, wobei sich insbesondere die Vertreter der Patriotenpartei äußerst kritisch über ihren Herrscher äußerten. Plötzlich rächte es sich, dass Ludwig jahrzehntelang die politische Mehrheit in seinem Land ignoriert hatte. Von den Konservativen, soviel war nun klar, konnte er keine Hilfe erwarten – ganz im Gegenteil.

»Damit ist der Zustand des König's ein äußerst kritischer geworden«, erklärte Ludwigs Sekretär Alexander von Schneider seiner Frau. »Ich habe es heute Vormittag Seiner Majestät gemeldet und bin nun gewärtig, daß ein nie da gewesener Allerh. Zornesausbruch erfolgt.«[96] Die befürchtete Schimpfkanonade ließ in der Tat nicht lange auf sich warten. Ludwig war außer sich, sprach von einer infamen Gemeinheit, von Majestätsbeleidigung, gar von einer Revolution. Wenige Tage später – am 5. Mai – wandten sich die Minister selbst an ihren Dienstherrn und beschrieben mit markigen Worten die Konsequenzen, sollte er – der König – nicht endlich einlenken. Darüber hinaus stellten sie drei Forderungen auf: Er möge erstens die Selbstisolation aufgeben und an den Münchner Hof zurückkehren, zweitens sämtliche Baumaßnahmen aus- und radikale Einsparungen durchsetzen und drittens die Chevaulegers aus seiner Nähe entfernen.

Ludwig befand sich gerade auf Neuschwanstein, als er das Ministerschreiben erhielt. Er tobte und schrieb umgehend an Hesselschwerdt: »Dringend lege Ich Dir an das Herz, eine exemplarische Strafe für das Ministerpack Dir auszudenken. Dieses Gesindel muß für immer gezüchtigt werden. Das Pack durfte über die Sachen, die es gar nichts angehen, nichts melden. Wegjagen ist das wenigste u. die Zurücksendung des Geschreibsels durch einen Adjutanten auch. Alles dieß ist noch viel zu wenig. Als Schneiders Schand-Meldung kam, ließ Ich durch ihn dem Ministerpack verbieten, auch so zu melden. – Jetzt sind sie natürlich diese Schandminister verworfen Gar nicht regieren u. nicht leben, wäre dem vorzuziehen, wie das Pack es vorschlägt.«[97] Das Verhalten der Minister provozierte in Ludwig immer krassere Gewaltphantasien. Karl Hesselschwerdt erhielt den Auftrag, schwere Eisenketten sowie eine sogenannte neunschwänzige Katze – eine Peitsche mit neun Enden – zu besorgen und ihm direkt auszuhändigen. Offensichtlich gefiel sich Ludwig in der Vorstellung, die renitenten Beamten höchstpersönlich zu züchtigen.

Das Zerwürfnis zwischen König und Kabinett war nun so tief, dass sich sogar die Königinmutter einschaltete und die Wogen zu glätten versuchte. »In München hörte ich sagen, wie man das Alles bedauert, wie lieb Dich dort die guten Münchner haben«,[98] versicherte Marie ihrem Sohn. Die Königin versprach sogar in rührender Art, ihren sämtlichen Schmuck zu verkaufen, um so die Schulden tilgen zu helfen. Damit überschätzte sie den Wert ihrer Juwelen aber deutlich – Ludwig lehnte dankend ab.

Eine Rückkehr an den Hof und eine Erfüllung der Bedingungen kam für Ludwig keinesfalls infrage. Als ob er sein Volk bestrafen wollte, entschied er, jetzt erst recht einen Bogen um München zu machen. Ludwig war ein Getriebener, er verhielt sich irrational und realitätsfern, wie der Historiker Rupert Hacker resümierte: »Ein König, der ein solches Verhalten zeigte, konnte nicht mehr als regierungsfähig gelten.«[99] Das glaubten nun auch die Minister – irgendwann Mitte Mai 1886 fassten sie den Entschluss, die Entmachtung Ludwigs II. in die Wege zu leiten.

In der bayerischen Verfassung war dieser Schritt für den Fall vorgesehen, dass der Monarch länger als zwölf Monate an der Ausübung der Regierungsverantwortung gehindert sein würde, was sich ohne größere Probleme mittels eines ärztlichen Gutachtens nachweisen ließ. Der König sollte allerdings nicht abgesetzt oder gar entthront werden – er blieb formal also König –, sondern nur seiner Regierungsgewalt verlustig gehen, die dann ein anderer stellvertretend für ihn wahrnehmen würde. Da es um Ludwigs Bruder Otto noch viel schlimmer stand als um den König und er somit als zukünftiger Regent ausschied, fiel dieses Amt dem Onkel der beiden, Luitpold, zu. Der 65-Jährige sträubte sich zunächst vehement, als Regent zur Verfügung zu stehen, wie Baron von Bruck mit hörbarem Spott nach Wien meldete: »Prinz Luitpold fürchtet den Glanz der Krone und die damit verbundenen Verpflichtungen. Wie man mir beifügte, ist dies dahin zu verstehen, daß Prinz Luitpold fürchtet seinen Pudel nicht mehr täglich nach Nymphenburg fahren zu können und seine wöchentlichen Kegelpartien aufgeben zu müssen. – Also wieder andere neue Eigenthümlichkeiten, die unmöglich zugegeben werden könnten.«[100]

Luitpold gab seinen Widerstand erst auf, als Bernhard von Gudden Mitte Mai erneut bestätigte, dass König Ludwig »originär geistesgestört« sei. Nun lief die Maschinerie an. Zunächst wurde Otto von Bismarck in die Pläne eingeweiht. In einem langen und als »vertraulich« klassifizierten Bericht schilderte Georg von Werthern die aktuelle Lage. Interessanterweise sah er in der Schuldenkrise nur den äußeren Anlass für die Regierungsenthebung, die wahren Gründe lagen seiner Meinung nach in Ludwigs intimen Kontakten zu den Chevaulegers. Die leichten Soldaten hätten »scandalöse Details über die Person des Königs in das Publikum getragen, daß heute in den Kaffee- und Bierhäusern die Polizei die Majestätsbeleidigungen überhören muß, weil sie dieselben doch nicht würde bewältigen können«. Mit anderen Worten: Ein homosexueller König, dessen Ausschweifungen Stadtgespräch waren, war nicht tragbar. Werthern: »Hierin, weit mehr als in dem drohenden Concurs liegt die Schwierigkeit, den König zu erhalten. Der Graf Holnstein vergleicht die gegenwärtige Stimmung in der Stadt mit der zur Zeit der Lola Montez und glaubt, daß es nur eines zufälligen Anstoßes bedürfe, um öffentliche Demonstrationen hervorzurufen, die den König zur Abdankung nöthigen würden, wie es damals mit dem König Ludwig I. der Fall war.« Zuletzt fand der Gesandte noch einige freundliche Worte für Bayerns zukünftigen Regenten: »Seine Königliche Hoheit Prinz Luitpold ist kein Geistig hervorragender, aber äußerst wohlwollender Mann vom alten Schlage.« Und weiter: »München wird sich unter seiner Regentschaft befreit fühlen von einer schweren, durch ihre Dauer unerträglichen, Last und ich getraue mich vorher zu sagen, daß nicht nur in der deutschen Sache nichts geändert, sondern auch zwischen den Allerhöchsten Höfen ein herzliches Verhältniß wieder angebahnt werden wird.«[101]

Als ob Bismarck seinen langjährigen Brieffreund Ludwig ein letztes Mal warnen wollte, bat er ihn am 19. Mai eindringlich um strengste Sparsamkeit. Doch Ludwig war selbst für den Reichskanzler nicht mehr erreichbar. Während sich die Schlinge um seinen Hals langsam zuzog, erließ er unentwegt »Nero-Befehle«: »Auf das allerbestimmteste soll dem Hesselschwerdt erklärt werden, daß wenn Ich Mich bewogen finde, ihm einen Befehl zu geben, was ein Zeichen von Vertrauen, folglich eine Gnade für ihn ist, er sich niemals mehr unterstehen darf, bei Strafe Meiner vollsten Ungnade und Verachtung, das Wort ›Wunsch des Volkes‹ zu gebrauchen. Das hat ihm so eingebläut zu werden, daß es für immer fleckt und er gänzlich unterworfen Mir zu Füßen liegt.«[102]

Etwa in diesen Tagen Mitte Mai 1886 begann Max von Holnstein, im Auftrag des Prinzen Luitpold belastende Zeugenaussagen zu sammeln, auf deren Basis Bernhard von Gudden ein psychiatrisches Gutachten erstellen sollte. Viele einstige Vertraute des Königs wechselten nun plötzlich die Fronten. Zunächst sagten Karl Hesselschwerdt und Ludwigs Kammerdiener Adalbert Welker aus, einige Tage später folgten Richard Hornig, Ludwig August von Müller und Friedrich von Ziegler. Nur Flügeladjutant Alfred von Dürckheim-Montmartin sowie der einstige Hofsekretär Ludwig von Bürkel lehnten eine Stellungnahme entschieden ab.

Allen Verantwortlichen war klar, dass das anhand der Zeugenaussagen erstellte Gutachten bei der Feststellung der Regierungsunfähigkeit die alles entscheidende Rolle spielen würde. Eine ärztliche Untersuchung des Königs, die Prinz Luitpold ins Spiel gebracht hatte, wurde von Gudden von vornherein als unausführbar abgelehnt. Da der Doktor den König auch persönlich nicht wirklich kannte – er hatte Ludwig nur einmal im Januar 1874 bei einer Audienz gesprochen –, kam also lediglich eine »Ferndiagnose« infrage. An dieser Vorgehensweise hätte man auch damals Zweifel anmelden können, was Gudden insgeheim wohl bewusst war. Zur Sicherheit verpflichtete man auf seinen Vorschlag hin mit Friedrich Wilhelm Hagen, Max Hubrich sowie Guddens Schwiegersohn Hubert von Grashey drei weitere renommierte Nervenärzte. So viel geballter medizinischer Sachverstand sollte wohl alle Kritik im Keim ersticken. Doch die Herren Kollegen äußerten sich nicht individuell zur Gesundheit des Königs, sondern schlossen sich Gudden kollektiv an und unterzeichneten lediglich dessen Expertise. Ludwigs Leibärzte, die ihn teilweise seit Jahrzehnten gut kannten, wurden indes nicht gehört.

Was Bernhard von Gudden in der Nacht vom 7. auf den 8. Juni zu Papier brachte, ist von erschreckender wissenschaftlicher Dürftigkeit. Weitgehend ungegliedert und beinahe im Plauderton werden

»Des Königs Jugend beginnt zu fliehen.« Eines der letzten Photos vor seinem Tod zeigt einen stark übergewichtigen und aufgedunsenen Ludwig II.

lediglich die verschiedenen Zeugenaussagen referiert, wobei jede Art von kritischer Einordnung unterbleibt. Im Grunde hätte man kein Arzt sein müssen, um ein derartiges Dokument zu erstellen.

Man hat Gudden bereits kurze Zeit nach seinem Tod vorgeworfen, ein Erfüllungsgehilfe der Regierung gewesen zu sein. Er habe ein windiges Gutachten konstruiert, um sich bei Luitpold und insbesondere bei Johann von Lutz anzubiedern. Eine eigennützige Motivation des Doktors kann zwar nicht ausgeschlossen werden, die Wahrheit scheint jedoch viel prosaischer gewesen zu sein: Bernhard von Gudden war als Diagnostiker maßlos überschätzt und von der Aufgabe heillos überfordert. Dass sein methodisches Feingefühl so stumpf wie ein altes Messer war, wurde, wie wir gehört haben, von seinen eigenen Mitarbeitern bestätigt, die ihm attestierten, stets nur eine einzige Diagnose zu stellen – »diejenige der Paralyse« –, und die dem berühmten Arzt damit ein vernichtendes Urteil ausstellten. Gleiches trifft wohl auch in der Causa Ludwig II. zu: Gudden musste sich bei seinen Auftraggebern gar nicht einschmeicheln, da für ihn der Fall ohnehin eindeutig war – Paranoia. Insofern verwundert es kaum, dass er zu folgender Einschätzung kam: »Durch die Krankheit ist die freie Willensbestimmung Seiner Majestät vollständig ausgeschlossen, sind Allerhöchstdieselben als verhindert an der Ausübung der Regierung zu betrachten und wird diese Verhinderung nicht nur länger als ein Jahr, sondern für die ganze Lebenszeit andauern.«[103]

Max von Holnstein – dem »Rossober« – fiel bei der Durchführung des Verfahrens eine Schlüsselrolle zu, in seinen Händen liefen sämtliche Fäden zusammen. Skrupel oder gar Angst kannte er nicht: »Die Memoires von Hornig – Ziegler – Regierungsrath Müller werden so erschöpfend«, schrieb er am 4. Juni seiner Frau, »daß den Leuten die noch zweifeln – die Haare zu Berg stehen werden über diesen Grad von Krankheit. Die Sitzung gestern Abends mit Crailsheim & Gudden hat bis 10 ½ Uhr gedauert.« Ausführlich schilderte er in dem für ihn typischen Telegrammstil, wie er das weitere Vorgehen geplant hatte: »Bis Mittwoch 9ten wird die Proclamation erlassen – 10 gehen [Gustav zu] Castell – Crailsheim ich & Dr Gudden ans Hoflager – wo noch nicht Bekannt & nach Eröffnung durch Crailsheim treten wir in Function & richten den reducirten Hof ein. 16ten sind die Kammern dann einberufen – so der Schlachtplan, daß ich bis dahin noch ziemlich aufgeregt bin kannst du dir denken zurück geht es nicht mehr – nur heißt es an Alles denken, damit es keine Dummheit giebt, denn das wäre bös.«[104]

Holnstein klärte in jenen schicksalhaften Junitagen auch die Frage, wo König Ludwig in Zukunft residieren sollte. Seine Gattin ließ er wissen: »Gudden wünscht sofort eine complett eingerichtete Wohnung für Geisteskranken – als wenn man voher alle diese Vorrichtungen anbringen könnte – will sagt keine Verantwortung übernehmen – wünscht Transport nach Fürstenried – [Siegmund von] Pranckh verweigert ganz mit Recht, daß sein Prinz da ausziehen soll – zusammen ging es ohnedieß nicht – kurz im letzten Moment häufen sich die Schwierigkeiten, nicht in der Hauptsache aber in der Execution & ich sehe voraus, daß wir 10–12 Tage im Linderhof armyiren [d.h. armieren; wohl im Sinne von verschanzen] dürfen, was sich ja aushalten läßt.«[105]

Die beiden soeben zitierten Briefe aus Holnsteins Nachlass belegen eindrucksvoll, wie stark der Graf das Procedere bestimmt und gesteuert hat. Es wird aber auch klar, dass man Ludwig ursprünglich bei seinem Bruder Otto in Schloss Fürstenried unterbringen wollte, wogegen Ottos Kurator Siegmund von Pranckh sich aber aussprach. Von einer Internierung in Schloss Berg war zunächst nicht die Rede. Nicht zuletzt beweisen beide Schreiben endgültig, wie unsinnig die bis heute immer wieder geäußerten Mordvorwürfe gegen die Regierung Lutz sind. Die Minister haben der Regentschaft zwar den Weg geebnet, der Architekt der Durchführung war jedoch Max von Holnstein. Und der hatte andere Pläne, als König Ludwig II. umbringen zu lassen.

Die Staatskommission

DER 9. JUNI 1886 WAR EIN MITTWOCH. Um 12 Uhr an diesem Tag kamen die Minister unter dem Vorsitz des Prinzen Luitpold zu einer Sitzung zusammen. Johann von Lutz verlas Professor Guddens Gutachten, danach stellte man einstimmig fest, dass die Voraussetzungen zur Einsetzung der Regentschaft erfüllt seien. Der König wurde entmündigt und die Grafen Clemens zu Toerring-Jettenbach und Max von Holnstein zu seinen Kuratoren ernannt. Im Anschluss an die Dienstpflichten gönnten sich die Herren ein ausgiebiges Mittagessen.

Für den nächsten Tag war eine Proklamation in allen Zeitungen des Landes geplant, mit der Luitpold dem bayerischen Volk den Machtwechsel kundtun wollte. Zuvor musste aber noch der König selbst über die Entscheidung informiert und in ärztlichen Gewahrsam genommen werden. Zu diesem Zweck brach nach jenem Mittagessen eine sogenannte Staatskommission per Sonderzug in Richtung Neuschwanstein auf, wo Ludwig sich gerade aufhielt. Zu der Reisegruppe gehörten Minister Friedrich von Crailsheim, die Kuratoren Toerring-Jettenbach und Holnstein, Bernhard von Gudden und sein Assistent Dr. Franz Carl Müller, Ludwigs zukünftiger persönlicher Begleiter Carl Theodor von Washington, ein Protokollant sowie vier Krankenwärter. Johann von Lutz zog es vor, in München zu bleiben.

Die Menschen schliefen bereits, als das Einsatzkommando gegen Mitternacht am Schloss Hohenschwangau eintraf. Unglücklicherweise hatte der Wagen mit den Uniformkoffern Verspätung, aber da man dem König unbedingt im vollen Ornat gegenübertreten wollte, entschied man sich, nicht sofort nach Neuschwanstein hinüberzufahren, sondern erst das Eintreffen des Gepäcks abzuwarten. Ordnung muss sein. Die Herren bezogen zunächst ihre Zimmer, und da die mehrstündige Fahrt sie trotz des guten Mittagessens offensichtlich hungrig gemacht hatte, folgte ein opulentes Mitternachtsmahl. So ließ sich die Zeit trefflich überbrücken. Auf der Speisekarte standen »Consommé aux noques«, »Truites à la hollandaise«, »Poulet à la Marengo«, »Terrine de foie gras«, »Cuissot de chevreuil rôti«, »Asperges« sowie als Dessert »Crème à la vanille aux framboises«. Dazu tranken die gut ein Dutzend Personen zehn Flaschen Champagner und vierzig Glas Bier. »Ich muß offen gestehen«, schrieb Franz Carl Müller Jahre später, »daß dieses Souper unmittelbar vor dem entscheidenden Momente, sowohl wie auch die Art und der Inhalt der ganzen Unterredung einen sehr peinlichen Eindruck auf mich machte.«[106] Zweifellos: Die Teilnehmer dieses Zechgelages waren sich ihrer Sache sehr sicher. Offensichtlich glaubten sie, dass die Gefangennahme des Königs ein Kinderspiel sein würde. Verbleibende Zweifel beseitigte der Alkohol.

Nachdem man sich – vermutlich mehr als nur beschwipst – die mittlerweile eingetroffenen Uniformen angezogen hatte, begann das

Unternehmen. Was die Kommission jedoch nicht wissen konnte: Ein Kutscher hatte ihre Ankunft beobachtet und den König informiert, der nun eilig Gendarmerie aufmarschieren ließ. Als Crailsheim und seine Kollegen vor Neuschwanstein aus ihren Wagen stiegen und auf die Burg zugingen, wurden sie von den Polizisten mit Gewehren im Anschlag in Empfang genommen. Sie hätten dem König eine wichtige Mitteilung zu überbringen, erklärte der Minister in staatstragendem Tonfall, was den diensthabenden Wachmann indes nicht beeindruckte. Sie dürften niemanden durchlassen, so der Gendarm, Befehl sei Befehl.

Als ob die Situation nicht schon heikel genug gewesen wäre, tauchte plötzlich Spera von Truchseß in Begleitung zweier Freundinnen auf. Mit dem Auftritt des Damentrios wandelte sich die sonst sehr ernste Geschichte für kurze Zeit in eine Groteske. Die 46-jährige Adlige war ebenso schillernd, wie sich ihr vollständiger Name furchteinflößend lang ausnahm: Doña Esperanza (»Spera«) Felicitas Alexandra de Sarachaga y Lobanov Baronin Truchseß von Wetzhausen. Sie war die Tochter eines spanischen Diplomaten und einer russischen Prinzessin und hatte 1862 den bayerischen Politiker Friedrich Truchseß von Wetzhausen geheiratet. In München führte Madame la Baronne nun einen Salon, wo *tout Munich* sich traf. Politiker, Künstler, Schriftsteller und Mitglieder des Adels gingen bei ihr ein und aus, ihre Feste galten als legendär.

Frau Speras Ehe blieb kinderlos, was ihrer Psyche einen leichten Knacks gegeben haben soll. Das behauptete jedenfalls der stets wohl informierte Philipp zu Eulenburg, der die Baronin gut kannte. Spera war exzentrisch und hysterisch überspannt und spiegelte ihre unerfüllte mütterliche Liebe ausgerechnet auf Ludwig II. Unsterblich war sie in den König verliebt und folgte ihrem Idol auf Schritt und Tritt – heute würde man wohl von »Stalking« sprechen. Geld, um sich derartige Eskapaden leisten zu können, hatte die Truchseß jedenfalls genug. Wann immer es ging, stieg sie in Ludwigs Nähe ab, um ihm dann »zufällig« bei einem Spaziergang oder einer Ausfahrt zu begegnen. So auch in jener dramatischen Nacht auf Neuschwanstein.

Als die Baronin Bernhard von Gudden erkannte – sie soll einmal bei ihm in Behandlung gewesen sein –, ging sie auf den Doktor los, beschimpfte ihn und rief immerfort, dass sie ihren König beschützen werde. Dem Grafen Toerring-Jettenbach hielt sie in größter Verachtung vor, dass seine Kinder sich dereinst für ihn schämen würden und dergleichen mehr. Während dieser Tiraden traktierte Frau Spera ihre Gegner mit ihrem Regenschirm. Als man sie zu beruhigen versuchte, griffen ihre Freundinnen ein. Kurzum: Es herrschte ein fürchterliches Tohuwabohu. Die Gewehre der Gendarmen und die Regenschirme der drei Damen zwangen das Münchner Sonderkommando schließlich zum Rückzug. Als die Herren gegen 5.30 Uhr wieder in Hohenschwangau eintrafen, seufzte Gudden zu seinem Assistenten: »Da haben wir uns schön blamiert, es ist schrecklich.«[107] Dem mag man nicht widersprechen. Das Schlimmste stand den Möchtegern-Revoluzzern indes noch bevor.

Angesichts dieser peinlichen Schmierenkomödie fühlt man sich an zwei bitterböse Aphorismen Kurt Tucholskys erinnert. »Verärgerte Bürgerliche sind noch keine Revolutionäre«,[108] giftete er 1925 ob der Unentschlossenheit der Intellektuellen. Und über das in Reglements erstarrende, obrigkeitsstaatliche Denken der Deutschen schrieb er mit vollendetem Spott: »Die Revolution findet wegen schlechten Wetters im Saale statt.«[109] Gerade in diesem Aperçu aus dem Jahre 1928 erscheinen die Gründe für das Scheitern der Gefangennahme wie in einem Brennglas. Anstatt den König zu überrumpeln und ihn unmittelbar nach ihrer Ankunft festzusetzen, verhielten sich die Mitglieder der Staatskommission wie gewöhnliche Spießbürger: Sie warteten auf die Ankunft ihrer standesgemäßen Kleidung samt Orden und stillten derweil ihren Hunger und ihren Durst. So paradox es auch klingen mag: Ludwig II. wäre wohl nie im Starnberger See ertrunken, wenn Minister Crailsheim und seine Kollegen ihn sofort gefangen genommen hätten. Denn dann hätte man ihn nicht nach Berg, sondern – wie ursprünglich geplant – nach Linderhof gebracht.

Doch zurück zu den Ereignissen jener Morgenstunden. Ludwig orderte nun Verstärkung und ließ dazu sämtliche in der Nähe stationierten Polizisten und Feuerwehrleute anrücken. Darüber hinaus gab er den Befehl, die Kommission in Neuschwanstein einkerkern zu lassen. Die Baronin Truchseß mobilisierte währenddessen im nahen Dorf die Bevölkerung, die sich ihrerseits, mit Äxten, Knüppeln und Mistgabeln bewaffnet, auf den Weg zur Burg machte. Georg von Werthern erfuhr im Nachhinein: »Mit hochgeschwungenen Armen & den Worten: ›mein geliebter Ludwig! es gibt nur Einen rechtmäßigen König! Das sind Hochverräther & die müßt Ihr todtschlagen‹ feuerte sie den ganzen Weg zur Burg herauf die Bauern an zur Rettung des Königs.«[110] Anders als die Städter, die Ludwig im Grunde seit Jahren nicht mehr gesehen hatten, hing die Landbevölkerung an ihrem König. Die Stimmung war hochexplosiv, und es bestand die Gefahr, dass der Mob die Verhafteten attackieren könnte. Minister Crailsheim, mit dem die Baronin vor kurzem noch in großer Eintracht vierhändig Klavier gespielt hatte, musste nun fassungslos mit ansehen, wie die resolute Dame zum Lynchmord an ihm aufrief. Doch so weit kam es nicht. Die Männer wurden eilig im Torbau der Anlage in Sicherheit gebracht und dort eingesperrt. In kahlen Räumen hockend wurde ihnen langsam klar, was geschehen war. Nicht sie hatten Ludwig gefangen genommen, nein, der König hatte den Spieß umgedreht und kurzerhand die Kommission aus dem Verkehr gezogen.

Mit der fortschreitenden Ernüchterung wuchs unter den Mitgliedern der Staatskommission die Angst, zumal die diensttuenden Wachleute schlimme Andeutungen machten: Der König hatte nämlich angeordnet, die Verräter fesseln und dann bis zur Ohnmacht auspeitschen zu lassen. »Alle sehr stark schlagen lassen«, hieß es in einem Kammerbefehl. »Mit festen Stricken binden u. bis aufs Blut peitschen lassen.«[111] Angeblich soll Ludwig sogar die Weisung erteilt haben, die Gefangenen zu blenden und ihnen bei lebendigem Leib die Haut abzuziehen, wofür es allerdings keine schriftlichen Belege gibt.

Hätte der König gewöhnliche Todesurteile ausgesprochen, wären sie von der Meute zweifellos vollstreckt worden, lästerte Philipp Eulenburg. »Glücklicherweise lautete aber der Befehl, Grafen Holnstein und Minister v. Crailsheim die Augen auszustechen und sie totzuprügeln. Das mußten sich die Leute in den Kniehosen doch erst überlegen.«[112] Wie auch immer: Guddens Assistent Franz Carl

Graffito des inhaftierten Grafen Holnstein im Torbau des Schlosses Neuschwanstein, 10. Juni 1886. Vermutlich aus Langeweile ritzte der »Rossober« seinen Namen in die Wand.

Müller gestand noch Jahrzehnte später ein, dass er damals große Angst gehabt hatte. Nur Max von Holnstein machte seinem Ruf, ein alter Haudegen zu sein, alle Ehre: In voller Montur legte er sich auf eine Pritsche und hielt erst einmal ein Nickerchen.

Am Nachmittag des 10. Juni war die Kunde von Luitpolds Proklamation bis ins Allgäu vorgedrungen. Die Wachleute erkannten nun die Zeichen der Zeit und entließen Crailsheim und seine Kollegen nach mehrstündiger Haft in die Freiheit. Während die gescheiterten Helden ihre Rückreise nach München antraten, beorderte Ludwig Alfred von Dürckheim-Montmartin telegraphisch nach Neuschwanstein. Der 35-jährige Regensburger spielte in Ludwigs Hofstaat eine besondere Rolle, gehörte er doch nicht zu jenen Personen aus dem Umfeld des Königs, die sich anbiederten oder unentwegt Intrigen spannen. »In der Tat hatte Dürckheim wenig vom Höfling«, erinnerte sich ein Zeitzeuge. »Sein rotes Gesicht, sein massiger Körperbau taten seiner Erscheinung Eintrag, besonders als er noch in späteren Semestern im Schweiße seines Angesichtes den Kotillon vortanzte.«[113]

Während Ludwig anderen Männern schnell das vertraute »Du« anbot, diese Günstlinge dann aber ebenso schnell in tiefe Ungnade fielen, blieb das Verhältnis des Königs zu seinem Flügeladjutanten distanziert – aber vielleicht bestand gerade darin das Besondere ihres Miteinanders. Ludwig konnte sich Dürckheims Loyalität sicher sein, so auch am 10. Juni 1886. Am Nachmittag traf er in Neuschwanstein auf einen zwar ruhigen und gefasst wirkenden, aber völlig unentschlossenen Ludwig. »Ich machte ihm den Vorschlag«, so Dürckheim später zu Eulenburg, »sofort anspannen zu lassen und mit mir nach München zu fahren, um sich dem Volke zu zeigen; alles würde ihm zujubeln. Der König aber erklärte, daß er müde sei, daß die Luft in der Stadt ihm nicht bekäme – kurz, er wich meinen Vorschlägen aus.« Daraufhin brachte Dürckheim eine Flucht über die nahe Grenze nach Tirol ins Spiel. Neuschwanstein sei noch in seiner Hand, redete er auf den König ein, aber es bliebe nicht mehr viel Zeit, er müsse umgehend handeln. »Der König antwortete auch auf diesen Vorschlag ausweichend: ›Ich bin müde; ich kann jetzt nicht fahren; was soll ich in Tirol machen?‹«[114]

Dürckheim ließ noch einige Telegramme aufgeben, die jedoch auf Weisung der Regierung an der Telegraphenstation abgefangen wurden und ihre Empfänger nicht mehr erreichten. Nur die Depeschen an Georg Arbogast von und zu Franckenstein und Otto von Bismarck, die Dürckheim vorsichtshalber aus Reutte in Tirol kabeln ließ, kamen noch an. Fürst Bismarck hielt sich gerade auf seinem Gut Friedrichsruh auf, als ihn der Hilferuf ereilte. »Dem Reichskanzler geht die Sache sehr nahe: er bittet Sie aber, das Telegramm Dürckheims vorläufig noch nicht dem Kaiser vorzulegen«, schrieb Bismarcks Schwiegersohn Cuno zu Rantzau an das Auswärtige Amt in Berlin. Und weiter: »Wie nun, wenn er [Dürckheim] laut proclamirt, der König ist gesund: das würde doch nicht ohne Eindruck bleiben.«[115] Bismarck hatte klar erkannt, dass Dürckheim eingreifen und die Situation ändern könnte. Die bereits sicher geglaubte Entmachtung des Königs stand plötzlich auf Messers Schneide – das Spiel schien wieder offen. Die Verwirrung nahm weiter zu, als plötzlich eine Gegenproklamation die Runde machte, in der Ludwig angeblich zum Kampf gegen das Luitpold-Regime aufrief. Doch dieses dilettantisch verfasste Dokument war eine plumpe Fälschung und sollte ganz offensichtlich nur Unruhe stiften.

Bismarck telegraphierte nun an Dürckheim, Seine Majestät solle sofort nach München reisen, sich ostentativ dem Volk zeigen und somit den Allerhöchsten Machtanspruch demonstrieren. »Ich rechnete so«, erläuterte Bismarck Jahre später, »entweder ist der König gesund, dann befolgt er meinen Rat. Oder er ist wirklich verrückt, dann wird er seine Scheu vor der Öffentlichkeit nicht ablegen.« Auf den Einwand, dass Ludwig das Telegramm kaum erhalten haben dürfte, entgegnete er: »das sei wohl möglich, aber der König hätte auch ohne seinen Rat zum gleichen Entschluß gelangen können und müssen, wenn er noch die Fähigkeit hiezu besessen hätte«.

Das war typisch Bismarck, sich bis zum Schluss alle Machtoptionen offenzuhalten. Er wäre wohl bereit gewesen, König Ludwig zu unterstützen – aber Ludwig musste diesen Kampf auch wollen, das Kommando zum Angriff musste von ihm selbst ausgehen. »Der König ging nicht nach München«, resümierte Bismarck, »er kam zu keinem Entschluß, er hatte die geistige Kraft nicht mehr und ließ das Verhängnis über sich hereinbrechen.«[116]

Tod im See

»DIE CURATOREN SEINER MAJESTÄT des Königs werden ermächtigt, in Schloß Berg und Park diejenigen Maßnahmen vorzunehmen, welche auf Grund ärztlicher Anordnung für die Sicherheit und das Wohl Seiner Majestät geboten erscheinen.«[117] Mit dieser Anweisung des Prinzregenten begann nun das letzte Kapitel in König Ludwigs Leben. Nachdem die Gendarmerie in Neuschwanstein ausgetauscht und dem Grafen Dürckheim der militärische Befehl erteilt worden war, Seine Majestät zu verlassen und sich umgehend nach München zu begeben, war Ludwig im Grunde wehrlos. Luitpold und die Regierung hatten den Machtkampf gewonnen.

Man entschied nun, einen zweiten Anlauf zu unternehmen und den König von Neuschwanstein wegschaffen zu lassen. Da Bernhard von Gudden sich in Zukunft intensiv um seinen neuen Patienten kümmern wollte, plädierte er für eine Unterbringung in der Nähe seines Wirkungsortes München. So entstand die Idee, Ludwig in seinem Schloss Berg unterzubringen. Die Anlage war vergleichsweise klein und übersichtlich, ließ sich also gut bewachen, und Gudden konnte in relativ kurzer Zeit von der Innenstadt an den Starnberger See gelangen. Allerdings hatte das Arrangement auch Nachteile, wie Karl Ludwig von Bruck mit erstaunlicher Weitsicht seinen Chef in Wien wissen ließ: »Der Garten ist, gegen die Landseite zu, gut abgesperrt, gegen die Seeseite zu aber vollkommen offen, und ist da die Bewachung eine schwierige.«[118]

Am Nachmittag des 11. Juni machte sich erneut eine Delegation auf den Weg von München ins Allgäu. Dieser zweiten Kommission gehörten keine staatlichen Vertreter, sondern mit Gudden, seinem Assistenzarzt Dr. Müller sowie fünf Krankenpflegern nur noch medizinisches Fachpersonal an. Gegen Mitternacht traf die Gruppe, begleitet von einem Gendarmeriehauptmann, in Neuschwanstein ein. Dort wurden sie von einem aufgeregten Lorenz Mayr erwartet: Seine Majestät wolle sich umbringen, so der Kammerdiener, Ludwig habe Zyankali verlangt und beabsichtige, sich vom Burgturm zu stürzen. Jetzt musste alles sehr schnell gehen. Franz Carl Müller: »Der König wurde an den Armen gefaßt (Gudden hatte vom Prinzen Luitpold Generalvollmacht erhalten). Der König stieß bloß ein schmerzlich überraschtes ›Ah!‹ aus, fragte dann immer wieder: ›Ja, was soll das denn? Ja was wollen Sie denn? Lassen Sie mich doch los!‹ [..] Nun sprach Gudden: ›Majestät, es ist die traurigste Aufgabe meines Lebens, die ich übernehmen mußte, Majestät sind von vier Irrenärzten begutachtet worden, und nach deren Ausspruch hat Prinz Luitpold die Regentschaft übernommen. Ich habe den Befehl, Majestät nach Schloß Berg zu begleiten, und zwar noch in dieser Nacht. Wenn Majestät befehlen, wird der Wagen um 4 Uhr vorfahren.‹« Es entwickelte sich ein längeres Gespräch zwischen Ludwig und Gudden, in dessen Verlauf der König gefragt haben soll: »›Ja, wie können Sie mich für geisteskrank erklären, Sie haben mich ja gar nicht vorher angesehen und untersucht?‹« Darauf der Doktor: »›Majestät, das war nicht mehr notwendig, das Aktenmaterial ist sehr reichhaltig und vollkommen beweisend, es ist geradezu erdrückend.‹«[119]

Franz Carl Müller nutzte derweil die Gelegenheit und schaute sich im Schloss um, von dessen märchenhafter Schönheit er schon viel gehört hatte. Nach ein paar Schritten stand er auf einmal im königlichen Arbeitszimmer, dessen üppige Wandgemälde die Sage vom fahrenden Ritter Tannhäuser darstellen. Während Müller das Interieur bewunderte, blieben seine Blicke an dem reich verzierten Schreibtisch in der Mitte des Raumes hängen. Plötzlich entdeckte er dort ein Dokument, das ihm bekannt erschien, ja, er erkannte darauf seine eigene Unterschrift. Es war der monatliche ärztliche Bericht über Prinz Otto, den Müller am 16. Mai 1886 in seiner Funktion als Prinzenarzt für den König angefertigt hatte. Ludwig hatte in dem Bulletin ganz offenkundig gelesen, vielleicht stellten die stets traurigen Nachrichten aus Fürstenried überhaupt die letzte Lektüre seines Lebens dar. Ludwig konnte jedenfalls keinen Zweifel daran haben, was man nun mit ihm vorhatte.

Gegen vier Uhr morgens verließen Ludwig, Gudden und ihre Begleiter Neuschwanstein. Nach gut achtstündiger Fahrt – der König saß alleine in einer Kutsche, in der die inneren Türgriffe abmontiert waren –, erreichte der Tross das Schloss Berg. Als der Monarch an jenem Pfingstsamstag um kurz nach 12 Uhr das Anwesen betrat, konnte er einige bautechnische Veränderungen feststellen. Die Zimmertüren waren mittlerweile mit Gucklöchern versehen und ließen sich nur mittels eines speziellen dreikantigen Schlüssels öffnen; zwischen Ludwigs zukünftigem Wohn- und Schlafzimmer befand sich fortan der Raum für die Wärter. Beim Mittagessen erhielt er kein scharfes Messer, sondern nur ein stumpfes Obstmesser, was er zunächst nicht zu begreifen schien. Verwundert fragte er: »›Ja, das Obst kommt doch nicht am Anfang?‹«[120]

Erst langsam dämmerte Ludwig, dass er nicht mehr Herr des Geschehens war. Hatten die Diener den König in den zurückliegenden Jahren keinesfalls anschauen dürfen, wurde er nun unentwegt beobachtet. Selbst bei der Körperpflege konnte er davon ausgehen, dass ihn heimlich ein Augenpaar musterte. Man muss kein Psychologe und nicht einmal besonders sensibel sein, um zu begreifen, wie demütigend Ludwig die neue Situation empfunden haben muss.

Am folgenden Morgen – es war der Pfingstsonntag 1886 – wachte Ludwig gegen 6 Uhr auf. Noch im Bett liegend empfing er nacheinander Bernhard von Gudden und dessen Schwiegersohn Hubert von Grashey zu Gesprächen, bei denen er den Ärzten immer wieder die Frage stellte, warum sie ihn nicht vor der Abgabe ihres Gutachtens untersucht hätten. Danach kleidete er sich an, nahm das Frühstück ein und ging ab etwa 11.15 Uhr mit Gudden eine Stunde im Park spazieren. Ein Wärter folgte den beiden Männern zur Sicherheit im Abstand von rund 400 Metern. Die Unterhaltung soll laut Gudden nur aus fortgesetztem Ausfragen bestanden haben und daher recht eintönig gewesen sein. Gleichwohl war der Professor zufrieden: Der König habe sich »wunderbar gut« mit seiner neuen Lage abgefunden, sagte er zu seinem Kollegen Müller, er werde am Abend erneut mit der Majestät an die frische Luft gehen.[121]

Mittlerweile war der Stabskontrolleur Friedrich Zanders in Berg eingetroffen, um den König zu sprechen. Ludwig kannte den Hofbeamten seit vielen Jahren, gelegentlich hatte dieser diskrete Aufträge für den Monarchen erledigt. Offensichtlich sah Ludwig in Zanders seinen letzten Verbündeten. Wollte er mit ihm eine Flucht aus dem Schloss planen? Das vermutete Bernhard von Gudden, der ihm vorsichtshalber das Versprechen abnahm, den Patienten nicht aufzuregen und keinesfalls mit ihm über Fluchtmöglichkeiten oder dergleichen zu sprechen. Als Zanders dann zu Ludwig gelassen wurde, fand er ihn lebhaft, energisch und weitgehend unverändert. In der Tat soll Ludwig seinen Gast über die Art der Bewachung, die Anzahl der Gendarmen, deren Bewaffnung und dergleichen mehr ausgefragt haben. Dann schob er Zanders plötzlich in eine Fensternische, von der er glaubte, dass sie für die Wachen hinter den Gucklöchern nicht einsehbar war. Doch bevor er mit seinem Vertrauten unbeobachtet reden konnte, bat dieser um die Erlaubnis, sich zurückziehen zu dürfen. Friedrich Zanders wollte keinen Fehler begehen und fühlte sich an sein Versprechen gegenüber Bernhard von Gudden gebunden. Ludwig verstand sofort und gab ihm sichtlich enttäuscht das Zeichen seiner Entlassung.

Diese Geschichte wurde immer wieder als Indiz für Ludwigs Fluchtabsichten gedeutet. Zweifel sind indes angebracht: Einerseits hat Zanders das Gespräch frühzeitig beendet, man weiß also gar nicht, worüber Ludwig mit ihm sprechen wollte, andererseits ist der Umstand, dass der König ihm offensichtlich alle möglichen Fragen stellte, kein Beweis, dass er wirklich an einen Ausbruch dachte. Friedrich Zanders ist aber aus einem anderen Grund ein wichtiger Beobachter, denn nachdem er den König verlassen hatte, wurde er zufällig Zeuge einer merkwürdigen Unterhaltung zwischen Gudden und dessen Schwiegersohn Grashey. Zanders fand diesen Vorfall so irritierend, dass er sich kurze Zeit nach Ludwigs Tod dem einstigen Hofsekretär Ludwig von Bürkel anvertraute. Der wiederum hat als gewissenhafter Beamter eine Gesprächsnotiz angefertigt, die sich heute in Bürkels Nachlass befindet. Darin heißt es: »Zanders war im Vorzimmer als Gudden sich etwas erholte. Grashey kam zu ihm u. sprach: Aber Papa, ich finde den König nicht so schlimm; der ist meiner Meinung nach nicht unheilbar. Darauf stieß ihn Gudden mit dem Ellenbogen etwas in die Seite u. zog ihn ans Fenster, wo sie leise fortsprachen. Zanders befragte den gleichfalls anwesenden Schloßverwalter Huber, ob er dieß gehört habe; er bejate es.«[122]

Augenscheinlich waren sich die anwesenden Ärzte alles andere als einig in ihrer Prognose. Während Grashey eine Genesung des Königs inzwischen für nicht mehr ausgeschlossen hielt, lehnte Gudden – soviel ist sicher – diese Position weiterhin entschieden ab. Zur Erinnerung: Luitpold war nach dem Gesetz gewissermaßen der Stellvertreter seines Neffen, er nahm während seiner Krankheit für ihn die Regierungsgeschäfte wahr. Mit einer Gesundung des Monarchen wäre in letzter Konsequenz seine Rückkehr an die Macht verbunden gewesen. Johann von Lutz und Prinz Luitpold hatten ja anfänglich Zweifel an der Krankheit des Königs gehegt. Diese Skrupel hatte Gudden beseitigt, wie überhaupt das gesamte Verfahren zur Einsetzung der Regentschaft nur durch sein Gutachten legitimiert worden war.

Für Gudden ging es letztlich um seine Glaubwürdigkeit, um seine Reputation als angeblich berühmtester Psychiater seiner Zeit. Mit anderen Worten: Er durfte sich jetzt nicht korrigieren – für ihn musste Ludwig II. unheilbar krank sein und bleiben.

Uneinigkeit herrschte zwischen den Ärzten auch über die Art des Umgangs mit dem hohen Patienten. Nach dem üppigen Diner, zu dem Ludwig einen Becher Bier, zwei Gläser Maiwein, drei Gläser Rheinwein und zwei Gläschen Arrak – hochprozentigen Reisbranntwein – getrunken hatte, wünschte er den am Vormittag vereinbarten Spaziergang mit Gudden zu unternehmen. Der Assistenzarzt Franz Carl Müller wies einen Pfleger an, den beiden Männern in einem gewissen Abstand zu folgen, was Gudden indes ablehnte. Müller sagte seinem Chef, dass er selbst nicht die Verantwortung übernehmen und mit dem König alleine ausgehen würde. Gudden hielt derartige Bedenken wohl für kindisch – mit einem strengen »Es geht niemand mit« beendete er die Unterhaltung.[123]

Um es deutlich zu sagen: Bernhard von Gudden hätte diese Promenade niemals alleine mit Ludwig unternehmen dürfen. Sein Patient befand sich nicht nur in einer psychischen Ausnahmesituation, er war nach dem Genuss der diversen Weine und Schnäpse vermutlich merkbar angetrunken. Aus Fürsorge für den König und aus reinem Selbstschutz hätte Gudden auf einer Begleitung bestehen müssen. Dass er das nicht tat, ja dass er eine Begleitung sogar verbot, gab immer wieder Anlass zu wilden Spekulationen. War Gudden Teil eines Komplotts? Wusste der Professor etwa, dass auf dem Spaziergang etwas geschehen würde? Wollte er die Anwesenheit von Augenzeugen verhindern?

Für diese Unterstellungen existiert nicht der Hauch eines seriösen Belegs. Das Gegenteil war der Fall: Gudden hätte sich den abendlichen Ausgang gerne erspart. Gegenüber verschiedenen Personen klagte er in jenen Stunden durchaus glaubwürdig, dass die Gespräche mit Seiner Majestät – das ständige Ausfragen und Insistieren – sehr enervierend seien. Wenn Gudden trotzdem alleine und unbewacht mit Ludwig aufbrach, dann war das vielmehr Ausdruck seiner kolossalen Selbstüberschätzung, gepaart mit grober Fahrlässigkeit sowie einer großen Portion Quacksalbertums. Gudden verließ sich blind auf seine zweifellos vorhandene charismatische Ausstrahlung und auf seinen bestechenden Blick, mit dem er schon so oft seine Kranken gesteuert hatte. Dass Ludwig II. aber kein gewöhnlicher Patient war, dass er kurze Zeit zuvor eine emotionale Grenzerfahrung erlebt hatte und sich nun in einer Art Ausnahmezustand befand, dass er – der 62-jährige Doktor – dem großen und kräftigen König im Notfall nichts entgegensetzen könnte – das alles schien er nicht zu bedenken. Georg von Werthern brachte es auf den Punkt: »Erklärlich ist es nur durch Gudden's übertriebenes Vertrauen in seine moralische Gewalt über seine Kranken.«[124]

WAS NUN FOLGTE, liegt bis heute in dichtem Nebel. Sicher ist, dass König Ludwig II. und Bernhard von Gudden gegen 18.40 Uhr das Schloss verließen und in den Seeweg einbogen. Die beiden Männer wollten spätestens gegen 20 Uhr zum Souper zurück sein, doch sie tauchten nicht auf. Franz Carl Müller ärgerte sich über seinen Chef, dass er so lange mit Ludwig ausblieb, zumal das Wetter nicht gut war und es regnete. Als die Spaziergänger kurz nach acht immer noch nicht zu sehen waren, beschlich Müller und die anderen ein Gefühl der Angst. Friedrich Zanders glaubte zunächst intuitiv an eine Verschleppung, wie er Ludwig von Bürkel später gestand: Professor Gudden läge irgendwo gefesselt und geknebelt, während Richard Hornig und einige andere »den König entführt u. nach München gebracht hätten, um ihn der Bürgerschaft zu zeigen«.[125]

Müller schickte zunächst einen Gendarm los, dann noch einen und noch einen, bis gegen 20.30 Uhr nahezu das gesamte Schlosspersonal auf den Beinen war, um nach den beiden Spaziergängern zu suchen. Nach etwa zwei Stunden wurden gegen 22.30 Uhr Kleidungsstücke gefunden, wiederum dreißig Minuten später entdeckte der Suchtrupp nacheinander zwei leblose Körper im Wasser treiben – zunächst den des Königs, kurz darauf den Professor Guddens. Umgehend brachte man beide an das Ufer, wo Dr. Müller Wiederbelebungsversuche einleitete. »So viel war mir von vornherein sicher«, gab der Arzt später zu Protokoll, »daß beide schon seit Stunden tot waren, und ich machte die Wiederbelebungsversuche nur, um späteren diesbezüglichen Vorwürfen zu begegnen.«[126] Als die Stundenglocke der Starnberger Kirche Mitternacht schlug, erklärte Doktor Müller König Ludwig II. und Bernhard von Gudden für tot.

Nachleben

AM FRÜHEN MORGEN DES 14. JUNI 1886 wurde Philipp zu Eulenburg unsanft aus dem Schlaf gerissen. Er war erst wenige Tage zuvor von München zu seiner Familie an den Starnberger See gereist, wo die Eulenburgs seit 1881 regelmäßig die Sommermonate verbrachten. Philipp und seine Frau Augusta mieteten für gewöhnlich eine Villa, die ein angenehmes Ambiente und ausreichend Platz für die mittlerweile fünf Kinder bot. Im Urlaub wollte der Diplomat, von den lästigen Dienstpflichten befreit, schließlich ganz privat sein. Eulenburg hatte sich sogar mit dem örtlichen Bahnhofsinspektor Hartmann angefreundet, und auch zu der Familie des Fischers Jakob Ernst unterhielt man freundschaftliche Kontakte. Die Kinder spielten gerne gemeinsam am Ufer, während Eulenburg sich vom »Fischerjackl« über den See rudern ließ. Über zwanzig Jahre später sollte Ernst in einem Gerichtsverfahren zu Protokoll geben, dass es bei diesen Ausfahrten zu sexuellen Übergriffen gekommen sei. Damit nahm ein Skandal seinen Lauf, der das Reich erschütterte und Philipp zu Eulenburg gesellschaftlich ruinierte. Doch das ist eine andere Geschichte.

An die Nacht im Sommer 1886, in der Eulenburg so plötzlich geweckt wurde, erinnert er sich lebhaft: »Notdürftig bekleidet trat ich aus dem Schlafzimmer«, erinnert sich Eulenburg, »da die bebende Stimme Hartmanns, der mich zu sehen verlangte, einen ganz besonders ernsten Vorgang anzukündigen schien. ›Der König und Gudden sind im See ertrunken!‹ rief er mir zu.« Der Diplomat war mit einem Schlag wieder im Dienst und konnte kaum glauben, was er soeben gehört hatte. In größter Eile zog er sich an und lief zum Haus der

Familie Ernst, das sich unterhalb der Villa befand. Jakob schlief noch, doch Eulenburg klopfte laut an Fenster und Türen, und zehn Minuten später saßen die beiden Männer in einem Kahn. »Wie phantastisch war diese Fahrt im dämmernden Morgen! Nebel lagen auf dem See, kein Boot war sichtbar weit und breit – nur unser Ruderschlag war hörbar. Drüben aber lag als bläulicher dunkler Streifen der Park von Berg, aus dem der weiße Schloßturm herausragte.«[1]

Während sich Philipp zu Eulenburg dem Ufer näherte, konnte er im seichten Wasser einige Beobachtungen machen: Ein niedergedrückter Weidenbusch sowie zahlreiche Fußspuren im Sand ließen ihn glauben, dass hier ein Kampf stattgefunden haben muss. »Der König wird, nachdem er Gudden überwältigt hatte, versucht haben zu fliehen«, schrieb er an Herbert von Bismarck. »Er schwamm früher gut. Oder er hat sich ertränkt? Oder hat er Gudden von sich gestoßen und hat dieser sich, als er den König verschwinden sah, das Leben genommen? Weiß der Himmel, wie diese Tragödie zu Ende ging!«[2]

Das ist in der Tat die Frage, die bis heute nicht abschließend beantwortet werden kann. Dass König Ludwigs Geschichte ein Ende fand, das sich nicht restlos aufklären lässt, trug ganz entscheidend zur Mythenbildung bei. Wäre er an jenem 13. Juni 1886 eines – salopp gesprochen – »normalen« Todes gestorben, würde man wohl vom zu frühen Ableben eines phantasiebegabten, faszinierenden und exzentrischen, aber im Grunde gescheiterten Monarchen sprechen. Erst der Tod im See war es, der aus dem Drama eine echte Tragödie machte. Bernhard von Guddens unseriöses Gutachten, die stümperhafte Durchführung der Entmachtung, das peinliche Scheitern der Staatskommission, die Verbringung nach Berg und nicht zuletzt Guddens verantwortungsloses Verhalten am Abend des Pfingstsonntag – das alles bildete den Nährboden, auf dem die Gerüchte bis heute prächtig und überaus farbig blühen können.

WAR DER TOD ALSO EIN SCHRECKLICHER UNFALL? Hatte sich der König umgebracht? Oder wurde Ludwig II. etwa ermordet? Letzteres behauptet Peter Glowasz, der im beschaulichen Berliner Stadtteil Wilmersdorf einen nach ihm benannten Verlag betreibt. Der

1936 geborene Kaufmann bezeichnet sich selbst als »Schriftsteller, Hörbuchautor und Ludwig II.-Forscher«. In seinem fünften Buch über den bayerischen König – die Präsentation fand im Juni 2008 bezeichnenderweise in einer Berliner Seniorenresidenz statt – verspricht Glowasz, die Rätsel um das Ende im See lösen zu können. Er glaubt, dass der König bei einem Fluchtversuch hinterrücks erschossen worden sei, leider aber bleibt Glowasz sämtliche Belege schuldig. Zwar erwähnt er »wichtige Beweisstücke« – etwa die Garderobe, die Ludwig an seinem Todestag getragen haben soll –, doch muss er zugeben, dass diese Asservate gar nicht mehr existieren. Das Hemd soll 1950 im Schloss Nymphenburg verbrannt worden sein. Peter Glowasz: »Ein dort lebender Handwerksmeister war Zeuge der Verbrennung; sein noch lebender Sohn als auch eine noch lebende ehemalige Schlossbewohnerin können den Vorgang der Verbrennung in allen Einzelheiten bestätigen.«[3] Diese Anekdote besitzt indes gar keinen Aussagewert, denn niemand weiß, was dort verbrannt wurde und ob diese Kleidungsstücke (wenn es denn welche waren) wirklich Ludwig gehört haben. Glowasz beruft sich auf vermeintliche Kronzeugen, die beim näheren Hinsehen aber gar keine sind. So führt er etwa zur Untermauerung seiner steilen Thesen die mutmaßlichen Erinnerungen des Starnberger Fischers Jakob Lidl an, die allerdings in drei verschiedenen Versionen vorliegen und sich obendrein widersprechen.

Es ist immer die gleiche Masche, die die Anhänger der Mordthese bedienen: Man kennt jemanden, der hat von jemandem gehört, dass eine dritte Person eine verstorbene Tante hat, die wiederum einmal von ihrem Großonkel auf dem Sterbebett gehört hat, dass … und so weiter. Peter Glowasz betreibt Geschichte nach dem Hörensagen, wenn er rührselige Histörchen und schauerliche Räuberpistolen zu angeblichen Beweisen hochstilisiert. Das alles erzählt nichts über König Ludwigs Tod, aber viel über die Kraft der menschlichen Phantasie.

Wilhelm Wöbking, der in den 1990er Jahren leitender Oberstaatsanwalt in München war, hat den Todesfall Ludwig II. aus der Sicht eines erfahrenen Ermittlungsbeamten ausführlich untersucht. In seiner umfangreichen Dokumentation wertet er die alten Ermittlungsakten aus, er vergleicht die zahlreichen Zeugenaussagen und Spuren und rekonstruiert schließlich die Todesumstände. Wöbking hält die Mordthese für »abstruse Spekulation« und »kriminalistisch völlig unhaltbar«.[4] Um es deutlich zu sagen: Nicht nur gibt es keine Zeugen, die einen angeblichen Mord beobachtet haben könnten, es fehlt zuletzt auch jedes glaubwürdige Motiv für solch eine Tat. Weder die bayerische Regierung um Johann von Lutz noch Reichskanzler Otto von Bismarck hatten einen Grund, den bereits entmachteten Ludwig umbringen zu lassen. Man hätte sich des Königs ja auch viel früher und unter viel günstigeren Umständen entledigen können. Ich habe bei meinen ausführlichen Recherchen im Geheimen Hausarchiv und im Politischen Archiv des Auswärtigen Amtes nicht den kleinsten Anhaltspunkt gefunden, der auf eine wie auch immer geartete Verschwörung deuten könnte. Ganz im Gegenteil: Liest man die zahlreichen Telegramme und Depeschen, welche die Diplomaten und Politiker in jenen Tagen wechselten, so stößt man allenthalben auf ungläubiges Entsetzen. In München wie in Berlin wurde man von den Ereignissen völlig überrascht.

Es ließen sich einige weitere Argumente nennen, die ganz grundsätzlich gegen einen Mord sprechen. Eine Überlegung verdient dabei besondere Beachtung: An der Bergung der Leichen von Ludwig II. und Bernhard von Gudden waren gut ein Dutzend Personen direkt beteiligt. Noch am Ufer entkleideten die Helfer den König und leiteten Wiederbelebungsmaßnahmen ein. Das alles konnten die Anwesenden aus nächster Nähe beobachten. In den Stunden danach kamen weitere Zeugen – Ärzte, Diener, Beamte oder auch Neugierige wie Philipp zu Eulenburg – hinzu. Bis zum frühen Vormittag des 14. Juni 1886 haben wohl zwanzig Menschen und mehr die beiden Toten mit eigenen Augen gesehen. Keiner dieser Beobachter hat Schussverletzungen wahrgenommen oder erwähnt. Wilhelm Wöbking bringt es mit gesundem Menschenverstand auf den Punkt: »Die Annahme, man habe diesen unüberschaubaren Personenkreis wirksam – wie auch immer – zum Schweigen (über 100 Jahre!) bringen können, ist grotesk.«[5]

WAS GESCHAH NUN ALSO AM ABEND jenes 13. Juni 1886? Ludwig II. und Bernhard von Gudden verließen das Schloss gegen 18.40 Uhr, für die etwa 800 Meter bis zum Seeufer werden sie weniger als zehn Minuten benötigt haben. Etwa fünfzehn Meter von der Unglücksstelle entfernt brach Ludwig plötzlich aus dem Spaziergang aus. Wollte er fliehen? Wenn ja: wohin? In diesem Zusammenhang wird oft behauptet, Kaiserin Elisabeth, die sich zu dieser Zeit am gegenüberliegenden Seeufer in Feldafing aufhielt, habe ihrem Lieblingsverwandten zur Flucht verhelfen wollen. Auch für diese Annahme finden sich in den Archiven keinerlei Beweise. Darüber hinaus wird die psychisch schwer angeschlagene »Sisi« kaum die Kraft und Energie besessen haben, eine konzertierte Befreiungsaktion auf die Beine zu stellen.

Ebenfalls unklar ist, ob Ludwig sich wirklich das Leben nehmen wollte. Dass er bei seiner Verhaftung in Neuschwanstein von Selbstmord sprach, sagt nur wenig aus, denn das tat er, wenn er sich über etwas ärgerte, sehr häufig. Bereits im Dezember 1881 lästerte Friedrich von Ziegler in einem Brief an seinen Kollegen Bürkel, dass die Majestät zwei Stunden lang nur von Selbstmord fabuliert habe.[6] Man hielt das für eine Marotte und nahm es offensichtlich nicht sonderlich ernst.

Es spricht also einiges dafür, dass das Drama am See eine ungeplante Tat im Affekt war. Ludwig eilte jedenfalls in Richtung des Wassers, unterwegs warf er seinen Regenschirm sowie seine beiden Röcke von sich. Gudden wurde von der Aktion seines Begleiters völlig überrascht, nach einem kurzen Augenblick folgte er ihm dann aber. Was immer Ludwig vorhatte – Bernhard von Gudden wollte ihn daran hindern. Er trug die alleinige Verantwortung für den König, hatte er doch auf ein Begleitkommando ausdrücklich verzichtet. Nicht auszudenken, wenn Ludwig im Dickicht des Ufers verschwunden wäre. Für den Professor ging es also um sehr viel: Seine ärztliche Reputation und sein gesellschaftliches Ansehen standen auf dem Spiel.

Als Psychiater hatte Gudden viel Erfahrung mit renitenten Patienten. Offensichtlich glaubte er, Ludwig einfangen, überwältigen und dann zum Schloss zurückbringen zu können. Noch am Ufer kam es zu einem ersten Gerangel, doch Ludwig konnte sich wieder befreien und marschierte nun in den See. Gudden nahm umgehend die Verfolgung auf. Im seichten Wasser kam es zu einer weiteren Auseinandersetzung, in deren Verlauf Ludwig dem Arzt zunächst einen wuchtigen Faustschlag gegen den Kopf versetzte und ihn anschließend massiv würgte und wohl auch mit der Halsbinde strangulierte. Der 62-jährige Bernhard von Gudden hatte gegen den 1,91 Meter großen Ludwig keine Chance. Der Doktor wurde bewusstlos, fiel ins Wasser und ertrank. Möglicherweise drückte Ludwig seinen Gegner auch gewaltsam unter Wasser und ertränkte ihn, was sich aber nicht mit Gewissheit sagen lässt. Sicher ist: Nachdem er Gudden getötet hatte, ging Ludwig einige Meter weiter in westlicher Richtung, wo er selbst den Tod fand.[7]

Es wird immer wieder angeführt, der König sei ein guter Schwimmer gewesen, und er wäre daher wohl kaum ertrunken. Sportlich war Ludwig aber nur in seinen Jugendjahren, am Ende seines Lebens muss er mit einem Bauchumfang von 1,20 Metern und 120 Kilogramm Körpergewicht als deutlich übergewichtig bezeichnet werden. Darüber hinaus darf man nicht vergessen, dass er sich in einer psychischen Ausnahmesituation befand. Ludwig war wenige Tage zuvor entmachtet worden, er hatte in seinen Augen alles verloren, ja, sein bisheriges Leben war auf einen Schlag beendet worden. Und nun hatte er auch noch seinen Arzt in einem Zweikampf getötet! Es bedarf nicht viel Phantasie und auch keiner psychologischen Fachbildung, um die seelischen Nöte dieses Mannes zu erkennen. Ob er aber nun Selbstmord durch beispielsweise absichtlich tiefes »Verschlucken« von Wasser beging oder ob er etwa in seiner Erregung bewusstlos wurde oder gar einen Herzinfarkt erlitt und dann ertrank, bleibt für immer ein Geheimnis.

Ludwigs langjährige Brieffreundin Cosima Wagner war fest davon überzeugt, wie sich ein Bekannter erinnert, dass der Monarch Selbstmord begangen habe. »Sie sehe den König, so sagte sie mit visionärem Gesichtsausdruck, wie er mit grossen Schritten in das Wasser gegangen sei. Dabei ging sie selbst mit grossen Schritten durch das Zimmer.«[8] Otto von Bismarck zeigte sich schon aus taktischen Gründen viel zurückhaltender. Als ob er die spätere Mythenbildung vorausgesehen hätte und sie im Keim sogleich ersticken wollte, wies er sein Auswärtiges Amt an: »Accentuirung des Selbstmordes ist eine zweischneidige Maßregel und nicht geschickt. Selbstmord würde der Vermuthung Raum geben, daß der König hart behandelt worden sei. Selbst ein Angriff auf den Wärter ist bei Geisteskranken wahrscheinlicher als Selbstmord. Außerdem aber giebt es viele Möglichkeiten und Zufälle, die man amtlich bestätigt in Unbestimmtheit lässt.«[9] Was der Reichskanzler damit sagen wollte: Nichts Genaues weiß man nicht, und deshalb sollte man sich hinsichtlich der Todesumstände auch nicht festlegen.

AM TAG NACH LUDWIGS TOD ging die bayerische Krone auf seinen Bruder Otto über, was nicht anders als makaber zu bezeichnen ist. Der schwer kranke 38-Jährige wird kaum verstanden haben, was vor sich ging, als man ihn über den Tod des Bruders und die eigene Standeserhebung unterrichtete. Otto war zu diesem Zeitpunkt bereits vollständig in seiner dunklen Parallelwelt versunken. Gelegentlich lallte er, doch die meiste Zeit schwieg er und starrte ins Nichts. Dass der neue König keinen Eid leisten konnte, schien niemanden zu stören. Dabei handelte man durchaus gesetzeskonform, da Ottos Krankheit ihn nicht notwendigerweise von der Thronfolge ausschloss. Die Regentschaft, die Prinz Luitpold am 10. Juni für seinen Neffen Ludwig angetreten hatte, wurde vier Tage später für König Otto I. erneuert und fortgesetzt. Auf einen angeblich geisteskranken Monarchen folgte ein neuer, jetzt in der Tat hoffnungslos wahnsinniger König: »Wahrhaftig, ein Shakespeare hätte keinen groteskeren, schauerlicheren Abschluß für ein Königsdrama in seiner Dichterphantasie erfinden können.«[10]

IN DER NACHT VOM 14. AUF DEN 15. JUNI wurde der Leichnam Ludwigs II. von Berg nach München überführt und anschließend in der Residenzkapelle aufgebahrt. Zahlreiche silberne Kandelaber mit brennenden Kerzen flankierten den hohen Katafalk. Selbst diese letzte Inszenierung glich einem Märchen: In dem mit weißer, schwerer Atlasseide üppig ausstaffierten Sarg lag der in dem schwarzen Ornat des

Großmeisters des Hubertusordens – des Hausordens der Wittelsbacher – gehüllte Tote. In der rechten Hand hielt er ein Sträußchen mit Jasminblüten, das Kaiserin Elisabeth eigenhändig in Feldafing gepflückt haben soll. Dann erhielt das Volk die Gelegenheit, sich von seinem König zu verabschieden. Tausende Trauernde strömten zur Residenz und warteten stundenlang geduldig am Portal der Kapelle auf Einlass, um still an der Bahre vorbeidefilieren zu können.

Am Samstag, dem 19. Juni, fand die feierliche Beisetzung statt. Hatte Ludwig jahrelang mit München gehadert, bereiteten ihm die Münchner nun *pompes funèbres*. Die Stadt trug Trauer. Als sich der Kondukt um 13 Uhr in Bewegung setzte, säumte eine unüberschaubare Menschenmenge die Straßen. Sämtliche Kirchenglocken läuteten, und 101 Kanonenschüsse dröhnten durch die Stadt. Von der Hofkapelle schritt die Gemeinde durch die Residenz- und Dienerstraße über den Marienplatz und durch die Kaufingerstraße bis zur Michaelskirche, in deren Fürstengruft Ludwig seine letzte Ruhe fand.[11] Während im Gotteshaus die feierlichen Handlungen vorgenommen wurden, soll sich der Himmel über der Innenstadt verdunkelt haben. Eine Tageszeitung berichtete, dass sich plötzlich ein mächtiger Blitz entlud und in die Kirche einschlug: »Das war das himmlische Finale zu dem irdischen Trauerakte.«[12]

Doch war Ludwigs Leben wirklich nur ein Trauerspiel? Die Bilanz der 22-jährigen Regentschaft König Ludwigs II. von Bayern fällt – wie sollte es anders sein – zwiespältig aus. Politisch muss man den König wohl als gescheitert bezeichnen, vertrat er doch das Herrschaftsverständnis des französischen Absolutismus, das sich aber mit einer konstitutionellen Monarchie in der zweiten Hälfte des 19. Jahrhunderts nicht vertrug. Ludwig war ein unzeitgemäßer Herrscher, er hat im Wortsinne zur falschen Zeit gelebt. Zugleich war er der letzte bayerische Monarch, der diesen Titel überhaupt noch verdiente. Nach Ludwigs Tod führte sich die bayerische Monarchie selbst ad absurdum, indem man mit Otto einen schwer geisteskranken Mann zum Staatsoberhaupt erklärte. Die Monarchie existierte fortan nur noch als Inszenierung, als Teil der Verfassung, als bürokratische Vorschrift – gewissermaßen als bloßes Prinzip.

Zu Ludwigs feierlicher Beerdigung fanden sich zehntausende Menschen auf Münchens Straßen ein.

Auf der Habenseite von Ludwigs Bilanz steht natürlich die Förderung von Kunst und Kultur, vor allem das Verdienst, Richard Wagner »gerettet« und die Bayreuther Festspiele überhaupt erst möglich gemacht zu haben. Ob man Wagners Opern nun mag oder nicht, sicher ist, dass unsere musikalische Welt ohne das Zusammenwirken des Komponisten und seines königlichen Förderers wohl eine andere wäre. Darüber hinaus leitete Ludwig in den ersten Jahren seiner Regentschaft wichtige gesellschaftliche und wirtschaftliche Modernisierungsprozesse ein, die Bayern sukzessive veränderten. Er regte technische Innovationen an und gründete 1868 in München die Polytechnische Schule – die heutige Technische Universität –, womit er den Natur- und Ingenieurswissenschaften ein Zuhause gab. Die vielleicht wichtigste Lebensleistung war jedoch eine andere: Ludwig erhob die eigene Existenz zum Kunstwerk und stilisierte sie zum poetischen Gegenentwurf des Jetzt. Für zahllose Menschen wurde er so zu einer Identifikationsfigur und zu einer Inspirationsquelle, die bis heute sprudelt.

Ludwigs künstlerisches Nachleben begann bereits kurze Zeit nach seiner Grablegung. Am 6. Juli 1886 schrieb der französische Dichter Paul Verlaine sein berühmtes Sonett *À Louis II de Bavière*, in dem er den Verstorbenen als »einzig wahren König unserer Zeit« pries. Ludwig war für Verlaine ein Monarch, der sein Königtum der Schönheit und der Kunst gewidmet hatte. Auch Robert de Montesquiou, Stefan George, Guy de Pourtalès, Klaus Mann und Luis Cernuda, um nur einige der wichtigsten Dichter und Schriftsteller zu nennen, huldigten Ludwig im Laufe der Zeit in ihren Werken.[13] Zu Ludwigs Ehren schrieb man Volkslieder, Gedichte und Romane, komponierte Musicals und Kunstlieder und erzählte sein Leben in mehreren teils bedeutenden Spielfilmen. So unterschiedlich diese Schöpfungen auch sein mögen, zeigen sie doch eines ganz deutlich: Das Leben König Ludwigs II. ist und bleibt eine Projektionsfläche für die Wünsche vieler Menschen nach einer anderen, besseren Welt.

In gewisser Weise gilt das auch für die drei Königsschlösser Neuschwanstein, Linderhof und Herrenchiemsee, die am 1. August 1886 erstmals ihre Pforten für Besucher öffneten. Der bayerische Staat wusste mit den Phantasiebauten nichts anzufangen, und da sie sich auch nicht zur Repräsentation eigneten, kam im Grunde nur eine museale Nutzung infrage. Wenn man insgeheim gehofft hatte, das Volk durch die Zurschaustellung der »Märchenschlösser« von Ludwigs angeblicher Verrücktheit überzeugen zu können, ging dieser Schuss jedoch nach hinten los. Die ersten Gäste rieben sich verwundert die Augen und zeigten sich ob der Schönheit und Pracht der Gebäude geradezu überwältigt – seitdem sind ihnen mehr als 135 Millionen Bewunderer gefolgt. Ludwigs Schlösser haben sich für den bayerischen Tourismus als wahrer Geldsegen erwiesen. Mehr als das avancierten die Prachtbauten aber auch zu Wahrzeichen: Man mag aus Los Angeles, London oder Lübeck stammen, man mag schon einmal im Freistaat gewesen sein oder nicht – Ludwig II. und seine Schlösser stehen für Bayern.

In jenem schicksalhaften Sommer 1886 begann also Ludwigs zweites Leben, das eine einzigartige Erfolgsgeschichte wurde und ihn endgültig zum Mythos machte. Nur einem bekam das alles zunächst gar nicht gut: Prinzregent Luitpold schlug in den Tagen und Wochen nach König Ludwigs Tod viel Wut entgegen, machten ihn doch nicht wenige für das tragische Ende seines Neffen verantwortlich. Dabei unterstellte man Luitpold einen politischen Ehrgeiz, den der alte Herr nun wirklich nicht besaß. Kaiserin Elisabeth, die der Tod Ludwigs sehr mitgenommen hatte, reimte voller Abscheu:

»Seht den heuchlerischen Alten!
Drückt ihn sein Gewissen nicht?
Thut so fromm die Hände falten,
Sauersüss ist sein Gesicht.

Wie sein langer Bocksbart wackelt!
Falsch're Augen sah man nie;
Ist sein Hirn auch ganz vernagelt,
Steckt es doch voll Perfidie.

Seinen Neffen, seinen König
Stiess der tückisch von dem Thron;
Doch dies ist ihm noch zu wenig,
Säh' sich dort gern selber schon.

Könnt ihr auch noch dies ertragen
Bayerns Volk, dann seid ihr's werth,
Dass, am Pranger angeschlagen,
Ihr in Ewigkeit entehrt!

Eh' sie ihn zum König salben,
Stürzt mit donnerndem Gekrach
Wenigstens ihr, stolze Alpen,
Tötend über Bayerns Schmach!«[14]

Die Ablehnung, die Luitpold aus dem Volk erfuhr, steigerte sich in anonymen Drohbriefen mitunter bis zum Hass. »Königliche Hoheit!«, warnte eine Person mit vollendet höfischer Etikette, »Ihr Leben ist nicht sicher.«[15] Eine siebzigjährige Frau ereiferte sich derweil über den Mangel an Respekt vor dem Amt des Königs: »Der roheste Bauer wäre gegen seine Verwandten weiser, nobler u. schonender vorgegangen.«[16] Ganz besonders wüst wurde auch Johann von Lutz beschimpft. »Ihre Kinder Herr Minister Judas von Lutz, treffe der Fluch dieser That«, drohte jemand aus Würzburg, »sie sollen den Tag ihrer Geburt noch verfluchen, ihren Vater verläugnen und elend vor Ihren Augen zu Grunde gehen.«[17]

Doch mit der Zeit beruhigten sich die Gemüter, und Luitpold gelang es, durch seinen gewinnenden Charakter sowie durch sein gütiges und sprichwörtlich großväterliches Auftreten die Herzen seines Volkes zu erobern. Der ältere Herr mit dem Pudel galt als bescheiden und volkstümlich, bis ins hohe Alter bestieg er seine geliebten bayerischen Berge und ging auf die Jagd. Der Prinzregent war im Gegensatz zu König Ludwig ein Wittelsbacher zum Anfassen, der seine repräsentativen Pflichten in der Regel jovial erfüllte. Für Politik interessierte er sich indes noch weniger als sein Neffe, was den Ministern –

allen voran Johann von Lutz, der nach Ludwigs Tod weitere vier Jahre im Amt blieb – sehr zupasskam. Luitpold machte sich im Grunde selbst überflüssig, wenn er ein Amt verwaltete, das nur noch als ästhetische Kulisse existierte. Dennoch gelang es ihm, einer ganzen Epoche seinen Namen zu verleihen. Was im Sommer 1886 begann und bis zu seinem Tod im Dezember 1912 andauerte, wurde in den zurückliegenden hundert Jahren vielfach verklärt. Es ist jene legendäre »Prinzregentenzeit«, die zum Inbegriff der blau-weißen Gemütlichkeit, aber auch zum Symbol des Aufbruchs in der Kunst avancierte.

DOCH DER WEG IN DIESE GOLDENE EPOCHE war nicht leicht. Dass aller Anfang schwer ist, musste zu Beginn seiner Regentschaft auch Luitpold bitter erfahren. Gut drei Monate nach König Ludwigs Tod besuchte der Prinzregent das traditionelle Oktoberfest. Für ihn war es der erste große Auftritt seit seinem Amtsantritt, was dem Volksfest eine politische Dimension gab. Man darf vermuten, dass der alte Herr nicht frei von einer gewissen Nervosität war. Wie würden die Bayern ihren neuen Regenten begrüßen? Würde man ihn nach den heftigen Anfeindungen der letzten Wochen und Monate herzlich willkommen heißen? Philipp zu Eulenburg und die anderen Diplomaten erhielten von ihren Regierungen den Auftrag, Luitpold ganz genau zu beobachten und über die Atmosphäre auf der Theresienwiese zu informieren.

Alles verlief zunächst nach Plan, doch dann ereignete sich ein Zwischenfall, der die unbeschwerte Stimmung kippen ließ. In seinem Bericht an Prinz Wilhelm – den späteren Kaiser Wilhelm II. – erweist Eulenburg sich einmal mehr als amüsanter Briefeschreiber. Mit der für ihn eigenen Melange aus Spott und Frivolität führt er uns vor Augen, dass die hohe Politik nicht selten aus vielen kleinen und mitunter urkomischen Geschichten besteht. Ihm gebührt das Schlusswort:

»Gestern waren wir alle in großer Uniform mit dem Regenten und der gesamten königl. Familie auf dem Oktoberfest. Der Regent teilte selbst die Preise für Pferde und Rindvieh aus und alles wäre bei dem göttlichen Wetter vortrefflich verlaufen, wenn nicht eine tief erschütternde Szene die Unbefangenheit und Freude aller Festgenossen getrübt hätte. Ein junger Stier geführt von einem nacktknieigen Bergbewohner, der im Zauber des Bieres jauchzende Töne von sich ließ, glaubte, angeregt von der Musik des Leibregiments, daß nicht ein anderer Stier, sondern eine Kuh vor ihm hergeführt würde. Vor dem Zelte, vor den gesamten Prinzessinnen des Hauses stieg er zärtlich in die Höhe und weder der jauchzende Bergbewohner, noch die Peitschenhiebe entrüsteter Wächter der Ordnung vermochten während endloser, vom tausendstimmigen Jubel der Bevölkerung peinlich gefärbter Minuten, die beiden Stierkameraden voneinander zu trennen. Ich versteckte mein schamrotes Antlitz in den Federhut und die prinzeßlichen Fächer auf der ersten Reihe bildeten eine Wand. Die Unterhaltung verstummte – der Oberzeremonienmeister erhob drohend seinen Stab – alles war vergeblich. Ich fühlte allenthalben Schweißströme peinlicher Verlegenheit fließen – endlich stieg er brüllend nieder, der Störer aller Ordnung und des Anstandes. Das kommt davon, wenn man sich in großer Toilette und Uniform zur Oktoberzeit in die Nähe von Rindvieh begibt!«[18]

ANHANG

Dank

BEI MEINER ARBEIT habe ich viel Hilfe erfahren, für die ich herzlich Dank sagen möchte, insbesondere den Mitarbeiterinnen und Mitarbeitern der konsultierten Archive und Sammlungen, allen voran Archivdirektor Dr. Gerhard Immler und Archivoberinspektor Andreas Leipnitz, die mir mit großer Hilfsbereitschaft die Bestände des Geheimen Hausarchivs in München öffneten. Ein besonderer Dank gilt in diesem Zusammenhang S.K.H. Franz Herzog von Bayern, der die Benutzung der sensiblen Dokumente ausnahmslos genehmigte.

Dr. Nino Nodia stellte mir die überaus wichtigen Handschriftenbestände der Bayerischen Staatsbibliothek zur Verfügung.

Prof. Dr. Ulrich Lappenküper, Vorstand der Otto-von-Bismarck-Stiftung, half mehrfach kurzfristig mit Dokumenten aus dem Bismarck-Archiv.

Dr. Elisabeth Tworek und Frank Schmitter erschlossen mir die spannenden Nachlässe in der Monacensia.

Ich bedanke mich bei Thomas Rathnow und bei Dr. Tobias Winstel vom Siedler Verlag, bei meiner Münchner Lektorin Karen Guddas und bei Ditta Ahmadi, die in bewährter Manier Texten und Photos ihr ästhetisches Format verlieh. Barbara Wenner stand mir als Agentin mit Rat und Tat zur Seite. Stephanie Kortyla fertigte Transkriptionen schwer lesbarer Handschriften an.

Prof. Dr. Hans Förstl, Dr. Sven Hartwig, Dr. Reinhard Motz und Prof. Dr. Werner Stenzel halfen mir bei der Bewertung medizinischer Dokumente. Ihnen allen sei ausdrücklich gedankt.

Darüber hinaus möchte ich mich – aus ganz unterschiedlichen Gründen – bei Dr. Christof Botzenhart, Prof. Dr. Jens Malte Fischer,

Prof. Dr. Manfred Görtemaker, Dr. Rupert Hacker, Dorothea Hütte, Nicole und Dr. Michael Nagel, Klaus Reichold und Prof. Dr. Michael Stolleis herzlich bedanken.

Zuletzt gilt mein großer Dank meinen Eltern Ilona und Wilfried Hilmes sowie – last, but not least – Peter Franzek.

Anmerkungen

Spurensuche

1 Vgl.: Pressemitteilung der Bayerischen Schlösserverwaltung vom 27.6.2013.

2 Pressemitteilung der Bayerischen Schlösserverwaltung vom 13.5.2011.

3 Homepage: www.verband-der-koenigstreuen.de; Abruf vom 23.7.2013.

4 Ludwig Schrott, *Der Prinzregent. Ein Lebensbild aus Stimmen seiner Zeit*, München 1962, S. 119.

5 Homepage: www.guglmann.de; Abruf vom 23.7.2013.

6 Vgl. den vorzüglichen Aufsatz von Franz Merta, »Die Tagebücher König Ludwigs II. von Bayern. Überlieferung, Eigenart und Verfälschung«, in: *Zeitschrift für bayerische Landesgeschichte*, Band 53, Heft 2, München 1990, S. 319–396.

7 Edir Grein (Hrsg.), *Tagebuch-Aufzeichnungen von Ludwig II., König von Bayern*, Schaan/Liechtenstein 1925, S. VIIf.

8 Vgl.: Merta, *Die Tagebücher König Ludwigs II. von Bayern*, S. 346.

9 Johannes Haller (Hrsg.), *Aus 50 Jahren. Erinnerungen, Tagebücher und Briefe aus dem Nachlaß des Fürsten Philipp zu Eulenburg-Hertefeld*, Berlin 1923, S. 111.

Kapitel I

1 König Ludwig I., 7.6.1840, zit. nach: Heinz Gollwitzer, *Ludwig I. von Bayern. Eine politische Biographie*, München 1986, S. 827.

2 Achim Sing (Hrsg.), *Die Memoiren König Maximilians II. von Bayern 1848–1864*, München 1997, S. 129.

3 Protocoll über die Vornahme der Section des Leichnams Weiland Seiner Majestät des Königs Maximilian II. von Bayern, 11.3.1864, GHA, Hausurkunden 5868.

4 Ludwig von Bürkel, Tagebuchaufzeichnung 16.1.1883, BSB, Bürkeliana.

5 Paul Heyse, *Jugenderinnerungen und Bekenntnisse*, Berlin 1900, S. 236.

6 Kronprinz Maximilian an Prinz Adalbert, 29.8.1845, zit. nach: Gottfried von Böhm, *König Ludwig II. von Bayern. Sein Leben und seine Zeit*, Berlin 1922, S. 1.

7 Vgl.: »Mariechens Flügeladjutant«, in: *Der Spiegel*, Nr. 43/1991, S. 149.
8 Georg von Werthern an Otto von Bismarck, 29.1.1874, PAA, R2710.
9 Marie an Franz Xaver von Gietl, 13.11.1845, BSB, Fasc. germ. 209.
10 Marie an Franz Xaver von Gietl, 15.3.1846, BSB, Fasc. germ. 209.
11 Marie an Franz Xaver von Gietl, 8.4.1846, BSB, Fasc. germ. 209.
12 Franz Xaver von Gietl, Ärztliches Bulletin, undatiert [15.5.], GHA, Autographen 562.
13 Vgl.: Franz Merta, »Sibylle von Leonrod – die Meilhaus«, in: Jürgen Bialuch (Hrsg.), *Gestalten um den Märchenkönig. Biographische Skizzen*, Reutlingen 1994, S. 187–196, hier S. 196.
14 Clara Tschudi, *König Ludwig II. von Bayern*, Leipzig 1910, S. 11.
15 Vgl.: Tagesordnung für den Kronprinzen, GHA, Nachl. Pfistermeister 10.
16 Theodor Basselet de La Rosée an Ludwig, 27. 6. 1859, GHA, KA L II., Nr. 3.
17 Lew Vanderpoole, »Ludwig of Bavaria. A Personal Reminiscence«, in: Hans K. E. L. Keller (Hrsg.), *Der König. Beiträge zur Ludwigsforschung*, München 1967, S. 125.
18 Max II. an Ludwig und Otto, 29.3.1854, GHA, KA L II., Nr. 12.
19 Zit. nach: Michael Doeberl, *Entwicklungsgeschichte Bayerns*, Bd. 3, München 1931, S. 362.
20 Ludwig II. an Kronprinz Rudolf, 12.12.1875, HHSA, Selekt Kronprinz Rudolf, Karton 18.
21 Zit. nach: Doeberl, *Entwicklungsgeschichte Bayerns*, S. 362.
22 Luise von Kobell, *König Ludwig II. und die Kunst*, München 1898, S. 5.
23 Ludwig II. an Herzogin Sophie in Bayern, 16.8.1866, GHA, KA L II., Nr. 88.
24 Ludwig II. an Herzogin Sophie in Bayern, 14.8.1866, GHA, KA L II., Nr. 88.
25 Ludwig II. an Herzogin Sophie in Bayern, 25.8.1867, GHA, KA L II., Nr. 88.
26 Ludwig II. an Herzogin Sophie in Bayern, 10.3.1867, GHA, KA L II., Nr. 88.
27 Bericht des ehemaligen Kabinettssekretärs Friedrich von Ziegler, 5.6. 1886, in: *König Ludwig II. von Bayern. Krankheit, Krise und Entmachtung, Zeitschrift für bayerische Landesgeschichte*, Bd. 74, Heft 2, München 2011, S. 717.
28 Karl Kraus, *Nachts*, Leipzig 1918, S. 72.
29 Wolfgang Schmidbauer und Johannes Kemper, *Ein ewiges Rätsel will ich bleiben mir und anderen. Wie krank war Ludwig II. wirklich?*, München 1986, S. 27.

30 Vgl.: Hans Förstl, »Ludwig II. von Bayern – schizotype Persönlichkeit und frontotemporale Degeneration?«, in: *Deutsche Medizinische Wochenschrift*, Nr. 132/2007.
31 Vanderpoole, *Ludwig of Bavaria*, S. 126.
32 Vgl.: Gisela Haasen, *Hohenschwangau. Vom Zauber eines romantischen Schlosses*, München 1998.
33 Vgl.: Alice Laura Arnold, *Poetische Momente der Weltgeschichte. Die Wandbilder in Schloss Hohenschwangau*, Diss. Stuttgart 2006.
34 Ludwig an Sybilla von Leonrod, 20.6.1854, in: Gisela Haasen (Hrsg.), *Ludwig II. Briefe an seine Erzieherin*, München 1995, S. 13.
35 Ludwig an Ludwig I., 23.8.1857, in: Rupert Hacker (Hrsg.), *Ludwig II. von Bayern in Augenzeugenberichten*, München 1980, S. 27.
36 Ludwig an Ludwig I., 22.8.1861, in: Ebd.
37 Ludwig Rudolph Schaufert, *König Ludwig II. Bayerns Stolz und Bayerns Schmerz. Ein Lebensbild*, Kaiserslautern 1886, S. 8f.
38 Ludwig II. an Richard Wagner, 2.5.1870, in: *König Ludwig II. und Richard Wagner. Briefwechsel*, hrsg. vom Wittelsbacher Ausgleichs-Fonds und von Winifred Wagner, bearb. von Otto Strobel, Bd. 2, S. 305.
39 Sebastian Röckl, *Ludwig II. und Richard Wagner*, Bd. 1, München 1913, S. 23f.
40 Ludwig an Sybilla von Leonrod, 24.6.1863, in: Haasen, *Ludwig II.*, S. 36.
41 Richard Wagner, *Sämtliche Schriften und Dichtungen*, Bd. 6, Leipzig 1912, S. 281.
42 Otto von Bismarck, *Gesammelte Werke. Gedanken und Erinnerungen*, Paderborn 2012, S. 211.
43 Ludwig an Sybilla von Leonrod, 17.12.1863, in: Haasen, *Ludwig II.*, S. 40.
44 Ludwig II., Tagebuch 21.2.1864, GHA, KA L II., Nr. 66.
45 Ludwig II., Tagebuch, undatiert, GHA, KA L II., Nr. 66, S. 177–180.

Kapitel II

1 Julius Hey, *Richard Wagner als Vortragsmeister. Erinnerungen*, Leipzig 1911, S. 8.
2 Ludwig II., Tagebuch, undatiert, GHA, KA L II., Nr. 66, S. 181.
3 Ebd., S. 182f.
4 Vgl.: *Hof- und Staatshandbuch des Königreichs Bayern 1865*, München 1865.
5 Frdl. Mitteilung der Deutschen Bundesbank vom 8.4.2013.
6 Johann von Lutz an Franz von Pfistermeister, 23.10.1866, GHA, Nachl. Pfistermeister, Nr. 19.

7 Ludwig II., Tagebuch, GHA, KA L II., Nr. 68
8 Vgl.: Franz Merta, »›Gottes Licht auf Erden zu verkünden‹. Das Herrscherethos König Ludwigs II. von Bayern und die Entstehung des König-Ludwig-Kults«, in: *Zeitschrift für bayerische Landesgeschichte*, Bd. 56, München 1993, S. 725–768.
9 Ludwig II., Schwur in der Neujahrsnacht 1873, GHA, KA L II., Nr. 151.
10 Grein, *Tagebuch-Aufzeichnungen*, S. 103.
11 Ludwig II. an Kronprinz Rudolf, 9.3.1878, HHSA, Selekt Kronprinz Rudolf, Karton 18.
12 Ignaz von Döllinger an Ludwig II., undatiert [1866], KA L II., Nr. 150.
13 Johann von Lutz an Franz von Pfistermeister, 23.10.1866, GHA, Nachl. Pfistermeister, Nr. 19.
14 Ludwig II. an Sybilla von Leonrod, 11.4.1864, in: Haasen, *Ludwig II.*, S. 48.
15 Ludwig II. an Sybilla von Leonrod, 27.4.1864, in: Ebd., S. 49.
16 Vgl.: Christof Botzenhart, *»Ein Schattenkönig ohne Macht will ich nicht sein.« Die Regierungstätigkeit König Ludwigs II. von Bayern*, München 2004. S. 137.
17 Bismarck, *Gedanken und Erinnerungen*, S. 35.
18 Vgl.: Anton Memminger, *Der Bayernkönig Ludwig II.*, Würzburg 1933, S. 148.
19 Hajo Holborn (Hrsg.), *Aufzeichnungen und Erinnerungen aus dem Leben des Botschafters Joseph Maria von Radowitz*, Bd. 1, Stuttgart 1925, S. 162.
20 Gustav von Blome an Alexander von Mensdorff-Pouilly, 1.4.1865, HHSA, P.A. IV.
21 Johann von Lutz an Franz von Pfistermeister, 23.10.1866, GHA, Nachl. Pfistermeister, Nr. 19.
22 Ferdinand von Zwierzina an Friedrich von Beust, 28.9.1867, HHSA, P.A. IV.
23 Ludwig II. an Franz von Pfistermeister, 17.4.1864, GHA, Nachl. Pfistermeister, Nr. 13.
24 Ludwig II., Tagebuch, 30.4.1866, GHA, KA L II., Nr. 66, S. 222.
25 Ludwig II., Tagebuch, 3.5.1866, GHA, KA L II., Nr. 66, S. 224.
26 Richard Wagner an König Ludwig II., 3.5.1864, in: Richard Wagner, *Sämtliche Briefe*, Bd. 16, Wiesbaden 2006, S. 141.
27 Ludwig II., Tagebuch, 3.5.1866, GHA, KA L II., Nr. 66, S. 225.
28 Ludwig II., Tagebuch, 4.5.1866, GHA, KA L II., Nr. 66, S. 227.
29 Richard Wagner an Eliza Wille, 4.5.1864, in: Wagner, *Sämtliche Briefe*, Bd. 16, S. 144.
30 Ludwig II. an Richard Wagner, 5.5.1864, in: *König Ludwig II. und Richard Wagner. Briefwechsel*, Bd. 1, S. 11.

31 Frdl. Mitteilung der Deutschen Bundesbank vom 8.4.2013.
32 Ludwig von der Pfordten, Mein zweites Ministerium, autobiographische Skizze, BayHStA, Nachl. v. d. Pfordten 23.
33 Ignaz Döllinger an Charlotte von Leyden, 16.6.1864, in: Heinrich Schrörs (Hrsg.), *Ignaz Döllingers Briefe an eine junge Freundin*, Kempten 1914, S. 168.
34 Ludwig II. an Richard Wagner, 29.7.1865, in: *König Ludwig II. und Richard Wagner. Briefwechsel*, Bd. 1, S. 136.
35 Richard Wagner an Wendelin Weißheimer, 20.5.1864, in: Wagner, *Sämtliche Briefe*, Bd. 16, S. 182.
36 Ludwig II. an Richard Wagner, 30.7.1864, in: *König Ludwig II. und Richard Wagner. Briefwechsel*, Bd. 1, S. 15.
37 Ludwig II. an Richard Wagner, 8.11.1864, in: Ebd., S. 36
38 Richard Wagner an Ludwig II., 11.3.1865, in: Richard Wagner, *Sämtliche Briefe*, Bd. 17, Wiesbaden 2009, S. 95.
39 Richard Wagner an Ludwig II., 16.10.1865, in: Ebd., S. 298.
40 Verena Nägele, *Ludwig II. und Richard Wagner. Real- und kulturpolitische Konsequenzen einer ungewöhnlichen Beziehung*, Diss. Zürich 1995, S. 110.
41 Ludwig II. an Herzogin Sophie in Bayern, undatiert, GHA, KA L II., Nr. 88.
42 Peter Wapnewski, »Das Bühnenweihfestspiel«, in: Ulrich Müller und Peter Wapnewski (Hrsg.), *Richard-Wagner-Handbuch*, Stuttgart 1986, S. 341.
43 Richard Wagner, *Sämtliche Schriften und Dichtungen*, Bd. 11, Leipzig 1912, S. 396.
44 Ludwig II. an Richard Wagner, 13.9.1865, in: *König Ludwig II. und Richard Wagner. Briefwechsel*, Bd. 1, S. 181.
45 Vgl.: Grein, *Tagebuch-Aufzeichnungen*, S. 23.
46 Ludwig II. an Kronprinz Rudolf, 19.11.1877, HHSA, Selekt Kronprinz Rudolf, Karton 18.
47 Ignaz Döllinger an Charlotte von Leyden, 29.12.1864, in: Schrörs, *Ignaz Döllingers Briefe an eine junge Freundin*, S. 193f.
48 Zit. nach: Hermann Rumschöttel, *Ludwig II. von Bayern*, München 2011, S. 15f.
49 Richard Wagner an Constantin Franz, 19.3.1866, in: Richard Wagner, *Sämtliche Briefe*, Bd. 18, Wiesbaden 2008, S. 97.
50 Ludwig II. an Richard Wagner, 30.3.1867, in: *König Ludwig II. und Richard Wagner. Briefwechsel*, Bd. 2, S. 160.
51 Ludwig II. an Herzogin Sophie in Bayern, 25.3.1867, GHA, KA L II., Nr. 56.

52 Cosima Wagner, *Die Tagebücher*, Ediert und kommentiert von Martin Gregor-Dellin und Dietrich Mack, Bd. 2, 11.7.1878, München 1976–1977, S. 135.

53 Richard Wagner an Hans von Bülow, 1.6.1864, in: Wagner, *Sämtliche Briefe*, Bd. 16, S. 215.

54 Richard Wagner an König Ludwig II., Weihnachten 1864, in: Ebd., S. 374.

55 Protokoll der Vernehmung der Zeugin Anna Mrazek, Landgericht München, 20.5.1914, NAB.

56 Hans von Bülow an Joachim Raff, 29.9.1864, in: Marie von Bülow, *Hans von Bülow. Briefe*, Bd. 3, S. 602.

57 Ludwig II., Dekret vom 17.9.1864, BSB, Autogr. Cim. König Ludwig II., Nr. 92.

58 Ignaz Döllinger an Charlotte von Leyden, 29.12.1864, in: Schrörs, *Ignaz Döllingers Briefe an eine junge Freundin*, S. 194.

59 Ludwig II. an Richard Wagner, 31.12.1864, in: *König Ludwig II. und Richard Wagner. Briefwechsel*, Bd. 1, S. 44.

60 Ludwig II. an Franz von Pfistermeister, 28.5.1864, GHA, Nachl. Pfistermeister, Nr. 13.

61 Ludwig von der Pfordten an Franz von Pfistermeister, 27.5.1864, GHA, KA L II., Nr. 233.

62 Gustav von Blome an Johann Bernhard von Rechberg, 24.9.1864, HHSA, P.A. IV.

63 Ludwig II. an Sybilla von Leonrod, 19.11.1864, in: Haasen, *Ludwig II.*, S. 55.

64 Ludwig von der Pfordten, Mein zweites Ministerium, autobiographische Skizze, BayHStA, Nachl. v. d. Pfordten 23.

65 Ebd.

66 Ludwig II. an Ludwig von der Pfordten, 19.7.1865, BayHStA, Nachl. v. d. Pfordten 23.

67 Ludwig von der Pfordten, Mein zweites Ministerium, autobiographische Skizze, BayHStA, Nachl. v. d. Pfordten 23.

68 Ludwig II. an Richard Wagner, 30.1.1865, in: *König Ludwig II. und Richard Wagner. Briefwechsel*, Bd. 1, S. 52.

69 Ludwig II. an Richard Wagner, 14.2.1865, in: Ebd., S. 57.

70 *Augsburger Allgemeine Zeitung*, 19.2.1865, in: Ebd., Bd. 4, S. 49ff.

71 Peter Cornelius an Carl Hestermann, 27.2.1865, in: Peter Cornelius, *Literarische Werke. Ausgewählte Briefe nebst Tagebuchblättern und Gelegenheitsgedichten*, Bd. 2, Leipzig 1904, S. 32.

72 Vgl.: Alfred Stern, »Georg Klindworth. Ein politischer Geheimagent des neunzehnten Jahrhunderts«, in: *Historische Vierteljahresschrift*, Heft 3, Dresden 1931, S. 430–458.

73 Heinrich Friedjung, *Der Kampf um die Vorherrschaft in Deutschland 1859 bis 1866*, Bd. 2, Stuttgart 1905, S. 569f.

74 Vgl.: Ludwig II. an Sybilla von Leonrod, 14.3.1865, in: Haasen, *Ludwig II.*, S. 57.

75 Vgl.: Ludwig II. an Sybilla von Leonrod, 9.5.1865, in: Ebd., S. 58.

76 Gustav von Blome an Alexander von Mensdorff-Pouilly, 1.4.1865, HHSA, P.A. IV.

77 Gustav von Blome an Alexander von Mensdorff-Pouilly, 26.5.1865, HHSA, P.A. IV.

78 Rosalie Braun-Artaria, *Von berühmten Zeitgenossen. Erinnerungen einer Siebzigerin*, München 1918, S. 98.

79 Ludwig von der Pfordten an Franz von Pfistermeister, 28.5.1865, GHA, KA L II., Nr. 233.

80 Ludwig von der Pfordten an Franz von Pfistermeister, 5.6.1865, GHA, KA L II., Nr. 233.

81 Vgl.: Botzenhart, *Regierungstätigkeit*, S. 66.

82 Ludwig II. an Ludwig von der Pfordten, 19.7.1865, BayHStA, Nachl. v. d. Pfordten 23.

83 Ludwig von der Pfordten, Mein zweites Ministerium, autobiographische Skizze, BayHStA, Nachl. v. d. Pfordten 23.

84 Richard Wagner an Ludwig II., 20.8.1865, in: Wagner, *Sämtliche Briefe*, Bd. 17, S. 249.

85 Franz von Pfistermeister an Cosima Wagner, 20.5.1865, in: *König Ludwig II. und Richard Wagner. Briefwechsel*, Bd. 4, S. 60.

86 Peter Cornelius an Bertha Jung, 15.11.1865, in: Cornelius, *Literarische Werke*, Bd. 2, S. 295f.

87 Richard Wagner an Ludwig II., 16.10.1865, in: Wagner, *Sämtliche Briefe*, Bd. 17, S. 298.

88 Ludwig von der Pfordten an Franz von Pfistermeister, 17.10.1865, GHA, KA L II., Nr. 233.

89 Johann von Lutz an Franz von Pfistermeister, 14.11.1865, GHA, Nachl. Pfistermeister, Nr. 19.

90 »Der Volksbote für den Bürger und Landmann«, 26.11.1865, in: *König Ludwig II. und Richard Wagner. Briefwechsel*, Bd. 4, S. 106.

91 Richard Wagner an Ludwig II., 27.11.1865, in: Wagner, *Sämtliche Briefe*, Bd. 17, S. 346f.

92 Ludwig von der Pfordten an Franz von Pfistermeister, 27.11.1865, GHA, KA L II., Nr. 233.

93 Ludwig II. an Ludwig von der Pfordten, 29.11.1865, BayHStA, Nachl. v. d. Pfordten 23.

94 Ludwig von der Pfordten an Ludwig II., 1.12.1865, GHA, KA L II., Nr. 233.

95 Ludwig II. an Ludwig von der Pfordten, 7.12.1865, BayHStA, Nachl. v. d. Pfordten 77.

96 Ludwig von der Pfordten, Mein zweites Ministerium, autobiographische Skizze, BayHStA, Nachl. v. d. Pfordten 23.

97 Ludwig von der Pfordten an Ludwig II., 2.1.1866, GHA, KA L II., Nr. 233.

98 Ludwig II. an Richard Wagner, 28.1.1866, in: *König Ludwig II. und Richard Wagner. Briefwechsel*, Bd. 1, S. 291.

99 Cosima Wagner an Ludwig II., 7.6.1866, in: Martha Schad (Hrsg.), *Cosima Wagner und Ludwig II. von Bayern. Briefe, Eine erstaunliche Korrespondenz*, München 2004, S. 233.

100 Ludwig II. an Hans von Bülow, 11.6.1866, in: *König Ludwig II. und Richard Wagner. Briefwechsel*, Bd. 2, S. 54.

101 Gustav von Blome an Alexander von Mensdorff-Pouilly, 20.5.1866, HHSA, P.A. IV.

102 Otto von Bismarck an Leopold von Gerlach, 28.4.1856, in: Otto von Bismarck, *Die gesammelten Werke*, Bd. 14/1, Berlin 1933, S. 441.

103 Gustav von Blome an Alexander von Mensdorff-Pouilly, 28.3.1866, HHSA, P.A. IV.

104 Ludwig I. an Wilhelm I., 30.4.1866 [Abschrift], BayHStA, Nachl. v. d. Pfordten 66.

105 »Thronrede Sr. Majestät des Königs Ludwig II.«, in: *Die Thronreden und Adressen im bayerischen Landtag während der Zeit von 1819–1892*, München 1893, S. 49.

106 Ludwig II. an Richard Wagner, 15.5.1866, in: *König Ludwig II. und Richard Wagner. Briefwechsel*, Bd. 2, S. 34.

107 Heinrich VII. Prinz Reuß zu Köstritz an Otto von Bismarck, 16.5.1866, PAA, R2706/2707.

108 Gustav von Blome an Alexander von Mensdorff-Pouilly, 24.5.1866, HHSA, P.A. IV.

109 Sigmund von Pfeufer an Franz von Pfistermeister, 26.3.1866, GHA, Nachl. Pfistermeister, Nr. 17.

110 Gustav von Blome an Alexander von Mensdorff-Pouilly, 14.6.1866, HHSA, P.A. IV.

111 Ludwig II. an Cosima Wagner, 21.7.1866, in: Schad, *Cosima Wagner und Ludwig II.*, S. 239.

112 Winfried Baumgart (Hrsg.), *Kaiser Friedrich III. Tagebücher 1866–1888*, Paderborn 2012, S. 43 (15.8.1866).

113 Memminger, *Der Bayernkönig*, S. 151.

114 Vgl. hierzu: Jens Peter Kutz, *Vom Bruderkrieg zum casus foederis. Die Schutz- und Trutzbündnisse zwischen den süddeutschen Staaten und Preußen (1866–1870)*, Frankfurt/Main 2007.

115 Ludwig II. an Richard Wagner, 6.11.1866, in: *König Ludwig II. und Richard Wagner. Briefwechsel*, Bd. 2, S. 100f.

116 Erich Adami und Alfons Schweiggert, *König Ludwig II. Seine triumphale Reise durch Franken*, Husum 2011, S. 24.

117 Ludwig II. an Richard Wagner, 6.12.1866, in: *König Ludwig II. und Richard Wagner. Briefwechsel*, Bd. 2, S. 107.

Kapitel III

1 Braun-Artaria, *Von berühmten Zeitgenossen*, S. 102f.

2 Ignaz Döllinger an Charlotte von Leyden, 16.6.1864, in: Schrörs, *Ignaz Döllingers Briefe an eine junge Freundin*, S. 169.

3 Georg von Werthern an König Wilhelm I., 25.9.1869, PAA, R2706/2707.

4 Georg von Werthern an Otto von Bismarck, 27.2.1868, PAA, R2706/2707.

5 Karl Ludwig von Bruck an Friedrich von Beust, 20.1.1871, HHSA, P.A. IV.

6 Magnus Hirschfeld, »Das Rätsel im Leben der Herzogin Sophie von Alençon«, in: *Der Hausdoctor. Wochenschrift für naturgemäße Lebens- und Heilweisen*, Nr. 392, Berlin 1897, S. 417.

7 Ludwig II. an Ludwig von der Pfordten, 19.7.1865, BayHStA, Nachl. v. d. Pfordten 77.

8 Ludwig II. an Kronprinz Rudolf, 28.11.1875, HHSA, Selekt Kronprinz Rudolf, Karton 18.

9 Ludwig II. an Ludwig von der Pfordten, 19.7.1865, BayHStA, Nachl. v. d. Pfordten 77.

10 Ludwig II. an Maria Alexandrowna, 2.4.1869, in: Sebastian Röckl (Hrsg.), »Briefe König Ludwigs II. an die Zarin Maria Alexandrowna«, in: *Münchner Neueste Nachrichten*, 8.10.1930, Sonderbeilage.

11 Ludwig II. an Maria Alexandrowna, 12.8.1874, in: Ebd.

12 Georg von Werthern an König Wilhelm I., 28.9.1868, PAA, R2700.

13 Vgl. Lerchenfelds Personalakte im Kriegsarchiv, OP 79718.

14 Ludwig II. an Ludwig von der Pfordten, 12.12.1865, BayHStA, Nachl. v. d. Pfordten 76.

15 Josef Ludwig Craemer, *Königs-Historien. III. Theil, Residenz-Geheimnisse*, München 1896, S. 80.

16 Ludwig II., Tagebuch 25.8.1865, GHA, KA L II., Nr. 68.

17 Franz von Pfistermeister, Tagebuch, 2.12.1865, GHA, Nachl. Pfistermeister 12.

18 Eduard von Bomhard an Ludwig von der Pfordten, 14.12.1865, BayHStA, Nachl. v. d. Pfordten 76.

19 August von Eisenhart, »Nekrolog Otto Joseph Emanuel Reichsfreiherr von Lerchenfeld-Aham«, in: *Jahresbericht des historischen Vereines von Oberbayern für die Jahre 1883 und 1884*, München 1885, S. 93.

20 Eduard von Bomhard an Ludwig von der Pfordten, 14.12.1865, BayHStA, Nachl. v. d. Pfordten 76.

21 Franz von Pfistermeister, Tagebuch, 2.12.1865, GHA, Nachl. Pfistermeister 12.

22 Otto von Lerchenfeld-Aham an Ludwig von der Pfordten, 30.12.1865, BayHStA, Nachl. v. d. Pfordten 76.

23 Ludwig von der Pfordten an Otto von Lerchenfeld-Aham, 31.12.1865, BayHStA, Nachl. v. d. Pfordten 76.

24 Gustav von Blome an Alexander von Mensdorff-Pouilly, 17.12.1865, HHSA, P.A. IV.

25 »Vom lieben Reitknecht«, in: *Kladderadatsch. Humoristisch-satyrisches Wochenblatt*, 24.12.1865, S. 1.

26 Craemer, *Residenz-Geheimnisse*, S. 80f.

27 Klaus Mann, *Der Wendepunkt. Ein Lebensbericht*, Reinbek 2006, S. 457f.

28 Kaiserin Elisabeth an Kronprinz Rudolf, 31.3.1865, HHSA, Selekt Kronprinz Rudolf, Karton 18.

29 Ludwig II. an Herzogin Sophie in Bayern, 17.8.1866, GHA, KA L II., Nr. 88.

30 Ludwig II. an Herzogin Sophie in Bayern, 13.8.1866, GHA, KA L II., Nr. 88.

31 Ludwig II. an Herzogin Sophie in Bayern, 26.1.1867, GHA, KA L II., Nr. 88.

32 Ludwig II. an Herzogin Sophie in Bayern, 28.3.1867, GHA, KA L II., Nr. 88.

33 Ludwig II. an Herzogin Sophie in Bayern, 5.9.1867, GHA, KA L II., Nr. 88.

34 Carl Theodor in Bayern an Ludwig II., undatiert [Januar 1867], GHA, KA L II., Nr. 29.

35 Ludwig II. an Herzogin Sophie in Bayern, 22.1.1867, zit. nach: *Wertvolle Bücher, Manuskripte, Autographen, Graphik*, Auktionskatalog Hartung & Hartung, Auktion 53, München 1986, S. 358.

36 Alfred Mensi-Klarbach, »Unveröffentlichte Briefe R. Wagners und König Ludwigs II.«, in: *Deutsche Rundschau*, Januar 1923, S. 2.

37 Heinrich VII. Prinz Reuß zu Köstritz an Otto von Bismarck, 23.1.1867, PAA, R2706/2707.

38 Robert von Mohl, *Lebenserinnerungen*, Bd. 2, Stuttgart 1902, S. 309.

39 Ludwig II. an Herzogin Sophie in Bayern, 14.3.1867, GHA, KA L II., Nr. 88.

40 Entwurf eines Programmes zu den Vermählungs Feierlichkeiten Seiner Majestät des Königs in allgemeinen Zügen, 11.2.1867, GHA, KA L II., Nr. 56.

41 Herzogin Sophie in Bayern an Edgar Hanfstaengl, 23.7.1867, in: Heinz Gebhardt, *König Ludwig II. und seine verbrannte Braut. Unveröffentlichte Liebesbriefe Prinzessin Sophie's an Edgar Hanfstaengl*, Pfaffenhofen 1986, S. 112.

42 Herzogin Sophie in Bayern an Edgar Hanfstaengl, 13./14.8.1867, in: Ebd., S. 132.

43 *Bayerische Zeitung*, Morgen-Ausgabe, 25.9.1867, S. 1.

44 Ferdinand von Zwierzina an Friedrich von Beust, 28.9.1867, HHSA, P.A. IV.

45 Ludwig II. an Herzogin Sophie in Bayern, 7.10.1867, GHA, KA L II., Nr. 56.

46 Georg von Werthern an König Wilhelm I., 25.9.1869, PAA, R2706/2707.

47 Ludwig II. an Richard Wagner, 19.10.1867, in: *König Ludwig II. und Richard Wagner. Briefwechsel*, Bd. 2, S. 195f.

48 Kaiserin Elisabeth an Herzogin Ludovika, 19.10.1867, in: Egon Caesar Conte Corti, *Elisabeth. Die seltsame Frau*, Graz 1996, S. 169.

49 Georg von Werthern an Otto von Bismarck, 8.11.1867, PAA, R2706/2707.

50 Paul von Thurn und Taxis an Ludwig II., 7.5.1866, GHA, KA L II., Nr. 89.

51 Paul von Thurn und Taxis an Ludwig II., 8.5.1866, GHA, KA L II., Nr. 89.

52 Paul von Thurn und Taxis an Ludwig II., undatiert, GHA, KA L II., Nr. 89.

53 Paul von Thurn und Taxis an Ludwig II., 23.9.1866, GHA, KA L II., Nr. 89.

54 Ludwig II., zit. nach: Josef Ludwig Craemer, *Königs-Historien. II. Theil, König Ludwig II. und Richard Wagner*, München 1895, S. 54.

55 Johann von Lutz an Franz von Pfistermeister, 23.10.1866, GHA, Nachl. Pfistermeister, Nr. 19.

56 Vgl. seine Personalakte im Kriegsarchiv, OP 69547.

57 Ludwig II. an Herzogin Sophie in Bayern, 27.12.1866, GHA, KA L II., Nr. 88.

58 Ludwig II. an Karl Hesselschwerdt, 8.3.1866, zit. nach: Klaus Reichold, *Keinen Kuß mehr! Reinheit! Königtum! Ludwig II. von Bayern (1845–1886) und die Homosexualität*, München 2003, S. 28f.

59 Böhm, *Ludwig II.*, S. 532.

60 Ludwig II. an Karl Hesselschwerdt, undatiert, zit. nach: Robert Holzschuh (Hrsg.), *Das verlorene Paradies Ludwigs II. Die persönliche Tragödie des Märchenkönigs*, Frankfurt/Main 2001, S. 60.

61 Ludwig II. an Karl Hesselschwerdt, undatiert, zit. nach: Ebd., S. 48.

62 Ludwig II. an Karl Hesselschwerdt, undatiert, zit. nach: Ebd., S. 47.

63 Grein, *Tagebuch-Aufzeichnungen von Ludwig II.*, S. 25.

64 Ebd., S. 29.

65 Böhm, *Ludwig II.*, S. 493.

66 Richard Hornig an Ludwig II., undatiert, GHA, KA L II., Nr. 92.

67 Kobell, *Unter den vier ersten Königen Bayerns*, Bd. 2, S. 243.

68 Richard Hornig an Ludwig II., undatiert, GHA, KA L II., Nr. 92.

69 Johann Krahl an Ludwig II., 16.3.1874, GHA, KA L II., Nr. 2[illegible]4.

70 Böhm, *Ludwig II.*, S. 493.

71 Richard Hornig an Ludwig II., undatiert, GHA, KA L II., Nr. 92.

Kapitel IV

1 *Der Volksbote für den Bürger und Landmann*, 1.3.1868, S. 1.

2 Kraft zu Hohenlohe-Ingelfingen, *Aus meinem Leben*, Bd. 3, Berlin 1906, S. 369f.

3 Holborn, *Aufzeichnungen und Erinnerungen*, S. 165.

4 Georg von Werthern an Otto von Bismarck, 20.2.1868, PAA, R2706/2707.

5 Georg von Werthern an Wilhelm I., 9.7.1869, PAA, R2706/2707.

6 Georg von Werthern an Otto von Bismarck, 23.2.1869, PAA, R2701.

7 Ludwig II. an Wilhelm von Hessen-Darmstadt, 9.3.1867, in: Maria Seitz (Hrsg.), *»Hätt' ich Flügel, um mich zu Dir schwingen zu können…«, Dokumente einer lebenslangen Freundschaft. Briefwechsel zwischen König Ludwig II. von Bayern und seinem Vetter Prinz Wilhelm von Hessen-Darmstadt*, Darmstadt 2011, S. 177.

8 Ludwig II. an Kronprinz Rudolf, 14.3.1876, HHSA, Selekt Kronprinz Rudolf, Karton 18.

9 Ludwig II. an August von Eisenhart, undatiert, zit. nach: Botzenhart, *Regierungstätigkeit*, S. 101.

10 Ludwig II. an Sybilla von Leonrod, 31.3.1867, in: Haasen, *Ludwig II.*, S. 73.

11 Ludwig I. an Ludwig II., 21.11.1866, GHA, KA L II., Nr. 17.

12 Ludwig II. an Ludwig von der Pfordten, 18.6.1867, BayHStA, Nachl. v. d. Pfordten 84.

13 Friedrich Curtius (Hrsg.), *Denkwürdigkeiten des Fürsten Chlodwig zu Hohenlohe-Schillingsfürst*, Bd. 1, Stuttgart 1907, S. 414.

14 Georg von Werthern an Otto von Bismarck, 20.1.1870, PAA, R2702.

15 Georg von Werthern an Wilhelm I., 4.2.1870, PAA, R2702.

16 Friedrich Hartmannsgruber, *Die bayerische Patriotenpartei 1868–1887*, München 1986, S. 119.

17 Karl Ludwig von Bruck an Friedrich von Beust, 19.7.1870, HHSA, P.A. IV.

18 Botzenhart, *Regierungstätigkeit*, S. 119.

19 Hugo Graf Lerchenfeld-Koefering, *Erinnerungen und Denkwürdigkeiten*, Berlin 1935, S. 158.

20 Vgl.: Holnsteins Personalakte im Kriegsarchiv, OP 17362.

21 Lerchenfeld-Koefering, *Erinnerungen und Denkwürdigkeiten*, S. 158.

22 Ebd., S. 159.

23 Ludwig II. an Max von Holnstein, 5.1.1876, MSB, Ludwig II. A I/5-17.

24 Philipp zu Eulenburg, Das Ende König Ludwigs II., BLA, Rep. 37, Nr. 671, S. 51. So die handschriftliche Urfassung des Textes; in der späteren Druckfassung fehlt die zitierte Passage.

25 Philipp zu Eulenburg an Herbert von Bismarck, 26.8.1882, in: John C. G. Röhl (Hrsg.), *Philipp Eulenburgs politische Korrespondenz*, Bd. 1, Boppard 1976, S. 139.

26 Harry Graf Kessler, *Das Tagebuch. Dritter Band 1897–1905*, Stuttgart 2004, S. 548 (19.2.1903).

27 Georg von Werthern an Otto von Bismarck, 27.2.1870, PAA, R2702.

28 Karl Ludwig von Bruck an Friedrich von Beust, 9.7.1870, HHSA, P.A. IV.

29 Otto von Bismarck an Georg von Werthern, 14.7.1870, zit. nach: Michael Doeberl, *Bayern und die Bismarckische Reichsgründung*, München 1925, S. 24.

30 Karl Ludwig von Bruck an Friedrich von Beust, 14.07.1870, HHSA, P.A. IV.

31 Heinrich Otto Meisner (Hrsg.), *Kaiser Friedrich III. Das Kriegstagebuch von 1870/71*, Berlin 1926, S. 10f.

32 Ebd., S. 12.

33 Ebd., S. 11.

34 Karl Ludwig von Bruck an Friedrich von Beust, 19.7.1870, HHSA, P.A. IV.

35 Ludwig II. an Johann Krahl, 15.8.1871, BSB, Bürkeliana, Suppl. I.

36 Bericht des Stallmeisters Hornig, 4.6.1886, in: *König Ludwig II. von Bayern. Krankheit, Krise und Entmachtung*, S. 697.
37 Ludwig II. an Sybilla von Leonrod, 28.8.1870, in: Haasen, *Ludwig II.*, S. 84.
38 Ludwig II. zu Felix Dahn, zit. nach: Felix Dahn, *Erinnerungen*, Bd. 4, Teil 2, Leipzig 1895, S. 320.
39 Ludwig II. an Sybilla von Leonrod, 28.8.1870, in: Haasen, *Ludwig II.*, S. 84.
40 Karl Ludwig von Bruck an Friedrich von Beust, 8.8.1870, HHSA, P.A. IV.
41 Karl Ludwig von Bruck an Friedrich von Beust, 1.9.1870, HHSA, P.A. IV.
42 Königlich Bayerisches Kriegsministerium, Verordnungsblatt Nr. 43, München, 31.08.1870.
43 Karl Ludwig von Bruck an Friedrich von Beust, 08.08.1870, HHSA, P.A. IV.
44 Georg von Werthern, zit. nach: Rupert Hacker, »König Ludwig II., der Kaiserbrief und die ›Bismarckschen Gelder‹«, in: *Zeitschrift für bayerische Landesgeschichte*, Bd. 65, München 2002, S. 922.
45 Karl Ludwig von Bruck an Friedrich von Beust, 1.9.1870, HHSA, P.A. IV.
46 Georg von Werthern an Otto von Bismarck, 11.2.1870, PAA, R2702.
47 Georg von Werthern an Max von Holnstein, 25.8.1870, zit. nach: Botzenhart, *Regierungstätigkeit*, S. 225ff.
48 Zit. nach: Ebd., S. 186.
49 Karl Ludwig von Bruck an Friedrich von Beust, 26.9.1870, HHSA, P.A. IV.
50 Karl Ludwig von Bruck an Friedrich von Beust, 15.8.1870, HHSA, P.A. IV.
51 Vgl.: Robert Nöll von der Nahmer, *Bismarcks Reptilienfonds. Aus den Geheimakten Preußens und des Deutschen Reiches*, Mainz 1968, S. 57f.
52 Vgl.: Karl Ludwig von Bruck an Friedrich von Beust, 9.7.1870, HHSA, P.A. IV.
53 Vgl.: Ludwig II. an Prinz Luitpold, 1.10.1870, zit. nach: Botzenhart, *Regierungstätigkeit*, S. 188.
54 Georg von Werthern, 20.10.1870, zit. nach: Hacker, »König Ludwig II., der Kaiserbrief und die ›Bismarckschen Gelder‹«, S. 928.
55 *Berliner Börsen-Zeitung*, Morgenausgabe, 16.11.1870.
56 *Süddeutsche Presse*, 16.11.1870.
57 Karl Ludwig von Bruck an Friedrich von Beust, 6.11.1870, HHSA, P.A. IV.

58 Georg von Werthern, 19.11.1870, zit. nach: Hacker, »König Ludwig II., der Kaiserbrief und die ›Bismarckschen Gelder‹«, S. 932f.
59 Georg von Werthern an Otto von Bismarck, 19.11.1870, zit. nach: Ebd., S. 912.
60 Georg von Werthern an Otto von Bismarck, 23.2.1871, PAA, R2703.
61 Moritz Busch, *Bismarcks große Tage. Ein Chronist erlebt die Reichsgründung*, Leoni am Starnberger See 1970, S. 172.
62 Robert von Keudell an Hedwig von Keudell, 24.11.1870, GSA, Nachl. Keudell.
63 Lerchenfeld-Koefering, *Erinnerungen und Denkwürdigkeiten*, S. 77.
64 Luise von Kobell, *König Ludwig II. und Fürst Bismarck im Jahre 1870*, Leipzig 1899, S. 39.
65 Gesprächsaufzeichnung August zu Eulenburg, 25.4.1876, in: Meisner, *Kaiser Friedrich III. Das Kriegstagebuch*, S. 467.
66 Max von Holnstein an Maximiliane von Holnstein, 12.12.1870, MSB, Nachl. Holnstein.
67 August von Eisenhart an Ludwig von der Pfordten, 2.12.1870, BayHStA, Nachl. v. d. Pfordten 87.
68 Ludwig von der Pfordten an August von Eisenhart, 4.12.1870, BayHStA, Nachl. v. d. Pfordten 87.
69 Otto an Ludwig II., 2.2.1871, GHA, KA L II., Nr. 14.
70 Ludwig II. an Therese von Gasser, 28.1.1871, BSB, Ana 346.
71 Ludwig II. an Therese von Gasser, 26.3.1871, BSB, Ana 346.
72 Karl Ludwig von Bruck an Friedrich von Beust, 22.2.1871, HHSA, P.A. IV.
73 Georg von Werthern an Otto von Bismarck, 18.2.1871, PAA, R2703.
74 Georg von Werthern an Otto von Bismarck, 18.2.1871, PAA, R2703.
75 Georg von Werthern, 17.2.1871, zit. nach: Hacker, »König Ludwig II., der Kaiserbrief und die ›Bismarckschen Gelder‹«, S. 960.
76 Vgl.: Karl Ludwig von Bruck an Friedrich von Beust, 27.3.1871, HHSA, P.A. IV.
77 Max von Holnstein an Maximiliane von Holnstein, undatiert [27.3.1871], MSB, Nachl. Holnstein.
78 Frdl. Mitteilung der Deutschen Bundesbank vom 8.4.2013.
79 Max von Holnstein an Joseph Maria von Radowitz, 1.2.1877, PAA, R2716.
80 Vgl.: Hacker, »König Ludwig II., der Kaiserbrief und die ›Bismarckschen Gelder‹«, S. 969ff.
81 Vgl.: Botzenhart, *Regierungstätigkeit*, S. 194.
82 Frdl. Mitteilung der Deutschen Bundesbank vom 8.4.2013.
83 Philipp Pfister an Franz von Rottenburg, 1.6.1884, PAA, Asservat 34.

84 Philipp zu Eulenburg, Das Ende König Ludwigs II., BLA, Rep. 37, Nr. 671, S. 51. So die handschriftliche Urfassung des Textes; in der späteren Druckfassung fehlt die zitierte Passage.

85 Philipp zu Eulenburg an Kaiser Wilhelm II., 19.3.1892, GHA, Autographen 552.

86 Vgl.: Hacker, »König Ludwig II., der Kaiserbrief und die ›Bismarckschen Gelder‹«, S. 976.

87 Ich danke Herrn Prof. Dr. Michael Stolleis für wertvolle Hinweise.

88 Max von Holnstein an Richard Hornig, 16.6.1878, GHA, Autographen 561.

89 Philipp zu Eulenburg an Herbert von Bismarck, 15.12.1881, in: Röhl, *Philipp Eulenburgs politische Korrespondenz*, Bd. 1, S. 136.

90 Vgl.: Hacker, »König Ludwig II., der Kaiserbrief und die ›Bismarckschen Gelder‹«, S. 975.

91 Richard Hornig an Ludwig von Bürkel, 25.1.1878, BSB, Bürkeliana, Suppl. II.

Kapitel V

1 Ludwig II. an Therese von Gasser, 28.1.1871, BSB, Ana 346.

2 Huldigungsgedicht für Kaiser Wilhelm I., undatiert, GSA, Nachl. Keudell.

3 Theodor Fontane, »Einzug 16. Juni 1871«, in: Theodor Fontane, *Balladen und Gedichte*, München 1962, S. 240.

4 Ludwig II. an Sybilla von Leonrod, 24.3.1871, in: Haasen, *Ludwig II.*, S. 88.

5 Meisner, *Kaiser Friedrich III. Das Kriegstagebuch*, S. 427.

6 Egon von den Brincken an Otto von Bismarck, 19.7.1871, PAA, R2703.

7 Meisner, *Kaiser Friedrich III. Das Kriegstagebuch*, S. 428.

8 Egon von den Brincken an Otto von Bismarck, 23.7.1871, PAA, R2703.

9 Ludwig II. an Therese von Gasser, 26.3.1871, BSB, Ana 346.

10 Ludwig II. an Therese von Gasser, 26.3.1871, BSB, Ana 346.

11 Memminger, *Der Bayernkönig*, S. 158f.

12 August von Eisenhart an Georg von Werthern, 10.2.1871, GSA, Nachl. Keudell.

13 Georg von Werthern an Otto von Bismarck, 12.2.1871, GSA, Nachl. Keudell.

14 Ritter von Jäger an Julius Graf Andrássy, 5.9.1873, HHSA, P.A. IV.

15 Ludwig II. an Sybilla von Leonrod, 16.7.1874, in: Haasen, *Ludwig II.*, S. 91.

16 Georg von Werthern an Otto von Bismarck, 23.3.1877, PAA, R2716.

17 Vgl.: Ludwig II. an N.N., 24.3.1881, GHA, MKH 200.

18 Bismarck, *Gedanken und Erinnerungen*, S. 211.
19 Ludwig II. an Otto von Bismarck, 1.4.1878, PAA, R2715.
20 Otto von Bismarck an Ludwig II., 1.4.1878, PAA, R2715.
21 Vgl.: Karl Möckl, »Der ›unvollendete‹ Föderalismus des zweiten deutschen Kaiserreiches«, in: John C. G. Röhl (Hrsg.), *Der Ort Kaiser Wilhelms II. in der deutschen Geschichte*, München 1991, S. 71–76.
22 Rudolf Vierhaus (Hrsg.), *Das Tagebuch der Baronin Spitzemberg. Aufzeichnungen aus der Hofgesellschaft des Hohenzollernreiches*, Göttingen 1989, S. 210.
23 Ludwig II. an Otto von Bismarck, 1.4.1878, PAA, R2715.
24 Haller, *Aus 50 Jahren*, S. 130.
25 Vgl.: Dieter Albrecht, »König Ludwig II. von Bayern und Bismarck«, in: *Historische Zeitschrift*, Bd. 270 (2000), S. 46.
26 Ernst Feder (Hrsg.), *Bismarcks großes Spiel. Die geheimen Tagebücher Ludwig Bambergers*, Frankfurt/Main 1932, S. 239.
27 Ludwig II. an Johann Krahl, undatiert, BSB, Bürkeliana, Suppl. I.
28 Ludwig II., Memorandum, 30.8.1869, BayHStA, MA 99733.
29 Wilhelm Reisenegger an das Königliche Regiments-Commando, 23.9.1869, KRA, OP 21783.
30 Vgl.: Wilhelm Reisenegger an den bayerischen Konsul in Chicago, 26.7.1871, BayHStA, MA 99733.
31 Vgl.: Botzenhart, *Regierungstätigkeit*, S. 50ff. sowie S. 207f.
32 Frühwein an Richard Hornig, 6.11.1869, GHA, KA L II., Nr. 243.
33 Ludwig II. an Johann Krahl, 15. 8. 1871, BSB, Bürkeliana, Suppl. I.
34 Ludwig II. an Johann Krahl, 5. 10. 1871, BSB, Bürkeliana, Suppl. I.
35 Vgl.: Administration, 12.2.1872, KRA, OP 71772.
36 Ärztliches Gutachten, 22.1.1872, KRA, OP 71772.
37 Johann Krahl an Ludwig II., 8.1.1875, GHA, KA L II., Nr. 244.
38 Richard Hornig an Ludwig II., undatiert, GHA, KA L II., Nr. 244.
39 Johann Krahl an Ludwig II., 8.1.1875, GHA, KA L II., Nr. 244.
40 Vgl.: Georg von Werthern an Herbert von Bismarck, 27.4.1883, OBS, B 124/1.
41 Wilhelm Krane an Ludwig II., undatiert, GHA, KA L II., Nr. 243.
42 So in einer Aktennotiz von Ludwig von Bürkel, 10.2.1883, BSB, Bürkeliana, Suppl. III.
43 Marie Krahl an Ludwig von Bürkel, 21.2.1878, GHA, KA L II., Nr. 242.
44 Franz von Löher an Ludwig II., 2.8.1873, GHA, KA L II., Nr. 236.
45 Johann Krahl an Ludwig II., 9.6.1874, GHA, KA L II., Nr. 238.
46 Vgl.: Botzenhart, *Regierungstätigkeit*, S. 212–218.
47 Johann Krahl an Alfons XII., Februar 1875, Abschrift, GHA, KA L II., Nr. 238.

48 Ludwig von Bürkel an Ludwig II., Briefentwurf, 13.11.1879, BSB, Bürkeliana 21.

49 Friedrich von Ziegler an Ludwig von Bürkel, 18.8.1882, BSB, Bürkeliana 38.

50 Vgl.: Karl August von Solbrig, Ärztliches Bulletin, 14.6.1886, GHA, MKH 197.

51 Georg von Werthern an Otto von Bismarck, 10.4.1870, PAA, R2706/2707.

52 Protocoll über die Section Ihrer Königlichen Hoheit Princeß Alexandra von Bayern, 9.5.1875, GHA, Hausurkunden 5758.

53 Georg von Werthern an Otto von Bismarck, 20.5.1870, PAA, R2706/2707.

54 Meisner, *Kaiser Friedrich III. Das Kriegstagebuch*, S. 192.

55 Ludwig II. an Sybilla von Leonrod, 6.1.1871, in: Haasen, *Ludwig II.*, S. 85.

56 Vgl.: IV. Ärztliches Consilium, 18.11.1871, GHA, KA L II., Nr. 62.

57 Georg von Werthern an Otto von Bismarck, 5.6.1871, PAA, R2706/2707.

58 Franz Xaver von Gietl an August von Eisenhart, 13.1.1872, GHA, KA L II., Nr. 62.

59 Vgl.: Heinz Häfner, *Ein König wird beseitigt. Ludwig II. von Bayern*, München 2008, S. 343ff.

60 Als Ursache wird eine »jahrelange krankhafte Zurückhaltung des Darminhaltes« genannt. Vgl.: Kurzer Bericht über das Ergebnis der Obduktion S. Majestät des Königs Otto von Bayern, GHA, Hausurkunden Nr. 5980.

61 Walther Spielmeyer, Bericht über die mikroskopische Untersuchung des Gehirns Weiland Seiner Majestät des Königs Otto von Bayern, GHA, Hausurkunden Nr. 5980.

62 Georg von Werthern an Otto von Bismarck, 30.12.1871, PAA, R2706/2707.

63 Otto an Ludwig II., 4.3.1872, GHA, KA L II., Nr. 62.

64 Ludwig II. an Otto, 29.9.1875, BSB, Autogr. Cim. König Ludwig II., Nr. 90.

65 Ludwig II. an Kronprinz Rudolf, 30.12.1875, HHSA, Selekt Kronprinz Rudolf, Karton 18.

66 Zu Leben und Wirken Guddens: Hanns Hippius und Reinhard Steinberg (Hrsg.), *Bernhard von Gudden*, Heidelberg 2007.

67 Emil Kraepelin, *Lebenserinnerungen*, Berlin 1983, S. 15.

68 Vgl.: Wolfgang Gudden, *Bernhard von Gudden. Leben und Werk*, Diss. München 1987, S. 117f.

69 Georg von Werthern an Otto von Bismarck, 12.11.1872, PAA, R2706/2707.
70 Vorfall in der Frauenkirche betreffend, 27.5.1875, GHA, KA L II., Nr. 62.
71 Notizzettel, undatiert, GHA, KA L II., Nr. 62.
72 Ludwig II. an Therese von Gasser, 25.3.1878, BSB, Ana 346 B.I.5.c.
73 Vgl.: Bericht über das Befinden Seiner Königlichen Hoheit des Prinzen Otto von Bayern, GHA, MKH 195.
74 Dekret vom 16.3.1878, BSB, Autogr. Cim. König Ludwig II., Nr. 34.
75 Königliches Familienstatut, IV. Titel, § 3, zit. nach: Cajetan von Aretin, *Die Erbschaft des Königs Otto von Bayern. Höfische Politik und Wittelsbacher Vermögensrechte 1916–1923*, München 2006, S. 326.
76 Ludwig II. an Otto, 16.3.1878, BSB, Autogr. Cim. König Ludwig II., Nr. 33.
77 Ludwig II. an Kronprinz Rudolf, 9.3.1878, HHSA, Selekt Kronprinz Rudolf, Karton 18.
78 Theodor Hierneis, *König Ludwig II. speist. Erinnerungen seines Hofkochs Theodor Hierneis*, München 2010, S. 67.
79 Otto an Ludwig II., 23.8.1878, GHA, KA L II., Nr. 14.
80 Johann Krahl an Ludwig II., 4.5.1874, GHA, KA L II., Nr. 87.
81 Vgl.: Hermann Rohleder, *Die Masturbation. Eine Monographie für Ärzte und Pädagogen*, Berlin 1899.
82 Ebd., S. 187 f.
83 »Onanie«, in: *Brockhaus' Conversations-Lexikon*, 12. Auflage, Bd. 11, Leipzig 1878.
84 Bericht des ehemaligen Kabinettssekretärs Friedrich von Ziegler, 5.6.1886, in: *König Ludwig II. von Bayern. Krankheit, Krise und Entmachtung*, S. 719.
85 Johann Krahl an Ludwig II., 4.5.1874, GHA, KA L II., Nr. 87.
86 Richard Hornig an Ludwig II., 4.8.1879, GHA, KA L II., Nr. 87.
87 Rohleder, *Die Masturbation*, S. 305.
88 Richard Hornig an Ludwig II., 4.8.1879, GHA, KA L II., Nr. 87.
89 Rohleder, *Die Masturbation*, S. 306.
90 Louis Lewin, *Die Nebenwirkungen der Arzneimittel. Pharmakologisch-klinisches Handbuch*, Berlin 1893, S. 188f.
91 Vgl.: Reinhard Lydtin, *Über Bromismus*, Diss. Freiburg i. Br. 1906 sowie Harry Schabelitz, *Experimente und Selbstbeobachtungen im Bromismus*, Diss. Zürich 1915.
92 Lorenz Mayr an Richard Hornig, 13.9.1883, BSB, Fasc. germ. 45.
93 Richard Hornig an Ludwig II., 20.5.1885, GHA, KA L II., Nr. 281.
94 Dr. Rose an Richard Hornig, undatiert, GHA, KA L II., Nr. 87.

95 Wilhelm Winternitz, *Die Hydrotherapie auf physiologischer und klinischer Grundlage*, Bd. 1, Wien 1890, S. 463.

Kapitel VI

1 *Der Spiegel*, Nr. 36/1968, S. 149.

2 Vgl.: Michael Petzet, »›König Ludwig und die Kunst‹. Rückblick auf eine Apotheose des bayerischen Märchenkönigs im Jahre 1968«, in: Peter Wolf et. al. (Hrsg.), *Götterdämmerung. König Ludwig II. und seine Zeit, Aufsätze zur Bayerischen Landesausstellung 2011*, Darmstadt 2011, S. 257–263.

3 Hans Mayer, *Außenseiter*, Frankfurt/Main 1976, S. 250.

4 Ebd., S. 258.

5 Ludwig II. an Lorenz von Düfflipp, 9.12.1867, in: *König Ludwig II. und Richard Wagner. Briefwechsel*, Bd. 5, S. 49.

6 Hans von Bülow an Carl Bechstein, 16.2.1867, in: Richard Graf Du Moulin Eckart (Hrsg.), *Hans von Bülow. Neue Briefe*, München 1927, S. 217 f.

7 Ludwig II. an Lorenz von Düfflipp, 13.12.1867, in: *König Ludwig II. und Richard Wagner. Briefwechsel*, Bd. 5, S. 49.

8 Ferdinand Graf Trauttmansdorff an Friedrich von Beust, 25.6.1868, HHSA, P.A. IV.

9 Ludwig II. an Richard Wagner, 25.7.1868, in: *König Ludwig II. und Richard Wagner. Briefwechsel*, Bd. 2, S. 239.

10 Cosima Wagner, Tgb. I, 16.7.1869, S. 129.

11 Ludwig II. an Lorenz von Düfflipp, 29.8.1869, in: *König Ludwig II. und Richard Wagner. Briefwechsel*, Bd. 5, S. 97.

12 Ludwig II. an Lorenz von Düfflipp, 30.8.1869, in: Ebd., S. 101.

13 Ludwig II. an Lorenz von Düfflipp, 31.8.1869, in: Ebd., S. 102.

14 Ludwig II. an Franz Seraph von Pfistermeister, 2.9.1869, in: *König Ludwig II. und Richard Wagner. Briefwechsel*, Bd. 2, S. 287.

15 Ludwig II. an Richard Wagner, 22.10.1869, in: Ebd., S. 288.

16 Richard Wagner an Ludwig II., 1.11.1869, in: Ebd.

17 Richard Wagner an Ludwig II., 20.11.1869, in: Ebd., S. 292.

18 Cosima Wagner, Tgb. I, 25.10.1869, S. 162.

19 Cosima Wagner, Tgb. I, 17.3.1869, S. 72f.

20 Cosima Wagner, Tgb. I, 5.11.1869, S. 167.

21 Richard Wagner an Ludwig II., 1.3.1871, in: *König Ludwig II. und Richard Wagner. Briefwechsel*, Bd. 2, S. 319f.

22 Lorenz von Düfflipp an Richard Wagner, 24.9.1873, in: *König Ludwig II. und Richard Wagner. Briefwechsel*, Bd. 4, S. 211.

23 Cosima Wagner, Tgb. I, 22.11.1873, S. 754.

24 Ludwig II. an Richard Wagner, 25.1.1874, in: *König Ludwig II. und Richard Wagner. Briefwechsel*, Bd. 3, S. 29.
25 Vgl.: Cosima Wagner, Tgb. I, 5.8.1876, S. 998.
26 Cosima Wagner, Tgb. I, 7.8.1876, S. 998.
27 Böhm, *Ludwig II.*, S. 313.
28 Vgl.: Ebd., S. 315.
29 Richard Wagner an Ludwig II., 29.12.1877, in: *König Ludwig II. und Richard Wagner. Briefwechsel*, Bd. 3, S. 113.
30 König Ludwig II. an Richard Wagner, 9.1.1878, in: Ebd., S. 114.
31 Friedrich von Ziegler an Ludwig von Bürkel, 2.10.1880, BSB, Bürkeliana, Suppl. II.
32 G. Huber an Ludwig von Bürkel, Oktober 1880, BSB, Bürkeliana, Suppl. II.
33 Friedrich von Ziegler an Ludwig von Bürkel, 29.8.1881, BSB, Bürkeliana, Suppl. II.
34 König Ludwig II. an Richard Wagner, 11.10.1881, in: *König Ludwig II. und Richard Wagner. Briefwechsel*, Bd. 3, S. 226.
35 Richard Wagner an Ludwig II., 25.8.1882, in: Ebd., S. 246.
36 Ludwig II. an Ludwig von Bürkel, 11.1.1883, BSB, Bürkeliana, Suppl. II.
37 Ludwig von Bürkel an Ludwig II., 20.2.1883, GHA, KA L II., Nr. 265.
38 Vgl.: Böhm, *Ludwig II.*, S. 333.
39 Lorenz Mayr an Karl Hesselschwerdt, 25.3.1883, BSB, Bürkeliana, Suppl. II.
40 Ernst von Possart, *Erstrebtes und Erlebtes. Erinnerungen aus meiner Bühnentätigkeit*, Berlin 1916, S. 256.
41 Kobell, *Unter den vier ersten Königen Bayerns*, Bd. 2, S. 177.
42 Kurt Hommel, *Die Separatvorstellungen vor König Ludwig II. von Bayern. Schauspiel, Oper, Ballett*, München 1963, S. 33f.
43 Ebd., S. 34.
44 Vgl.: Ebd., S. 300.
45 Possart, *Erstrebtes und Erlebtes*, S. 288.
46 Böhm, *Ludwig II.*, S. 519.
47 Karl August von Heigel, *König Ludwig II. von Bayern. Ein Beitrag zu seiner Lebensgeschichte*, Stuttgart 1893, S. 304.
48 Vgl. zu Kainz' Biographie: Judith Eisermann, *Josef Kainz – Zwischen Tradition und Moderne. Der Weg eines epochalen Schauspielers*, München 2010.
49 Grein, *Tagebuch-Aufzeichnungen von Ludwig II.*, S. 93.
50 Ebd., S. 95.
51 Felix Philippi, *Münchner Bilderbogen*, Berlin 1912, S. 15.
52 Ebd., S. 20f.

53 Felix Philippi, *Ludwig II. und Josef Kainz und anderes aus meinem Tagebuche*, Berlin 1913, S. 23
54 Ebd., S. 16.
55 Ludwig II. an Josef Kainz, 18.7.1881, in: Sara Hutzler (Hrsg.), »König Ludwig von Bayern an Josef Kainz«, in: *Die Gartenlaube*, Nr. 27/1886, S. 479.
56 Philippi, *Münchner Bilderbogen*, S. 20.
57 Ludwig II. an Richard Wagner, 13.5.1868, in: *König Ludwig II. und Richard Wagner. Briefwechsel*, Bd. 2, S. 224.
58 Vgl.: Stefan Koppelkamm, *Künstliche Paradiese. Gewächshäuser und Wintergärten des 19. Jahrhunderts*, Berlin 1988, S. 178–181.
59 Vgl.: Alexander Rauch, *Schloss Herrenchiemsee. Räume und Symbole*, München 1993, S. 35ff.
60 Vgl.: Ebd., S. 10f.
61 Hans Ottomeyer, »Alter Adel, neues Geld. Europäischer Schlossbau als Legitimationsstrategie«, in: Wolf (Hrsg.), *Götterdämmerung. Aufsätze*, S. 163–170, hier S. 170.
62 Kobell, *König Ludwig II. und die Kunst*, S. 106.
63 Vgl.: Angelika Pöthe, *Carl Alexander. Mäzen in Weimars »Silberner Zeit«*, Köln 1998, S. 306.
64 Vgl.: Jean Louis Schlim, *König Ludwig II. von Bayern. Traum und Technik*, München 2001, S. 68f.
65 Richard Hornig an Ludwig von Bürkel, 29.8.1884, BSB, Bürkeliana.
66 Ludwig II. an Sybilla von Leonrod, 7.1.1869, in: Haasen, *Ludwig II.*, S. 79.
67 Vgl.: Rauch, *Schloss Herrenchiemsee*, S. 50ff.
68 Tobias Hoffmann, *Schloß Linderhof – Eine Maison de Plaisance? Eine bautypologische Untersuchung*, München 1999, S. 94.
69 Vgl.: Schlim, *Traum und Technik*, S. 98f.
70 Adolph von Pfretzschner an Ludwig II., 18.9.1873, GHA, MKH 56.
71 Ludwig II. an Otto von Bismarck, undatiertes Telegramm [Juli 1874], in: PAA, R 2706/2707.
72 Vgl.: Friedrich Curtius (Hrsg.), *Denkwürdigkeiten des Fürsten Chlodwig zu Hohenlohe-Schillingsfürst*, Bd. 2, Stuttgart 1907, S. 133.
73 Vgl.: Rauch, *Schloss Herrenchiemsee*, S. 78ff. sowie S. 296.
74 Ebd., S. 17.
75 Ludwig von Bürkel an Ludwig II., 6.7.1882, GHA, KA L II., Nr. 264.
76 Richard Hornig an Ludwig von Bürkel, 12.8.1884, BSB, Bürkeliana.

Kapitel VII

1 Memminger, *Der Bayernkönig*, S. 148.
2 Ebd., S. 151 u. S. 148.
3 Bernhard Ernst von Bülow an Georg von Werthern, 28.9.1873, PAA, R2708.
4 Vgl.: Wolfgang Neugebauer (Hrsg.), *Handbuch der preußischen Geschichte*, Bd. 3, Berlin 2000, S. 89.
5 Vgl.: Hans-Ulrich Wehler, *Das Deutsche Kaiserreich 1871–1918*, Göttingen 1994, S. 42.
6 Vgl.: Karl Otmar von Aretin, *Franckenstein. Eine politische Karriere zwischen Bismarck und Ludwig II.*, Stuttgart 2003, insbesondere S. 47–61.
7 Vgl.: Ebd., S. 55.
8 Ludwig II. an Georg Arbogast von und zu Franckenstein, 11.8.1875, zit. nach: Ebd., S. 56.
9 Karl Ludwig von Bruck an Julius Graf Andrássy, 26.4.1874, HHSA, P.A. IV.
10 »Volkssagen über König Maximilian II.«, in: *Neue freie Volks-Zeitung*, 28.1.1874.
11 Georg von Werthern an Otto von Bismarck, 29.1.1874, PAA, R2710.
12 Botzenhart, *Regierungstätigkeit*, S. 98.
13 Böhm, *Ludwig II.*, S. 513.
14 Ebd., S. 503.
15 Friedrich von Ziegler an Ludwig II., 20.7.1878, GHA, KA L II., Nr. 166.
16 Friedrich von Ziegler an Ludwig II., 28.1.1879, GHA, KA L II., Nr. 166.
17 Friedrich von Ziegler an Ludwig II., 28.8.1878, GHA, KA L II., Nr. 166.
18 Friedrich von Ziegler an Ludwig von Bürkel, 20.12.1877, zit. nach: Botzenhart, *Regierungstätigkeit*, S. 152.
19 Memminger, *Der Bayernkönig*, S. 148.
20 Karl Theodor von Heigel, *Biographische und kulturgeschichtliche Essays*, Berlin 1906, S. 290.
21 Richard Hornig an Friedrich von Ziegler, 26.8.1877, zit. nach: Walter von Rummel, *Ludwig II. Der König und sein Kabinettchef*, München 1930, S. 119.
22 Friedrich von Ziegler an Ludwig von Bürkel, 17.12.1881, BSB, Bürkeliana.
23 Philipp zu Eulenburg an Herbert von Bismarck, 14.5.1885, in: Röhl, *Philipp Eulenburgs politische Korrespondenz*, Bd. 1, S. 150f.

24 Friedrich von Ziegler an Ludwig von Bürkel, 11.10.1879, BSB, Bürkeliana.
25 Karl Ludwig von Bruck an Heinrich Karl von Haymerle, 14.11.1879, HHSA, P.A. IV.
26 Vgl.: Bericht des ehemaligen Kabinettssekretärs Friedrich von Ziegler, 5.6.1886, in: *König Ludwig II. von Bayern. Krankheit, Krise und Entmachtung*, S. 720.
27 Karl Ludwig von Bruck an Heinrich Karl von Haymerle, 28.5.1880, HHSA, P.A. IV.
28 Friedrich von Ziegler an Ludwig von Bürkel, 8.1.1883, BSB, Bürkeliana 38.
29 Friedrich von Ziegler an Ludwig von Bürkel, 3.12.1881, BSB, Bürkeliana, Suppl. II.
30 Friedrich von Ziegler an Ludwig von Bürkel, 11.1.1882, BSB, Bürkeliana 38.
31 Bericht des ehemaligen Kabinettssekretärs Friedrich von Ziegler, 5.6.1886, in: *König Ludwig II. von Bayern. Krankheit, Krise und Entmachtung*, S. 707.
32 Ludwig II., zitiert nach Philippi, *Münchner Bilderbogen*, S. 56f.
33 Bericht des ehemaligen Kabinettssekretärs Friedrich von Ziegler, 5.6.1886, in: *König Ludwig II. von Bayern. Krankheit, Krise und Entmachtung*, S. 708.
34 Zit. nach: Rupert Hacker, »Ludwig II. von Bayern, die Königskrise von 1885/86 und der Weg zur Regentschaft«, in: Ebd., S. 369.
35 Max von Holnstein an Georg von Werthern, 1.2.1877, PAA, R2716.
36 Bericht des Stallmeisters Richard Hornig, 4.6.1886, in: *König Ludwig II. von Bayern. Krankheit, Krise und Entmachtung*, S. 701.
37 Lorenz Mayr an Richard Hornig, 31.5.1884, BSB, Fasc. germ. 45.
38 Ludwig von Bürkel, private Aufzeichnung vom 10.2.1883, BSB, Bürkeliana, Suppl. III.
39 Friedrich von Ziegler an Ludwig von Bürkel, 14.1.1883, BSB, Bürkeliana.
40 Philipp zu Eulenburg an Herbert von Bismarck, 26.8.1882, in: Röhl, *Philipp Eulenburgs politische Korrespondenz*, Bd. 1, S. 139.
41 Alexander von Schneider an Florentine von Schneider, 11.1.1883, BayHStA, Nachl. v. Schneider 11.
42 Alexander von Schneider an Florentine von Schneider, 22.11.1883, BayHStA, Nachl. v. Schneider 12.
43 Alexander von Schneider an Florentine von Schneider, 5.12.1883, BayHStA, Nachl. v. Schneider 12.

44 Karl Ludwig von Bruck an Gustav von Kálnoky, 9.11.1883, HHSA, P.A. IV.

45 Friedrich von Ziegler an Ludwig von Bürkel, 8.1.1882, BSB, Bürkeliana 38.

46 Friedrich von Ziegler an Ludwig von Bürkel, 21.01.1882, BSB, Bürkeliana.

47 Bericht des ehemaligen Kabinettssekretärs Friedrich von Ziegler, 5.6.1886, in: *König Ludwig II. von Bayern. Krankheit, Krise und Entmachtung*, S. 722.

48 Karl Ludwig von Bruck an Gustav von Kálnoky, 17.1.1886, HHSA, P.A. IV.

49 Ludwig II. an Max von Holnstein, 24.8.1876, MSB, Ludwig II. A I/5-17.

50 Kammerbefehle, den Vorreiter Jakob Brüller betreffend, März/April 1886, in: *König Ludwig II. von Bayern. Krankheit, Krise und Entmachtung*, S. 599f.

51 Victor Klemperer, *LTI. Notizbuch eines Philologen*, Leipzig 1975, S. 18.

52 Hans-Jürgen Wirth, »Pathologischer Narzissmus und Machtmissbrauch in der Politik«, in: Otto F. Kernberg und Hans-Peter Hartmann (Hrsg.), *Narzissmus. Grundlagen, Störungsbilder, Therapie*, Stuttgart 2006, S. 158–170, hier S. 164.

53 Hans Förstl, »Ludwig II. von Bayern – schizotype Persönlichkeit und frontotemporale Degeneration?«, in: *Deutsche Medizinische Wochenschrift*, Nr. 132/2007, S. 4. Eine andere Position nimmt ein: Detlev von Zerssen, »Der bayerische Märchenkönig Ludwig II. Seine letzten Jahre aus psychiatrischer Sicht«, in: *Der Nervenarzt*, 11/2010, S. 1368–1378.

54 Karl Ludwig von Bruck an Heinrich Karl von Haymerle, 14.11.1879, HHSA, P.A. IV.

55 Aufzeichnung des Hofsekretärs Ludwig Klug über Mitteilungen des Kammerdieners Lorenz Mayr, 7.6.1886, in: *König Ludwig II. von Bayern. Krankheit, Krise und Entmachtung*, S. 724.

56 Hermann Unterstöger, »König Ludwigs neues Leiden«, in: *Süddeutsche Zeitung*, 4.10.2007.

57 Georg von Werthern an Paul von Hatzfeldt, 6.3.1884, PAA, Asservat 34.

58 Aussagen des Marstallfouriers Karl Hesselschwerdt und des Kammerdieners Adalbert Welker, 3.6.1886, in: *König Ludwig II. von Bayern. Krankheit, Krise und Entmachtung*, S. 688f.

59 Zitiert nach Böhm, *Ludwig II.*, S. 489f.

60 Philipp zu Eulenburg an Herbert von Bismarck, 14.5.1885, in: Röhl, *Philipp Eulenburgs politische Korrespondenz*, Bd. 1, S. 150f.

61 Philipp zu Eulenburg an Herbert von Bismarck, 2.10.1885, in: Ebd., S. 157.

62 Ludwig von Bürkel, private Aufzeichnung vom 10.2.1883, BSB, Bürkeliana, Suppl. III.
63 Frdl. Mitteilung der Deutschen Bundesbank vom 8.4.2013.
64 Vgl.: Ludwig Hüttl, *Ludwig II. König von Bayern*, München 1986, S. 333f.
65 Vgl.: Otto zu Stolberg an das Auswärtige Amt, 26.8.1876, PAA, R2706/2707.
66 Frdl. Mitteilung der Deutschen Bundesbank vom 8.4.2013.
67 Ludwig von Bürkel, private Aufzeichnung vom 10.2.1883, BSB, Bürkeliana, Suppl. III.
68 Cuno zu Rantzau an Paul von Hatzfeldt, 10.2.1884, PAA, Asservat 34.
69 Ludwig II. an Otto von Bismarck, März 1884, PAA, Asservat 34.
70 Philipp Pfister an Ludwig II., 4.3.1884, PAA, Asservat 34.
71 Georg von Werthern an Paul von Hatzfeldt, 6.3.1884, PAA, Asservat 34.
72 Philipp Pfister an Franz von Rottenburg, 18.3.1884, PAA, Asservat 34.
73 Karl Ludwig von Bruck an Gustav von Kálnoky, 11.4.1884, HHSA, P.A. IV.
74 Vgl.: Hüttl, *Ludwig II.*, S. 344.
75 Ludwig II. an Richard Hornig, 27.5.1884, in: *König Ludwig II. von Bayern. Krankheit, Krise und Entmachtung*, S. 511.
76 Georg von Werthern an Otto von Bismarck, 30.6.1884, PAA, R2722.
77 Frdl. Mitteilung der Deutschen Bundesbank vom 8.4.2013.
78 Philipp zu Eulenburg an Otto von Bismarck, 6.9.1885, PAA, R2722.
79 Frdl. Mitteilung der Deutschen Bundesbank vom 8.4.2013.
80 Kammerbefehl, 8./9.11.1885, in: *König Ludwig II. von Bayern. Krankheit, Krise und Entmachtung*, S. 563.
81 Ludwig Klug an Ludwig II., 4.11.1885, GHA, KA L II., Nr. 284.
82 Herbert von Bismarck an Otto von Bismarck, 10.9.1885, in: Walter Bußmann (Hrsg.), *Staatssekretär Graf Herbert von Bismarck. Aus seiner politischen Privatkorrespondenz*, Göttingen 1964, S. 314.
83 Herbert von Bismarck an Wilhelm I., 1.1.1886, PAA, R2736.
84 Kammerbefehl, 8.1.1886, in: *König Ludwig II. von Bayern. Krankheit, Krise und Entmachtung*, S. 581.
85 Alexander von Schneider an Florentine von Schneider, 10.1.1886, BayHStA, Nachl. v. Schneider 14.
86 Karl Ludwig von Bruck an Gustav von Kálnoky, 17.1.1886, HHSA, P.A. IV.
87 »Die Lage in Bayern«, in: *Berliner Börsen-Courier*, 17.9.1885.
88 Ludwig II. an Alfred von Dürckheim-Montmartin, 28.1.1886, GHA, MKH 196.

89 Ludwig II., Vollmacht, 22.2.1886, GHA, MKH 205.

90 Telegramm, 17.3.1886, GHA, MKH 205.

91 Polizeiliche Vernehmung, 18.3.1886, GHA, MKH 205.

92 Lerchenfeld-Koefering, *Erinnerungen und Denkwürdigkeiten*, S. 165.

93 Philipp zu Eulenburg-Hertefeld, *Das Ende König Ludwigs II.*, Frankfurt/Main 2001, S. 31f.

94 Georg von Werthern, zit. nach: Hacker, »Ludwig II. von Bayern, die Königskrise von 1885/86 und der Weg zur Regentschaft«, S. 388.

95 Kammerbefehl, Frühjahr 1886, in: *König Ludwig II. von Bayern. Krankheit, Krise und Entmachtung*, S. 609.

96 Alexander von Schneider an Florentine von Schneider, 2.5.1886, BayHStA, Nachl. v. Schneider 15.

97 Ludwig II. an Karl Hesselschwerdt, 8.5.1886, in: *König Ludwig II. von Bayern. Krankheit, Krise und Entmachtung*, S. 645.

98 Marie an Ludwig II., 25.4.1886, GHA, KA L II., Nr. 13.

99 Hacker, »Ludwig II. von Bayern, die Königskrise von 1885/86 und der Weg zur Regentschaft«, S. 417.

100 Karl Ludwig von Bruck an Gustav von Kálnoky, 8.5.1886, HHSA, P.A. IV.

101 Georg von Werthern an Otto von Bismarck, 17.5.1886, PAA, R2793.

102 Kammerbefehl, Mitte Mai 1886, in: *König Ludwig II. von Bayern. Krankheit, Krise und Entmachtung*, S. 654.

103 Ärztliches Gutachten, 8.6.1886, in: Wilhelm Wöbking, *Der Tod König Ludwigs II. von Bayern. Eine Dokumentation*, Rosenheim 1986, S. 318.

104 Max von Holnstein an Maximiliane von Holnstein, 4.6.1886, MSB, Nachl. Holnstein.

105 Max von Holnstein an Maximiliane von Holnstein, 6.6.1886, MSB, Nachl. Holnstein.

106 Franz Carl Müller, »Die letzten Tage Ludwigs II.«, in: *Süddeutsche Monatshefte*, August 1929, S. 773f.

107 Ebd., S. 774.

108 Ignaz Wrobel [d.i. Kurt Tucholsky], »Emigranten«, in: *Die Weltbühne*, 18.8.1925, S. 270.

109 Theobald Tiger [d.i. Kurt Tucholsky], »Zehn Jahre deutsche ›Revolution‹«, in: *Arbeiter Illustrierte Zeitung*, 1928, Nr. 44, S. 8.

110 Georg von Werthern an Otto von Bismarck, 11.6.1886, PAA, R2794.

111 Ludwig II., Kammerbefehl vom 10.6.1886, in: *König Ludwig II. von Bayern. Krankheit, Krise und Entmachtung*, S. 674.

112 Philipp zu Eulenburg an Prinz Wilhelm, 12.6.1886, in: Röhl, *Philipp Eulenburgs politische Korrespondenz*, Bd. 1, S. 172.

113 Böhm, *Ludwig II.*, S. 592.

114 Eulenburg-Hertefeld, *Das Ende König Ludwigs II.*, S. 90.
115 Cuno zu Rantzau an Maximilian von Berchem, 10.6.1886, PAA, R2794.
116 Memminger, *Der Bayernkönig*, S. 146 f.
117 Prinzregent Luitpold an Max von Holnstein, 12.6.1886, MSB, Luitpold A III/1–5.
118 Karl Ludwig von Bruck an Gustav von Kálnoky, 13.6.1886, HHSA, P.A. IV.
119 Müller, »Die letzten Tage Ludwigs II.«, S. 778f.
120 Ebd., S. 783.
121 Vgl.: Ebd., S. 784.
122 Ludwig von Bürkel, private Aufzeichnung vom 21.6.1886, BSB, Bürkeliana, Suppl.
123 Vgl.: Müller, »Die letzten Tage Ludwigs II.«, S. 786.
124 Georg von Werthern an Otto von Bismarck, 14.6.1886, PAA, R2737.
125 Ludwig von Bürkel, private Aufzeichnung vom 21.6.1886, BSB, Bürkeliana, Suppl.
126 Müller, »Die letzten Tage Ludwigs II.«, S. 789f.

Nachleben

1 Eulenburg-Hertefeld, *Das Ende König Ludwigs II.*, S. 116.
2 Philipp zu Eulenburg an Herbert von Bismarck, 14.6.1886, OBS, B 40.
3 Pressemitteilung des Peter Glowasz Verlags, 9.6.2008.
4 Wöbking, *Der Tod König Ludwigs II. von Bayern*, S. 272.
5 Ebd.
6 Vgl.: Friedrich von Ziegler an Ludwig von Bürkel, 17.12.1881, BSB, Bürkeliana.
7 Vgl.: Wöbking, *Der Tod König Ludwigs II. von Bayern*, S. 257–260.
8 Felix Weingartner, *Lebenserinnerungen*, Bd. 1, Zürich 1928, S. 260.
9 Otto von Bismarck an das Auswärtige Amt, 15.6.1886, PAA, R2794.
10 Eulenburg-Hertefeld, *Das Ende König Ludwigs II.*, S. 129.
11 Vgl.: Programm über die Leichenfeier Seiner Majestät des Königs Ludwig II. von Bayern.
12 *Das Bayerische Vaterland*, 22.6.1886, zit. nach: Hacker, *Ludwig II. von Bayern in Augenzeugenberichten*, S. 431.
13 Vgl.: Bernd Kiefer, »Vom Traum-König zum Illusions-Künstler. Das Nachleben Ludwigs II. in Literatur und Film«, in: Wolf, *Götterdämmerung*, S. 246–256.
14 Zit. nach: Brigitte Hamann, *Elisabeth. Kaiserin wider Willen*, München 2007, S. 415f.
15 Anonymer Drohbrief an Prinzregent Luitpold, undatiert [15.6.1886], GHA, MKH 203.

16 Anonymer Drohbrief an Prinzregent Luitpold, undatiert, GHA, MKH 203.

17 Anonymer Drohbrief an Johann von Lutz, 14.6.1886, GHA, MKH 192.

18 Philipp zu Eulenburg an Prinz Wilhelm, 4.10.1886, in: Röhl, *Philipp Eulenburgs politische Korrespondenz*, Bd. 1, S. 200f.

Quellenverzeichnis

Archive und Sammlungen

Bayerische Staatsbibliothek/Handschriftenabteilung (BSB)
- Ana 346
- Autogr. Cim. König Ludwig II.
- Bürkeliana
- Fasc. Germ. 45
- Fasc. Germ. 209
- Teilnachlass Franz von Pfistermeister

Bayerisches Hauptstaatsarchiv München
- – Abteilung II (BayHStA)
  MA: Ministerium des Äußeren 99733
- – Abteilung III: Geheimes Hausarchiv (GHA)
  Autographen 552, 561, 562
  Hausurkunden 5753, 5758, 5868, 5980
  KA L II.: Kabinettsakten König Ludwig II. Nr. 1–427
  MKH: Ministerium des Königlichen Hauses 16, 24, 56, 71, 121–125, 192–207
  Teilnachlass Franz von Pfistermeister
- – Abteilung IV: Kriegsarchiv (KRA)
  OP 79718, OP 69547, OP 17362, OP 21783, OP 71772, OP 11836
- – Abteilung V (BayHStA)
  Nachlass Friedrich Krafft von Crailsheim
  Nachlass Ludwig von der Pfordten
  Nachlass Alexander von Schneider

Brandenburgisches Landeshauptarchiv Potsdam (BLA)
- Repertorium 37, Herrschaft Liebenberg: Nachlass Philipp zu Eulenburg und Hertefeld

Geheimes Staatsarchiv Preußischer Kulturbesitz (GSA)
- Nachlass Moritz Busch
- Nachlass Robert von Keudell

Münchner Stadtbibliothek, Monacensia (MSB)
Nachlass Max von Holnstein
Ludwig II. A I/1–17
Luitpold A III/1–5
Nationalarchiv der Richard-Wagner-Stiftung, Bayreuth (NAB)
Protokoll der Vernehmung der Zeugin Anna Mrazek, 20.5.1914
Österreichisches Staatsarchiv Wien/Haus-, Hof- und Staatsarchiv (HHSA)
Politisches Archiv des Ministeriums des Äußeren, Gesandtschaftsarchiv München P.A. IV.
Selekt Kronprinz Rudolf
Otto-von-Bismarck-Stiftung (OBS)
Bismarck-Archiv: B 40; B 124/1
Politisches Archiv des Auswärtigen Amtes (PAA)
Berichte der Preußischen Gesandtschaft in München R2700–2796
Asservat 34
Universität zu Köln/Theaterwissenschaftliche Sammlung
Nachlass Albert Niemann: Paul von Thurn und Taxis an Albert Niemann

Literatur

Adami, Erich, und Alfons Schweiggert: *König Ludwig II. Seine triumphale Reise durch Franken*, Husum 2011.

Albrecht, Dieter: »König Ludwig II. von Bayern und Bismarck«, in: *Historische Zeitschrift*, Bd. 270 (2000), S. 39–64.

Aretin, Cajetan von: *Die Erbschaft des Königs Otto von Bayern. Höfische Politik und Wittelsbacher Vermögensrechte 1916–1923*, München 2006.

Aretin, Karl Otmar von: *Franckenstein. Eine politische Karriere zwischen Bismarck und Ludwig II.*, Stuttgart 2003.

Arnold, Alice Laura: *Poetische Momente der Weltgeschichte. Die Wandbilder in Schloss Hohenschwangau*, Diss. Stuttgart 2006.

Baumgart, Winfried (Hrsg.): *Kaiser Friedrich III. Tagebücher 1866–1888*, Paderborn 2012.

Baumgartner, Georg: *Schloß Hohenschwangau. Eine Untersuchung zum Schloßbau der Romantik*, München 1987.

Bialuch, Jürgen (Hrsg.): *Gestalten um den Märchenkönig. Biographische Skizzen*, Reutlingen 1994.

Bismarck, Otto von: *Gesammelte Werke. Gedanken und Erinnerungen*, Paderborn 2012.

Bismarck, Otto von: *Die gesammelten Werke*, Bd. 14/1, Berlin 1933.

Böhm, Gottfried von: *König Ludwig II. von Bayern. Sein Leben und seine Zeit*, Berlin 1922.

Bülow, Marie von: *Hans von Bülow. Briefe,* Bd. 3, Leipzig 1898.
Botzenhart, Christof: *»Ein Schattenkönig ohne Macht will ich nicht sein.« Die Regierungstätigkeit König Ludwigs II. von Bayern*, München 2004.
Braun-Artaria, Rosalie: *Von berühmten Zeitgenossen. Erinnerungen einer Siebzigerin*, München 1918.
Burgmair, Wolfgang, und Matthias M. Weber: »›… daß er selbst mit aller Energie gegen diese Hallucinationen ankämpfen muß …‹. König Otto von Bayern und die Münchner Psychiatrie um 1900«, in: *Sudhoffs Archiv*, Bd. 86, Heft 1/2002, S. 27–53.
Busch, Moritz: *Bismarcks große Tage. Ein Chronist erlebt die Reichsgründung*, Leoni am Starnberger See 1970.
Bußmann, Walter (Hrsg.): *Staatssekretär Graf Herbert von Bismarck. Aus seiner politischen Privatkorrespondenz*, Göttingen 1964.
Corti, Egon Caesar Conte: *Elisabeth. Die seltsame Frau*, Graz 1996.
Courtney, Leonard Henry: »To My Fellow-Disciples at Saratoga Springs«, in: *The National Review*, No. 26, London 1895, S. 21–26.
Craemer, Josef Ludwig: *Königs-Historien. 3 Theile,* München 1894–1896.
Curtius, Friedrich (Hrsg.): *Denkwürdigkeiten des Fürsten Chlodwig zu Hohenlohe-Schillingsfürst*, 2 Bde., Stuttgart 1907.
Dahn, Felix: *Erinnerungen*, Bd. 4, Teil 2, Leipzig 1895.
»Die Lage in Bayern«, in: *Berliner Börsen-Courier*, 17.9.1885.
Die Thronreden und Adressen im bayerischen Landtag während der Zeit von 1819–1892, München 1893.
Doeberl, Michael: *Bayern und die Bismarckische Reichsgründung*, München 1925.
Doeberl, Michael: *Entwicklungsgeschichte Bayerns*, Bd. 3, München 1931.
Du Moulin Eckart, Richard Graf (Hrsg.): *Hans von Bülow. Neue Briefe,* München 1927.
Eisenhart, August von: »Nekrolog Otto Joseph Emanuel Reichsfreiherr von Lerchenfeld-Aham«, in: *Jahresbericht des historischen Vereines von Oberbayern für die Jahre 1883 und 1884*, München 1885, S. 90–98.
Eisermann, Judith: *Josef Kainz – Zwischen Tradition und Moderne. Der Weg eines epochalen Schauspielers*, München 2010.
Eulenburg-Hertefeld, Philipp zu: *Das Ende König Ludwigs II.*, Frankfurt/Main 2001.
Feder, Ernst (Hrsg.): *Bismarcks großes Spiel. Die geheimen Tagebücher Ludwig Bambergers*, Frankfurt/Main 1932.
Förstl, Hans: »Ludwig II. von Bayern – schizotype Persönlichkeit und frontotemporale Degeneration?«, in: *Deutsche Medizinische Wochenschrift*, Nr. 132/2007, S. 1–4.
Fontane, Theodor: *Balladen und Gedichte*, München 1962.

Friedjung, Heinrich: *Der Kampf um die Vorherrschaft in Deutschland 1859 bis 1866*, Bd. 2, Stuttgart 1905.
Gebhardt, Heinz: *König Ludwig II. und seine verbrannte Braut. Unveröffentlichte Liebesbriefe Prinzessin Sophie's an Edgar Hanfstaengl*, Pfaffenhofen 1986.
Gollwitzer, Heinz: *Ludwig I. von Bayern. Eine politische Biographie*, München 1986.
Gothaischer genealogischer Hofkalender nebst diplomatisch-statistischem Jahrbuche auf das Jahr 1866, Gotha 1866.
Grein, Edir (Hrsg.): *Tagebuch-Aufzeichnungen von Ludwig II., König von Bayern*, Schaan/Liechtenstein 1925.
Gudden, Wolfgang: *Bernhard von Gudden. Leben und Werk*, Diss. München 1987.
Haasen, Gisela: *Hohenschwangau. Vom Zauber eines romantischen Schlosses*, München 1998.
Haasen, Gisela (Hrsg.): *Ludwig II. Briefe an seine Erzieherin*, München 1995.
Hacker, Rupert: »König Ludwig II., der Kaiserbrief und die ›Bismarckschen Gelder‹«, in: *Zeitschrift für bayerische Landesgeschichte*, Bd. 65, München 2002, S. 911–990.
Hacker, Rupert: »Ludwig II. von Bayern, die Königskrise von 1885/86 und der Weg zur Regentschaft«, in: *König Ludwig II. von Bayern. Krankheit, Krise und Entmachtung, Zeitschrift für bayerische Landesgeschichte*, Bd. 74, Heft 2, München 2011, S. 347–430.
Hacker, Rupert (Hrsg.): *Ludwig II. von Bayern in Augenzeugenberichten*, München 1980.
Häfner, Heinz: *Ein König wird beseitigt. Ludwig II. von Bayern*, München 2008.
Haller, Johannes (Hrsg.): *Aus 50 Jahren. Erinnerungen, Tagebücher und Briefe aus dem Nachlaß des Fürsten Philipp zu Eulenburg-Hertefeld*, Berlin 1923.
Hamann, Brigitte: *Elisabeth. Kaiserin wider Willen*, München 2007.
Hanslick, Eduard: »Richard Wagner's ›Meistersinger von Nürnberg‹«, in: *Neue Freie Presse*, 24.–26.6.1868 (Morgenblätter).
Hartmannsgruber, Friedrich: *Die bayerische Patriotenpartei 1868–1887*, München 1986.
Heigel, Karl August von: *König Ludwig II. von Bayern. Ein Beitrag zu seiner Lebensgeschichte*, Stuttgart 1893.
Heigel, Karl Theodor von: *Biographische und kulturgeschichtliche Essays*, Berlin 1906.
Hey, Julius: *Richard Wagner als Vortragsmeister. Erinnerungen*, Leipzig 1911.
Heyse, Paul: *Jugenderinnerungen und Bekenntnisse*, Berlin 1900.

Hierneis, Theodor: *König Ludwig II. speist. Erinnerungen seines Hofkochs Theodor Hierneis*, München 2010.
Hippius, Hanns, und Reinhard Steinberg (Hrsg.): *Bernhard von Gudden*, Heidelberg 2007.
Hirschfeld, Magnus: »Das Rätsel im Leben der Herzogin Sophie von Alençon«, in: *Der Hausdoctor, Wochenschrift für naturgemäße Lebens- und Heilweisen*, Nr. 392, Berlin 1897, S. 417–418.
Hoffmann, Tobias: *Schloß Linderhof – Eine Maison de Plaisance? Eine bautypologische Untersuchung*, München 1999.
Hof- und Staatshandbuch des Königreichs Bayern 1865, München 1865.
Hohenlohe-Ingelfingen, Kraft zu: *Aus meinem Leben*, 4 Bde., Berlin 1897–1907.
Holborn, Hajo (Hrsg.): *Aufzeichnungen und Erinnerungen aus dem Leben des Botschafters Joseph Maria von Radowitz*, 2 Bde., Stuttgart 1925.
Holzschuh, Robert (Hrsg.): *Das verlorene Paradies Ludwigs II. Die persönliche Tragödie des Märchenkönigs*, Frankfurt/Main 2001.
Hommel, Kurt: *Die Separatvorstellungen vor König Ludwig II. von Bayern. Schauspiel, Oper, Ballett*, München 1963.
Hüttl, Ludwig: *Ludwig II. König von Bayern*, München 1986.
Hutzler, Sara (Hrsg.): »König Ludwig von Bayern an Josef Kainz«, in: *Die Gartenlaube*, Nr. 27/1886, S. 475–479.
Keller, Hans K. E. L. (Hrsg.): *Der König. Beiträge zur Ludwigsforschung*, München 1967.
Kernberg, Otto F., und Hans-Peter Hartmann (Hrsg.): *Narzissmus. Grundlagen, Störungsbilder, Therapie*, Stuttgart 2006.
Kessler, Harry Graf: *Das Tagebuch. Dritter Band 1897–1905*, Stuttgart 2004.
Klemperer, Victor: *LTI. Notizbuch eines Philologen*, Leipzig 1975.
Kobell, Luise von: *König Ludwig II. und die Kunst*, München 1898.
Kobell, Luise von: *König Ludwig II. und Fürst Bismarck im Jahre 1870*, Leipzig 1899.
Kobell, Luise von: *Unter den vier ersten Königen Bayerns. Nach Briefen und eigenen Erinnerungen*, München 1894.
König Ludwig II und Richard Wagner. Briefwechsel, Hrsg. vom Wittelsbacher Ausgleichs-Fonds und von Winifred Wagner, Bearb. von Otto Strobel, 4 Bde., Karlsruhe 1936–1939.
»König Ludwig II. von Bayern. Krankheit, Krise und Entmachtung«, in: *Zeitschrift für bayerische Landesgeschichte*, Bd. 74, Heft 2, München 2011.
Koppelkamm, Stefan: *Künstliche Paradiese. Gewächshäuser und Wintergärten des 19. Jahrhunderts*, Berlin 1988.
Kraepelin, Emil: *Lebenserinnerungen*, Berlin 1983.
Kraus, Karl: *Nachts*, Leipzig 1918.

Kutz, Jens Peter: *Vom Bruderkrieg zum casus foederis. Die Schutz- und Trutzbündnisse zwischen den süddeutschen Staaten und Preußen (1866–1870)*, Frankfurt/Main 2007.
Lerchenfeld-Koefering, Hugo Graf: *Erinnerungen und Denkwürdigkeiten*, Berlin 1935.
Lewin, Louis: *Die Nebenwirkungen der Arzneimittel. Pharmakologisch-klinisches Handbuch*, Berlin 1893.
Liebhart, Wilhelm: *Bayerns Könige. Königtum und Politik in Bayern*, Frankfurt/Main 1997.
Linsert, Richard: *Kabale und Liebe. Über Politik und Geschlechtsleben*, Berlin 1931.
Lydtin, Reinhard: *Über Bromismus*, Diss. Freiburg i. Br. 1906.
Mann, Klaus: *Der Wendepunkt. Ein Lebensbericht*, Reinbek 2006.
»Mariechens Flügeladjutant«, in: *Der Spiegel*, Nr. 43/1991, S. 149.
Mayer, Hans: *Außenseiter*, Frankfurt/Main 1976.
Meisner, Heinrich Otto (Hrsg.): *Kaiser Friedrich III. Das Kriegstagebuch von 1870/71*, Berlin 1926.
Memminger, Anton: *Der Bayernkönig Ludwig II.*, Würzburg 1933.
Mensi-Klarbach, Alfred: »Unveröffentlichte Briefe R. Wagners und König Ludwigs II.«, in: *Deutsche Rundschau*, Januar 1923, S. 1–7.
Merta, Franz: »›Gottes Licht auf Erden zu verkünden‹. Das Herrscherethos König Ludwigs II. von Bayern und die Entstehung des König-Ludwig-Kults«, in: *Zeitschrift für bayerische Landesgeschichte*, Bd. 56, München 1993, S. 725–768.
Merta, Franz: »Die Tagebücher König Ludwigs II. von Bayern. Überlieferung, Eigenart und Verfälschung«, in: *Zeitschrift für bayerische Landesgeschichte*, Bd. 53, München 1990, S. 319–396.
Merta, Franz: »König Ludwig II. und der Mobilmachungsbefehl von 1870. Eine Richtigstellung irritierender Augenzeugenberichte«, in: *Zeitschrift für bayerische Landesgeschichte*, Bd. 48, München 1985, S. 689–717.
Mohl, Robert von: *Lebenserinnerungen*, Bd. 2, Stuttgart 1902.
Müller, Franz Carl: »Die letzten Tage Ludwigs II.«, in: *Süddeutsche Monatshefte*, August 1929, S. 769–792.
Müller, Ulrich, und Peter Wapnewski (Hrsg.): *Richard-Wagner-Handbuch*, Stuttgart 1986.
Nägele, Verena: *Ludwig II. und Richard Wagner. Real- und kulturpolitische Konsequenzen einer ungewöhnlichen Beziehung*, Diss. Zürich 1995.
Neugebauer, Wolfgang (Hrsg.): *Handbuch der preußischen Geschichte*, Bd. 3, Berlin 2000.
Nöll von der Nahmer, Robert: *Bismarcks Reptilienfonds. Aus den Geheimakten Preußens und des Deutschen Reiches*, Mainz 1968.

Petzet, Michael, und Werner Neumeister: *Die Welt des Bayerischen Märchenkönigs. Ludwig II. und seine Schlösser*, München 1980.
Philippi, Felix: *Ludwig II. und Josef Kainz und anderes aus meinem Tagebuche*, Berlin 1913.
Philippi, Felix: *Münchner Bilderbogen*, Berlin 1912.
Pöthe, Angelika: *Carl Alexander. Mäzen in Weimars ›Silberner Zeit‹*, Köln 1998.
Possart, Ernst von: *Erstrebtes und Erlebtes. Erinnerungen aus meiner Bühnentätigkeit*, Berlin 1916.
Rauch, Alexander: *Schloss Herrenchiemsee. Räume und Symbole*, München 1993.
Reichold, Klaus: *Keinen Kuß mehr! Reinheit! Königtum! Ludwig II. von Bayern (1845–1886) und die Homosexualität*, München 2003.
Röckl, Sebastian (Hrsg.): »Briefe König Ludwigs II. an die Zarin Maria Alexandrowna«, in: *Münchner Neueste Nachrichten*, 8. 10. 1930, Sonderbeilage.
Röckl, Sebastian: *Ludwig II. und Richard Wagner*, Bd. 1, München 1913.
Röhl, John C. G. (Hrsg.): *Der Ort Kaiser Wilhelms II. in der deutschen Geschichte*, München 1991.
Röhl, John C. G. (Hrsg.): *Philipp Eulenburgs politische Korrespondenz*, 3 Bde., Boppard 1976–1983.
Rohleder, Hermann: *Die Masturbation. Eine Monographie für Ärzte und Pädagogen*, Berlin 1899.
Rummel, Walter von: *Ludwig II. Der König und sein Kabinettschef*, München 1930.
Rumschöttel, Hermann: *Ludwig II. von Bayern*, München 2011.
Schabelitz, Harry: *Experimente und Selbstbeobachtungen im Bromismus*, Diss. Zürich 1915.
Schad, Martha (Hrsg.): *Cosima Wagner und Ludwig II. von Bayern. Briefe, Eine erstaunliche Korrespondenz*, München 2004.
Schaufert, Ludwig Rudolph: *König Ludwig II. Bayerns Stolz und Bayerns Schmerz. Ein Lebensbild*, Kaiserslautern 1886.
Schlim, Jean Louis: *König Ludwig II. von Bayern. Traum und Technik*, München 2001.
Schmidbauer, Wolfgang, und Johannes Kemper: *Ein ewiges Rätsel will ich bleiben mir und anderen. Wie krank war Ludwig II. wirklich?*, München 1986.
Schrörs, Heinrich (Hrsg.): *Ignaz Döllingers Briefe an eine junge Freundin*, Kempten 1914.
Schrott, Ludwig: *Der Prinzregent. Ein Lebensbild aus Stimmen seiner Zeit*, München 1962.

Seitz, Maria (Hrsg.): *»Hätt' ich Flügel, um mich zu Dir schwingen zu können …«, Dokumente einer lebenslangen Freundschaft. Briefwechsel zwischen König Ludwig II. von Bayern und seinem Vetter Prinz Wilhelm von Hessen-Darmstadt*, Darmstadt 2011.
Sing, Achim (Hrsg.): *Die Memoiren König Maximilians II. von Bayern 1848–1864*, München 1997.
Stamm, Heinrich: *Graf Herbert von Bismarck als Staatssekretär des Auswärtigen Amtes*, Diss. Braunschweig 1979.
Stern, Alfred: »Georg Klindworth. Ein politischer Geheimagent des neunzehnten Jahrhunderts«, in: *Historische Vierteljahresschrift*, Heft 3, Dresden 1931, S. 430–458.
Tiger, Theobald [d.i. Kurt Tucholsky]: »Zehn Jahre deutsche ›Revolution‹«, in: *Arbeiter Illustrierte Zeitung*, 1928, Nr. 44, S. 8.
Tschudi, Clara: *König Ludwig II. von Bayern*, Leipzig 1910.
Unterstöger, Hermann: »König Ludwigs neues Leiden«, in: *Süddeutsche Zeitung*, 4.10.2007.
Vierhaus, Rudolf (Hrsg.): *Das Tagebuch der Baronin Spitzemberg. Aufzeichnungen aus der Hofgesellschaft des Hohenzollernreiches*, Göttingen 1989.
»Volkssagen über König Maximilian II.«, in: *Neue freie Volks-Zeitung*, 28.1.1874.
»Vom lieben Reitknecht«, in: *Kladderadatsch. Humoristisch-satyrisches Wochenblatt*, 24.12.1865, S. 1.
Wagner, Cosima: *Die Tagebücher*, 2 Bde., Ediert und kommentiert von Martin Gregor-Dellin und Dietrich Mack, München 1976–1977.
Wagner, Richard: *Sämtliche Briefe*, 22 Bde., Leipzig und Wiesbaden 1967–2012.
Wagner, Richard: *Sämtliche Schriften und Dichtungen*, 16 Bde., Leipzig 1911–1914.
Wehler, Hans-Ulrich: *Das Deutsche Kaiserreich 1871–1918*, Göttingen 1994.
Weingartner, Felix: *Lebenserinnerungen*, Bd. 1, Zürich 1928.
Wertvolle Bücher, Manuskripte, Autographen, Graphik, Auktionskatalog Hartung & Hartung, Auktion 53, München 1986.
Wilk, Erika: *König Ludwig II. von Bayern und das Schauspiel. Ein Beitrag zu seinen Interessengebieten*, Diss. München 1989.
Winternitz, Wilhelm: *Die Hydrotherapie auf physiologischer und klinischer Grundlage*, Bd. 1, Wien 1890.
Wöbking, Wilhelm: *Der Tod König Ludwigs II. von Bayern. Eine Dokumentation*, Rosenheim 1986.
Wolf, Peter et. al. (Hrsg.): *Götterdämmerung. König Ludwig II. und seine Zeit, Aufsätze zur Bayerischen Landesausstellung 2011*, Darmstadt 2011.

Wolf, Peter et. al. (Hrsg.): *Götterdämmerung. König Ludwig II. und seine Zeit, Katalog zur Bayerischen Landesausstellung 2011*, Darmstadt 2011.
Wrobel, Ignaz [d.i. Kurt Tucholsky]: »Emigranten«, in: *Die Weltbühne*, 18.8.1925, S. 270.
Zerssen, Detlev von: »Der bayerische Märchenkönig Ludwig II. Seine letzten Jahre aus psychiatrischer Sicht«, in: *Der Nervenarzt*, 11/2010, S. 1368–1378.

Personenregister

Abdülhamid II., Sultan des Osmanischen Reichs 352
Adalbert, Prinz von Bayern 148
Adalbert, Prinz von Preußen 156
Adolph, Herzog von Nassau 184
Albert, Joseph 41, 134, *321*
Albrecht, Erzherzog von Österreich-Teschen 47
Albrecht, Dieter 215
Alençon, Ferdinand Herzog von 140
Alexander II., Kaiser von Russland 118f.
Alexandra Amalia, Prinzessin von Bayern 15, 231–233, 249
Alfons XII., König von Spanien 226f.
Amalie, Königin von Griechenland 131f.
Augusta von Sachsen-Weimar-Eisenach, Königin von Preußen und Deutsche Kaiserin 211, 269
Bamberger, Ludwig 215
Basselet de La Rosée, Theodor Graf 30–33, 41
Beethoven, Ludwig van 43, 71
Benedetti, Vincent Graf 172f., *204*
Bernhardt, Joseph 85
Bibra, Wilhelm 123, 125
Bismarck, Herbert von 169, 221, 330, 342, 344, 353f., 382
Bismarck, Johanna von 199
Bismarck, Marie von 199
Bismarck, Otto von 11, 18, 44f., 61f., 102f., 107f., *109*, 141, 157f., 160, 163, 169–173, 175f., *181*, 183–187, 189–192, 194f., 197–206, 213–215, 221, 231f., 296, 301, 307f., *309*, 310f., 314, 316f., 319, 328, 330, 344, 346–349, 353f., 359, 362, 372f., 384, 386
Bleichröder, Gerson 348
Blome, Gustav Graf von 62, 83, 92, 102f., 105f., 126
Böhm, Gottfried von 149f., 152f.
Bomhard, Eduard Ritter von 125
Bosl, Karl 24
Botzenhart, Christof 14, 165, 315
Bouilhet, Louis 281
Bouliowska, Lila von *siehe* Bulyowsky, Lila von
Brachvogel, Albert Emil 280, 282
Branca, Wilhelm von 197, 238
Brattler, Wilhelm 242
Bray-Steinburg, Otto Camillus Hugo Graf von 170–173, 177f., 182, 185–191, 194, 210, 308

Brincken, Egon von den 209f.
Bruck, Karl Ludwig Baron von 172f., 175, 180, 182f., 185, 188, 197, 199, 221, 313, 322f., 332, 334, 349, 354, 361, 374
Bruckner, Anton 270
Brüller, Jakob 336f.
Bülow, Blandine von 77f.
Bülow, Cosima Baronin von *siehe* Wagner, Cosima
Bülow, Daniela von 77f.
Bülow, Eva Maria von 101f., 259
Bülow, Hans Baron von 77–80, 93, 101, 103, 258–260, 263, 325
Bülow, Isolde Ludowitz von 78, 95
Bulyowsky, Lila von 116, 141f.
Bürkel, Ludwig von 205, 222f., 227f., 272–274, 285, 305, 318f., 321f., 324, 326, 330, 333, 344, 346, 363, 377, 379, 385
Busch, Moritz 189
Byron, Lord 284
Calderón de la Barca, Pedro 71
Carl Alexander, Großherzog von Sachsen-Weimar-Eisenach 270, 292
Carl Theodor, Herzog in Bayern 132, 138
Castell-Castell, Gustav Graf von 365
Cernuda, Luis 390
Clothilde von Frankreich, Königin 295
Colbert, Jean-Baptiste 348
Cornelius, Peter 80, 88, 96
Craemer, Josef Ludwig 123, 128
Crailsheim, Friedrich August Krafft Graf von 324, 358, 365, 367–371
Dahlmann, Friedrich Christoph 22
Dahn, Felix 177
Dahn-Hausmann, Marie 116
Daxenberger, Sebastian Franz von 100
Döllinger, Ignaz von 58, 70, 73, 80, 114f.
Dollmann, Georg 292, 297
Donizetti, Gaetano 42
Düfflipp, Lorenz von 180, 183, 205, 258f., 262f., 265, 267f., 270, 282, 316–318
Dürckheim-Montmartin, Alfred Graf von 355f., 363, 371–373
Effner, Carl von *267*, 298
Eisenhart, August von 187f., 191–193, 211, 279, 315f.
Elisabeth, Kaiserin von Österreich, auch gen. »Sisi« 117f., 120, 129f., 141f., 385, 388, 391
Elisabeth, Landgräfin von Thüringen 295
Elisabeth, Prinzessin von Preußen 23
Erhardt, Alois von 209
Ernst, Jakob 381f.
Ernst I., Herzog von Sachsen-Coburg und Gotha 23
Ernst II., Herzog von Sachsen-Coburg und Gotha 141
Eugénie, Kaiserin der Franzosen 138, 155f., 177
Eulenburg, Augusta Fürstin zu 381
Eulenburg, Philipp Friedrich Alexander Fürst zu 11f., 18, 169f., 201f., 204, 322, 330f., 342, *343*, 344, 352, 357, 368, 370, 372, 381f., 384, 393
Fahrenschon, Georg 9

Fäustle, Johann Nepomuk von 357
Fels, Heinrich von 146
Fels, Paul von *siehe* Thurn und Taxis, Paul Maximilian Lamoral Prinz von
Ferdinand, Landgraf von Hessen-Homburg 114
Florenzi, Ludovico Marquese 28
Florenzi, Marianna Marquesa 28
Fontane, Theodor 208
Förstl, Hans 37, 338–340, 357
Foucher, Paul 281
Franckenstein, Georg Heinrich Arbogast Freiherr von und zu 197, 311–314, 372
Franz, Herzog von Bayern 12f.
Franz Joseph I., Kaiser von Österreich 34, 119, 130, 352
Fresenius, August 282
Friedrich I., König in Preußen 194
Friedrich Franz II., Großherzog von Mecklenburg-Schwerin 270
Friedrich Karl, Prinz von Preußen 176, 199
Friedrich Wilhelm, Kronprinz von Preußen 107, 174–176, 179, 187, 190, 203, 208–210, 212, 216, 233, 335, 353
Friedrich Wilhelm, Kurfürst von Hessen 184
Froebel, Julius 258
Frühwein 218
Gasser, Rudolf von 312
Gasser, Therese von 207
Georg V., König von Hannover 108, 184, 203f.
George, Stefan 390
Gerster, Carl 327
Gietl, Franz Xaver Ritter von 26f., 47f., 100, 233f., 236f.
Gilbert, Elizabeth Rosanna *siehe* Montez, Lola
Glowasz, Peter 382f.
Gluck, Christoph Willibald Ritter von 71, 283
Goebbels, Joseph 15
Goethe, Wolfgang von 44, 71
Grabbe, Christian Dietrich 284
Grashey, Hubert von 363, 376f.
Grein, Edir *siehe* Riedinger, Erwin
Gresser, Franz von 161
Gresser, Hermann 351
Groß, Adolf von 276f.
Gudden, Bernhard von 239, *240*, 241–243, 246, 358, 361–367, 369f., 373–379, 381f., 384–386
Gumppenberg, Maximiliane von 192, 199, 365
Gumppenberg, Ottilie Josefa Maria von 124
Hacker, Rupert 14, 202, 205, 336, 361
Häfner, Heinz 235
Hagen, Friedrich Wilhelm 363
Hanfstaengl, Edgar 138, 140
Hanfstaengl, Franz 134, 138
Harden, Maximilian *343*
Hartlieb, Leutnant 222
Hartmann, Bahnhofsinspektor 381
Hartmann, Jakob Ritter von 179
Hartmannsgruber, Friedrich 164
Haymerle, Heinrich Karl Freiherr von 323
Heigel, Karl August von 282
Heinrich II., römisch-deutscher Kaiser 295
Helene, Herzogin in Bayern 142

Hesselschwerdt, Karl 147, *148*, 149–151, 153, 169, 319, 323, 325, *329*, 334, 341, 351f., 357, 359f., 362f.
Hierneis, Theodor 246
Hirschfeld, Magnus von 117
Hoffmann, Tobias 298
Hofmann, Julius 292f.
Hofmann, Julius von 59
Hohenlohe-Schillingsfürst, Chlodwig Carl Viktor Fürst zu 159f., 162, 170, 301, 346
Hohenzollern-Sigmaringen, Leopold Prinz von 171f.
Holnstein, Caroline von 166
Holnstein, Karl Theodor von 166
Holnstein, Maximilian Karl Theodor Graf von, auch gen. »Rossober« 126, 166f., *168*, 170, 181–183, 187–192, 198–203, 221, 301f., 319, 328, 335, 362f., 365–367, 370, *371*
Hongwu, Kaiser von China 333
Hoppe, Richard 357
Hornig, Anna 153
Hornig, Richard 147f., *149*, 151–154, 169, 203, 217–220, 250–253, 296, 305, 319, 328f., 335, 342, 350–353, 363, 365, 379
Huber, Johannes 73f.
Hubrich, Max 363
Hugo, Victor 281
Hüttl, Ludwig 14
Immler, Gerhard 14
Isabella II., Königin von Spanien 171
Jäger, Ritter von 211f.
Jank, Christian 291f.
Jolly, Philipp von 46
Kainz, Josef 283–286, *287*, 288f.
Karl, Prinz von Bayern 191
Karl I., König von Württemberg 270
Keppler, Friedrich 275f.
Kertbeny, Karl Maria 121
Kessler, Harry Graf 169
Keudell, Robert von 190, 199
Klemperer, Victor 337
Klenze, Leo von 12
Klindworth, Georg 89–91
Klug, Ludwig 351–354, 356
Kobell, Luise von 279
Kraepelin, Emil 241
Krahl, Johann 216, 219–222, 224–227, 249f.
Krahl, Marie 222
Krane, Wilhelm 221f.
Kraus, Karl 36
Kreuzer, Elisabeth »Elise« 146f.
Kreuzer, Heinrich 146
Künsberg, Wilhelm Freiherr von 166
Künsberg, Wilhelmine 167
Lachner, Franz 69
Langrand-Dumonceau, André 88f., 91
Lavergne, Alexandre de 281
Leinfelder, Franz von 43, 59
Lenbach, Franz von 270
Leonrod, August Ludwig Freiherr von 30
Leonrod, Sybilla von 29f., 41, 47, 59, 83, 91, 115f., 159, 177, 297
Lerchenfeld-Aham, Otto Joseph Emanuel Reichsfreiherr von 122–127, 167
Lerchenfeld-Koefering, Hugo Graf von 168f., 190
Levi, Hermann 273
Lidl, Jakob 383
Liebig, Justus von 46
Liszt, Franz 77, 79f., 90, 270, 277

Löher, Franz von 223–225, 227
Louis XIV. *siehe* Ludwig XIV.
Louis XV. *siehe* Ludwig XV.
Löwy, Isaak 111
Ludovika Wilhelmine, Herzogin in Bayern 117, 129–133, 136, 140f.
Ludwig I., König von Bayern 21, 24, 26, 28f., 32, 39, 41, *53*, 54f., 58, 71, 92, 95, 103, 117, 138, 141, 155f., 159f., 166, 179, 303, 358, 362
Ludwig I., König von Portugal 130
Ludwig III., Großherzog von Hessen 175
Ludwig IV. der Bayer, Kaiser des Heiligen Römischen Reichs 215
Ludwig IX., König von Frankreich 295
Ludwig XIV., König von Frankreich 117, 255, 281, 283, 303f., 306, 327, 348
Ludwig XV., König von Frankreich 281–283, 298, 304
Ludwig XVI., König von Frankreich 58, 281, 283, 303
Ludwig Viktor, Erzherzog von Österreich 130, 156
Luitpold, Prinz von Bayern 164, 186, 191f., 195, 198, 204, 218, 242, 358, 361–364, 366f., 371–374, 377, 387, 391–393
Lutz, Eduard Ritter von 82
Lutz, Johann Freiherr von 15–17, 58, 63, *64*, 65, 97f., 146f., 186, 206, 242, 308–313, 315, 325, 332, 349f., 354f., 358, 364, 366f., 377, 384, 392f.
Maday, Guido von 310
Maier, Lakai *siehe* Mayr, Lorenz
Maier, Mathilde 77f.
Makart, Hans 270
Mallinger, Mathilde 116
Malsen, Ludwig Freiherr von 340
Mann, Klaus 128, 390
Mann, Thomas 15
Maria Alexandrowna, Kaiserin von Russland 118f.
Marianne, Prinzessin von Preußen 26
Marie, Prinzessin von Hessen-Darmstadt *siehe* Maria Alexandrowna, Kaiserin von Russland
Marie Antoinette 283, 298
Marie von Preußen, Königin von Bayern 14, 23f., *25*, 26–28, 32, 34–36, 38–42, 44f., 48, 50, 54, 136f., 146, 211, 230, 244, 313, 361
Max Joseph, Herzog in Bayern 129f., 139
Maximilian I. Joseph, König von Bayern *53*
Maximilian II. Joseph, König von Bayern 11, 14, 21–24, *25*, 26, 29, 31–34, 36, 38f., 41, 44, 47–52, *53*, 55, 57, 60f., 63, 71, 73, 80f., 179, 223, 231, 291, 297, 313f., 345
Mayer, Hans 256
Mayr, Lorenz 252, 329f., 333f., 344, 374
Meilhaus, Sybilla *siehe* Leonrod, Sybilla von
Memminger, Anton 215, 307f.
Mensdorff-Pouilly, Alexander Graf von 92
Mensi von Klarbach, Alfred 134
Menz, Hauptmann 222
Menzel, Adolph von 270
Merta, Franz 14, 17

Meyer, Friederike 77
Meyer, Kammerdiener *siehe* Mayr, Lorenz
Meyerbeer, Giacomo 42
Mohl, Robert von 136
Molière 281, 302
Montesquiou, Robert de 390
Montez, Lola 28f., 92, 362
Morny, Charles de 181
Mozart, Wolfgang Amadeus 42, 71
Mrazek, Anna 79
Mrazek, Franz 78f.
Mühlbauer, Wolfgang 243
Müller, Franz Carl 367, 370f., 374–376, 378f.
Müller, Hoffriseur 348
Müller, Ludwig August von 222, 323, 363, 365
Mulzer, Karl Christoph Freiherr von 82
Nägele, Verena 72
Nagler, Heizer 150
Napoléon III., Kaiser der Franzosen 138, 155f., 172, 177f., 181, 201, 292
Nāser ad-Dīn Schāh, Schah von Persien 352
Neumayr, Max von 110
Niebler 150
Niemann, Albert 47
Nöll von der Nahmer, Robert 185
Oertel, Max Joseph 247, 249f.
Oertl, Professor *siehe* Oertel, Max Joseph
Orff, Carl von 31
Oskar II., König von Schweden 352
Otto I., König von Bayern 11, 14, 24, *25*, 29f., *31*, 33f., 38–42, 54, 107, 164, 166, 188, 191, 195–198, 208f., 229f., *231*, 232–239, 242–247, 249, 323, 339, 358, 361, 366, 375, 387f.
Otto I., König von Griechenland 131
Ottomeyer, Hans 291
Pappenheim, Ludwig Ferdinand Graf zu 197
Pecht, Friedrich 85, *86*
Pepys, Samuel 15
Perfall, Karl von 283
Peter II., Kaiser von Brasilien 227, 270
Petzet, Michael 255f.
Pfeufer, Sigmund Freiherr von 106, 242, 312
Pfister, Philipp 201, 346–349, 351
Pfistermeister, Franz Seraph Freiherr von 34f., 58f., *60*, 61–66, 69, 72, 82–86, 90f., 93, 96–98, 105, 109, 124f., 127, 146, 263
Pfordten, Ludwig Freiherr von der 70, 81–83, *84*, 85, 91, 93–95, 97–100, 103–106, 108f., 117f., 123, 125–127, 159f., 192–194, 308
Pfretzschner, Adoph Freiherr von 212, 300f., 324
Philippi, Felix 285, 288
Pick, Arnold 338
Pillement, Euphrosine von 24
Piloty d. J., Ferdinand von *53*
Pius IX., Papst 58, 89, 162
Pompadour, Madame de 280, 283, 298
Porges, Heinrich 258
Possart, Ernst von 278, 280, 282f.
Pourtalès, Guy de 390
Pranckh, Siegmund Freiherr von 173, 186, 366

Putlitz, Gustav Gans Edler Herr zu 75f.
Quaglio, Domenico 39
Radowitz, Joseph Maria von 156
Raffael 117
Ranke, Leopold von 22
Rantzau, Cuno Graf zu 372
Rauch, Alexander 303
Rechberg, Johann Bernhard von 89
Redwitz, Oskar Freiherr von 87f.
Reindl, Georg Carl 31, 48, 56
Reisach, Karl August von 28
Reisenegger, Wilhelm 217–219
Richter, Hans 262f.
Riedel, Eduard 292
Riedel, Emil von 329, 350
Riedinger, Erwin 16f., 121
Riedinger, Margareta 16
Rixinger, Hildegard 221
Rohleder, Hermann 248–251
Rose, Dr. 250f., 253
Rosipal, Karl 234
Rudolf, Kronprinz von Österreich-Ungarn 34, 57, 118, 129, 238, 245
Rummel, Walter von 319
Rupprecht, Kronprinz von Bayern 16
Saint-Saëns, Camille 270
Sauer, Karl Theodor von 82, 344
Schab, Oberstaatsanwalt 125
Schaller, Ernst Johannes 207f.
Schefzky, Josefine 116
Scherr, Gregor von 48f.
Schiller, Friedrich von 17, 43, 71, 136, 175, 284–287
Schmid, Hermann von 282f.
Schmidbauer, Wolfgang 37
Schneegans, Ludwig 282
Schneider, Alexander von 331f., 354, 356, 360
Schneider, Florentine von 331, 354, 356, 360
Schönborn, Graf 197
Schrenck von Notzing, Karl Freiherr von 82f.
Schweninger, Ernst *204*
Scribe, Eugène 279
Sedlmayer, Max 352
Semper, Gottfried 81, 290
Shakespeare, William 43, 71, 387
Solbrig, Karl August von 233, 237, 239
Sombart, Nicolaus 15
Sophie Charlotte Auguste, Herzogin in Bayern 35, 72, 75, 116, 129–134, *135*, 136–138, 140f., 144, 147
Sophie Friederike von Bayern, Erzherzogin von Österreich 132
Spielmeyer, Walther 235
Steininger, Franz 31
Steinsdorf, Kaspar von 132
Sternbach, Hugo Freiherr von 167
Stoiber, Edmund 13
Stolberg-Wernigerode, Otto Graf zu 346
Strauss, Johann 43
Street-Klindworth, Agnes 90
Talleyrand-Périgord, Charles Maurice Herzog von 58
Tambosi, Giuseppe 24
Tann, Ludwig Freiherr von und zu der 24, 179
Théaulon, Emmanuel 302
Therese von Sachsen-Hildburghausen, Königin von Bayern 28, 156

Thurn und Taxis, Maximilian Anton Prinz von 90f., 142
Thurn und Taxis, Maximilian Karl Fürst von 89f., 142
Thurn und Taxis, Paul Maximilian Lamoral Prinz von 142, *143*, 144–147, 150, 153, 169f.
Toerring-Jettenbach, Clemens Graf zu 366f., 369
Truchseß von Wetzhausen, Friedrich Freiherr 368
Truchseß von Wetzhausen, Spera Baronin 368, 370
Tschaikowski, Peter 270
Tucholsky, Kurt 369
Vanderpoole, Lew 38
Verlaine, Paul 390
Victoria, Königin von England 208
Viollet-le-Duc, Eugène 292
Völk, Joseph 122–129
Völk, Ludwig 122f., 125, 128, 147
Wagner, Cosima 75–80, 95f., 100–102, 107, 115, 258–266, 269–271, 275f., 325, 386
Wagner, Nannette 356, 358
Wagner, Richard 17, 42–44, 47, *60*, 65–81, 84f., *86*, 87f., 90–102, 104f., 107, 109–111, 120, 125, 130–133, 140–142, 144f., 193, 255, 258–277, 283f., 288f., 292, 299, 325f., 390
Wagner, Siegfried 261, 265
Wagner, Wilhelmine »Minna« 77
Wapnewski, Peter 72
Warhol, Andy 289
Washington, Carl Theodor Freiherr von 367
Weber, Carl Maria von 42, 71
Weinberg, Arzt 252
Welker, Adalbert 151, 341, 352, 354, 363
Welzel, Christoph 123f.
Werner, Anton von 270
Werthern, Georg Graf von 18f., 25, 116, 119–121, 140–142, 157f., 163f., 167, 169, 171, 173, 176, 179f., *181*, 182–184, 186, 188f., 191f., 197–199, 202, 211f., 215, 221, 231f., 234, 236, 242, 245, 308, 314, 317f., 328, 332, 340, 348f., 351, 353, 358, 362, 370, 379
Werthern, Gertrud Gräfin von 169
Wilhelm I., König von Preußen und Deutscher Kaiser 23, 44, 61f., 103, 108, 157, 164, 172f., 175, 182, 184, 188, 190–192, 196, 202f., *204*, 207, 210–212, 214f., 269f., 316f., 328, 347, 353f.
Wilhelm II., König von Preußen und Deutscher Kaiser 31, 185, 202, 307, *343*, 393
Winternitz, Wilhelm 253
Wirth, Hans-Jürgen 337
Wittelsbach, Otto Wilhelm Luitpold Adalbert Waldemar Prinz von *siehe* Otto I., König von Bayern
Wöbking, Wilhelm 383f.
Wolter, Charlotte 280f.
Wolzogen, Hans von 277
Wulffen, Emil Baron von 31
Württemberg, Philipp Herzog von 130
Zanders, Friedrich 376f., 379
Ziegler, Friedrich von 30, 212, 228, 249, 270, 272f., 315–326, 329–331, 333f., 363, 365, 385
Zwehl, Theodor von 82
Zwierzina, Ferdinand von 65

Bildnachweis

AKG-Images, Berlin: 40, 267 (N.N.), 49 (Jérome da Cunha), 231 (Joseph Albert)
Bayerische Staatsbibliothek, München: 148, 149
Bayerische Schlösserverwaltung/www.schloesser.bayern.de: 295
BPK, Berlin: 64, 299, 305 (Bayerische Staatsbibliothek), 309 (Strumper), 107 li., 109, 178, 193, 195, 343
Bayerisches Hauptstaatsarchiv/Geheimes Hausarchiv: 31 (Sign.: 65/84b)
Glow Images: 115 (Joseph Albert)
Imago, Berlin: 106, 364 (Plusphoto)
Interfoto, München : 204 (N.N.), 225 (Bahnmüller), 329 (Hermann Historica)
LOOK, München: 257
Martin Irl, Holnstein-Archiv, Schwarzenfeld: 168, 371
Österreichische Nationalbibliothek, Wien: 107 r. (Pr 1124:B(10)
Seeger Press, Albstadt: 25
Stadtarchiv München: 389 (Sign.: C1886100)
Stadtmuseum München: 60 (Inv.Nr.: G 37/682)
Staats- und Stadtbibliothek Augsburg: 321
Süddeutsche Zeitung Photo, München: 86
Ullstein Bild, Berlin: 53 (AkG), 135 (histopics), 240 (N.N.), 286 (Roger Viollet), 287 (Süddeutsche Zeitung Photo),
Vintage Germany: 293
Wolf von Werthern: 181
Wikipedia: 84, 209
Seite 143: Aus: Joseph Ludwig Craemer, Königs-Historien. Residenz-Geheimnisse, München 1896, S. 53
Seite 337: Aus: Joseph Ludwig Craemer, Königs-Historien. Residenz-Geheimnisse, München 1896, S. 80.